GENUGTUUNG

HAFTPFLICHT

OR 47
Tötung und
Körperverletzung

OR 49
Verletzung der
Persönlichkeit
(direkt oder durch
schwere KV Angehöriger)

Die Spezialgesetze verweisen regelmässig auf das OR,
z. B. SVG 62 I; Ausnahmen:

EHG 8
(veraltet)

OHG 12 II
(ähnlich OR)

SOZIALVERSICHERUNG

UVG
Art. 24/25 Integritätsentschädigung
Art. 43 IId. entspricht der
haftpflichtrechtlichen
Genugtuung

MVG
Art. 48 Integritätsschadenrente
Art. 59 Genugtuung
Art. 69 Ie. entsprechen der
haftpflichtrechtlichen
Genugtuung

ALFRED KELLER

HAFTPFLICHT IM PRIVATRECHT

BAND II

ALFRED KELLER
Dr. iur., Rechtsanwalt

HAFTPFLICHT IM PRIVATRECHT

BAND II

*Schadenberechnung / Genugtuung /
Ersatzpflicht mehrerer / Verjährung*

Zweite, überarbeitete und ergänzte Auflage

STÄMPFLI VERLAG AG BERN · 1998

Die Deutsche Bibliothek – CIP-Einheitsaufnahme

Keller, Alfred:
Haftpflicht im Privatrecht / Alfred Keller. – Bern : Stämpfli.

Bd. 2. – 2., überarb. und erg. Aufl. – 1998
ISBN 3-7272-9364-0

©

STÄMPFLI VERLAG AG BERN · 1998

GESAMTHERSTELLUNG:
STÄMPFLI AG, GRAFISCHES UNTERNEHMEN, BERN
PRINTED IN SWITZERLAND
ISBN 3-7272-9364-0

MEINER FRAU ANNEMARIE
die mir riet und half

und

UNSEREN TÖCHTERN
SIBYLLE UND EVA

VORWORT ZUR ERSTEN AUFLAGE

Mein Buch «Haftpflicht im Privatrecht» (erste/zweite Auflage 1970/1971, dritte/vierte Auflage 1978/1979) behandelt die Haftpflicht im engeren Sinne. Es gibt Antwort auf die Frage, wer wem weswegen voll, teilweise oder nicht hafte. Ausgeklammert blieben die Schadenberechnung, die Genugtuung, die Ersatzpflicht mehrerer und die Verjährung. Der vorliegende zweite Band schliesst diese Lücke. Er ist ein selbständiges Werk, knüpft aber an «Haftpflicht im Privatrecht» an, das damit zum Band I wird.

Wiederum fussen die Ausführungen nach Möglichkeit auf den Gesetzesartikeln und den veröffentlichten Entscheiden des Schweizerischen Bundesgerichts. Ich war indessen, wie jeder andere, auch auf die dritte Rechtsquelle, das Schrifttum, angewiesen. Das Weglassen von Literaturangaben bedeutet nur die Wahl einer bestimmten Darstellung und keineswegs die Missachtung der Werke anderer Autoren. Das habe ich bereits im Vorwort zur ersten Auflage von «Haftpflicht im Privatrecht» betont. Konnte es damals bei einem Hinweis auf den Einfluss Oftingers sein Bewenden haben, so rechtfertigt sich heute die Erwähnung vieler grundlegender Werke, die inzwischen erschienen sind. Deshalb folgt dem Inhaltsverzeichnis ein Blick auf das Schrifttum.

Ich habe auch den zweiten Band so einfach und verständlich geschrieben, wie es der Stoff zuliess und wie ich es vermochte. Man läuft bei solchem Bestreben allerdings Gefahr, als wenig wissenschaftlich zu gelten. Da freut einen das Lob der Einfachheit und Verständlichkeit aus der Feder von Gauch und sein Hinweis auf die Meinung von Guhl, «dass darunter die Wissenschaftlichkeit nicht leiden, sondern dass sie dadurch eher gewinnen soll» (Schweizerische Juristenzeitung 1981, Seite 329f.). Das gleiche bringt Ramuz zum Ausdruck: «La simplicité est un aboutissement, non un point de départ» (Journal, 21 janvier 1913).

Im Schadenersatzrecht stossen sich die Interessen. Zuvorderst steht der Anspruch des Geschädigten auf Wiedergutmachung. Er ist das Opfer; der andere hat den Unfall zu verantworten; die Vergütung soll nicht kleinlich sein. Auf der andern Seite steht das Recht des Belangten, nicht ohne Grund und nicht über Gebühr in Anspruch genommen zu werden; der Geschädigte soll sich nicht bereichern. Weitgehend wird heute der Schaden, den Einzelne erleiden, von Gefahrengemeinschaften getragen. In den meisten Haftpflichtfällen treten Versicherer auf den Plan. Der Haftpflichtversicherer des Schädigers handelt für diesen und verhandelt mit dem Geschädigten. Unfall- und Sachversicherer, private und öffentliche, begleichen den Schaden und versuchen, Rückgriff zu nehmen. Jeder soll erhalten, was ihm zukommt; darüber ist man sich einig. Wieviel das sei, darüber jedoch gehen die Meinungen oft, und oft in guten Treuen, auseinander. Vieles hängt vom Ermessen ab, und jeder sieht die Sache mit seinen

Augen und von seinem Standpunkt aus. Die Schadenerledigung ist ein Ringen um die gerechte Ersatzleistung; sie im Einzelfall und im Grundsätzlichen zu finden ist die Aufgabe, um nicht zu sagen die Kunst.

Hinter den ungerührten Erwägungen über die richtige Entschädigung verbirgt sich viel Leid und Ungemach. Geld ist uns als Mittel in die Hand gegeben, es zu verringern. Geld ist der Güter höchstes nicht. Wer aber viele Schadenfälle und ihre Erledigung gesehen hat, ist beeindruckt von der Rolle, welche die Vergütung durch Geld spielt. Fast möchte man mit der Herzogin Sanseverina in Stendhals «Chartreuse de Parme» sagen: «Il n'y a donc de réel et de survivant à la disgrâce que l'argent.»

Hünikon, Mitte 1987   Alfred Keller

VORWORT ZUR ZWEITEN AUFLAGE

Zehn Jahre sind seit der ersten Auflage vergangen. Vieles ist gleichgeblieben; manches hat sich verändert. Neue Gesetze sind erlassen worden, so zur Produktehaftpflicht, zu den Pauschalreisen, zum Strahlenschutz, zur Opferhilfe. Andere Gesetze sind geändert worden, zum Beispiel das Umweltschutzgesetz. Die Gesamtrevision des Haftpflichtrechts wirft ihre Schatten voraus; der Vorentwurf für einen Allgemeinen Teil des Haftpflichtrechts steht zur Debatte. Die Rechtsprechung des Bundesgerichts hat verschiedenes bestätigt, verdeutlicht, geklärt, mitunter neu beurteilt. EU-Recht dringt in unsere Haftpflichtordnung ein. Neue Gedanken und Gesichtspunkte sind aufgetaucht. Gesellschaft und Wirtschaft wandeln sich mit nie gesehener Geschwindigkeit; Arbeit und Aufgaben werden anders verteilt. Bei der Schadentragung verlagert sich das Gewicht immer mehr von der betroffenen Person (casum sentit dominus) zur verursachenden (damnum sentit auctor). All dem war Rechnung zu tragen. Im Aufbau und Wesen ist das Buch gleich geblieben.

Der vorliegende Band II schliesst sich an den 1993 in fünfter Auflage erschienenen ersten Band an; die beiden bilden eine Gesamtdarstellung der Haftpflicht im Privatrecht, sind aber selbständige Werke.

Eigentlich sollten solche Bücher gar nicht nötig sein. Der Schadenersatz müsste sich aus dem Gesetz und höchstens noch ein paar wegweisenden Gerichtsentscheidungen heraus bestimmen lassen. Doch, um mit Brecht zu reden, die Verhältnisse, sie sind nicht so. Die Kompliziertheit unserer Welt macht vor dem Haftpflichtrecht nicht Halt. Um so mehr gilt es, seine Ordnung möglichst einfach zu gestalten und zu beschreiben. In SJZ 1994 S. 415 sagt Bundesrichter Walter: «Rechtswissenschaftliche Abhandlungen und Urteile sind daher sprachlich erst vollendet, wenn sie auch als Bettlektüre taugen.» Dieses Ziel allerdings konnte ich nur verfolgen, nicht erreichen.

Hünikon, Herbst 1997   Alfred Keller

INHALTSVERZEICHNIS

ERSTER TEIL: SCHADENBERECHNUNG

I. ALLGEMEINES

1. Ein- und Abgrenzung 26
    a) Schaden und Schadenberechnung 26
    b) Schadenbegriffe und Schadenbezeichnungen 26
    c) Schadenvergütung und Schadenverhütung 29
    d) Schadenberechnung und Ersatzbemessung 30
    e) Schadennachweis und Schadenschätzung 31

2. Beteiligte und Berechtigte 33
    a) Geschädigte und Haftpflichtige 33
    b) Haftpflichtige und Haftpflichtversicherungen 34
    c) Haftpflichtversicherungen und Geschädigte 34
    d) Geschädigte und Anspruchberechtigte 36
    e) Anspruchstellende und Anwältinnen oder Anwälte 39
    f) Opfer und Täter 40

3. Forderung und Ersatz 40
    a) Verlust und Vorteil 40
    b) Geld und Naturalersatz 43
    c) Rente und Kapital 43
    d) Aktivität und Mortalität 44
    e) Zeit und Zins 47
    f) Abklärung und Geltendmachung 48
    g) Tat- und Rechtsfrage 50
    h) Massenschäden und Grossschäden 50

II. KÖRPERVERLETZUNG

1. Allgemeines 51
    a) Die gesetzliche Grundlage 51
    b) Der Begriff 52
    c) Die geschädigte Person 52
    d) Veranlagung und Vorzustand 54
    e) Verkürzung der Lebenserwartung 55

2. Die Kosten 55
    a) Arzt- und Spitalkosten 55
    b) Medikamente, Physiotherapie, Kuren 56
    c) Pflegekosten 56
    d) Anpassungskosten 57
    e) Reise- und Transportkosten 57
    f) Hilfsmittel, Prothesen 57
    g) Wehrpflichtersatz 57

3. Die vorübergehende Arbeitsunfähigkeit 58
    a) Die Zeitspanne 58
    b) Bei Unselbständigerwerbenden 58
    c) Bei Selbständigerwerbenden 59
    d) Bei Kindern und Jugendlichen 60

4. Invalidität oder Dauerschaden 61
    a) Allgemeines 61
    b) Das Einkommen 61
    c) Die Beeinträchtigung 66
    d) Die Dauer 69
    e) Kasuistik 70

III. TÖTUNG

1. Allgemeines 76
    a) Die gesetzliche Grundlage 76
    b) Der Eintritt des Todes 76
    c) Die Schadenposten 77

2. Kosten und Arbeitsausfall 77
    a) Die Bestattungskosten 77
    b) Versuchte Heilung 78
    c) Nachteile der Arbeitsunfähigkeit 79
    d) Sonstige Kosten 79

3. Der Versorgungsschaden 79
    a) Schaden und Versorgungsschaden 79
    b) Versorgende und Versorgte 81
    c) Die Art der Berechnung 85
    d) Das Einkommen des Versorgers, der Versorgerin 88
    e) Die Versorgungsanteile 90
    f) Die Frau als Versorgerin 93
    g) Die Dauer der Unterstützung 95
    h) Die Anrechnung von Vorteilen 96
    i) Die Wiederverheiratung 98
    k) Die Ausrechnung 101

IV. SACHSCHADEN

1. Im allgemeinen 103
    a) Der Begriff 103
    b) Die Berechnung 103
    c) Die Ersatzleistung 105

2. Bei Automobilen 107
    a) Bei Reparatur 107
    b) Bei Totalschaden 108

    c) Für Wagenausfall 108
    d) Die Rolle der Versicherung 110

V. VERMÖGENSSCHADEN

1. Allgemeines 112
    a) Der Begriff 112
    b) Die gesetzliche Regelung 112

2. Einige Anwendungsfälle 113
    a) Enttäuschtes Vertrauen 113
    b) Verschulden beim Vertragsschliessen 114
    c) Unrichtige Angaben 114
    d) Berufliche Beeinträchtigung 115
    e) Haftung der Arbeitnehmenden 115
    f) Unterbrechung der Stromzufuhr 115
    g) Das unerwünschte Kind 116

ZWEITER TEIL: GENUGTUUNG

I. ALLGEMEINES

1. Das Wesen 120
    a) Die seelische Unbill 120
    b) Sühne und Trost 120
    c) Genugtuung und Geld 121
    d) Genugtuung und Schadenersatz 122

2. Das gesetzliche Gefüge 123
    a) Übersicht 123
    b) OR 47 123
    c) OR 49 124
    d) EHG 8 125
    e) MVG 48 und 59 126
    f) UVG 24/25 126
    g) OHG 12 127
    h) Die künftige Regelung 127

3. Die Genugtuungsforderung 128
    a) Die Berechtigten 128
    b) Die Verpflichteten 129
    c) Der Übergang 129
    d) Die Form 130
    e) Der Zeitpunkt 130

4. Zusprechung und Zumessung 131
    a) Grundsätze 131
    b) Die Schwere der Verletzung 132

c)	Die Rolle des Verschuldens	133
d)	Sonstige Umstände	135
e)	Das praktische Vorgehen	137

II. GENUGTUUNG BEI KÖRPERVERLETZUNG

1. Richtlinien 138
    a) Die untere Grenze 138
    b) Die obere Grenze 138
    c) Die Abstufung 139
    d) Besondere Fälle 140

2. Urteile 142

III. GENUGTUUNG BEI TÖTUNG

1. Richtlinien 148
    a) Die Berechtigten 148
    b) Die Abstufung 150
    c) Die Abmessung 151

2. Urteile 154

IV. GENUGTUUNG BEI VERLETZUNG DER PERSÖNLICHKEIT

1. Die direkte Verletzung 160
    a) Grundsätzliches 160
    b) Ein paar Anwendungsfälle 160
    c) Die Bemessung der Genugtuung 162

2. Die indirekte Verletzung 162
    a) Grundsätzliches 162
    b) Die Voraussetzungen 164
    c) Die Bemessung 165
    d) Ein paar Urteile 165

DRITTER TEIL: ERSATZPFLICHT MEHRERER

I. MEHRERE HAFTPFLICHTIGE

1. Die gesetzlichen Grundlagen 169
    a) Nach dem OR 169
    b) Nach dem SVG 171
    c) Nach weiteren Spezialgesetzen 174

2. Wesen und Wirkung der Solidarität 175
    a) Grundsatz und Leitidee 175

	b) Echte und unechte Solidarität	176
	c) Einer für alle	177
	d) Solidarität und Genugtuung	178
	e) Solidarität und Haftungsprivileg	178
3.	*Schranken und Grenzen der Solidarität*	179
	a) Solidarität ersetzt Haftung nicht	179
	b) Solidarität geht nicht weiter als Haftung	179
	c) Selbstverschulden der geschädigten Person	179
	d) Verschulden anderer Haftpflichtiger	180
	e) Die Rechtskraft eines Urteils	181
	f) Bei einem Vergleich	181
	g) Bei Begünstigung	182
	h) Kanalisierung der Haftpflicht	182
	i) Nach GSchG 54 und USG 59	183
	k) Bei der einfachen Gesellschaft	183
4.	*Regeln des Rückgriffs*	183
	a) Keine Solidarität mehr	183
	b) Keine Schlechterstellung der durch Rückgriff Belangten	184
	c) Keine Abänderung der Rückgriffsordnung	184
	d) Bei Zahlungsunfähigkeit	184
	e) Die Durchsetzung des Rückgriffs	185
	f) Haftpflicht auf verschiedenen Stufen	185
5.	*Rückgriff nach dem OR*	186
	a) Nach OR 50	186
	b) Nach OR 51	186
	c) Nach OR 55	189
	d) Nach OR 56	189
	e) Nach OR 58	189
6.	*Rückgriff nach dem SVG*	190
	a) Nach SVG 60 II	190
	b) Nach SVG 61 III	194
	c) Nach SVG 65 III	195
	d) Nach SVG 72, 75, 76	198
7.	*Rückgriff nach weiteren Spezialgesetzen*	199
	a) Verweis auf das OR	199
	b) Nach ElG 28/30	199
	c) Nach EHG 18	200
	d) Nach KHG 6	200
	e) Nach OHG 14	200

II. DER RÜCKGRIFF DER PRIVATVERSICHERUNG

1. Gesetze und Grundsätze 201
    a) OR 51 und VVG 72 201
    b) Kritik und Vorschau 202
    c) Möglichkeiten des Rückgriffs 203
    d) Einige neuere Urteile 204
    e) Nahestehende Personen 205

2. Der Anwendungsbereich 206
    a) Sachversicherung 206
    b) Personenversicherung 207
    c) Haftpflichtversicherung 208

3. Beschränkung des Rückgriffs 209
    a) Auf die Ansprüche der Geschädigten 209
    b) Auf die Leistungspflicht der Versicherung 209
    c) Auf die gesetzliche Regressordnung 210
    d) Durch das Quotenvorrecht der Geschädigten 210
    e) Durch das internationale Privatrecht 212

III. DER RÜCKGRIFF DER SOZIALVERSICHERUNG

1. Allgemeines 213
    a) Die gesetzliche Grundlage 213
    b) Der Übergang der Rechte 216
    c) Leistungen gleicher Art 218
    d) Direktanspruch, Quotenvorrecht und Quotenteilung 220
    e) Versicherung, Geschädigte und Haftpflichtige 227

2. Der Rückgriff der Unfallversicherung 229
    a) Das UVG und seine Leistungen 229
    b) Der Rückgriff nach UVG 230

3. Der Rückgriff der Militärversicherung 234
    a) Das MVG und seine Leistungen 234
    b) Der Rückgriff nach MVG 235

4. Der Rückgriff der Alters- und Hinterlassenenversicherung 237
    a) Das AHVG und seine Leistungen 237
    b) Der Rückgriff der AHV 238

5. Der Rückgriff der Invalidenversicherung 242
    a) IVG und seine Leistungen 242
    b) Der Rückgriff der IV 242

VIERTER TEIL: VERJÄHRUNG

I. ALLGEMEINES

1. Recht und Zeit 248

2. Gegenwart und Zukunft 250

3. Die Verjährungsfristen 251

4. Die verjährte Forderung 252

5. Verjährung und Verwirkung 254

II. DIE ALLGEMEINE AUSSERVERTRAGLICHE VERJÄHRUNG

1. Der Anwendungsbereich 256
   a) Die verschiedenen Gesetze 256
   b) Verschiedene Abgrenzungen 256
   c) Verschulden beim Vertragsabschliessen 259

2. Die drei Fristen 260
   a) Die normale, einjährige 260
   b) Die strafrechtliche, fünfjährige 260
   c) Die absolute, zehnjährige 261

III. DIE SPEZIALGESETZLICHEN VERJÄHRUNGEN

1. Nach dem SVG 262
   a) Der Anwendungsbereich 262
   b) Die drei Fristen 263
   c) Die Unterbrechung 263
   d) Die Rückgriffsansprüche 263

2. Nach dem ElG 264

3. Nach dem EHG 264

4. Nach dem LFG 265

5. Nach dem KHG 266

6. Nach dem PrHG 267

7. Nach den andern Spezialgesetzen 268

IV. DIE STRAFRECHTLICHE VERJÄHRUNG

1. Gesetzesbestimmungen und Geltungsbereich 269

2. Grundgedanke und Auslegung 269

3. Die strafrechtlichen Fristen 270

4. Die strafbare Handlung 271
5. Die Bindung des Zivilgerichts 271
6. Die Geltung für andere 272

V. DIE VERTRAGLICHE VERJÄHRUNG

1. *Die allgemeine* 274
   a) Der Anwendungsbereich 274
   b) Der Fristenlauf 275
2. *Beim Kauf* 275
   a) Die ordentliche Verjährung 275
   b) Die Einredemöglichkeit 276
   c) Bei absichtlicher Täuschung 276
   d) Das Verhältnis zu anderen Haftungen 276
   e) Verjährung und Mängelrüge 277
3. *Beim Werkvertrag* 277
   a) Der Anwendungsbereich 277
   b) Bei beweglichen Werken 278
   c) Bei unbeweglichen Bauwerken 280
   d) Die Abänderung der Frist 281
   e) Verjährung und Mängelrüge 281
4. *Beim Frachtvertrag* 282
   a) Die ordentliche, einjährige Frist 282
   b) Die Einredemöglichkeit 282
   c) Die allgemeine, zehnjährige Frist 282

VI. DER BEGINN DER VERJÄHRUNG

1. *Das schädigende Verhalten* 283
2. *Eine Übergabehandlung* 284
3. *Kenntnis des Schadens und der ersatzpflichtigen Person* 284
   a) Die gesetzlichen Grundlagen 284
   b) Die genügende Kenntnis 285
   c) Bei fortgesetzter Schädigung 285
   d) Bei Körperverletzung 286
   e) Bei Versorgerschaden 286
   f) Bei Sachschaden 286
   g) Bei Vermögensschaden 287
   h) Bei Genugtuung 287
   i) Bei Änderung der Rechtsprechung 288
   k) Die Kenntnis der ersatzpflichtigen Person 288
4. *Beim Rückgriff* 289

VII. ABÄNDERUNG, VERZICHT, HINDERUNG, STILLSTAND

1. Die Abänderung der Verjährung 291

2. Der Verzicht auf die Verjährung 291

3. Das Handeln nach Treu und Glauben 292

4. Hinderung und Stillstand 293

VIII. DIE UNTERBRECHUNG DER VERJÄHRUNG

1. Die Unterbrechungsgründe 296
    a) Die gesetzliche Grundlage 296
    b) Die Schuldanerkennung 296
    c) Die Schuldbetreibung 297
    d) Ladung zu einem amtlichen Sühneversuch 299
    e) Klage vor einem Gericht 299
    f) Nachfrist bei Rückweisung der Klage 300
    g) Die weiteren gerichtlichen Handlungen 301

2. Die Wirkungen der Unterbrechung 303
    a) Neubeginn des Fristenlaufs 303
    b) Beginn einer anderen Frist 304
    c) Die Wirkung auf andere Fristen 304
    d) Die Wirkung auf andere Personen 305

Gesetzesregister 309

Sachregister 315

EIN BLICK AUF DIE LITERATUR

Zuvorderst zu nennen ist das grundlegende Werk von Karl Oftinger, in der Neubearbeitung durch EMIL W. STARK: OFTINGER/STARK, Schweizerisches Haftpflichtrecht:

1987	Besonderer Teil 1 (Verschuldenshaftung, gewöhnliche Kausalhaftungen, Haftung aus Gewässerverschmutzung), 4. Auflage
1989	Besonderer Teil 2 (Gefährdungshaftungen: Motorfahrzeughaftpflicht und Motorfahrzeughaftpflichtversicherung), 4. Auflage
1991	Besonderer Teil 3 (übrige Gefährdungshaftungen), 4. Auflage
1995	Allgemeiner Teil, 5. Auflage

Als weitere Gesamtdarstellungen sind erschienen:

1982	HENRI DESCHENAUX/PIERRE TERCIER, La responsabilité civile, 2. Auflage
1988	EMIL W. STARK, Skriptum Ausservertragliches Haftpflichtrecht, 2. Auflage
1993	ALFRED KELLER, Haftpflicht im Privatrecht, Band I, 5. Auflage
1995	HEINZ REY, Ausservertragliches Haftpflichtrecht
1996	HEINRICH HONSELL, Schweizerisches Haftpflichtrecht, 2. Auflage
1997	MAX KELLER/CAROLE SCHMIED-SYZ, Tafeln zum Haftpflichtrecht, 4. Auflage

Auf das Obligationenrecht ausgerichtet sind

1986 bis 1990	ROLAND BREHM, Berner Kommentar zum Obligationenrecht, Die Entstehung durch unerlaubte Handlungen
1988	MAX KELLER/SONJA GABI, Haftpflichtrecht, als Band II zum Schweizerischen Schuldrecht, 2. Auflage

Bedeutendes zum Haftpflichtrecht findet man sodann in den Lehrbüchern und Kommentaren zum OR.

Zum Strassenverkehrsgesetz sind zu erwähnen:

1988	RENÉ SCHAFFHAUSER/JAKOB ZELLWEGER, Haftpflicht und Versicherung, als Band II zum Grundriss des schweizerischen Strassenverkehrsrechts

1996 ANDRÉ BUSSY/BAPTISTE RUSCONI, 3. Auflage des Kommentars zum Code suisse de la circulation routière

1996 HANS GIGER und ROBERT SIMMEN, 5. Auflage des Kommentars zum Strassenverkehrsgesetz

---

Zu den vier Teilen dieses Buches seien als grundlegende Werke aufgeführt:

Zur Schadenberechnung

1989 STAUFFER/SCHAETZLE, Barwerttafeln, 4. Auflage (1998 soll eine 5., überarbeitete Auflage erscheinen); Übertragung ins Französische durch Pierre Giovannoni 1990

Zur Genugtuung

1996 KLAUS HÜTTE/PETRA DUCKSCH, Genugtuung, 3. Auflage (und in französischer Sprache als HÜTTE/DUCKSCH/GROSS)

Zur Ersatzpflicht mehrerer

1984 ROLAND SCHAER, Grundzüge des Zusammenwirkens von Schadenausgleichsystemen

Zu nennen sind auch, im Hinblick auf den Rückgriff, die verschiedenen Bände von ALFRED MAURER zum Privat- und Sozialversicherungsrecht.

Zur Verjährung

1975 KARL SPIRO, Die Begrenzung privater Rechte durch Verjährung, Verwirkung und Fatalfristen, Band I, Die Verjährung der Forderungen

---

Umfassende Ausführungen zur Entwicklung des Haftpflichtrechts enthalten:

1991 Bericht der Studienkommission für die Gesamtrevision des Haftpflichtrechts, herausgegeben vom Bundesamt für Justiz

1991 Développements récents du droit de la responsabilité civile, herausgegeben von OLIVIER GUILLOD, Universität Genf

---

Zum Haftpflichtrecht in Europa sei hingewiesen auf:

1993 Deliktsrecht in Europa (mit Darstellung der Haftpflichtordnungen in 14 europäischen Ländern und der Türkei, samt Gesetzestexten), herausgegeben durch CHRISTIAN VON BAR, Universität Osnabrück

1996 CHRISTIAN VON BAR, Gemeineuropäisches Deliktsrecht, Band I (Die Kernbereiche des Deliktsrechts, seine Angleichung in Europa und seine Einbettung in die Gesamtrechtsordnungen); Band II, welcher vornehmlich den in diesem Buch behandelten Gebieten des Haftpflichtrechts gewidmet ist, soll in etwa zwei Jahren erscheinen.

ERSTER TEIL

SCHADENBERECHNUNG

I. ALLGEMEINES

1. EIN- UND ABGRENZUNG

a) Schaden und Schadenberechnung

Dass überhaupt ein Schaden entstanden sei und dass das Haftpflichtrecht dessen Ersatz vorsehe, ist eine allgemeine Voraussetzung für die Haftung; sie ist in Band I 52ff. behandelt. Hier geht es um die Berechnung des voll oder teilweise zu vergütenden Schadens. Sie lässt sich allerdings nicht immer von Fragen nach dem Vorliegen eines Schadens, nach seiner Art, nach der Anspruchsberechtigung trennen. Somit knüpfen die folgenden Ausführungen an jene des ersten Bandes an, sich mit ihnen überschneidend und verquickend.

In der Praxis spielt die Schadenberechnung keine geringere Rolle als die Haftpflicht selbst.

b) Schadenbegriffe und Schadenbezeichnungen

«Schaden ist die ungewollte Verminderung des Reinvermögens» (116 II 444; siehe auch 120 II 298 und 104 II 199). Er besteht somit im Unterschied zwischen dem Vermögen, welches die geschädigte Person ohne das Schadenereignis hätte, und jenem, das sie nun hat. Diese auf der Hand liegende Feststellung schmückt sich mit der Benennung Differenztheorie. Der Schaden entspricht dem geldwerten Interesse, das Geschädigte am Nichteintreten des schädigenden Ereignisses haben. Er kann in einer eingetretenen Verminderung des Vermögens (damnum emergens) oder in einer ausgebliebenen Vermehrung (lucrum cessans) bestehen. Mit anderen Worten: «Er kann in einer Verminderung der Aktiven, einer Vermehrung der Passiven oder in entgangenem Gewinn bestehen» (116 II 444). Löst das Schadenereignis bei der geschädigten Person eine Verpflichtung gegenüber Dritten, z.B. zur Bezahlung einer Konventionalstrafe aus, so tritt der Schaden mit der Entstehung dieser Verbindlichkeit ein und nicht erst mit ihrer Begleichung; es braucht nicht unbedingt einen Verlust von Barvermögen, sondern es genügt die Beeinträchtigung des Bilanzvermögens (116 II 445).

Liegt eine Vertragsverletzung vor, so ist das Vermögen der geschädigten Person mit jenem zu vergleichen, das sie bei richtiger Erfüllung des Vertrages hätte. Man spricht von positivem Interesse. Zur Veranschaulichung diene

110 II 361 «Eine Bank, die einem ausländischen Kunden eine Geldanlage empfiehlt und fälschlicherweise die Befreiung von Negativzins und Verrechnungssteuer verspricht, verstösst gegen ihre Informationspflicht; deren Verlet-

zung zieht den Ersatz des positiven Vertragsinteresses nach sich, d. h. des Schadens, den der Kunde nicht erlitten hätte, wenn die Information genau und vollständig gewesen wäre.» (Es handelt sich um die Affäre der Schweizerischen Kreditanstalt in Chiasso.)

Das negative Interesse ginge davon aus, dass gar kein Vertrag geschlossen worden wäre. Es ist massgeblich im Falle des Verschuldens beim Vertragsschliessen, der sogenannten culpa in contrahendo; hiefür als Beispiel:

105 II 75ff.   Eine Partei hatte die andere zu lange im Glauben gelassen, der Vertrag komme zustande, bevor sie die Verhandlungen abbrach. Dazu das Bundesgericht: «Bei Haftung aus culpa in contrahendo ist das negative Interesse zu ersetzen. Der Geschädigte hat Anspruch auf Ersatz des Schadens, der ihm aus dem von der Gegenpartei erweckten Vertrauen auf das Zustandekommen eines Vertrages erwachsen ist» (S. 81). Es ginge indessen, so fuhr das Bundesgericht fort, «nicht an, die schuldige Partei so zu behandeln, wie wenn ein Vertrag mit ihr abgeschlossen worden wäre, sie also zum Ersatz des positiven Vertragsinteresses zu verpflichten».

Aus dem Schadenbegriff folgt:
– Es kommt auf den tatsächlichen Schaden an, den Geschädigte erleiden. Es gilt die sogenannte konkrete Schadenberechnung (z. B. 99 II 216, 89 II 219). Dazu gehört die Berücksichtigung der Einbusse, wie sie sich eben bei den Betroffenen und in deren Vermögen einstellt. Sogenannte abstrakte oder objektive Berechnungen, Tabellen-, Richt- und Erfahrungswerte sind dort zu Rate zu ziehen, wo sich der Schaden nicht anders und nicht genauer ermitteln lässt oder wo es das Gesetz vorsieht (OR 191 III; 89 II 219ff.).
– Es ist jeder Vermögensnachteil, der Geschädigte trifft, auszugleichen. Neben den unmittelbaren Schadenposten sind alle weiteren Folgen des schädigenden Ereignisses in Betracht zu ziehen: Bergung und Räumung, Rettungsmassnahmen, Abklärung des Schadens, Beweissicherung, Geltendmachung. Bedingung ist, dass die Kosten dafür in einem rechtserheblichen Zusammenhang mit dem Schadenereignis stehen und dass die von den Geschädigten getroffenen Vorkehren vernünftig sind. Eine interessante Einschränkung findet sich in OR 352 a III: «Hat der Heimarbeiter Material oder Geräte, die ihm übergeben wurden, schuldhaft verdorben, so haftet er dem Arbeitgeber höchstens für den Ersatz der Selbstkosten.»
– Die Haftpflichtleistung ist auf den eingetretenen Schaden beschränkt. Jede darüber hinaus gehende Zahlung verstiesse gegen einen Grundsatz des Schadenersatzrechts: das Bereicherungsverbot (90 II 187, 95 II 338). Geschädigte mögen vielleicht einmal dadurch etwas bereichert werden, dass im Zweifel über das Ausmass des Schadens zu ihren Gunsten entschieden wird, hinten 33. Hauptsächlich jedoch entfaltet das Bereicherungsverbot seine

Wirkung, wenn die Haftpflicht zu einer Schadenversicherung, namentlich einer Unfallversicherung, hinzutritt.

Nach seinen Erscheinungsformen unterteilt man den Schaden in
– Personenschaden (mit den beiden grossen Gruppen Körperverletzung und Tötung),
– Sachschaden (bei Beschädigung, Zerstörung oder Verlust einer Sache),
– sonstigen Schaden (oder Vermögensschaden).

Die Unterscheidung war z. B. bedeutsam in 106 II 75, weil Halter eines Motorfahrzeuges gemäss SVG 58 I nur für Personen- und Sachschaden haften, nicht aber für sonstigen Schaden. Mit solchem ist stets nur der «reine Vermögensschaden» gemeint; Verluste, die Geschädigten aus einem Personen- oder Sachschaden heraus erwachsen, werden, als sogenannte Folgeschäden, diesen Arten zugeordnet (z. B. Betriebsausfall oder Expertisekosten, 117 II 106). Eingehenderes zum Vermögensschaden hinten 112ff.

Das Bundesgericht verwendet den Ausdruck «sonstiger Schaden». Er ist farbloser, aber weniger verwirrlich als die Benennung «Vermögensschaden». Diese wird nämlich in zweierlei Hinsicht gebraucht: Zum einen dient sie (wie hier) der Bezeichnung von Einbussen, die nicht über einen Körper- oder Sachschaden, sondern unmittelbar im Vermögen entstehen. Zum andern spricht man von Vermögensschaden im umfassenden Sinne, ist doch jeder Schaden begriffsnotwendig ein Vermögensschaden. Man unterscheidet ihn damit von der seelischen Beeinträchtigung, für die nicht mehr Schadenersatz, sondern nur noch Genugtuung in Frage kommt.

Weitere Ausführungen zu den drei Schadenarten in Band I S. 53ff.

Am Rande oder ausserhalb des Schadenbegriffs bewegt sich der entgangene Genuss.

Ein Unfall bringt es mit sich, dass man Dinge, für die man bezahlt hat, nicht geniessen kann, vom Automobil über den Tennisplatz bis zu den Ferien. Nicht selten machen Betroffene die Aufwendungen, aus denen sie keinen Nutzen ziehen konnten, als Vermögensverlust geltend. Das lässt sich indessen nicht mit dem Begriff des Schadens vereinbaren. Denn durch das Ereignis hat sich das Vermögen der Geschädigten nicht verringert; die Auslagen hätten sie so oder so gehabt. «Diesfalls wird nicht das Vermögen geschmälert, sondern bloss eine Erwartung enttäuscht» (115 II 482 oben). Was ihnen entgeht, das ist die Gegenleistung, der Genuss; hier müssen die Überlegungen ansetzen. Grundsätzlich kommt hiefür Genugtuung in Frage; für die braucht es allerdings eine gewisse Schwere der Verletzung (was bei einer unbefriedigenden Ferienwohnung nicht der Fall ist, 115 II 482).

Nehmen wir drei Gruppen von solchen Ausfällen unter die Lupe, so ergibt sich folgendes:
– Kann man sein Auto nicht gebrauchen, weil es beschädigt ist, so entsteht ein Anspruch auf einen Ersatzwagen, wenn man darauf angewiesen ist (hinten 108f.). Muss nur auf die Annehmlichkeiten des Gefährts verzichtet werden, so ist das keine genugtuungswürdige Entsagung, ganz abgesehen davon, dass sie sich günstig auf Geldbeutel und Gesundheit auswirkt.
– Kann wegen eines Unfalles der Tennis- oder Theaterplatz nicht benützt werden, so handelt es sich ebenfalls um eines der kleinen Ärgernisse, die im Leben hinzunehmen sind; denn eine Vermögensminderung ist nicht eingetreten, und für eine Genugtuung genügt der entgangene Genuss nicht. Entschiede man anders, so müsste man ja für alles mögliche, das Geschädigte vorübergehend nicht benutzen können, z.B. für das private Schwimmbad oder die teure Polstergruppe, etwas geben.
– Anders verhält es sich mit den verhinderten oder verpfuschten Ferien. Ferien spielen im Leben des heutigen Menschen eine wichtige Rolle, erscheinen geradezu als nötig. Jedenfalls haben Geschädigte ein Anrecht darauf. Deshalb sind ihnen als Kosten gemäss OR 46 I die Ausgaben zu ersetzen, welche das Nachholen der Ferien mit sich bringt (zu hart und allgemein 115 II 474). Selbstverständlich soll dieses mit Vernunft und Anstand geschehen. Die geschädigte Person muss schon wegen der Schadenminderungspflicht eine möglichst günstige Lösung suchen. Dazu gehört auch, dass sie sich um die Rückgängigmachung von Buchungen und die Rückerstattung von Zahlungen bemüht. Oft wird das Problem durch eine Annullationsversicherung behoben oder entschärft.

Zusammenfassend lässt sich sagen: Nutzlos gewordene Aufwendungen stellen keinen Schaden dar. Können jedoch, wie in Band I S. 56f. ausgeführt, Betroffene mit Fug verlangen, das Versäumte nachzuholen, dann erwächst ihnen hieraus eine Vermögensverminderung, die auszugleichen ist.

c) Schadenvergütung und Schadenverhütung

Das Haftpflichtrecht setzt voraus, dass ein Schaden eingetreten ist. Massnahmen, die Geschädigte ergreifen, um den Schaden in Grenzen zu halten, ihn zu mindern, an einer Ausbreitung zu hindern, bedrohte Güter zu retten oder zu sichern, sind nach den Grundsätzen des Haftpflichtrechts zu berappen. Man spricht von Schadenminderungs- und Rettungskosten. Der Vorentwurf für einen Allgemeinen Teil des Haftpflichtrechts schreibt das in Art. 12 I wie folgt fest:

> Der ersatzfähige Schaden umfasst auch die Kosten von Massnahmen, die von der geschädigten Person nach Treu und Glauben ergriffen werden, um eine drohende Einwirkung abzuwehren oder die Folgen einer andauernden oder eingetretenen Einwirkung zu mindern.

Geht es hingegen darum, den Eintritt eines Schadens schlechthin zu verhüten, so ist man auf die Rechtsbehelfe des Verwaltungsrechts oder des Nachbarrechts (z. B. die Klage auf Schutz gegen drohenden Schaden gemäss ZGB 679) angewiesen. OR 41 bildet keine genügende Grundlage für solche Schadenabwehr (117 II 269f.).

Haftpflicht- und Verwaltungsrecht reichen sich die Hand in Art. 54 des Gewässerschutzgesetzes und Art. 59 des Umweltschutzgesetzes, welche die Kosten von Sicherungsmassnahmen zum Gegenstand haben. Zumeist ist ein Schaden an Grund oder Gebäuden der Ausgangspunkt. Dieser ist nach den Normen des Haftpflichtrechts (ZGB 679, OR 58) zu erledigen. Kommt eine drohende oder tatsächliche Gewässerverunreinigung bzw. Umweltschädigung dazu, welche behördlichen Massnahmen ruft, so können diese Kosten den Verursachenden (aber nicht solidarisch) überbunden werden. Diese verwaltungsrechtliche Kostenfolge wird jedoch von den Versicherungen wie eine haftpflichtrechtliche gedeckt. (Näheres in Band I S. 328ff. zum GSchG; siehe sodann 122 II 26.)

d) Schadenberechnung und Ersatzbemessung

Dem Grundsatze nach sind die beiden Dinge zu trennen: Zuerst berechnet man den Schaden, hierauf bestimmt man, welcher Teil davon der geschädigten Person aufgrund der Haftpflichtlage zukommt. In der Praxis fliessen die beiden Gesichtspunkte mitunter ineinander, etwa wenn es um die Frage geht, ob die Geschädigten alles ihnen Zumutbare zur Geringhaltung des Schadens vorgekehrt haben (OR 44 I). Oft einigt man sich unter Offenlassung des genauen Schadenbetrages und der genauen Haftpflichtquote auf eine bestimmte Summe. Auch die Gerichte beschreiten hin und wieder diesen Weg.

Es kann aber auch einmal darauf ankommen, dass Schadenberechnung und Ersatzbemessung genau auseinandergehalten werden. Das war in 113 II 86 der Fall, wo es um das Quotenvorrecht des Geschädigten bei einem vorbestandenen gesundheitlichen Schaden («Scheuermann») ging. Soweit ein solcher auch ohne den Unfall die Arbeitsfähigkeit gemindert hätte, ist er schon bei der Schadenberechnung auszuklammern und fällt für das Quotenvorrecht ausser Betracht. Wirkt er sich aber erst zusammen mit den Unfallfolgen aus und wird die

Haftung gemäss OR 44 wegen konstitutioneller Prädisposition ermässigt, so handelt es sich um die Bemessung des Schadenersatzes, und der Geschädigte kommt in den Genuss des Quotenvorrechts.

e) Schadennachweis und Schadenschätzung

OR 42 I **Wer Schadenersatz beansprucht, hat den Schaden zu beweisen.**

Diese Bestimmung steht im Einklang mit ZGB 8, wonach das Vorhandensein einer behaupteten Tatsache zu beweisen hat, wer aus ihr Rechte ableitet. Die Beweislast liegt also voll bei den Geschädigten. Es kann «dem Belangten nicht verwehrt werden, vom Kläger den rechtsgültigen Nachweis zu verlangen, sich folglich mit blossem Bestreiten zu begnügen» (105 II 146, weiter 115 II 2ff.). Allerdings haben Klagende keinen Beweis für Offensichtliches und Bekanntes zu liefern (109 II 234, 112 II 181). Die Frage der Beweislast ist auch dort gegenstandslos, «wo der Richter auf dem Wege der Beweiswürdigung zur Überzeugung gelangt, eine Tatsache sei bewiesen» (105 II 145; siehe auch 118 II 147). Liegen die Beweismöglichkeiten einseitig bei der Person, die den Schaden verursacht hat, so kann sie nach Treu und Glauben (ZGB 2) zur Beweishilfe verpflichtet werden (98 II 243) oder gar einmal zur Beweisführung (z.B. aufgrund der Pflicht zur Rechenschaftsablegung beim Auftrag gemäss OR 400 I). Diese Beweisregeln gelten auch für den Beweis des Schadens (115 II 2ff.), wenngleich sie eher dort zur Anwendung gelangen, wo es um den Hergang eines Schadenereignisses geht.

OR 42 II **Der nicht ziffernmässig nachweisbare Schaden ist nach Ermessen des Richters mit Rücksicht auf den gewöhnlichen Lauf der Dinge und auf die vom Geschädigten getroffenen Massnahmen abzuschätzen.**

«Art. 42 Abs. 2 OR enthält eine bundesrechtliche Beweisvorschrift, die dem Geschädigten den Schadensnachweis erleichtern soll» (122 III 221). Diese Bestimmung war nötig, weil längst nicht aller Schaden sauber bewiesen werden kann. Man ist dann auf eine annähernde Bestimmung, eine Schätzung angewiesen. Bei Einbussen, die weit in die Zukunft reichen, namentlich bei körperlichen Dauer- und bei Versorgungsschäden, ist selbst eine Schätzung schwer. «Das darf den Richter aber nicht hindern, diese Schätzung unter Berücksichtigung aller in Betracht kommenden Umstände trotzdem vorzunehmen» (100 II 305; vgl. auch 95 II 255 sowie 86 II 41). Der Anspruch auf Schätzung des Schadens ergibt sich aus dem materiellen Bundesrecht und darf nicht durch das kantonale Prozessrecht vereitelt werden (77 II 187f., 122 II 221). «Das materielle Bundesrecht bestimmt, wieweit ein Sachverhalt zu substanzieren ist» (108 II 341). Verlangt werden kann aber, dass «die Sachvorbringen und Beweisangebote nach kantonalem Prozessrecht form- und fristgemäss erfolgt sind» (108 II 340).

Im Vordergrund steht der Nachweis des Schadens; die Schätzung kommt erst an zweiter Stelle (vgl. 107 II 225). Sie ist kein Freipass für die Bequemlichkeit der klagenden Partei oder die Willkür des Gerichts. «Art. 42 Abs. 2 OR zielt lediglich auf eine Beweiserleichterung und nicht etwa darauf, dem Geschädigten die Beweislast generell abzunehmen» (122 III 221). In einem Entscheid vom 6. Mai 1997 (123 III ...) weist das Bundesgericht die Vorinstanz zurecht, die Ersatz aufgrund einer Schätzung («tout bien pesé») zugesprochen hatte. Auch dort, wo man nicht um die Anwendung von OR 42 II herumkommt, muss sich der Richter auf genaue Angaben zur Sache stützen können (110 II 374: «egli ha pur sempre bisogno di fatti precisi»). Weiter hat er, wie OR 42 II ausdrücklich sagt, mit Rücksicht auf den gewöhnlichen Lauf der Dinge zu urteilen. Erfahrungswerte aller Art sind dienlich: die Gewichtung bestimmter Verletzungen und Verluste durch die Rechtsprechung, Statistiken über Löhne und Lebenserwartung, Tabellen über die mutmassliche Dauer der Berufstätigkeit und die Wahrscheinlichkeit einer Wiederverheiratung.

Die Steuererklärung ist nicht ausschlaggebend, aber auch nicht ganz unmassgeblich, wie in 111 II 303 nachzulesen ist. Dieser Entscheid betraf eine Zürcher Dirne, die im Prozess ein monatliches Einkommen von Fr. 12 000.– (zu Beginn der 70er Jahre) behauptet, in der Steuererklärung aber weniger für ein ganzes Jahr angegeben hatte. Das Bundesgericht gab zu bedenken: «Nachdem die Besteuerung des Dirnenverdienstes zugunsten ihres Haftpflichtanspruches angeführt worden ist, muss sie sich gefallen lassen, dass ihre entsprechenden Angaben zumindest als Indiz in die Beweiswürdigung einbezogen werden.»

Alles in allem ist ein Anspruch soweit wie möglich zu begründen und zu belegen, sogenannt zu substanzieren. «Das Bundesgericht hält in seiner Rechtsprechung denn auch ausdrücklich fest, dass der Geschädigte alle Umstände, die für den Eintritt des Schadens sprechen und dessen Abschätzung erlauben oder erleichtern, soweit möglich und zumutbar zu behaupten und zu beweisen hat» (122 III 221). Zu diesem Urteil:

122 III 219ff. Die Spinnerei an der Lorze, verkörpert durch den Geschäftsmann Adrian Gasser, fühlte sich durch fünf Weltwoche-Artikel in ihren Geschäftsverhältnissen verletzt und klagte auf 15 Millionen Franken Schadenersatz. Das Zürcher Handelsgericht und das Bundesgericht wiesen die Klage ab. Sie hielten den Schaden für nicht nachgewiesen. Auch die Berufung auf die allgemeine Lebenserfahrung und den gewöhnlichen Lauf der Dinge verfing nicht: «Bestand und Grössenordnung des Schadens der Klägerin lassen sich deshalb auch bei der Haftung von Presseunternehmen aus unlauterer Wirtschaftsberichterstattung nicht ohne weiteres bereits aus der allgemeinen Lebenserfahrung ableiten. Vielmehr ist der Klägerin entgegen ihrer Ansicht durchaus zumutbar, – allenfalls unter entsprechenden prozessualen Vorkeh-

ren zum Schutz von Geschäftsgeheimnissen auch aufgrund ihrer Buchhaltung – Eintritt und Ausmass des behaupteten Schadens zu belegen.»

Nicht genügend war in 108 II 337ff. die Verweisung auf eine Rechnung und Arbeitsrapporte, als es um Schadenersatz für die Vernachlässigung eines Obstgartens ging. (Siehe zur Ergänzung die Ausführungen in Band I 62ff.)

2. BETEILIGTE UND BERECHTIGTE

a) Geschädigte und Haftpflichtige

Im Idealfall ergibt sich der Schaden ohne weiteres, etwa aus einer Reparaturrechnung. Oft aber sehen ihn Anspruchstellende und Haftpflichtige mit verschiedenen Augen. Was der einen Seite als harmlose Delle in der Stossstange vorkommt, erscheint der andern als verbogene Karosserie. Wo die Haftpflichtversicherung auf Arztberichte und Röntgenbilder abstellt, aus denen sich kein Befund ergibt, klagt die betroffene Person über Kopfweh und Schwindel, Schlaflosigkeit und Müdigkeit. Solches Auseinanderklaffen der Betrachtungsweise ergibt sich nicht bloss dort, wo eine Partei zuviel haben oder die andere zuwenig geben will, sondern manchmal auch dann, wenn der Schädiger vollen Ersatz leisten und die Geschädigte nicht mehr als diesen bekommen möchte. In einem solchen Fall gibt es nichts anderes als gewissenhafte Abklärung mit den Mitteln, die zur Verfügung stehen und der Sache angemessen sind. Es ist eben unter 1.e) ausgeführt worden, dass Anspruchstellenden der Beweis für die Höhe des Schadens obliegt und dass sie nicht einfach das richterliche Ermessen gemäss OR 42 II anrufen dürfen, wo ihnen Nachweise möglich sind. «Der Schaden darf nicht auf Grund von Vermutungen geschätzt werden, wenn er sich errechnen lässt» (89 II 253). Sowohl in 98 II 34 als auch in 102 II 40 gereichte es dem Geschädigten zum Nachteil, dass er keine Buchhaltungsunterlagen vorlegte.

Nun liegt es in der Natur der Sache, dass manchmal ein Stück Ungewissheit zurückbleibt. Dann soll zugunsten der geschädigten Person entschieden werden, denn sie kann nichts dafür; die andere hat den Schaden verursacht und soll die mit der Schädigung zusammenhängende Unsicherheit vertreten (81 II 518, 95 II 264 unten, 100 II 305). Diese Betrachtungsweise fällt um so leichter angesichts der fast allgegenwärtigen Haftpflichtversicherung. Nur muss man sich darüber im klaren sein, dass die Aufwendungen zwar auf die Gesamtheit der Versicherten verteilt werden können, dass sie aber eben von dieser Gefahrengemeinschaft und letztlich von den einzelnen Versicherten getragen werden. Man soll bei der Bestimmung des Schadens weder kleinlich noch unmässig sein.

Der Ersatzpflicht der Schädiger steht die Schadenminderungspflicht der Geschädigten gegenüber. Sie ergibt sich allgemein aus dem Gebot des Handelns nach Treu und Glauben gemäss ZGB 2 und aus Bestimmungen wie OR 42 II (wonach das Gericht den Schaden mit Rücksicht auf die von den Geschädigten getroffenen Massnahmen abschätzt) oder OR 44 I (wonach Umstände, die den Schaden verschlimmern und die die Geschädigten zu vertreten haben, die Ersatzpflicht beeinflussen). Die geschädigte Person hat alle notwendigen Schritte zu unternehmen, sich in ärztliche Behandlung zu begeben, Reparaturen zu veranlassen, diese zu überwachen usw. Kurzum, man erwartet von ihr ein Verhalten, wie wenn sie den Schaden selbst zu berappen hätte. Sie muss allerdings nur Massnahmen ergreifen, die ihr zumutbar sind (vgl. zur Durchführung von Operationen Band I 126f.). Sodann sind die getroffenen Vorkehren aus damaliger Sicht zu würdigen; sie sind nicht zu beanstanden, wenn sie vernünftig schienen und sich erst nachträglich als falsch erwiesen. Haftpflichtige haben trotzdem die Kosten zu übernehmen, ja sogar weiteren Schaden, den solche gutgemeinten Massnahmen verursachen.

b) Haftpflichtige und Haftpflichtversicherungen

Wer den Schaden anderer übernehmen muss, erleidet selbst eine entsprechende Vermögensverminderung. Davor schützt eine Haftpflichtversicherung. Diese wird denn auch den Vermögensversicherungen zugeordnet. Die Versicherung schützt das Vermögen der Versicherten, indem sie berechtigte Ansprüche begleicht und unberechtigte abwehrt.

Der Versicherungsschutz wird u.a. nach der Schadenart umschrieben. Stets gedeckt sind Körper- und Sachschäden, nicht immer Vermögensschäden. Dabei werden aber sämtliche Folgen von Körper- und Sachschäden diesen zugeordnet, wie dies bei der Haftpflicht der Fall und vorne 28 erläutert ist. Als Vermögensschäden gelten auch im Deckungsbereich nur die sogenannten reinen oder echten Vermögensschäden, also die Vermögensverminderungen, welche nicht über einen Körper- oder Sachschaden entstehen (wenn z.B. jemand wegen einer falschen Auskunft Geld verliert). Mitunter erhebt sich die Frage, ob ein nicht versicherter Vermögensschaden oder ein gedeckter Sachschaden vorliege, z.B. wenn wegen eines verlorenen Schlüssels Schlösser ausgewechselt werden müssen. Hiezu hinten 112.

c) Haftpflichtversicherungen und Geschädigte

Die Haftpflichtversicherung war ursprünglich zum Schutze des Vermögens der schädigenden Person gedacht. Immer mehr wird daraus eine Einrichtung zum Schutze des Vermögens der Geschädigten. Nach dcm SVG müssen die Halterinnen und Halter eines Motorfahrzeugs eine Haftpflichtversicherung abschliessen, und die Geschädigten können sich direkt an die Versicherung halten. Dasselbe gilt für die Haftpflicht aus Rohrleitungen und Kernenergieanlagen, aus Binnenschifffahrt und Jagd. Aber auch aus den übrigen Lebensbereichen ist die Haftpflichtversicherung nicht wegzudenken. Sie ist üblich für Berufsleute und Betriebe, selbst für Privatpersonen. Nach VVG 60 haben Geschädigte ein gesetzliches Pfandrecht am Deckungsanspruch der Versicherten, und «der Versicherer ist berechtigt, die Ersatzleistung direkt an den geschädigten Dritten auszurichten», ja «der Versicherer ist für jede Handlung, durch die er den Dritten in seinem Rechte verkürzt, verantwortlich». Sodann übernehmen die Versicherungsgesellschaften aufgrund ihrer Vertragsbedingungen die Schadenbehandlung. So ergibt es sich, dass die Haftpflichtfälle weitestgehend, um nicht zu sagen regelmässig, durch die Haftpflichtversicherungen abgewickelt werden. Der Revisionsvorentwurf sieht in Art. 34 ein allgemeines unmittelbares Forderungsrecht gegen die Haftpflichtversicherung vor, jedoch ohne Einredebeschränkung (ausser es bestehe eine Versicherungspflicht, Art. 39).

Im Verkehr zwischen den Geschädigten und den Versicherungen nehmen die Abklärung und Bestimmung des Schadens breiten Raum ein. Dabei tritt die gesetzliche Regelung, wonach die geschädigte Partei den Schaden zu beweisen hat, in den Hintergrund. Da die Versicherungsgesellschaften über einen eingespielten Schadendienst mit Fachwissen und Erfahrung, mit Möglichkeiten und Beziehungen verfügen, nehmen sie den Geschädigten vieles ab, was diese zur Abklärung oder Minderung des Schadens vorzukehren hätten. Beratende Ärztinnen und unabhängige medizinische Gutachter, gesellschaftseigene Experten und freiberufliche Sachverständige, Spezialistinnen und Wissenschafter, Ingenieurinnen und Techniker, Berufsverbände und Beratungsstellen, Kliniken und Institute, staatliche Einrichtungen und Amtsstellen werden beigezogen oder begrüsst, je nach den Umständen direkt oder nach Absprache mit den Geschädigten. Unterlagen aller Art werden zu Rate gezogen: Tafeln und Tabellen, Statistiken und Tarife, Listen und Verzeichnisse, Richtlinien und Berechnungshilfen, Durchschnitte und Erfahrungswerte, Handbücher und Gerichtsentscheide. Die Gesellschaften tun dies im Interesse einer raschen und reibungslosen Erledigung, welche ihnen selbst wie den Geschädigten dient (vgl. hinten 110f. zur Rolle, welche die Versicherung bei Automobilschäden spielt).

Es sind Hunderttausende von Haftpflichtfällen, welche die Versicherungsgesellschaften in der Schweiz jährlich zu erledigen haben. Niemand wird meinen, jeder einzelne Fall werde gut behandelt und es geschehe nie jemandem Unrecht – so wenig wie man annehmen wird, es seien keine unverschämten und betrügerischen Ansprüche darunter. Über Lug und Trug, über Pannen und Prozesse spricht man, nicht aber über die unzähligen Fälle, welche zwischen anständigen Parteien rasch und richtig abgewickelt werden. Auf ein paar tausend Fälle gelangt einer vor die Gerichte; die andern werden gütlich erledigt. (In der Welschschweiz sind Prozesse dreimal so häufig wie in der Deutschschweiz; dort geht man rascher zum Anwalt, zur Anwältin und vor Gericht.) Hin und wieder lässt sich ein Rechtsstreit durch ein Vermittlungs- oder Schiedsverfahren vermeiden.

d) Geschädigte und Anspruchsberechtigte

Nicht jede geschädigte Person kann für jeden Schaden Ansprüche stellen. Schon von der Haftungsordnung her ergeben sich Einschränkungen. So kann, wer nicht Nachbar oder Nachbarin ist, keinen Ersatz aus ZGB 679 geltend machen; so haben durch einen Brand Geschädigte keine Ansprüche nach dem EIG (Art. 29); so kann bei blossem Sachschaden nicht die Kausalhaftung des EHG angerufen werden (Art. 11); so kann weder die Eigentümerin einer beförderten Sache noch der lediglich am Vermögen Geschädigte eine Forderung auf das SVG stützen (Art. 59 IV b und 58 I).

Eine Vertragsverletzung lässt nur bei den dadurch direkt Geschädigten entsprechende Ersatzansprüche entstehen. Anderen Betroffenen, auch wenn sie Familienglieder oder Angestellte sind, steht nur die ausservertragliche Haftpflicht zu Gebote. Eine solche ist nicht immer gegeben, sei es wegen des Beweises oder der Verjährung oder weil eine Hilfsperson den Schaden verursacht hat. Es wird dann als unbefriedigend empfunden, dass jemand trotz Verletzung vertraglicher Verpflichtungen ungeschoren davonkommt. Deshalb suchte man nach Wegen, eine so geschädigte Person in den Wirkungsbereich des Vertrages hineinzuziehen. In diesem Bestreben ist in Deutschland die Rechtsfigur des Vertrages mit Schutzwirkung gegenüber Dritten (auch Vertrag mit Schutzwirkung zugunsten Dritter oder Vertrag mit Drittschutzwirkung genannt) entwickelt worden: Die Verpflichtung, die andere Vertragspartei nicht zu schädigen, wird auf Personen ausgedehnt, die ihr nahestehen und mit der Vertragsleistung notwendigerweise in Berührung kommen. Als Beispiel nennt man den Handwerker, der durch unsorgfältige Arbeit an einem Haus nicht nur den Auftraggeber, sondern auch dessen Familie gefährdet. In der Schweiz hat diese Rechtsfigur mehr Eingang in die Literatur als in die Praxis gefunden. In 117 II 315ff. ging es darum, ob zu Schaden gekommene Bankengläubiger direkt die Revisoren, die ihren Auftrag gegenüber der Bank schlecht ausgeführt hatten, belangen konnten. Das Bundesgericht schildert auf den Seiten 318ff. die Fragen und Meinungen zum Vertrag mit Drittschutzwirkung und verwandten Rechtsgebilden. Es kommt zum Schlusse, dass jedenfalls kein Anlass bestehe, die Schutzwirkung des Vertrages zwischen der Bank und den Revisoren auf die Gläubiger der Bank auszudehnen. Man kann sich aber gut eine Schutzwirkung im engern

Lebenskreis einer Vertragspartei vorstellen. Unabdingbar wäre eine klare Begrenzung, z.B. auf Angehörige und Angestellte.

Allgemein sind indirekt Geschädigte, sogenannte Reflexgeschädigte, nicht anspruchsberechtigt (Band I 59ff.). Eine Ausnahme macht das Gesetz für den Versorgersschaden (OR 45 III). Hier stellt sich die Frage, wer die geschädigte Person sei: die verstorbene oder die versorgte? Die Antwort lautet: Hinterbliebene haben nicht bloss einen abgeleiteten, sondern einen eigenen Anspruch; sie erscheinen als Geschädigte. Die Frage der Haftpflicht allerdings (Haftungsgrund, Mitverschulden) ist auch aus der rechtlichen Lage und dem Verhalten des Opfers zu beurteilen (als Beispiel diene 101 II 133ff. oder 117 II 50/60f.). Es ist deshalb dem Bundesgericht nicht zu folgen, wenn es bei Tötung durch Vertragsverletzung die Hinterbliebenen auf die ungünstigere ausservertragliche Haftung verweist (Band I 386f.).

———

Beim SVG haben diese Fragen mit der Einführung der Verwandtendeckung im Jahre 1976 und der Halterdeckung im Jahre 1996 besondere Bedeutung erlangt. Ab 1976 konnten die Ansprüche des Gatten oder der Gattin und naher Blutsverwandter nicht mehr von der Haftpflichtversicherungsdeckung ausgeschlossen werden. Und mit dem Jahre 1996 fiel auch der Ausschluss von Ansprüchen der Halterinnen und Halter dahin. Im wesentlichen läuft das darauf hinaus, dass sie aus der Haftpflichtversicherung des Fahrzeugs zu entschädigen sind, wenn sie als Mitfahrende verunfallen. Die beiden Deckungserweiterungen gelten nur für Personen-, nicht für Sachschäden. Sodann lassen sie die Frage der Haftpflicht unberührt. Es ist also immer zuerst zu prüfen, ob und in welchem Umfange ein Haftpflichtanspruch besteht. Das Zusammenspiel von Haftpflicht und Versicherung erheischt etwelche Aufmerksamkeit:

– Nicht aus dem Auge zu verlieren ist, dass Halterinnen und Halter sich selbst gegenüber nicht haftpflichtig werden können. Die vorhandene Versicherungsdeckung nützt dann nichts. Verliert ein Halter am Steuer seines Wagens bei einem Selbstunfall das Leben, so können Frau und Kinder keinen Versorgerschaden geltend machen, weil der Halter keine Haftpflicht gegen sich selbst begründen kann. Anders, wenn beim gleichen Ereignis seine Ehefrau getötet wird; dann spielt die Halterhaftpflicht gegenüber der Ehefrau, und die Kinder haben einen Ersatzanspruch. Keinen hat wiederum der Mann, weil er keine Haftpflicht zu seinen eigenen Gunsten auslösen kann.
– Bei Forderungen von Halterinnen und Haltern, die als Mitfahrende zu Schaden gekommen sind, muss man an die Betriebsgefahr denken, die sie zu vertreten haben. Die Botschaft (Bundesblatt 1995 I 55), die schlechthin von einer Gleichstellung des Halters mit andern Passagieren spricht, ist irreführend: die Gleichstellung erfasst nur die Versicherung; an der Haftpflicht än-

dert sich nichts. Es steht also die Betriebsgefahr dem Verschulden der Person, die das Fahrzeug lenkte, entgegen. Ist allerdings diese Person Mithalterin oder -halter, wie das vor allem bei Ehepaaren vorkommt, so handelt es sich um einen Fall unter Haltern, bei dem in der Regel das Verschulden den Ausschlag gibt.

— An einem weiteren Beispiel sei gezeigt, wie Haftpflicht und Versicherung ineinandergreifen und auseinanderzuhalten sind: Eine Ehefrau, die nicht Halterin ist, erleidet am Steuer durch einen Selbstunfall den Tod. Zugunsten der Kinder kommt die Halterhaftpflicht des Ehemannes (unter Berücksichtigung des Selbstverschuldens der Frau) zum Zuge. Der Mann geht leer aus; er hat weder aus der eigenen Halterhaftpflicht Ansprüche noch aus der Verschuldenshaftpflicht der Frau, die ebenfalls sich selbst gegenüber nicht haftpflichtig werden kann.

Redet man von der neuen Halterdeckung, so denkt man an mitfahrende Halterinnen und Halter. Die Gesetzesbestimmung ist jedoch allgemein gehalten und gilt auch, wenn sie am Steuer oder ausserhalb des Fahrzeugs durch Personen, für die sie verantwortlich sind, zu Schaden kommen, wenn z. B. eine solche Person die vor der Garage wartende Halterin anfährt oder den Halter beim Lenken behindert oder ihm als Hilfsperson beim Manövrieren falsche Zeichen gibt.

———

Schliesslich stehen Geschädigte zur Debatte, die sich am Rande oder gar jenseits von Moral und Gesetz bewegen:

Ein Einkommen aus erlaubtem, wenngleich anrüchigem Tun ist wie ein normales zu behandeln. «Eine Dirne, die durch einen Verkehrsunfall in ihrer Erwerbstätigkeit beeinträchtigt wird, hat unbekümmert um die Sittenwidrigkeit ihrer Tätigkeit Anspruch darauf, dass ihr der Verdienstausfall infolge gänzlicher oder teilweiser Arbeitsunfähigkeit ersetzt wird» (111 II 295). Das Zürcher Obergericht hatte die Forderung blank abgewiesen, das Bezirksgericht Zürich auf ein in einem anderen Beruf erzielbares Einkommen abgestellt. Das Bundesgericht selbst liebäugelte mit der «Absicht, der Dirne nicht ein übermässig hohes Einkommen, sondern nur ein übliches in einem ehrbaren Beruf zu ersetzen» (S. 302 unten). Damit ist es seiner eigenen Feststellung, die Klägerin könne sich «uneingeschränkt auf Art. 46 Abs. 1 OR berufen» (S. 301 Mitte), untreu geworden. Massgebend ist das tatsächliche und nicht ein ehrbares Ersatzeinkommen. Auf einem anderen Blatt steht, wie weit die Dirne ihren bisherigen und namentlich zukünftigen Verdienst beweisen kann. Das Bundesgericht hat denn auch im besprochenen Entscheid den Triumph des Freudenmädchens und die Niederlage der oberen Zürcher Justiz mit dem Hinweis auf die Beweislage eingeebnet; insbesondere berief sich die Klägerin auf einen monatlichen Nettoverdienst im Jahre 1981 von mindestens 12 000 Franken, während sie in der Steuererklärung ein Jahreseinkommen von 11 200 Franken angegeben hatte.

Anders verhält es sich mit dem widerrechtlich erzielten Verdienst, z.B., um beim Thema zu bleiben, dem des Zuhälters. Er kann von vornherein nicht den Schutz der Rechtsordnung anrufen, die er missachtet (111 II 299). Bei ihm kann man Einkünfte aus normaler Arbeit zugrunde legen. Wieder anders stellt sich die Frage beim Versorgungsschaden. «Nichts erlaubt die Annahme, es sei jeweils abzuklären, auf welche Weise der Versorger sich die erforderlichen Mittel beschafft habe», sagt das Bundesgericht an der eben zitierten Stelle. In der Tat müsste grundsätzlich auf die aus verbrecherischem Erwerb geleistete Unterstützung abgestellt werden, doch ist zu bedenken, dass die Rechtsordnung dieses Treiben sobald als möglich unterbunden, vielleicht gar einen Aufenthalt hinter schwedischen Gardinen mit sehr beschränkten Verdienstmöglichkeiten an seine Stelle hätte treten lassen. So kann denn ein rechtswidriger Erwerb durchwegs nicht Grundlage einer Schadenersatzforderung sein.

Weitere Ausführungen zur Anspruchsberechtigung finden sich hinten bei der Behandlung der Körperverletzung, der Tötung und der Genugtuung.

e) Anspruchstellende und Anwältinnen oder Anwälte

Vielfach erheischen die Bestimmung der Haftpflicht oder die Berechnung des Schadens Rechtskenntnisse. Die Geschädigten wenden sich deshalb häufig an einen Anwalt oder eine Anwältin. Haftpflichtige haben auch diese Aufwendungen zu übernehmen, denn «die Kosten, die mit einer notwendigen vorprozessualen Vertretung des Anwaltes zusammenhangen und in der Entschädigung nach kantonalem Prozessrecht nicht inbegriffen sind, stellen Schaden dar» (97 II 260; Bestätigung in 117 II 395f. usw.). Ihre Höhe ergibt sich einerseits aus der Bedeutung und Schwierigkeit der Angelegenheit, anderseits aus dem zeitlichen und sonstigen Aufwand. Nicht selten bemessen Anwälte ihr Honorar auf 10% der erhaltenen Entschädigung. Diese sogenannte 10%-Regel stellt bestenfalls eine Eselsleiter dar. Sie mag bei Entschädigungen von vielleicht 10000 bis 50000 Franken zu einem richtigen Ergebnis führen, versagt aber bei niedrigeren oder höheren Beträgen.

Stellen die Anwaltskosten einen Schadenposten dar, so sind sie folgerichtig nur im Rahmen der Haftungsquote zu ersetzen (bestätigt durch 113 II 340). Die Versicherungsgesellschaften pflegen indes die Rechnungen für die Rechtsvertretung auch bei geteilter Haftung voll zu übernehmen, weil eine Erledigung sehr oft nur zustande kommt, wenn die Betroffenen den Entschädigungsbetrag ungeschmälert erhalten. Voraussetzung ist, dass die Rechtsvertretung geboten war und die Kosten dafür angemessen sind. In 117 II 101ff. hat das Bundesgericht entschieden, dass Geschädigte auch die Vertretungskosten im Strafverfahren, welche mit ihren Zivilansprüchen zusammenhängen, geltend machen können.

f) Opfer und Täter

Eine neue Kategorie von Geschädigten hat das 1993 in Kraft getretene Opferhilfegesetz geschaffen: Die Opfer von Straftaten erhalten vom Staat Hilfe und, was hier interessiert, Schadenersatz und Genugtuung. Siehe die Darstellung in Band I S. 340ff. Es handelt sich um Leistungen des Bundesverwaltungsrechts (121 II 118). Als Opfer gilt «jede Person, die durch eine Straftat in ihrer körperlichen, sexuellen oder psychischen Integrität unmittelbar beeinträchtigt worden ist» (OHG 2 I). Dem Opfer gleichgestellt sind ihm nahestehende Personen (OHG 2 II). Ursprünglich hatte man nur die Opfer von Gewaltverbrechen im Auge (wie sie 121 II 116ff. und 369ff. zugrunde liegen). Das Gesetz erfasst nun aber alle von einer Straftat Betroffenen, findet also auch auf fahrlässige Körperverletzungen im Strassenverkehr (122 IV 76) oder auf ärztliche Behandlungsfehler (122 II 211) Anwendung. Der Staat übernimmt den Schaden und richtet eine Genugtuung aus, wenn das Opfer nicht anderweitig (namentlich durch eine Versicherung) Ersatz erhalten hat. Ich habe das eine Haftungshilfe oder Hilfshaftung genannt. Auch sind die Schadenersatzleistungen zweifach begrenzt, zum einen auf Opfer mit geringem Einkommen (OHG 12/13), zum andern auf 100 000 Franken (OHG 13 III in Verbindung mit OHV 4). Anderseits soll dem Opfer nötigenfalls rasch und wirksam geholfen werden (123 II 1ff.), gegebenenfalls mit einem Vorschuss aufgrund einer summarischen Prüfung (OHG 15; 121 II 116).

3. FORDERUNG UND ERSATZ

a) Verlust und Vorteil

Aus dem Begriff des Schadens ergibt sich ohne weiteres, dass Vorteile, die das Ereignis bringt, zu berücksichtigen sind, vermindert sich doch dadurch die Vermögenseinbusse. Lehre und Rechtsprechung bejahen bei der Schadensermittlung die Vorteilsanrechnung, soweit die Vorteile mit dem schädigenden Ereignis in einem inneren Zusammenhang stehen (112 Ib 330). So sind die während eines Spitalaufenthaltes eingesparten Verpflegungskosten vom Schaden abzuziehen. Erforderlich ist, dass es sich um wirkliche Vorteile handle und dass diese in einem adäquaten Zusammenhang mit dem Schadenereignis stehen, also nicht einer anderen Ursache: einem Zufall, freiwilliger Zuwendung oder eigener Vorsorge, entspringen. Wenn ein Vielbeschäftigter, weil er mit einem Beinbruch im Bett liegt und endlich Musse hat, auf eine Idee kommt, die ihn zum Millionär macht, ist das so Gewonnene nicht vom Schaden abzuziehen. Wenn für die Opfer eines besonders tragischen Unfalles Geld gesammelt wird, soll es diesen zusätzlich zukommen und nicht den Haftpflichtigen entlasten. Dasselbe gilt für die Leistungen aus einer Lebens- oder anderen Summenversicherung.

Die Frage der Vorteilsanrechnung stellt sich etwa in folgenden Fällen:
– Sind bei der Berechnung des Versorgungsschadens erbrechtliche Vorteile zu berücksichtigen? Das Bundesgericht verneint die Frage für die Erbschaft selbst, bejaht sie aber für die Erträgnisse. Näheres und Kritik dazu hinten 96f.
– Fallen wegen eines tödlichen Unfalles Renten an die verunglückte Person weg, so hat das unterschiedliche Auswirkungen auf den Versorgungsschaden-Rückgriff der Sozialversicherung. In 109 II 61ff. hielt das Bundesgericht dem Freistaat Bayern entgegen, die dahingefallene Beamtenpension sei höher gewesen als die nun auszurichtende Witwenrente. In 112 II 87 hingegen liess es die Verrechnung der entfallenen IV-Rente mit dem Rückgriffsanspruch der AHV nicht zu, weil das zwei verschiedene Paar Stiefel seien (ausführlicher zu den beiden Urteilen hinten 217 und 239).
– Machen Eltern geltend, ein verunglücktes Kind hätte sie später unterstützt, so müssen sie sich den Wegfall der Kosten für Auferziehung und Ausbildung entgegenhalten lassen (112 II 122). Haftpflichtige dürfen diese Einsparung aber nicht mit den – auf einer anderen Ebene liegenden – Bestattungskosten verrechnen (112 Ib 330f.).
– Kommen besondere Anstrengungen, die Geschädigte unternehmen, den Haftpflichtigen zugute? Zwar vermindert sich dadurch der Schaden, aber erhöhter Einsatz würde ohne das Schadenereignis vielleicht zu einer Vermehrung des Vermögens führen. Mühe, zu der sie nicht verpflichtet sind, soll vorab den Geschädigten nützen, ihnen aber nicht eine eigentliche Bereicherung bringen. Man wird im einzelnen Falle eine anständige Lösung suchen.
– Können Geschädigte dank ihren Beziehungen eine Sache besonders günstig instand stellen lassen oder ersetzen, so gehört es zu ihrer Schadenminderungspflicht, diese Möglichkeit zu nützen, aber nur, wenn es sich dabei um geschäftsmässige Bedingungen handelt und nicht um einen Gefallen, der ihnen aus persönlichen Gründen erwiesen wird.
– Der Wegfall von Aufwendungen für Kleider, Ferien usw. bei schwerstgeschädigten Unfallopfern ist nach Ansicht des Bundesgerichts kein anzurechnender Vorteil. Unser höchstes Gericht findet, es sei – neben den Mehraufwendungen – der volle Erwerbsausfall zu ersetzen; was das Opfer mit sei-

nem Einkommen gemacht hätte, berühre Haftpflichtige nicht (108 II 427f.). Diese Lösung befriedigt eher menschlich als rechtlich, denn den durch den Unfall hervorgerufenen Mehraufwendungen wären doch wohl die in gleicher Weise durch ihn verursachten Minderaufwendungen gegenüberzustellen.

– Verschiebt sich wegen eines Unfalles die Tätigkeit von Geschädigten, so ist vom Verlust auf der einen Seite der Gewinn auf der andern abzuziehen. In 110 II 455f. hat es das Bundesgericht aber abgelehnt, die vermehrte Haushaltarbeit zu berücksichtigen, die ein invalid gewordener Coiffeur leisten konnte, weil jetzt die Ehefrau ganztägig im Geschäft sein müsse und dem Mann aus der Umstellung kein geldwerter Vorteil erwachse. Diese Begründung mag dem zu beurteilenden Falle gerecht werden; rechtlich sauber ist sie nicht.

– Muss jemand wegen erlittener Verletzungen einen andern Beruf ergreifen, so haben Haftbare die mit der Umschulung verbundenen Kosten und Ausfälle zu übernehmen. Verdient die geschädigte Person danach nicht weniger als im alten Beruf, so kann sie keine wirtschaftliche Einbusse mehr geltend machen. Es mag sich nach der beruflichen Umstellung gar einmal ein höheres Einkommen ergeben. Ein solcher Gewinn ist nicht zu verrechnen, sondern der geschädigten Person zu lassen, da er auf deren Anstrengungen und Fähigkeiten zurückzuführen ist.

– Wird der Kostenvoranschlag eines Architekten in einem Ausmass überschritten, das die Bauherrin nicht mehr hinnehmen muss, so macht der Architekt regelmässig geltend, sie habe einen entsprechenden Mehrwert erhalten und damit keinen Schaden erlitten. Die Bauherrin hat zwar den Mehrwert, wollte ihn aber gar nicht. Das Bundesgericht hat zu Recht entschieden, ein derart aufgezwungener objektiver Mehrwert dürfe nur so weit angerechnet werden, als er der Bauherrschaft einen subjektiven Nutzen bringe (122 III 61, 119 II 249). Zwischen objektivem Mehrwert und subjektivem Nutzen abzuwägen galt es auch in 119 II 420f.: Ein vom Kanton Basel-Stadt betriebenes Gassenzimmer für Drogenabhängige brachte ungute Nebenerscheinungen für eine Nachbarliegenschaft mit Reisebüro. Das veranlasste die betroffene Firma zur Einrichtung einer Umgebungsbeleuchtung, zur Installation einer Gegensprechanlage und zu einer Absperrung mit Stacheldraht. Nach Aufhebung des Gassenzimmers ging es darum, wieweit diese Aufwendungen als Schadenersatz gemäss ZGB 679 zu vergüten seien. Das Bundesgericht wies die Forderung für die Gegensprechanlage ab, weil sie der Klägerin weiterhin unzweifelhaft Vorteile bringe, sprach für die Umgebungsbeleuchtung mit der gleichen Begründung die Hälfte zu und verfügte, selbstverständlich, vollen Ersatz für den Stacheldraht.

b) Geld und Naturalersatz

Normalerweise geht es um die Bezahlung eines entstandenen Schadens. Wie aber der eben erwähnte Entscheid zeigt, kann Schadenersatz auch in der Übernahme von Kosten für Abwehrmassnahmen (dort für die beschriebenen Einrichtungen sowie den Beizug der Securitas) bestehen. Im übrigen ist folgendes zu sagen:

«Wie sich aus Art. 43 Abs. 1 OR ergibt, kommt als Ersatz für den eingetretenen Schaden nicht nur eine Geldleistung in Frage, sondern es sind auch andere Arten des Schadenersatzes denkbar» (107 II 139). In diesem Entscheid wurde das Begehren, der Beklagte habe nach einer Hangrutschung den ursprünglichen Zustand wieder herzustellen, ohne weiteres als Schadenersatzklage verstanden. In 100 II 142f. hat das Bundesgericht den für eine Überschwemmung Verantwortlichen verpflichtet, das verwüstete Grundstück auf eigene Kosten zu säubern und instand zu stellen. In 80 II 378ff. ging es um das Abgraben einer Quelle; der Kläger erhielt nicht den Betrag, den er durch den Verkauf der Quelle vielleicht hätte lösen können, sondern musste sich mit einer bestimmten Wassermenge als Realersatz für die ihm entgangene Benützung zufrieden geben (S. 389f.; damit war allerdings die Verminderung des Vermögens nicht voll ausgeglichen, denn zu diesem gehört auch der Verkaufswert einer Sache).

Man kann sich vorstellen, dass die Ärztin den Patienten, den sie durch einen Kunstfehler geschädigt hat, unentgeltlich behandelt oder dass ein Haftpflichtiger, z.B. ein Baumeister, den von ihm angerichteten Schaden selbst behebt. Solches ist sinnvoll, nur muss es der geschädigten Person zumutbar sein. Man wird sie verstehen, wenn sie vom Berufsmann, der etwas falsch gemacht hat, nichts mehr wissen will. Umgekehrt mag es sich ergeben, dass der Geschädigte vom Fache ist und deshalb die nötigen Arbeiten selbst vornimmt. Kann er dafür den normalen Preis verlangen, oder muss er es zu Selbstkosten tun? Die Antwort ergibt sich wiederum aus dem Schadenbegriff: Von der vollbeschäftigten Unternehmerin kann man nicht verlangen, dass sie für Haftpflichtige billiger arbeite, sonst würde sie geschädigt. Der Unterbeschäftigte müsste streng genommen ohne Gewinn arbeiten, sonst würde er bereichert. Man könnte allerdings annehmen, jetzt habe ihm eben der Zufall einen Auftrag beschert; er sei sein eigener Kunde geworden und könne wie bei irgendeinem anderen Rechnung stellen. Man wird in einem solchen Falle, in den noch Beweis- und Berechnungsschwierigkeiten hineinspielen, eine anständige Zwischenlösung suchen.

c) Rente und Kapital

Oft ist ein Schaden abgeschlossen, oft stellen sich die Verluste laufend bis in alle Zukunft ein. Das ist namentlich bei Invaliditäten und bei Versorgungsschäden der Fall. Dann stellt sich die Frage, ob auch die Entschädigung fortlaufend, als Rente, oder aber durch eine einmalige Zahlung, als Kapital, zu entrichten sei. Nach OR 43 kann ein Gericht das eine oder das andere zusprechen. Die Rente erscheint als das Logischere, das Angemessenere. Geschädigte erhalten den Ausfall so, wie sie ihn erleiden, und solange, wie sie ihn erleiden, ersetzt. Auch besteht keine Gefahr, dass sie das viele Geld, welches sie auf einmal bekommen, vertun. Trotzdem hat sich die Praxis, die aussergerichtliche und die gerichtliche, eindeutig für die Kapitalisierung entschieden. Man muss suchen, bis man einen Entscheid des Bundesgerichtes wie 81 II 159ff. findet, in welchem eine Rente zugesprochen wird. (Bezeichnenderweise hatte die Klägerin ein Kapital gefordert.) In 112 II 129, wo der zu 50 Prozent invalide Geschädigte einer (indexierten) Rente den Vorzug gegeben hätte, erklärte das Bundesgericht kurz und bündig: «Conformément à la pratique, cette réparation se fera sous forme de capital et non de rente.» In 117 II 625f. hat es den Entscheid der Vorinstanz, die eine indexierte Rente zugesprochen hatte, aufgehoben und auf Kapitalentschädigung erkannt. «Die Frage, in welcher Gestalt dem Geschädigten der Schadenersatz zuzusprechen ist, muss daher konkret, unter Abwägung aller Umstände, beantwortet werden», sagte es und stellte fest, es liege kein Ausnahmefall vor, welcher ein Abgehen von der bisherigen Bundesgerichtspraxis rechtfertige.

Die Kapitalabfindung liegt im Interesse der Geschädigten und der Haftpflichtigen: Der Fall wird erledigt, man kann sich einrichten und anderen Dingen zuwenden. Mitunter verhindert der rasche Abschluss weiteren Schaden, zum Beispiel die Entwicklung einer Neurose. Die geschädigte Person kann mit dem Geld etwas aufbauen, es in Sachwerten anlegen; damit geht man der nicht ganz einfachen Anpassung einer Rente an die Teuerung aus dem Wege. Das Bundesgericht betont in 96 II 447, dass die Zusprechung eines Kapitals dem Empfänger Vorteile verschaffe, welche die Geldentwertung wettmachen. Gelöst ist auch das Problem der Sicher- und Rückstellung der erforderlichen Beträge. Der mit den immer wiederkehrenden Zahlungen verbundene Aufwand fällt weg. Ein Kapital aus Haftpflicht ergänzt die Sozialversicherungsleistungen aufs beste. Schliesslich können Geschädigte, denen eine Rente lieber ist, die erhaltene Kapitalentschädigung bei einer Bank oder Versicherungsgesellschaft in eine Leibrente ummünzen. Art. 26 I des Revisionsvorentwurfes sieht vor:

> Die Art der Ersatzleistung wird vom Gericht unter Würdigung der Umstände bestimmt; von den Anträgen der geschädigten Person soll jedoch nur aus triftigen Gründen abgewichen werden.

d) Aktivität und Mortalität

Wiederkehrende Ersatzleistungen ergeben sich hauptsächlich bei körperlichen Dauerschäden und beim Verlust der Versorgung; sie können indes auch anderswo auftreten, z.B. bei der Zerstörung einer Quelle. Geht es um die Kapitalisierung solcher fortlaufender Leistungen, stellt sich die Frage, welcher jährliche Betrag auf wie viele Jahre hinaus in ein sofort zu zahlendes Kapital umzurechnen sei. Während die Ermittlung des sich regelmässig wiederholenden Ausfalles aus wirtschaftlicher und juristischer Sicht erfolgt, ist die Bestimmung des Multiplikators, also des Kapitalisationsfaktors, eine Sache der Statistik und Mathematik. Die Statistik gibt Antwort auf die Frage, wie lange ein Geschädigter aller Wahrscheinlichkeit nach tätig oder am Leben bleiben wird bzw. geblieben wäre. Mit ihr ermittelt man die mutmassliche Aktivitäts- oder Lebenserwartung. Die Anzahl Jahre wird nun mathematisch unter Berücksichtigung des Zinsenlaufs in einen sogenannten Koeffizienten umgesetzt. Mit der so gefundenen Zahl vervielfacht man die jährliche Leistung und erhält ein Kapital, welches der gleichen, aber erst nach und nach ausgerichteten Leistung entspricht. Der Koeffizient für die Kapitalisierung ist, wegen der Abzinsung, kleiner als die Anzahl der zu berücksichtigenden Jahre; der Unterschied wird bei längerer Zeitdauer erklecklich. So ist die während dreizehn Jahren regelmässig erbrachte Leistung für eine aktive Person noch mit rund 10 (je nach Alter) zu vervielfachen; dies bei einer Verzinsung von 3½%. Je höher der Zinsfuss, desto kleiner das Kapital.

Das Bundesgericht hat den Zinsfuss mit 72 II 134 auf 3½% festgesetzt und ist, unbeirrt durch schwankende Geldzinsen und sinkenden Geldwert, dabei geblieben. Es legt Wert auf eine beständige, durchschnittliche Berechnungsgrundlage, weil das Kapital eine in die unberechenbare Zukunft reichende Rente abdecken muss (96 II 446f.; siehe weiter 117 II 628f.). Nach mehr als einem halben Jahrhundert fragt sich das Bundesgericht nun doch, ob es davon abrücken solle. Ausgangspunkt ist die Überlegung, dass ein Teil des Kapitalertrages durch die Teuerung weggefressen wird, so dass ein Zinsertrag verbleibt, der unter dem Kapitalisierungs-Zinsfuss von 3,5% liegt. Man bezeichnet diese Differenz zwischen Kapitalzins und Geldentwertung als Realzins. Der wäre dann den Kapitalisierungsfaktoren zugrunde zu legen. In einem Entscheid vom 13. Dezember 1994 (wiedergegeben in Pra 1995, 548ff.) stand eine Herabsetzung auf 2,5% zur Debatte. Sie wurde im Hinblick auf den zu beurteilenden Fall knapp verworfen. In 123 III 119 konnte sich das Bundesgericht darauf berufen, dass der Zinsfuss von 3,5% nicht strittig sei. Eine Herabsetzung auf 2,5% oder einen noch tieferen Satz hätte weitreichende Folgen; dessen ist sich das Bundesgericht bewusst. Eine solche Änderung will wohlüberlegt sein. Die Verhältnisse können sich ändern. Heute erleben wir zum Beispiel, dass Löhne gekürzt werden, nachdem man sich jahrzehntelang nur ein Ansteigen vorstellen konnte. Weiter ist daran zu denken, dass ein grosser Teil der Entschädigungen rückgriffsweise zu den Sozial- und Privatversicherungen fliesst und dass diese das Geld günstiger anzulegen wissen. Hiefür müsste man einen höheren Zinsfuss verwenden. So ist es denn wohl weiser, bei einer Ordnung zu bleiben, die sich mehr als 50 Jahre lang bewährt und Rechtssicherheit geschaffen hat, statt eine Unsicherheit – die Berechnung der Invaliditäts- und Versorgungsschäden ist von Ungewissheiten geprägt – gegen eine andere einzutauschen.

Wir besitzen in der Schweiz ein einmaliges Tabellenwerk, welches uns viel Rechnerei und Rederei, um nicht zu sagen Streiterei abnimmt. Es sind die bekannten *Barwerttafeln Stauffer/Schaetzle,* 1989 in vierter Auflage herausgekommen. Sie werden vom Bundesgericht (86 II 7) und von der gesamten Fachwelt (den Gerichten, den Anwältinnen und Anwälten, den Versicherungen) anerkannt und angewendet. Sie enthalten Aktivitäts- und Mortalitätskoeffizienten für alle Lebenslagen:
– Der erste Block der Tabellen hat den Erwerbsausfall bei Körperverletzung im Auge. Das ist das Gebiet der Aktivitätstafeln. Mit ihnen kapitalisiert man vorübergehenden und Dauerschaden, auch Leistungen, die erst später einsetzen (aufgeschobene Renten, vor allem bei Kindern). Die folgenden Tafeln sind dem Schaden bei Tötung, dem Versorgungsschaden, gewidmet. Sie verbinden die Erwerbserwartung der einen Person mit der Lebenserwartung der andern (Verbindungsrenten). Den blanken Mortalitätskoeffizienten braucht man bei der Kapitalisierung von Pflegeleistungen bis ans Lebensende.
– Will man beispielsweise den sofortigen Kapitalwert des jährlichen Ausfalles eines 40jährigen Angestellten bis zum Pensionsalter von 65 Jahren ausrechnen, so multipliziert man das Jahresbetreffnis mit 15.65. Soll bei einem Selbständigerwerbenden der jährliche Verlust bis zum Ende der natürlichen Aktivität entschädigt werden, so findet man den Koeffizienten 17.79. Der entsprechende Faktor für eine Frau ist 19.63. Geht es um den Versorgerschaden einer 40jährigen Frau für den Verlust ihres gleichaltrigen Ehemannes, so ergibt sich der Multiplikator 17.33. Ist die Frau die Versorgerin, kommt man auf 18.13. Am höchsten sind natürlich die Werte für Zahlungen bis ans Lebensende: 22.40 für eine Vierzigjährige (20.62 für einen Mann). Die Lebenserwartung selbst beträgt 38.27 Jahre für den Mann und 44.81 für die Frau. Man sieht, wieviel bei längerer Dauer die Abzinsung ausmacht.
– Den Tabellen vorangestellt ist ein Teil mit Berechnungsbeispielen für alle möglichen Fälle, unter Einbezug des Rückgriffs der Sozialversicherung, sodann ein Teil mit rechtlichen und andern Erläuterungen.

Damit sind die Barwerttafeln Stauffer/Schaetzle in knappster Form umrissen. Es wird bei der Besprechung der verschiedenen Schadenposten noch oft auf sie einzugehen sein.

Die Tafeln sind so genau, wie sie sein können. Sie pressen den Einzelfall in das Korsett statistischer Annahmen. Sie sind aber das bestmögliche Instrument zur Ermittlung von Kapitalentschädigungen. Selbstverständlich ist überall dort auf den Einzelfall abzustellen, wo er von der Norm abweicht, sei es, dass jemand sich einer ausserordentlich guten Verfassung erfreut oder aber eine verkürzte Lebenserwartung hat. Solche Fälle sind indes Ausnahmen; in der Praxis wird regelmässig mit den Tafeln Stauffer/Schaetzle gerechnet (vgl. dazu 86 II 7ff.). Für das Jahr 1998 ist die Herausgabe einer fünften, überarbeiteten und auf den neuesten Stand gebrachten Auflage vorgesehen.

e) Zeit und Zins

Der Ersatzanspruch entsteht mit der Schädigung. Den Verletzten kann nicht zugemutet werden, die Auswirkungen abzuwarten. «Das Bedürfnis nach einer raschen und endgültigen Auseinandersetzung überwiegt nach der Auffassung des Gesetzgebers das Interesse an einer peinlich genauen, aber jahre- oder jahrzehntelang aufgeschobenen Feststellung der Folgen der Körperverletzung» (86 II 47 mit eingehenden Erwägungen). «Der Verletzte kann vom Zeitpunkt der Verletzung an verlangen, dass ihm der Schuldner allen aus ihr erwachsenen Schaden, auch den erst künftig in Erscheinung tretenden, ersetze» (87 II 162). Einzig bei Körperverletzung kann das Gericht gemäss OR 46 II den endgültigen Entscheid – höchstens zwei Jahre lang – hinausschieben.

«Zum Schaden gehört nach konstanter Rechtsprechung der Zins vom Zeitpunkt an, in welchem das schädigende Ereignis sich finanziell ausgewirkt hat» (122 III 54). Man spricht von Schadenzins. Der Zinsfuss beträgt 5% gemäss OR 73 I (vgl. 122 III 55). Die Auswirkung auf das Vermögen der geschädigten Person kann mit dem Schadenereignis oder in einem späteren Zeitpunkt eintreten. Wird der Schaden durch Kosten, die auflaufen, etwa durch Spital- oder Reparaturrechnungen, bestimmt, so ist folgerichtig von deren Bezahlung an Zins geschuldet (vgl. 119 II 420). Der Schadenzins läuft bis zur Zahlung des Schadenersatzes, genau genommen bis zu dessen Festsetzung, sei es gütlich, sei es durch Gerichtsentscheid. Hernach kommt Verzugszins, auch zu 5%, in Frage.

Da die Behebung und Berechnung des Schadens nicht mit dem Ereignis zusammenfällt, und da zudem der Schaden oft erst im Laufe der Zeit eintritt, ergeben sich die folgenden Schadengruppen und Erledigungsgebräuche:
- Bei Körperverletzung sind die Heilungskosten vom Augenblick der Bezahlung durch die Geschädigten an zu verzinsen. Für vorübergehenden Verdienstausfall ist von einem mittleren Verfalldatum an Zins zu zahlen, bei unterschiedlichen Arbeitsunfähigkeiten für jede Zeitspanne gesondert. Der Dauerschaden wird auf den Zeitpunkt der Schadenfestsetzung, durch Ver-

gleich oder Urteil, kapitalisiert (Beispiel einer Berechnung in 82 II 35). Der Zins läuft ab Kapitalisierungsdatum (123 III 115ff.).

– Versorgungsschäden werden auf den Todestag hin kapitalisiert; von diesem Tag an ist für die ganze Summe ein Schadenzins bis zur Erledigung geschuldet (84 II 300; 97 II 131).

– Bei Sachschaden, der nicht oder von der betroffenen Person selbst behoben wird, läuft die Zinsverpflichtung vom Ereignis an, sonst von der Bezahlung der Wiederinstandstellung oder der Ersatzsache an. Dann sind allerdings inzwischen eingetretene Lohn- und Preiserhöhungen von den Haftpflichtigen zu tragen.

– Beim Vermögensschaden ergeben sich Schadeneintritt und Zinsverpflichtung von selbst aus dem Begriff des Schadens als einer Vermögensverminderung.

Abschlagszahlungen werden zuerst zur Tilgung der aufgelaufenen Zinsen und dann der Hauptforderung verwendet (113 II 341). Der Schadenzins ist aber Teil der Ersatzforderung (auch wenn er bei der Streitwertberechnung nicht berücksichtigt wird, 118 II 363).

Noch ein Wort zum Verhältnis zwischen Schadenzins und Verzugszins. Die beiden dienen zwar dem gleichen Zweck, nämlich dem Ausgleich dafür, dass sofort Geschuldetes erst später bezahlt wird. Der erste läuft aber ohne weiteres vom Eintritt des Schadens an, während der zweite einen Zahlungsverzug, in der Regel nach erfolgter Mahnung, voraussetzt (122 III 54). Ein allfälliger Verzugszins ist auch auf den Schadenzins, der als Teil der Forderung erscheint (118 II 364) zu entrichten (122 III 56). Zu Unrecht setzt das Bundesgericht auf der folgenden Seite ein Fragezeichen dazu. Auch ist ihm nicht zuzustimmen, wenn es den Genugtuungszins von der Aufrechnung ausnimmt (122 III 56), denn die Genugtuungsforderung entsteht mit dem Schadenereignis und ist nicht anders als der Schadenersatz zu verzinsen. Gelten lassen kann man die lineare Verzinsung bei vertraglichen Leistungsstörungen wie in 122 III 56f.

f) Abklärung und Geltendmachung

Das Aufstellen und Durchsetzen der Ersatzforderung kann Zeit und Geld kosten. Dieser Aufwand ist den Betroffenen grundsätzlich zu ersetzen, dürfen sie doch nach erfolgter Erledigung nicht schlechter dastehen als ohne Unfall. Gemäss Art. 12 II des Revisionsvorentwurfs umfasst der ersatzfähige Schaden auch ausserdem Kosten, welche den Geschädigten im Rahmen von Treu und Glauben bei der Geltendmachung ihrer Ansprüche entstehen. Es mag sich um Verdienstausfall handeln, wenn sie sich mit dem Schaden befassen müssen, um die Kosten eines Sachverständigen zur Klärung der Schadenhöhe, gegebenenfalls auch der Verantwortlichkeiten, oder um das Honorar einer Anwältin. Bedingung ist, dass der betriebene Aufwand vertretbar, vernünftig, geboten sei. Man darf nicht Kilometer und Stunden aufschreiben, wenn sich die Angelegenheit mit einem Telefon erledigen lässt; man darf einen einfachen oder unbedeutenden Fall nicht einem Rechtsanwalt übertragen. Rechtsvertretung rechtfertigt sich zum Beispiel nicht, wenn bei einem Verkehrsunfall blosser Sachschaden entstanden und die angegangene Haftpflichtversicherung ohne weiteres bereit ist, ihn zu übernehmen. Anderseits muss man den Beizug einer rechtskundigen Person gelten lassen, wenn die Haftpflicht strittig ist, wenn es um Personenschaden geht oder wenn besondere Umstände wie ein Unfall im Ausland vorliegen. Denkbar ist, dass eine einmalige Beratung genügt und der geschädigten Person hierauf die Abwicklung des Schadenfalles zugemutet werden darf. Zwischen «(unbedingt) erforderlich» und «(gerade noch) vertretbar» bleibt natürlich eine Ermessensspanne. Dabei ist die Lage, in welcher sich die geschädigte Person im damaligen Zeitpunkt befand, mitzuberücksichtigen. Für zwei, drei bestimmte Aufwandarten ergibt sich folgendes:

– Umtriebe sind dann zu vergüten, wenn sie mit Auslagen oder Erwerbsausfall verbunden sind. Selbstverständlich sollen Geschädigte nur Ersatz verlangen, wenn ihr Aufwand an Zeit und Geld ins Gewicht fällt. Bei Unternehmungen und Körperschaften, wo die Behandlung eines Schadenfalles durch den vorhandenen und ohnedies laufenden Verwaltungsapparat erfolgt, ist es schwierig zu sagen, ob und in welchem Ausmasse eine Mehrbelastung entstand, die sich geldwert auswirkte. Bei erheblichem Aufwand werden Haftpflichtige nicht jede Beteiligung daran ablehnen können; anderseits darf eine Firma oder ein Amt nicht einfach jedesmal 10 oder 20% Verwaltungskosten auf die Rechnung schlagen.
– Anwaltskosten sind Schaden und von den Verantwortlichen im Umfange ihrer Haftung zu übernehmen (117 II 106 und 396). Kommt es zu einem Gerichtsverfahren, so sind nach gewissen kantonalen Rechten die vorprozessualen Vertretungskosten in der Prozessentschädigung inbegriffen. Sie müssen aber so berücksichtigt werden, wie es sich aus dem Schadenbegriff ergibt; sonst wäre Bundesrecht verletzt. In 112 II 121 anerkannte die Eidgenossenschaft als Haftpflichtige zu Beginn des Rechtsstreites vor Bundesgericht einen Betrag von 8500 Franken für vorprozessuale Anwaltskosten des Klägers.
– Kosten des Strafverfahrens hat eine haftpflichtige Person der geschädigten nur soweit abzunehmen, als sie in einem adäquaten Zusammenhang mit dem Schadenfalle stehen. Das mag dort zutreffen, wo sich die Beteiligung am Strafverfahren gegen Schädiger zur Sicherung der Schadenersatzansprüche aufdrängt, oder dort, wo Geschädigte wegen des Schadenfalles ohne eigenes Verschulden in ein Verfahren verwickelt werden, in welchem

sie sich wehren müssen (117 II 101ff.). Siehe sodann die Ausführungen zu den Anwaltskosten im allgemeinen sowie zur Vertretung im Strafverfahren und gegenüber der Sozialversicherung in Band I 57f.

g) Tat- und Rechtsfrage

Das Bundesgericht ist an die tatsächlichen Feststellungen des kantonalen Gerichts gebunden; es beurteilt nur Rechtsfragen. Bei der Schadenberechnung muss es immer wieder Stellung dazu nehmen, was Tat- und was Rechtsfrage sei. «Bestand und Höhe des Schadens sind Tatfragen, über die das kantonale Sachgericht grundsätzlich abschliessend befindet. Das Bundesgericht kann auf Berufung hin bloss prüfen, ob die Vorinstanz den Rechtsbegriff des Schadens verkannt oder gegen Rechtsgrundsätze der Schadensberechnung verstossen hat» (122 III 222; siehe auch 123 III 115ff.). Die Unterscheidung ist nicht immer einfach, etwa wenn auf die allgemeine Lebenserfahrung zurückgegriffen wird. Meint man damit Erfahrungsregeln von allgemeiner Gültigkeit, die «gleichsam die Funktion von Normen übernehmen, überprüft sie das Bundesgericht auf Berufung hin frei. Wo ein kantonales Gericht dagegen die allgemeine Lebenserfahrung bloss heranzieht, um aus erhobenen Beweisen oder den Umständen des konkreten Falles auf einen bestimmten Schaden zu schliessen, liegt unüberprüfbare Beweiswürdigung vor» (122 III 65). Wie man sieht, reicht die Beurteilungsmöglichkeit des Bundesgerichts tief in die Schadenberechnung hinein.

h) Massenschäden und Grossschäden

Werden Hunderte, Tausende von einem gleichartigen Schaden betroffen, z.B. wegen einer fehlerhaften Produkteserie, so spricht man von einem *Massenschaden*. Es stellt sich die Frage nach einem Verfahren zur gemeinsamen Geltendmachung der Ansprüche. Aus Amerika kennen wir die Gruppenklage (class action). Man erwägt auch die Einbindung aller Geschädigten in eine Zwangsgemeinschaft. Näheres im Bericht der Studienkommission S. 190ff.

Ein *Grossschaden* liegt vor, wenn bei einem Ereignis, einer Katastrophe, die Gefahr besteht, dass die vorhandenen Mittel zur Deckung des gesamten Schadens nicht ausreichen. Hiezu der Bericht der Studienkommission S. 192f. Der Entwurf zu einem Stauanlagen-Haftpflichtgesetz (SHG) enthält Bestimmungen für einen solchen Fall. Die Bundesversammlung soll zur gerechten Verteilung aller zur Verfügung stehenden Mittel eine Entschädigungsordnung aufstellen, nötigenfalls unter Abweichung von den bestehenden Haftpflichtbestimmungen.

II. KÖRPERVERLETZUNG

1. ALLGEMEINES

a) Die gesetzliche Grundlage

OR 46 I **Körperverletzung gibt dem Verletzten Anspruch auf Ersatz der Kosten, sowie auf Entschädigung für die Nachteile gänzlicher oder teilweiser Arbeitsunfähigkeit, unter Berücksichtigung der Erschwerung des wirtschaftlichen Fortkommens.**

Diese Bestimmung gilt direkt für die ausservertragliche Haftung nach OR 41 und nach OR 54 bis 58, sodann kraft OR 99 III auch für die vertragliche Haftung. Ebenso verweisen die meisten Spezialgesetze darauf, zum Beispiel und namentlich SVG 62 I. Eine eigene Formulierung enthält das EHG in Artikel 3. Dieser weicht aber nur dem Wortlaut, nicht dem Inhalt nach von OR 46 I ab, so dass uns diese Bestimmung bei allen weiteren Überlegungen leiten wird.

OR 46 II **Sind im Zeitpunkte der Urteilsfällung die Folgen der Verletzung nicht mit hinreichender Sicherheit festzustellen, so kann der Richter bis auf zwei Jahre, vom Tage des Urteils an gerechnet, dessen Abänderung vorbehalten.**

Auch diese Vorschrift hat, direkt oder durch Verweis, allgemeine Geltung. EHG 10 und EIG 36 III enthalten eine eigene, ähnliche Norm. Das EHG beschränkt die Abänderungsmöglichkeit ebenfalls auf zwei Jahre (Art. 14 I Satz 2), das EIG gar auf ein Jahr (EIG 36 III Satz 2). Innerhalb dieser Zeitspannen ist das endgültige Urteil zu fällen; es handelt sich um Verwirkungsfristen (95 II 270); die Abänderungsmöglichkeit ist nur einmal gegeben (95 II 268). Die Berichtigungsmöglichkeit besteht nicht nur zugunsten von Geschädigten, sondern auch von Haftpflichtigen, was EHG 10 II und EIG 36 III ausdrücklicher als OR 46 II sagen.

Der Abänderungs-, auch Berichtigungs-, Rektifikations- oder Nachklagevorbehalt genannt, ist ohne grosse praktische Bedeutung, denn bei wesentlicher Verschlimmerung ist neuer Schaden mit neuem Verjährungsbeginn entstanden. Es genügt deshalb der Hinweis auf die Entscheide 95 II 262f., 86 II 45ff. (in welchem sich das Bundesgericht eingehend, wenn auch widerwillig, mit diesem Vorbehalt befasst) und 82 II 36. Entsprechend schlägt die Studienkommission für die Gesamtrevision des Haftpflichtrechts Streichung des Art. 46 II OR vor; nach ihrer Auffassung sollten die Interessen der Geschädigten bei unsicherer Entwicklung des Schadens durch eine bundesrechtliche Feststellungsklage gewahrt werden (Bericht S. 88; Revisionsvorentwurf, Art. 50).

b) Der Begriff

Unter Körperverletzung stellt man sich einen Unfall mit augenfälliger Verwundung vor. Das ist denn auch der Hauptfall. Indessen ist der Begriff Körperverletzung umfassend zu verstehen: als Beeinträchtigung der körperlichen Unversehrtheit sowie der leiblichen, geistigen oder seelischen Gesundheit. Genau genommen müsste man Gesundheitsschädigung sagen; Aids gibt dieser Verdeutlichung ein beängstigendes Gewicht, wobei nicht erst der Ausbruch der Krankheit, sondern schon die Ansteckung mit einem HIV-Virus genügt (vgl. das strafrechtliche Erkanntnis 116 IV 125ff.).

Auch kann die Beeinträchtigung auf irgendwelchem Wege erfolgen, von der mechanischen Verletzung bis zur gefühlsmässigen Beeinflussung, namentlich durch Schreck und Schock. Ein erschütterndes Beispiel dafür liegt dem folgenden Urteil zugrunde:

112 II 118ff.   Zwei Söhne im Alter von 11 und 18 Jahren werden beim Birnenpflücken von einem abstürzenden Militärflugzeug getötet. Als der Vater dies erfährt, erleidet er einen Nervenschock, der ihn dauernd zu 50 Prozent arbeitsunfähig macht. Der Bund, als Haftpflichtiger, sieht darin einen blossen Reflexschaden. Das Bundesgericht pflichtet dem nicht bei. Nach einem Rückblick auf seine Rechtsprechung, einem Überblick über das Schrifttum und einem Blick über die Grenzen kommt es zu folgendem Schluss: Ein Körperschaden liegt vor; er ist die rechtserhebliche Folge des Unfalles; die Widerrechtlichkeit ist durch die Verletzung eines absolut geschützten Rechtsgutes, der körperlichen Unversehrtheit, gegeben. Damit erscheint der Kläger als Direktgeschädigter. Das Schweizerische Bundesgericht verpflichtet die Schweizerische Eidgenossenschaft zu vollem Schadenersatz.

Sogar ein Selbstmord kann Folge einer Körperverletzung sein (vgl. UVV 48 und 120 V 352).

«In Lehre und Rechtsprechung ist man sich darüber einig, dass Körperverletzungen an sich keinen Schaden im Sinne des Gesetzes darstellen. Ersatz ist vielmehr für die wirtschaftlichen Nachteile zu leisten, welche die Verletzung für den Verletzten mit sich bringt» (95 II 264, vgl. die französische Formulierung in 99 II 216 und die neueste Bestätigung in 123 III 115ff.: «Le préjudice s'entend au sens économique», nicht veröff. Erw. 4). Die wirtschaftlichen Nachteile nun lassen sich in drei Gruppen einteilen:
– Kosten (Heilungskosten und andere)
– vorübergehender Erwerbsausfall (voll oder teilweise)
– Erschwerung des wirtschaftlichen Fortkommens (Invalidität)

c) Die geschädigte Person

Als geschädigt kann irgendeine natürliche Person erscheinen, selbst vor ihrer Geburt, ist doch nach ZGB 31 II das Kind im Mutterleibe rechtsfähig unter dem Vorbehalt, dass es lebendig geboren wird. Ist eine Schwangere betroffen, kommt es somit darauf an, ob sie selbst oder die Leibesfrucht Schaden genommen hat; je nachdem steht ihr oder dem Kind oder beiden ein Haftpflichtanspruch zu. Nach dem Tod eines verletzten Menschen gehen dessen Ansprüche auf die Erben über, sofern sie die Erbschaft nicht ausschlagen.

Im übrigen sagt OR 46: «Körperverletzung gibt dem Verletzten Anspruch ...». Damit schliesst das Gesetz Ansprüche Dritter, welche eine Körperverletzung wirtschaftlich ebenfalls zu spüren bekommen, aus. Es handelt sich um den bekannten Fall des Reflexschadens (Band I 59ff.). Klassische Beispiele sind die Arbeitgeberin, der ein wichtiger Facharbeiter ausfällt, oder das Theater, dessen Hauptdarstellerin wegen eines Unfalles nicht spielen kann.

Allerdings darf man nicht leichthin einen solchen Drittschaden annehmen. So hatte das Zürcher Handelsgericht bei der Bestimmung des Schadens einer Ehefrau zu Unrecht gefunden, die notwendig gewordene Hilfe des Ehemannes im Haushalt stelle einen Reflexschaden dar, da solches zu seinen ehelichen Beistandspflichten gehöre. Das Bundesgericht hielt in 99 II 223 fest: «Der Hausfrau steht vielmehr ein eigener Schadenersatzanspruch zu, dessen Erfüllung nicht mit der Begründung verweigert werden darf, andere Familienangehörige, insbesondere der Ehemann, verrichteten nun die sonst ihr obliegenden Arbeiten.» Es geht eben gar nicht um den Schaden eines Dritten, sondern um die verletzte Hausfrau selbst, die ihre Arbeitsleistung nicht mehr in den Haushalt einbringen kann. Gleich verhält es sich im Falle der Mutter, die ihr behindertes Kind betreute und wegen eines Unfalles dazu nicht mehr imstande ist: Man darf den Schaden nicht beim Kinde sehen und als indirekte Auswirkung abtun; er entsteht der Mutter als Verlust von Arbeitsfähigkeit und ist ihr zu ersetzen. Deutlich wird diese Betrachtungsweise bei der Nonne, die um Gotteslohn im Kloster arbeitet und verletzt wird. Die ihr verunmöglichte Arbeitsleistung ist zu vergüten: Was sie mit den Früchten ihrer Arbeit macht, ob sie diese in Geld umsetzt oder dem Kloster schenkt, geht den Haftpflichtigen nichts an (ganz abgesehen davon, dass das Kloster der Nonne in kranken und alten Tagen Heim und Hilfe bietet).

Ebenfalls um direkten und nicht um Reflexschaden handelt es sich, wenn jemand wegen des Unglücks, das einer andern Person zugestossen ist, einen Nervenschock erleidet (112 II 118ff., vorn 52). Es stellt sich nur noch die Frage nach der Rechtserheblichkeit (Adäquanz) des Zusammenhangs. Zu bejahen war sie im erwähnten Urteil, das den Nervenschock eines Vaters ob des Todes zweier Söhne betrifft.

d) Veranlagung und Vorzustand

Grundsätzlich haben Haftpflichtige die Geschädigten so zu nehmen, wie sie sind. Die eine bleibt nach einem Zusammenstoss mit zersplitterten Knochen liegen, der andere rappelt sich auf und stapft fluchend davon. Bei der einen heilen schwerste Verletzungen wie durch ein Wunder, beim andern führt eine leichte Verwundung zu dauerndem Schaden. Das ist eben das Glück oder Pech, nicht nur der Geschädigten, sondern auch der Haftpflichtigen. Lediglich bei aussergewöhnlichen Verläufen, bei wesentlicher Mitwirkung unfallfremder Faktoren, stellt sich die Frage, wieweit noch der Unfall und wieweit andere Umstände als Schadensursache anzusehen sind. Die Rechtsprechung dazu hat sich vorab am Falle der Neurose entwickelt (Näheres darüber in Band I 75f.).

Ähnlich verhält es sich beim Vorzustand. Wenn eine Geschädigte bereits vor dem Unfall ein Leiden hatte, wird man dessen Verschlimmerung in der Regel voll dem Haftpflichtigen aufbürden, ausser eben der Vorzustand und nicht der Unfall habe bei den eingetretenen Folgen die Hauptrolle gespielt. Nicht selten ergibt es sich, dass jemand ein Gebrechen aufweist, das sich erst wegen eines Unfalles auszuwirken beginnt, ja erst dadurch zum Vorschein kommt, dass also der Unfall etwas, das in der Geschädigten schlummert, auslöst. Dann wäre es ungerecht, die beiden Ursachen rein wissenschaftlich zwischen dem Haftpflichtigen und der Geschädigten aufzuteilen. Wenn diese ohne den Unfall munter weitergelebt und -gearbeitet hätte, geht alles zu Lasten des Schädigers. Nur wenn und soweit sich der Vorzustand auch ohne den Unfall ausgewirkt hätte, darf er berücksichtigt werden. In diesem Sinne hat das Bundesgericht in 102 II 43f. Veränderungen an der Halswirbelsäule, die ein 37jähriger Lastwagen-Chauffeur aufwies, zwar bei der Invalidität durch eine Herabsetzung von 50 auf 35% berücksichtigt, nicht aber für die Zeit bis zum kantonalen Urteil, mit der Begründung: «Rien ne laisse supposer que sans l'accident, le demandeur aurait subi déjà entre 1970 et 1975 des troubles propres à diminuer sa capacité de travail.»

Als Vorzustand zu berücksichtigen ist auch eine verminderte Lebenserwartung.

In 113 II 90 hat das Bundesgericht die verschiedenen Gesichtspunkte herausgearbeitet: Soweit sich der Zustand der geschädigten Person auf die Arbeitsfähigkeit unabhängig vom Unfall auswirkte oder später ausgewirkt hätte, liegt gar kein Haftpflichtschaden vor. Wenn hingegen ein Vorzustand die Unfallfolgen verschlimmert, ist zu gewichten: Einfache konstitutionelle Schwächen gehen voll zu Lasten der Haftpflichtigen, denn wer «einen gesundheitlich geschwächten Menschen verletzt, hat kein Recht darauf, so gestellt zu werden, als ob er einen gesunden geschädigt hätte». «Eigentliche Anomalien sowie akut oder latent vorbestehende Leiden können aber die Ansprüche des Verletzten schmälern; sie fallen unter den Begriff der konstitutionellen Prädisposition und gelten als mitwirkender Zufall.» Im übrigen ist es möglich, dass ein Vorzustand sowohl unfallunabhängige Folgen hat als auch die Unfallfolgen verschlimmert.

e) Verkürzung der Lebenserwartung

Mitunter verkürzt ein Unfall das Leben der Betroffenen, etwa bei schweren Hirnschädigungen oder Lähmungen. Da Verletzte nur für die Zeit, in der sie am Leben sind, einen Anspruch haben, erfährt die Entschädigung eine entsprechende Ermässigung. Eine solche Herabsetzung geltend zu machen, fällt nicht immer leicht. Einmal ist es – bei den modernen medizinischen Möglichkeiten – oft fraglich, ob und in welchem Ausmasse die Lebenserwartung geringer als normal sei. Sodann hat man Hemmungen, diesen Einwand zu Lasten des Opfers oder gar ihm gegenüber auszusprechen. Überhaupt erscheint es als stossend, dass Haftpflichtige besser fahren, wenn sie für den vorzeitigen Tod von Geschädigten verantwortlich sind. Aus allen diesen Gründen soll die Verkürzung der Lebenserwartung nur in klaren Fällen Berücksichtigung finden. Gegebenenfalls kann man auf eine Rente ausweichen.

Entfallen Ansprüche der verletzten Person, weil sie vorzeitig stirbt, so kann von diesem Zeitpunkt an ein Versorgungsschaden entstehen.

2. DIE KOSTEN

Haftpflichtige müssen alle durch den Unfall verursachten und von Geschädigten vernünftigerweise gemachten Kosten übernehmen; deren Angemessenheit ist aus damaliger und nicht aus späterer Sicht zu beurteilen. Wiederkehrende Aufwendungen können kapitalisiert werden. Die Kosten lassen sich wie folgt ordnen und erläutern:

a) Arzt- und Spitalkosten

Haftpflichtige sollen eine offene Hand für die Schritte haben, welche Geschädigte zur Wiederherstellung ihrer Gesundheit unternehmen; der Erfolg dient beiden. Auswüchsen muss man wehren, etwa dem kostspieligen Aufsuchen ferner Ärzte, wenn in der Nähe ebenso gute Hilfe zu finden ist. Im Zweifel soll man der geschädigten Person den Willen lassen, denn der Glaube an eine Behandlung spielt bei der Heilung eine grosse Rolle.

Im Spital darf eine Patientin nicht die Privatabteilung wählen, wenn es ihr Zustand nicht erfordert und wenn sie ohne einen Zahlungspflichtigen in die allgemeine gegangen wäre. Sodann muss sie sich das eingesparte Essen abziehen lassen (Verpflegungskostenabzug). Die Einsparung ist bei Alleinstehenden grösser als bei einem Familienmitglied. Die 20 Franken und die 10 Franken pro Tag, welche in UVV 27 genannt werden, dürften auch in Haftpflichtsachen zutreffen. Nimmt jemand, um einen Spitalaufenthalt abzukürzen oder gar zu umgehen, eine Heimpflegerin oder die «Spitex» in Anspruch, so kann dies dem Schädiger, der Schädigerin in der Regel nur recht sein, weil sie damit billiger fahren.

Selbst wenn sich eine Behandlung nachträglich als falsch erweist, haben Haftpflichtige dafür aufzukommen, ausser es handle sich um einen ärztlichen Kunstfehler; dann ist es aber schon an den Geschädigten, die Bezahlung abzulehnen.

b) Medikamente, Physiotherapie, Kuren

Zu reden geben manchmal die Badekuren: Die Geschädigte gelüstet danach, der Arzt verschreibt sie, die Haftpflichtige will aber solche «Ferien» nicht bezahlen. Ein ergrauter Gutachter pflegte auf die Frage nach dem Nutzen von Badekuren zu antworten, solche täten immer gut, am besten täten sie den Gesunden. Spass beiseite: Die Wirksamkeit von Badekuren kann im allgemeinen nicht bestritten werden. Hin und wieder ist es gar aus psychologischen Gründen richtig, Verunfallten eine solche zu bewilligen. Was hilft, ist recht. Aber Missbräuchen muss man entgegentreten. Auch ist bei der Kapitalisierung jährlich wiederkehrender Kuren daran zu denken, dass sie im vorgerückten Alter unnütz, wenn nicht gar schädlich werden können.

c) Pflegekosten

Bei Schwer- und Schwerstgeschädigten ergibt sich oft die Notwendigkeit dauernder Pflege und Betreuung. Diese kann durch Angehörige, durch eine Krankenschwester, in einem Heim erfolgen. Notwendigkeiten und Möglichkeiten aller Art stellen sich ein. Wird die verletzte Person durch Angehörige gepflegt, so hat sie selbst dann Anspruch auf Entschädigung, wenn sie nichts bezahlen muss; hilfreiche Verwandte wollen sich nicht für Haftbare aufopfern, sondern ihre Fürsorge der geschädigten Person angedeihen lassen (97 II 266). Gibt ein Familienmitglied hiezu seine Arbeit auf, so entspricht der Schaden dem Lohnausfall, es sei denn, fremde Hilfe wäre wesentlich günstiger zu haben oder, umgekehrt, die Pflege bringe grössere Beanspruchung als die bisherige Arbeit.

Es sind sodann all die Dinge zu erwähnen, die Geschädigte zu ihrer Pflege brauchen. Eindrücklich ist die Liste bei Querschnittlähmungen: regelmässige Kontrollen, Mittel und Massnahmen gegen Entzündung der Harnwege und gegen Druckgeschwüre, Bäder und Massagen, Watte und Tücher, Kissen und Felle, nebst Hilfsmitteln wie Rollstühlen und Spezialbetten. Solche Aufwendungen, von Fall zu Fall verschieden, gehen jährlich in die Tausende. Überhaupt können die Pflegekosten sehr hohe Beträge erreichen. Einen eindrücklichen Fall hat 108 II 422ff. zum Gegenstand.

d) Anpassungskosten

Der Zustand einer geschädigten Person mag die Anpassung der verschiedensten Dinge erheischen: des Autos an die Bedienung nur mit den Händen, der Wohnung an den Rollstuhl (Wahl einer Wohnung im Erdgeschoss, Einbau eines Aufzugs, Entfernung von Türschwellen). Gegebenenfalls muss sie ihren Beruf oder Wohnsitz der neuen Lage anpassen; Haftpflichtige haben den zusätzlichen Aufwand wie auch die Kosten einer Umschulung samt dem durch sie bedingten Arbeitsausfall zu berappen.

e) Reise- und Transportkosten

Ein Unfall kann sofort und später Transporte aller Art nach sich ziehen: ins Spital, zum Arzt, zur Therapie, zur Schule, zur Arbeit. Es obliegt den Geschädigten, die günstigste Lösung zu wählen. Wenn allerdings keine Zeit zum Abklären und Überlegen bleibt, was namentlich bei der Verbringung in ein Spital sofort nach dem Unfall zutrifft, sind auch Massnahmen zu bezahlen, die sich nachträglich nicht als die besten erweisen; sie müssen bloss vertretbar sein.

Besuchskosten sind im allgemeinen kein Schadensposten. Namentlich bei schweren Unfällen können Besuche aber dem Treffen von Vorkehren oder der Heilung dienen und sind, als Geschäftsführung ohne Auftrag, von den Haftpflichtigen zu übernehmen (97 II 266f.).

f) Hilfsmittel, Prothesen

Geschädigte haben nicht nur Anspruch auf Gegenstände und Geräte, welche ihrer Arbeitsleistung förderlich sind, sondern auch auf solche, die ihre Beweglichkeit erhöhen, ihre Schmerzen lindern, kurz auf solche, die ihnen, ohne übertriebenen Aufwand, das Leben erleichtern. Diese Dinge können sich rasch oder erst mit den Jahren verbrauchen; für die Kapitalisierung wird einfach der auf ein Jahr entfallende Anteil errechnet. 89 II 23ff. enthält ein Beispiel für die Berechnung der Prothesekosten eines verunfallten Ehepaares (im Falle der Frau war die Prothese im Preis von Fr. 1500.– alle drei Jahre zu erneuern, also der Betrag von Fr. 500.– zu kapitalisieren).

g) Wehrpflichtersatz

So heisst seit dem 1. Januar 1997 der frühere Militärpflichtersatz; Zivildienst ist dem Militärdienst gleichgestellt. Kann einer wegen eines Unfalles keinen

Dienst leisten und muss er dafür Wehrpflichtersatz entrichten, so ist das ein zu entschädigender Schaden. Zahlt allerdings die IV eine Rente, was ab einer Invalidität von 40% geschieht, so tritt Befreiung vom Wehrpflichtersatz ein, desgleichen bei einer UVG-Rente von 40% oder darüber. Bei Selbständigerwerbenden oder bei nach dem Arbeitsergebnis Entlöhnten wird der Wehrpflichtersatz meist durch den Zeitgewinn wettgemacht.

3. DIE VORÜBERGEHENDE ARBEITSUNFÄHIGKEIT

a) Die Zeitspanne

Es geht um die Zeit vom Unfall bis zur Heilung oder dem Feststehen eines Dauerschadens. Wird der Fall gütlich erledigt, so ist dies die natürliche Marke für einen Abschluss. Bei prozessualer Austragung ist es der Zeitpunkt des Urteils. Geht die Sache bis vor Bundesgericht, so stellt man auf das Urteil der kantonalen Instanz ab, vor der noch neue Tatsachen berücksichtigt werden können (99 II 216). Der vorübergehende Schaden wird bis zu diesem Zeitpunkt hin konkret berechnet, die Invalidität anschliessend kapitalisiert (97 II 131). Es ist natürlich gut möglich, dass der Dauerschaden schon eine Weile feststeht und dass für den vorübergehenden die gleichen Ansätze gelten (vgl. 117 II 624).

Der vorübergehende Arbeitsausfall ist verhältnismässig einfach zu berechnen, weil man die ganze Zeitspanne überblickt. Die bundesgerichtliche Rechtsprechung ist denn auch nicht eben reich, im Unterschied zum Dauerschaden. Ein paar Probleme ergeben sich immerhin:

b) Bei Unselbständigerwerbenden

Kann die verletzte Person ihre Arbeit nach einer gewissen Zeit wieder aufnehmen, lässt sich der Lohnausfall leicht feststellen. Zieht hingegen der Unfall schwere Folgen nach sich, gar einen Verlust der Stelle oder eine Aufgabe der bisherigen Tätigkeit, und sind Jahre vergangen, so wird man bereits für diesen Zeitraum auf eine Abschätzung nach den Grundsätzen, die beim Dauerschaden darzulegen sind, angewiesen sein.

Zumeist geht es gegenüber den Verunfallten lediglich um den Ausgleich des von der obligatorischen Versicherung nicht übernommenen Teils. Zahlt die Arbeitgeberin den Lohn aufgrund ihrer gesetzlichen Verpflichtung aus dem Arbeitsvertrag (gemäss OR 324a hat sie ihn für eine beschränkte Zeit zu entrichten), so ist man sich heute mehr oder weniger darüber einig, dass OR 51 II analog anzuwenden ist (siehe aber die Kritik an dieser Bestimmung hinten 188f.).

Mitunter besteht die Entlöhnung nicht nur in Bargeld, sondern in weiteren Leistungen wie Kost und Unterkunft. Diese sind Lohnbestandteil und zu vergüten. Wenn ein Sohn im väterlichen Betrieb mithilft und (im Hinblick auf dessen spätere Übernahme, aus Kindesliebe oder aus andern Gründen) einen geringeren Lohn empfängt, so ist nicht auf diesen abzustellen, sondern auf die übliche Vergütung für solche Arbeit. Massgeblich ist stets der Wert, den die Arbeitskraft eines Menschen dieses Alters, mit dieser Ausbildung und diesen Fähigkeiten hat.

c) Bei Selbständigerwerbenden

Hier hilft keine Bestätigung der Arbeitgeberin. Der Ausfall ist weniger augenfällig. Geschädigte machen gewaltige Geschäftsverluste geltend; Haftpflichtige sehen den Betrieb weiterlaufen. Immerhin lassen sich ein paar Grundsätze aufstellen:

– Am besten ist es natürlich, wenn der Ausfall durch eine Ersatzkraft aufgefangen werden kann. Dabei ist zu beachten, dass eine solche den Patron oder die Chefin, die Seele des Geschäftes, in der Regel nicht voll zu ersetzen vermag. Man vergleiche die Ausführungen des Bundesgerichtes zum Verhältnis Hausfrau/Haushälterin in 108 II 439: «La qualité du travail de l'épouse ménagère qui se distingue de celui d'une aide extérieure par un apport nettement supérieur d'initiatives, de décisions, de choix, d'attention et de disponibilité.» Diese Überlegung gewinnt mit der Dauer der Arbeitsunfähigkeit an Gewicht.

– Es kommt auf die Grösse des Geschäfts an. Bei einem Einpersonenbetrieb, etwa einem Lastwagenhalter, wirkt sich die Arbeitsunfähigkeit sofort aus, während sich in einer grösseren Firma die Abwesenheit des Chefs für eine kürzere Zeit verkraften lässt (98 II 38).

– Springen Familienmitglieder oder Verwandte ein, so ist deren Einsatz angemessen zu vergüten. Haftpflichtige können sich nicht darauf berufen, dass es sich um die Erfüllung einer moralischen Pflicht, um Reflexschaden und dergleichen handle (97 II 266).

– Ebensowenig kann von der betroffenen Person verlangt werden, dass sie das Verpasste durch Überzeit nachhole (97 II 220).

– Es ist von den Bruttoeinnahmen auszugehen, denn die Betriebskosten (Miete, Lohn der Sekretärin) laufen weiter. Einsparungen können sich bei den veränderlichen Aufwendungen (Strom, Telefon) ergeben. Bei längerer Arbeitsunfähigkeit sind sodann schadenmindernde Massnahmen ins Auge zu fassen.

Weitere Anhaltspunkte und Anschauung bieten die folgenden Entscheide:

117 II 609   *Verunfallte ist gemäss ärztlichem Gutachten zu 80% arbeitsunfähig.*
             Das Bundesgericht bestätigt die Annahme der Vorinstanz, als Serviertoch-

	ter könne die Geschädigte die verbleibende Arbeitsfähigkeit nicht mehr verwerten, als Hausfrau könne sie aber noch verschiedene Arbeiten verrichten und sei deshalb noch zu 50% arbeitsfähig. Das ergab für die Zeit bis zum Urteilstag bei 36 Wochenstunden im Haushalt 18 Stunden zu Fr. 22.70 = rund 200 000 Franken. Für die Erwerbstätigkeit betrug der vorübergehende Ausfall gut 100 000 Franken.
116 II 295f.	*Elektromonteur kann wegen eines Arztfehlers nur noch zu 50% arbeiten.* Berner Appellationshof berechnet den Schaden zwischen Unfalltag (Einkommen Fr. 45 000.–) und Urteilstag (Einkommen Fr. 61 000.–) mit einem Mittelwert von Fr. 55 000.–, was unangefochten bleibt.
102 II 33ff.	*Transportunternehmer mit einem Lastwagen im Unterwallis.* Das Bundesgericht nimmt zwischen 1969 und 1975 für die Arbeit mit einem 12,5 Tonnen schweren Gefährt einen Stundenansatz von Fr. 30.– (nicht Fr. 25.– wie in der amtlichen Sammlung Seite 40 erwähnt) und eine jährliche Stundenzahl von 2250 an, was einen Bruttoausfall von Fr. 67 500.– bedeutet. 40 Prozent davon als Nettoeinkommen ergeben Fr. 27 000.–. Das Bundesgericht rechnet dabei eher knapp, weil der Geschädigte den Beweis zu führen hat und dies durch eine geordnete Buchhaltung hätte tun können.
98 II 34ff.	*Hauptinhaber und Leiter eines Zürcher Gartenbau-Geschäftes ist 15 Tage lang zu 50 Prozent arbeitsunfähig.* Aufgrund eines jährlichen Einkommens von Fr. 550 000.– verlangt er rund Fr. 11 000.–. Das Bundesgericht hält ihm entgegen, eine so kurze Abwesenheit lasse sich in einem solchen Betrieb ohne weiteres überspielen. Auch verübelt es ihm, dass er die ihm zumutbaren Angaben, z. B. durch Vorlage der Bücher, nicht geliefert hat.
97 II 216ff.	*St. Galler Anwalt ist wegen einer Hirnerschütterung 15 Tage voll- und 15 Tage halbarbeitsunfähig,* verliert also rund einen Monat an Arbeitszeit. Er versteuerte 1967 Fr. 50 000.–, hatte 1968 einen Umsatz von Fr. 191 000.– und legte ein Gutachten über Anwaltspraxen im Kanton Bern vor, welches für 1967 eine Honorarsumme von Fr. 120 000.–, bei 1600 fakturierbaren Arbeitsstunden und einem Stundenhonorar von Fr. 75.–, annahm. «Das Bundesgericht hält in Würdigung aller Umstände dafür, dass dem Kläger durch den Unfall ein Erwerbsausfall von rund 10 000 Franken entstanden ist; allenfalls entgangene Einnahmen aus Verwaltungsratsmandaten sind dabei, weil der Kläger sie hätte nachweisen können, nicht berücksichtigt worden.»

d) Bei Kindern und Jugendlichen

Kinder erleiden keinen Arbeitsausfall. Jugendliche hingegen, die in der Ausbildung stehen, erhalten oft einen gewissen Lohn und haben Anspruch auf dessen Ersatz; dasselbe gilt für Neben- und Zwischenbeschäftigungen.

Nicht selten ergibt es sich, dass ein Unfall den Eintritt ins Erwerbsleben verzögert, dass die betroffene Person zum Beispiel ein Jahr verliert, weil sie die Ausbildung nachholen muss oder eine Prüfung erst später ablegen kann. Findet sie bald einmal den Anschluss an ihre Altersklasse, so kann ihr ungefähr der Arbeitslohn während der verlorenen Zeit vergütet werden. Hinkt sie wegen des verzögerten Erwerbsbeginns dauernd hintendrein, so ist auch dafür Ersatz zu leisten. Ein solcher Verlust kann allerdings kaum mehr sauber ausgerechnet, sondern nur noch annäherungsweise bestimmt werden.

4. INVALIDITÄT ODER DAUERSCHADEN

a) Allgemeines

Die Berechnung dieses Schadenpostens gibt am meisten zu reden und zu tun, zum einen wegen der Beträge, um die es geht, zum andern wegen der Ungewissheit, die hier herrscht. Im Idealfall mag das Kalkül so aussehen:
- Einkommen jährlich Fr. 60 000.–
- Invalidität 25 Prozent, einem tatsächlichen Ausfall von Fr. 15 000.– entsprechend
- Aktivitätskoeffizient (für einen etwa 33jährigen Mann) 20
- Schaden also 20 × Fr. 15 000.– = Fr. 300 000.–

So leicht macht es uns das Leben meistens nicht. Es wartet mit allerlei Unklarheiten und Besonderheiten auf. Wer ausser dem lieben Gott kann sagen, wie sich die Einkünfte der betroffenen Person während Jahren und Jahrzehnten ohne den Unfall entwickelt hätten und wie sie sich nach dem Unfall entwickeln werden? Vielleicht handelt es sich um ein Kind, dessen Zukunft noch ganz im dunkeln liegt, vielleicht um eine erwerbstätige Frau, von der man nicht weiss, welchen weiteren beruflichen Weg sie nehmen wird, vielleicht um einen Selbständigerwerbenden, dessen Geschäft ebensogut riesige Gewinne wie eine Pleite bringen kann oder hätte bringen können – all das abgesehen von der Entwicklung der Gesamtwirtschaft. Man muss blank zugeben, dass es sich bei der Bestimmung des Dauerschadens weniger um eine Berechnung als eine Abschätzung, eigentlich um eine Schätzung mit rechnerischen Mitteln, handelt. Regelmässig arbeitet man, wie im Beispiel angedeutet, mit den drei Elementen: Erwerb ohne den Unfall – Beeinträchtigung durch den Unfall – Dauer dieser Beeinträchtigung. Dem ist die folgende Darstellung angepasst. Daran schliesst sich eine Kasuistik an, welche die einzelnen Tatbestände und die getroffenen Lösungen hervortreten lässt.

b) Das Einkommen

- Es geht um das Einkommen, welches Geschädigte ohne den Unfall erzielen würden; an ihm wird die Beeinträchtigung gemessen. Der bisherige Verdienst dient als Anhalts- und Ausgangspunkt (89 II 232); massgeblich ist indes, was sie in der Zukunft verdient hätten (91 II 427f.). Man ermittelt das Einkommen, das die betreffende Person im Beurteilungszeitpunkt ohne den Unfall gehabt hätte, und berücksichtigt sodann die zu erwartenden Steigerungen (116 II 297). Selbst wenn sich das Geschäft eines Geschädigten nach dem Unfall weiterhin gut entwickelt, ist nicht auszuschliessen, dass der Erfolg ohne die unfallbedingte Beeinträchtigung noch grösser gewesen wäre (102 II 241f.).

— Am einfachsten verhält es sich bei Angestellten, die aller Voraussicht nach in ihrem Beruf und bei der bisherigen Arbeitgeberin bleiben. Doch selbst hier kennt man die Entwicklung von Stellung und Lohn nicht genau. Das Bundesgericht lässt sich nicht auf Mutmassungen über das berufliche Fortkommen ein, sondern berücksichtigt nur Entwicklungen, für welche handfeste Anhaltspunkte bestehen (82 II 34). Bei einem 54jährigen Geschädigten, der für eine «coopérative fruitière» arbeitete, stellte es für die Berechnung des Dauerschadens auf den vom Verletzten bezogenen Lohn ab (112 II 119/129). Einleuchtende Verbesserungen durch Beförderung, Berufswechsel oder – bei selbständig Erwerbenden – Geschäftsausweitung sind zu berücksichtigen (99 II 216).

— Anderseits dürfen naheliegende Verschlechterungen nicht ausser acht gelassen werden. In 100 II 357 hat das Bundesgericht bei einer spanischen Hausangestellten erwogen, dass die Geschädigte im Zeitpunkt der Kapitalisierung der Entschädigung bereits 60 Jahre alt war und dass sie nach der ins Auge gefassten Rückkehr in die Heimat wegen der dortigen tieferen Löhne nur noch gut die Hälfte verdient hätte. Auch in der Schweiz kann die Gesamtwirtschaft und damit der Verdienst zurückgehen (102 II 40 unten); das haben wir in neuester Zeit zur Kenntnis nehmen müssen. In 85 II 357f. wurde der Wegfall einer Nebenbeschäftigung angenommen. In 91 II 428 wies das Bundesgericht auf «allfällige Verdienstverminderungen infolge altersbedingter Abnahme der Leistungen» hin.

— Eine weitere Frage ist die Berücksichtigung der Teuerung. Dafür spricht, dass es um eine Entschädigung für zukünftige Verluste geht. Indes ist es unmöglich, die Entwicklung auf Jahre und Jahrzehnte vorauszusehen. Da erscheint eine indexierte Rente als die sachgerechte Lösung. Das Bundesgericht ist bis jetzt darum herumgekommen, hiezu Stellung zu nehmen, weil es durchwegs auf Kapitalzahlung erkennen konnte (117 II 625f.). In der Tat ist mit der allseits bevorzugten Kapitalzahlung der Teuerung der Stachel genommen, denn die haftpflichtige Person gibt ihr gutes Geld heute, und die geschädigte kann durch dessen Verwendung der Geldentwertung vorbeugen. Das Bundesgericht hat die Teuerung denn auch bei der Kapitalisierung nicht berücksichtigt (siehe z. B. 117 II 628). Zudem hat es darauf verwiesen, dass die Kapitalisierung mit dem unter dem marktüblichen liegenden Zinsfuss von 3,5% einen Ausgleich schaffe (117 II 628f.). Dieses Argument sticht heute, da die hohen Zinssätze der Vergangenheit angehören, nicht mehr.

Anderseits ist mit den Zinssätzen die Teuerung geschrumpft. Zusammenfassend lässt sich sagen: Üblich ist Kapitalzahlung; hier ist die Teuerung nicht zu berücksichtigen. Hingegen müsste eine in die ferne Zukunft reichende Rente einer allfälligen Teuerung angepasst, sog. indexiert werden, wie es bei familienrechtlichen Unterhaltszahlungen geschieht.
- Das Einkommen ist in seiner Gesamtheit zu sehen. Oft gesellen sich zum eigentlichen Lohn Zusatzleistungen und Vorteile verschiedener Art, vom halb geschenkten Mittagessen in der Kantine über eine grosszügige Spesenregelung bis zur verbilligten Angestellten- oder Dienstwohnung. Das sind ergänzende Einkünfte, deren Verlust einen Schaden darstellt. Auch die Firmenbeiträge an eine Pensionskasse und dergleichen sind ein Lohnbestandteil. Schmälert ein Unfall den späteren Pensionsanspruch oder bewirkt er gar dessen Wegfall, so erleiden Geschädigte dadurch einen wirtschaftlichen Nachteil. Abzuziehen sind natürlich ihre eigenen Einzahlungen, die entfallen. (Die Ausrechnung ist wie folgt vorzunehmen: Die später wegfallenden Pensionsleistungen werden als aufgeschobene Rente kapitalisiert; dieser Betrag verringert sich um die Summe der nicht mehr zu leistenden eigenen Beiträge, welche mit einem temporären Koeffizienten errechnet wird.) Hier wie auch bei der AHV sind nur die rentenbildenden Beiträge zu berücksichtigen (116 II 298).
- Nicht nur die Einbusse im Hauptberuf ist zu entschädigen, sondern auch der Ausfall in einem Nebenberuf, überhaupt in irgendeiner Nebenbeschäftigung. Wer sein Gemüse aus dem Garten zog und dies nicht mehr tun kann, wer sein Haus selbst instand zu stellen oder auszubauen vermochte und nun Handwerker beiziehen muss, soll hiefür schadlos gehalten werden.
- Besonders schwierig ist die Festsetzung des mutmasslichen späteren Einkommens ohne den Unfall bei Kindern. Man muss aufgrund von Eignung und Neigung sowie von Umgebung und Umständen das Wahrscheinlichste herausfinden. Die bisherigen Leistungen in der Schule, die Tätigkeit der Eltern dienen als Anhaltspunkte.
- Zu reden gibt der Wert der Hausarbeit. Diese Bezeichnung ist, angesichts der gesellschaftlichen und rechtlichen Entwicklung, an die Stelle des Ausdrucks Hausfrauenarbeit getreten, wenn die Hausarbeit auch immer noch überwiegend von Frauen verrichtet wird. Jedenfalls ist sie höher als früher einzustufen. Die mitunter anzutreffende Geringschätzung («das bisschen Haushalt») gehört der Vergangenheit an. In erster Linie kommt es auf die Art und Grösse des Haushalts an. Vom bescheidenen Zweierhaushalt eines älteren Ehepaares bis zu einem Haus voller kleiner Kinder, von der einfachen Einzimmerwohnung zur verwinkelten Villa spannt sich ein weiter Bogen. Ausführungen über den Wert der Hausarbeit findet man weniger in Körperverletzungs- als in Versorgungsschadenurteilen, so vorab in 108 II

434ff. Das Bundesgericht verweist auf Studien aus der Schweiz und aus Deutschland und nimmt für den kleinen Haushalt eines 63jährigen Ehepaares 25 Wochenstunden zu Fr. 15.– an, was pro Jahr Fr. 19 500.– ausmacht. Der genannte Stundenlohn von Fr. 15.– bezieht sich auf das Jahr 1977 und auf eine Hausfrau, deren Leistung höher als die einer Haushalthilfe einzustufen ist, welche Fr. 10.– bis Fr. 12.– gekostet hätte. In 102 II 94 hatte das Bundesgericht Fr. 1700.– bis Fr. 1800.– monatlich für eine Haushalthilfe als nicht übersetzt bezeichnet. In 113 II 350f. hält es fest, «dass der Schaden aus Beeinträchtigung in der Haushaltführung sich nach den Aufwendungen für eine nach den üblichen Ansätzen zu entschädigende Haushalthilfe bemisst». In der Tat bilden die Kosten für eine Haushalthilfe die nächstliegende Entschädigungsgrundlage. Schlechthin von diesen Kosten ausgehen darf man aber nur, wenn der Ausfall der Hausfrau, des Hausmannes durch die zugezogene Hilfe voll ausgeglichen wird. Zumeist macht diese nur einen Teil des Ausfalles wett, während die verletzte Person sich zusätzlich abmüht, die übrigen Familienglieder einspringen und alle eine Verschlechterung der Lebensbedingungen in Kauf nehmen. In diesem Falle sind nicht einfach die Barauslagen für die Fremdhilfe zu ersetzen, sondern es ist auch der nicht wettgemachte Ausfall der Arbeitskraft der verletzten Person zu entschädigen, die sonst den Haushalt führt. Entsprechendes gilt für den Fall, dass man sich ohne fremde Hilfe durchbeisst. In 117 II 623f. wird der Wert einer Arbeitsstunde mit Fr. 22.70 angegeben. Orientiert man sich an den 15 Franken aus 108 II 439, so wird man heute von 25 bis 30 Franken ausgehen. Im übrigen sollen die Anforderungen eines Haushaltes und die Leistungsfähigkeit der ihn führenden Person bei der Stundenanzahl und beim Stundenansatz berücksichtigt werden.

– Geht eine Frau neben dem Haushalt einer Berufsarbeit nach oder hilft sie im Geschäft des Ehemannes mit, so ist auch diese Tätigkeit zu berücksichtigen, selbst wenn sie vom Ehemann keine Entschädigung für ihre Mithilfe bezieht. Manchmal macht eine Hausfrau geltend, sie hätte bald einmal oder später (nach dem Flüggewerden der Kinder, einer Scheidung, dem Tod des Ehemannes) ihre frühere Berufstätigkeit wieder aufgenommen. Dazu führt das Bundesgericht, von einer weniger strengen Praxis abrückend, in 99 II 226 aus: «Die blosse Möglichkeit, dass eine im Haushalt tätige Ehefrau ohne Unfall später wieder einem Erwerb nachgegangen wäre, genügt indes nicht, um einen zusätzlichen Anspruch zu begründen. Es müssen vielmehr konkrete Anhaltspunkte vorliegen, die dies aufgrund der Lebenserfahrung nicht nur als objektiv möglich, sondern als wahrscheinlich erscheinen lassen. Davon kann erst die Rede sein, wenn bestimmte Anzeichen die annähernd sichere Annahme zulassen, dass die Verletzte wirklich erwerbstätig geworden wäre.» (Im gleichen Sinne seinerzeit 80 II 354.) Man darf indes keine hö-

heren Beweisanforderungen als anderswo stellen. Nicht mehr streitig war die Aufnahme einer Erwerbstätigkeit in 113 II 346.
- Umgekehrt ist gegebenenfalls die Arbeit bzw. Mitarbeit eines Ehemannes oder Konkubinatspartners im Haushalt zusätzlich zu entschädigen. Das wird namentlich dann der Fall sein, wenn er nicht zu 100% erwerbstätig ist, wenn die Partnerin ihrerseits einem Erwerb nachgeht oder sonstwie (durch Verwandte, ein Hilfswerk, Interessen aller Art) besonders beansprucht wird. Allgemein ist die Hausarbeit heute immer weniger im Verhältnis 0 zu 100% verteilt (siehe die hinten 82 angeführten Zahlen).
- Bei Ausländerinnen und Ausländern erhebt sich die Frage, ob sie in der Schweiz hätten bleiben können und geblieben wären, wann sie gegebenenfalls in die Heimat zurückgekehrt wären und ob sie dann dort weniger als bei uns verdient hätten. Die Umstände müssen Aufschluss über das Wahrscheinlichste geben. Von der Schwarzarbeiterin, die bald entdeckt und zurückgeschickt worden wäre, bis zum Berufsmann, der mit seiner Familie in der Schweiz Fuss gefasst hat, reicht der Fächer der Möglichkeiten. Entsprechend unterschiedlich nahm das Bundesgericht schon Stellung: In 100 II 353 ging es bei einer 60jährigen spanischen Haushilfe von einer Rückkehr in die Heimat und geringerem Verdienst daselbst aus; in 89 II 232 fand es bei einem 32jährigen italienischen Landarbeiter, er wäre auf absehbare Zeit in der Schweiz geblieben und hätte angesichts seiner Geschicklichkeit auch in Italien nicht weniger verdient. In 121 III 255 vermerkt es beiläufig, dass die Lebenshaltungskosten einer verletzten Person an ihrem ausländischen Wohnsitz zu berücksichtigen sind – im Unterschied zur Genugtuung.
- Arbeitslosen oder Personen, die im Unfallzeitpunkt aus andern Gründen nicht oder nicht voll erwerbstätig sind, ist der Verdienst zu ersetzen, den sie vermutlich erzielt hätten. Während man für die vorübergehende Einbusse von den Gegebenheiten des Augenblicks ausgehen darf, muss man beim Dauerschaden in Betracht ziehen, dass die Betroffenen früher oder später (wieder) voll ins Erwerbsleben eingetreten wären. Selbst bei Arbeitsscheuen darf man mit einer Besserung rechnen. Man schwankt hier zwischen zwei Gesichtspunkten: Auf der einen Seite soll man nicht vom Haftpflichtigen erhalten, was man selbst nicht erarbeitet hätte, auf der andern Seite haben Geschädigte doch geldwerte Arbeitsfähigkeit verloren, die sie nach ihrem Belieben jederzeit hätten einsetzen können.
- Noch schwieriger wird die Beurteilung der Dinge bei Drogensüchtigen, überhaupt bei Kranken; sie kann nur noch aus dem Einzelfall heraus erfolgen.
- Beim Gesetzesbrecher kann von vornherein nur ein rechtmässiges Einkommen Berücksichtigung finden (vorne 39). Man muss werweissen, welches wohl wann und wie lange erzielt worden wäre.

c) Die Beeinträchtigung

- Hier ist der Ort, zu wiederholen, dass es nicht auf die medizinisch-theoretische Invalidität ankommt, die sich möglicherweise aus einer Gliedertaxe ablesen lässt, sondern auf den konkreten Ausfall (104 II 308). Das Bundesgericht hat verschiedentlich die abstrakten Schätzungen der ärztlichen Gutachter, auf die sich die Vorinstanzen stützten, nach unten berichtigt: in 102 II 242 (Rückenbeschwerden bei einem Lastwagenbesitzer) von 35 auf 20%, in 95 II 255ff. (Armverlust bei einem Knaben) von 70 auf einen von der Vorinstanz neu festzusetzenden, tieferen Dauerschaden; in diesem Entscheid sind auf Seite 265 drei weitere Urteile des Bundesgerichtes aufgeführt. In 117 II 623 blieb es bei der Herabsetzung der Arbeitsunfähigkeit als Hausfrau von 80% gemäss ärztlichem Gutachten auf 50%.
- Es kann indes auch in die andere Richtung gehen: Die Verletzung wirkt sich wegen des Berufes der geschädigten Person besonders stark aus, z.B. die leichte Verminderung der Fingerbeweglichkeit bei einer Musikerin. Haftpflichtige müssen, unter dem Vorbehalt sonstiger zumutbarer Arbeit, den tatsächlichen Ausfall übernehmen. Manchmal können Betroffene die verbleibende Arbeitsfähigkeit nicht verwerten (wie in 113 II 348 oder 117 II 624f.), oder sie finden, aus dem Geleise geworfen und mit einem Dauerschaden behaftet, keine Stelle mehr. Haftpflichtige haben den Verlust, der sich trotz redlichem Bemühen einstellt, zu vergüten. In 100 II 356f. trug man bei der Bemessung des Dauerschadens den Schwierigkeiten bei der Wiedereingliederung und bei der Suche nach einem Arbeitsplatz Rechnung. Das Gleiche geschah in einem Entscheid vom 6. Mai 1997 = 123 III ... Ein junger Mann hatte eine unvollständige Tetraplegie erlitten. Die medizinisch-theoretische Invalidität betrug 50%. Diesen Satz legte die IV ihrer Rente zugrunde, während die UVG-Versicherung eine 60%ige Invalidität annahm. Der Geschädigte suchte eine Halbtagsstelle. Angesichts der Schwierigkeiten, eine solche zu finden, ging das kantonale Gericht von einer Invalidität von 75% aus. Dabei blieb es auch vor Bundesgericht.
- Besser als mit Prozenten rechnet man mit dem tatsächlichen Ausfall, wie dies in 104 II 307f. möglich war. Lässt sich der Verlust durch Aushilfen oder in anderer Weise auffangen, so ist der hierfür notwendige Betrag massgebend. Eine Hausfrau, die gewisse schwere Arbeiten nicht mehr zu verrichten vermag, kann eine Stundenfrau beiziehen. Springt ein Mitglied der Hausgemeinschaft ein, so ergibt sich der Schaden aus dessen Aufwand (99 II 221ff.). In der Regel bildet jedoch ein ärztlich festgelegter Prozentsatz die Berechnungsgrundlage: man muss dann prüfen, ob der wirkliche Ausfall dem entspricht; bei körperlichen Tätigkeiten stimmt zumeist die medizinisch-theoretische Invalidität mit der tatsächlichen überein.

- Liegt zwar eine Beeinträchtigung der körperlichen Unversehrtheit, aber keine unmittelbare Erwerbseinbusse vor, so spricht man von Integritätsschaden. Regelmässig bedeutet ein solcher eine Erschwerung des wirtschaftlichen Fortkommens, worauf OR 46 I abstellt. Selbst in einem Beruf, in dem es auf den Kopf ankommt, ist eine Behinderung am Bein nicht belanglos. Auch der im Innendienst eines Unternehmens oder die als Anwältin Arbeitende muss sich bewegen, sich da- und dorthin begeben und mag dabei etwas Zeit und Schwung einbüssen (vgl. dazu 82 II 33f.). Auf der Stellensuche ist ein Mensch, der hinkt, der Finger verloren hat, der nur auf einem Ohr hört, weniger gern gesehen, selbst wenn man dies vor sich und anderen nicht wahrhaben will. Sodann besteht die Gefahr, dass sich das Leiden verschlimmert, dass Schmerzen auftreten (82 II 34). Bei Beeinträchtigung der körperlichen Integrität ohne sichtbare und sichere Auswirkungen im Erwerbsleben geht das Bundesgericht von der ärztlichen Schätzung aus und spricht einen Teil, z.B. einen Drittel wie in 99 II 220, zu.
- Geringe Restbeschwerden ohne wirtschaftliche Auswirkung sind nicht mehr durch Schadenersatz, sondern gegebenenfalls durch Genugtuung abzugelten (91 II 425f.). Die Integritätsentschädigung nach dem UVG entspricht der Genugtuung und ist nicht mit dem haftpflichtrechtlichen Integritätsschaden zu vermengen.
- Nicht in jedem Falle ist der einmal eingetretene Dauerschaden unabänderlich. Man darf mit einer Anpassung an die Behinderung, man muss mit einer Verschlimmerung rechnen. Voraussehbare Veränderungen sind bei der Kapitalisierung zu berücksichtigen. In 91 II 427 nahmen die Gerichte an, die Verletzung werde sich erst in der zweiten Hälfte der Aktivitätsdauer, im Umfang von 20%, auswirken. Der auf zwei Jahre befristete Nachklagevorbehalt gemäss OR 46 II hilft bei Entwicklungen, die sich über längere Zeit hinziehen, nicht viel. Ergibt sich allerdings eine wesentliche Verschlimmerung, die im Zeitpunkt der Schadenerledigung nicht zu erwarten war, so kann die geschädigte Person das Auftreten neuen Schadens geltend machen (sofern nicht die absolute Verjährung von zehn Jahren eingetreten ist).
- Es gehört zur Schadenminderungspflicht der Geschädigten, Massnahmen zur Verhinderung eines Dauerschadens zu ergreifen. Diese müssen ihnen allerdings zumutbar sein. Gefährlichen und schmerzhaften Operationen oder solchen mit unsicherem Ausgang haben sie sich nicht zu unterziehen (siehe Band I 126f.). Bei der Frage einer Umschulung ist auf die bisherige Tätigkeit Bedacht zu nehmen. Man wird von einer Person, die beruflich hochgestellt war, nicht verlangen können, dass sie niedrigste Arbeit verrichte. Meistens geht es jedoch darum, bisher körperlich Arbeitende im Dienstleistungssektor einzusetzen. Es kommt dann gelegentlich vor, dass die neue Tätigkeit mehr als die bisherige einbringt. Allgemein haben Haftpflichtige die Kosten

einer Operation, der Umschulung, den während dieser Zeit erlittenen Lohnausfall und den kapitalisierten Minderverdienst zu übernehmen. Verweigern Geschädigte zu Unrecht die Durchführung einer Operation oder Umschulung, so darf der Schaden auf Grund des zu erwartenden Erfolges berechnet werden (81 II 515); in 89 II 230f. lehnte es das Bundesgericht ab, die Umschulung eines beim Unfall 32jährigen italienischen Landarbeiters zum Fräser, Bohrer oder Dreher in Betracht zu ziehen, weil es von den Möglichkeiten im neuen Beruf wenig hielt.

- Besondere Probleme ergeben sich beim Verlust eines paarigen Organs, z. B. eines Auges. Der Verlust eines Auges stellt an sich einen Schaden dar. Ebenso sehr oder noch mehr ins Gewicht fällt die Gefahr der Erblindung bei Verletzung des zweiten Auges. In 100 II 306f. schildert das Bundesgericht die Beschwernisse von Einäugigen; unter Verweis auf zwei frühere Urteile bestätigt es die Annahme eines Invaliditätsgrades von 25% durch das Bündner Kantonsgericht. Der Abschluss einer Erblindungsversicherung eröffnet der Schadenerledigung zusätzliche Möglichkeiten. Ähnliche grössere Auswirkungen als bei einer unversehrten Person können sich ergeben, wenn der Unfall eine teilinvalide trifft (wie in 113 II 347f.).

- Eine weitere Sondergruppe sind die Verunstaltungen und Entstellungen, die sogenannten ästhetischen Schäden. Diese sind nicht nur unter dem Gesichtspunkt der Genugtuung, sondern auch dem der Erschwerung des wirtschaftlichen Fortkommens zu würdigen. Nicht nur beim Fotomodell und beim Dressman, der Tänzerin und dem Steward kommt es auf das Aussehen an, sondern überall dort, wo man mit Kundschaft zu tun hat; namentlich dort, wo ihr etwas verkauft werden soll, wird Wert auf einnehmendes Äusseres gelegt. Eine Narbe im Gesicht kann zur Einengung der Berufswahl (81 II 516), zum Ausbleiben einer Beförderung, zum Verlust der Stelle führen. Das sind wirtschaftliche Folgen, die Haftpflichtige zu tragen haben. Nicht mehr wie früher (82 II 516) ohne weiteres bejahen wird man die Frage, ob die Verminderung der Heiratsaussichten bei einer Frau einen Schaden darstelle.

- Die moderne Medizin macht es möglich, Schwerstgeschädigte am Leben zu erhalten: Unfallopfer, die mit gelähmten Gliedern, mit zerstörtem Geist und ohne Hoffnung auf Heilung darniederliegen, sei es zu Hause, sei es in einer Anstalt oder dergleichen. Sie sind nicht nur weit entfernt von jeder Erwerbsmöglichkeit, sondern in hohem Masse pflegebedürftig. Am bekanntesten geworden ist der Fall des 15jährigen Tessiner Mädchens, welches wegen ärztlichen Versagens bei der Narkose eine Schädigung erlitt, wie man sie sich nicht mehr schwerer vorstellen kann (108 II 422ff.). Von vornherein falsch wäre es, den Schaden lediglich nach den Bedürfnissen, die eine solche Person (noch) hat, zu bemessen, d. h. ihr einfach die Kosten der Pflege und

Betreuung zu bezahlen. Es ist auch einer solchen Geschädigten der volle Erwerbsausfall zu ersetzen; ob und wie sie das Geld verwenden kann, ist ihre Sache und nicht die des Haftpflichtigen (108 II 428). Zum Arbeitsausfall kommen die Pflegekosten hinzu; im erwähnten Entscheid betrugen sie Fr. 585 000.–, während der entgangene Verdienst Fr. 686 000.– ausmachte. Selbstverständlich enthalten die Pflegekosten nicht den normalen Lebensunterhalt, sondern nur die zusätzlichen Aufwendungen, welche der Zustand des Opfers notwendig macht. Der Gedanke liegt nahe, mit diesen Mehrkosten den Minderverbrauch für Ferien, Kleider, Sport und Unterhaltung zu verrechnen. Das Bundesgericht hat ihn verworfen. Somit hat eine solche Geschädigte den vollen Verdienstausfall und alle Zusatzkosten, welche ihr Zustand mit sich bringt, zugut.
– Bei Kindern treten zwei Gesichtspunkte hervor: Auf der einen Seite ist die Ungewissheit über die Auswirkung der Schädigung noch ausgeprägter; sie darf nicht zu Lasten des Kindes gehen (100 II 305). Auf der andern Seite passt sich ein Kind seiner Behinderung leichter an (95 II 265/Armverlust; 70 II 140f./Fingerverlust) und kann sich schon bei der Berufswahl darauf einrichten (72 II 206f./Fussverlust, mit eingehenden Erwägungen).

d) Die Dauer

– Die Aktivitätskoeffizienten der Tafel 20 von Stauffer/Schaetzle gehen von der natürlichen Aktivitätserwartung aus, also von der Zeitspanne, während der ein Mensch im Durchschnitt arbeitsfähig bleibt. Sie sind somit der gegebene Kapitalisationsfaktor für Selbständigerwerbende, sofern sie arbeiten, solange sie können (123 III 117; 116 II 295ff.). Manche hören allerdings früher oder sogar vorzeitig auf; dann kommen die Tafeln 18/19 zum Zuge.
– Bei Angestellten ist heute der Rücktritt von der beruflichen Tätigkeit mit 65 Jahren die Regel. Entsprechend ist für Männer die Tafel 18 anzuwenden, für Frauen die Tafel 19; bei ihnen ist auf das abgestufte AHV-Alter abzustellen: 62 Jahre bis zum Jahr 2001, 63 Jahre bis 2005 und ab diesem Datum 64 Jahre (vgl. 123 III 118f.) – so es dabei bleibt. Je nach Beruf und Betrieb werden Menschen schon früher pensioniert. Man wird darauf abstellen, was im betreffenden Betrieb die Regel, auch schon vorgekommen und im zu beurteilenden Falle wahrscheinlich ist. Allerdings werden manche nach der Pensionierung – besonders wenn sie früh erfolgte – die Hände nicht in den Schoss legen, sondern sich in ihrem Berufe, in einem verwandten Bereiche oder sonst auf einem Gebiet in einem gewissen Umfange weiter betätigen und etwas verdienen. So hat das Bundesgericht in 104 II 308f. mit der Aktivitätstafel 20 gerechnet, weil bei einem 38jährigen Tiefbautechniker «nach der Pensionierung Erwerbstätigkeiten in andern als den bisherigen Funktio-

nen durchaus denkbar sind». Auch in 112 II 129 hat es, beim Angestellten einer «coopérative fruitière» und ohne weitere Begründung, den normalen Aktivitätsfaktor genommen. Gegebenenfalls ist für die Zeit zwischen Pensionierung und Aktivitätsende mit einem herabgesetzten Einkommen zu rechnen. Bei angespannter Wirtschaftslage werden solche Absichten aber schwieriger zu realisieren sein als früher.

– Ist für die Hausarbeit von der normalen statistischen Aktivitätserwartung auszugehen? Manche vertreten die Meinung, man führe einen Haushalt, bis man tot umfalle, und verwenden deshalb den Mortalitätskoeffizienten. Andere nehmen ein Mittel zwischen Aktivität und Mortalität. Das Bundesgericht hat in 108 II 441 – als Gipfel des Ausgeklügelten – ein sogenanntes gewogenes Mittel (moyenne pondérée) in Betracht gezogen, indem es die Spanne zwischen Erwerbs- und Lebenserwartung zu zwei Dritteln zur Aktivität schlug (es blieb dann aus Verfahrensgründen beim einfachen Mittel). Indessen berücksichtigen die Aktivitätstafeln auch die Hausfrauen, so dass man die Tafel 20 verwenden könnte. Ganz genau genommen müsste man in Erwägung ziehen, dass die Aktivitätserwartung der Hausfrauen zwar im statistischen Durchschnitt enthalten ist, aber für sich allein genommen höher liegt als die ihrer erwerbstätigen Geschlechtsgenossinnen. Also ist der normale Aktivitätskoeffizient leicht zu erhöhen, wobei allerdings das arithmetische = einfache Mittel zwischen Aktivität und Mortalität als das Oberste erscheint. Zu diesem hat das Bundesgericht in 113 II 351ff. gefunden; die entsprechenden Faktoren liefert die Tafel 20a.

– Bei Kindern steht nicht das Ende, sondern der Beginn der Erwerbstätigkeit zur Debatte. Er ergibt sich aus der angenommenen Berufswahl. Man kapitalisiert eine bis dahin aufgeschobene Rente. Ein Ausgleich liegt darin, dass bei höherem Einkommen mit längerer Ausbildung der Koeffizient kleiner wird.

e) Kasuistik

Die folgende Zusammenstellung enthält, in rückwärts schauender Reihenfolge, bundesgerichtliche Urteile der letzten Jahrzehnte. Damit soll gezeigt werden, wie die bisher herausgearbeiteten Gesichtspunkte im einzelnen Falle Gestalt annehmen. Bei den Zahlen ist selbstverständlich das Jahr, auf welches sie sich beziehen, im Auge zu behalten. Insofern ist die Kette der Erkenntnisse fast schon ein Zeitspiegel.

123 III 115ff. *34jährige Ehefrau und Mutter wird bei einem Verkehrsunfall schwer verletzt.* Beim Dauerschaden (50%) war von einem jährlichen Ausfall von fast Fr. 65 000.– auszugehen. Das Bundesgericht kapitalisierte ihn bis zum AHV-Alter von 64 Jahren, somit für die im betreffenden Zeitpunkt 45jährige Frau

mit 13.46, was zu einem Kapital von rund Fr. 868 000.– führte. Der Zinsfuss von 3,5% war von den Parteien nicht in Frage gestellt worden. Zum erwähnten Betrag kamen, wie den nicht veröffentlichten Erwägungen zu entnehmen ist, die kapitalisierten Beiträge der Arbeitgeberin an die AHV von gegen Fr. 50 000.– und an die Pensionskasse von rund Fr. 140 000.– (ohne Einbezug der Treueprämien). Abzuziehen waren die IV-Leistungen von fast Fr. 220 000.–, womit sich ein Betrag von rund Fr. 838 000.– ergab. Zu verzinsen war er vom Zeitpunkt der Kapitalisierung an, der hier, anders als üblich, nicht mit dem Urteilstag zusammenfiel.

117 II 609   *Verunfallte ist gemäss Gutachten zu 80% arbeitsunfähig.* Obergericht Solothurn berechnet den Schaden aufgrund eines Ausfalles von 100% als Serviertochter, da die verbleibenden 20% nicht mehr zu verwerten waren, und von 50% als Hausfrau, da sie im Haushalt noch verschiedene leichtere Arbeiten verrichten konnte. Das Bundesgericht bestätigt diese Prozentsätze, erkennt aber entgegen der Vorinstanz, die eine indexierte Rente zugesprochen hatte, auf die übliche Kapitalzahlung.

116 II 295ff.   *Schädigung der Beinmuskulatur durch chirurgischen Kunstfehler bei einem Elektromonteur.* Dieser kann nur noch halbtags arbeiten. Berner Appellationshof berechnet den vorübergehenden Schaden mit einem Mittelwert, legt diesen aber fälschlicherweise auch dem Dauerschaden zugrunde. Richtigerweise war statt von Fr. 55 000.– von Fr. 61 000.– auszugehen (künftige Reallohnerhöhungen wurden nicht geltend gemacht). Die Fr. 30 500.– wären für den am Urteilstag 47jährigen Kläger mit dem Aktivitätskoeffizienten zu kapitalisieren gewesen. Da dieser aber den Faktor bis 65 Jahre hingenommen hatte, blieb es dabei (Fr. 30 500.– × 12.21 = Fr. 372 405.–). Hinzu kamen die zufolge verminderter Erwerbstätigkeit entfallenden Arbeitgeberbeiträge an AHV und Pensionskasse, soweit sie rentenbildende Funktion hatten. Das machte für die erste Säule Fr. 15 641.– und für die zweite Säule Fr. 10 989.– aus.

113 II 345ff.   *Teilinvalide Frau erleidet weiteren Unfall mit Knieverletzung.* Sie war nach dem ersten Unfall zu 30% arbeitsfähig und konnte das umsetzen. Nach dem zweiten Unfall bestand noch eine Arbeitsfähigkeit von 15%, die sie nicht mehr verwerten konnte. Also bewirkte dieser eine Einbusse von 30%. Es war anzunehmen, dass sie ohne den zweiten Unfall eine teilweise Erwerbstätigkeit mit einem jährlichen Bruttolohn von Fr. 13 200.– und Sozialversicherungsbeiträgen von Fr. 2000.– aufgenommen hätte. Die Fr. 15 200.– kapitalisiert mit dem Aktivitätskoeffizienten ergaben Fr. 268 000.–. Der Ausfall in der Haushaltführung betrug Fr. 440.– im Monat. Die Kapitalisierung mit dem einfachen Mittel zwischen Aktivität und Mortalität machte für die nunmehr 45jährige Frau einen Betrag von Fr. 100 220.– aus.

112 II 118ff.   *Ein abstürzendes Militärflugzeug tötet zwei Söhne im Alter von 11 und 18 Jahren; der Vater erleidet einen Nervenschock und bleibt dauernd zu 50% arbeitsunfähig.* Er arbeitet, auch nach dem Unfall, für eine «coopérative fruitière» und bezieht dort einen Lohn von Fr. 42 019.60. Die Hälfte davon = Fr. 21 009.80 wird mit dem normalen Aktivitätskoeffizienten gemäss Tafel 20 von Stauffer/Schaetzle multipliziert. Da die Kapitalisierung erst ab 1986 erfolgt, ist der Koeffizient für den nun 54jährigen 11.60. Es ergibt sich ein Gesamtbetrag von Fr. 243 713.– (und, nach Abzug der IV-Leistungen von Fr. 70 730.–, ein Direktschaden von Fr. 172 983.–).

104 II 307ff.	*Tiefbautechniker mit Lähmung geht dank grossen Anstrengungen in erheblichem Umfang seiner Berufsarbeit nach.* Er verdient statt Fr. 5000.– noch Fr. 3000.– im Monat. Nach Abzug der Suva-Rente von monatlich Fr. 1111.– ergibt sich ein Kapital von Fr. 244 109.–. Dabei ist bei dem 38jährigen mit dem Koeffizienten 1831 der Aktivitätstafel 20, nicht mit dem Faktor 1656 der Tafel 23 für temporäre Renten zu rechnen, weil in einem Falle wie dem vorliegenden das Abstellen auf das allgemeine Pensionsalter zu starr wäre. Vor allem ist mit einer Erwerbstätigkeit über das 65. Altersjahr hinaus zu rechnen: «Dass ein Tiefbautechniker in leitender Stellung über diesen Zeitpunkt hinweg freiberuflich tätig ist, indem er etwa Begutachtungen und dergleichen übernimmt, ist ohnehin nicht ungewöhnlich.»
102 II 232ff.	*34jähriger Franzose, der mit Getreide, Wein, Baustoffen und Kohle handelt, erleidet einen Wirbelbruch.* Er kann nun mit dem Lastwagen keine längeren Fahrten als 20 km mehr machen, keine Lasten über 10 bis 20 kg heben und leidet fast dauernd unter Schmerzen. Zwar hat sich sein Geschäft mit den drei Angestellten, wie ein buchhalterisches Gutachten zeigt, normal weiterentwickelt. Aber damit ist nicht gesagt, dass der Unfall ohne Einfluss auf seinen Verdienst blieb. Die gegenteilige Annahme drängt sich auf. Zudem geriete der Geschädigte bei einem Berufswechsel in Schwierigkeiten. Deshalb ist, bei einer medizinischen Invalidität von 35%, ein Dauerschaden von 20% anzunehmen.
102 II 33ff.	*37 Jahre alter Transportunternehmer (Einmannbetrieb) trägt Beschwerden an der Halswirbelsäule davon.* Dabei ist ein Vorzustand und dazu eine Neurose im Spiel. Deren Entwicklung wird allerdings dem Geschädigten um so weniger zur Last gelegt, als der Haftpflichtversicherer durch sein Verhalten dazu beigetragen hat. Hingegen ist für die Berechnung des Dauerschadens (sechs Jahre nach dem Unfall) die schon vor dem Ereignis vorhandene Veränderung der Halswirbelsäule zu berücksichtigen, weil sie zur Invalidität beiträgt, wiewohl der Geschädigte vorher nichts gemerkt und hart gearbeitet hat. Das Bundesgericht nimmt so bei einer grosszügig bemessenen Gesamtinvalidität von 50% einen Dauerschaden von 35% an bei einem mutmasslichen Einkommen von Fr. 30 000.– (Stundenansatz Fr. 35.–; vgl. die Berechnung des vorübergehenden Schadens, vorn 60).
100 II 352ff.	*Spanierin bringt Hand in eine Wäschemangel und verliert die drei letzten Finger der rechten Hand.* Der medizinische Gutachter schätzt die Invalidität auf 3 × 8% für die Finger plus 7,5% für die Schwierigkeiten bei der Wiedereingliederung und auf dem Arbeitsmarkt, zusammen also auf 31,5%. Dabei handelt es sich nicht um eine rein anatomische, sondern um eine wirkliche Schätzung der Erschwerung des wirtschaftlichen Fortkommens, wiewohl die Geschädigte weiterhin alle Arbeit verrichten kann. Ausgehend von einem Monatslohn von Fr. 850.– ergibt sich ein monatlicher Ausfall von Fr. 267.–. Da indessen die im Zeitpunkt der Schadenbestimmung 60jährige Geschädigte kaum für die ganze Zeit ihrer Aktivitätserwartung von 14,29 Jahren eine gleich gut entlöhnte Stelle als Haushalthilfe gefunden hätte und überdies nach Spanien zurückkehren will, wo sie nach Auffassung der Vorinstanz statt der Fr. 850.– nicht mehr als Fr. 480.– monatlich verdienen könnte, ist der angenommene Ausfall von Fr. 267.– im Monat auf Fr. 200.– zu ermässigen. Die Fr. 2400.– jährlich multipliziert mit dem Koeffizienten 11,05 ergeben Fr. 26 520.–.

100 II 298ff.	*13jähriger Knabe verliert durch die abprallende Kugel eines Luftgewehrs ein Auge.* Das ist auch für ein Kind, das sich anpassen kann, eine schwere Beeinträchtigung. Bundesgericht zählt all die Nachteile auf, von der Einengung der Berufswahl über die erhöhte Unfallgefahr bis zu den Schwierigkeiten bei einer Stellensuche oder gar der Beeinträchtigung der Heiratsmöglichkeiten. Es zeigt aufgrund früherer Urteile, dass die von der Vorinstanz angenommene Invalidität von 25% durchaus im Rahmen liegt, und bestätigt das kantonale Urteil, welches eine aufgeschobene Rente von kapitalisiert Fr. 124 125.– und Fr. 4718.– für regelmässige ärztliche Kontrollen zugesprochen hatte.
99 II 221ff.	*Schwere Peitschenhiebverletzung einer 27jährigen Ehefrau, welche vor der Heirat als Saaltochter tätig war und nachher den Haushalt besorgte sowie ihrem Ehemann, einem Bauingenieur, bei Büroarbeiten half.* Jetzt braucht sie dauernde ärztliche Behandlung, ist im Haushalt behindert und könnte ihren früheren Beruf nicht mehr ausüben. Das Bundesgericht berechnet den Schaden (Besorgung anstrengender Haushaltarbeiten durch Dritte) aufgrund einer 35prozentigen Arbeitsunfähigkeit. Die Klägerin will auch die vermehrte Mitarbeit des Ehemannes im Haushalt und den Mehraufwand, wenn sie nicht kochen könne, berücksichtigt wissen. Das kann entgegen der Meinung des Handelsgerichts Zürich nicht als Reflexschaden abgetan werden: «Der Hausfrau steht vielmehr ein eigener Schadenersatzanspruch zu, dessen Erfüllung nicht mit der Begründung verweigert werden darf, andere Familienangehörige, insbesondere der Ehemann, verrichteten die sonst ihr obliegenden Arbeiten.» Die Vorinstanz hat deshalb darüber Beweis abzunehmen. Sodann macht die Geschädigte einen weiteren Schaden von mindestens Fr. 100 000.– geltend, weil Tod oder Invalidität des Ehemannes oder eine Scheidung sie zu erneuter Berufstätigkeit zwingen könnten. Das Bundesgericht tut dar, dass und in welchem Umfange es diese Möglichkeit in früheren Urteilen berücksichtigt hat, verlangt aber jetzt etwas einschränkend konkrete Anhaltspunkte, welche diese Wendung als wahrscheinlich erscheinen lassen, und zeigt einleuchtend, was im vorliegenden Fall gegen die Berücksichtigung einer Scheidung und des Todes oder einer Invalidität des Ehemanns spricht.
99 II 214ff.	*Werkführer erleidet bei einem Verkehrsunfall Kopf- und weitere Verletzungen.* Nach einer Umschulung zum Mechaniker hat er keinen Minderverdienst. Das Bundesgericht erläutert einlässlich die konkrete Schadenberechnung, für welche natürlich auch die Auswirkungen der Umschulung zu berücksichtigen sind. Demnach erleidet der Geschädigte keinen Schaden. Unter Berücksichtigung der möglichen Schwierigkeiten bei der Suche nach einem neuen Arbeitsplatz und namentlich der zu befürchtenden Spätfolgen setzt das Bundesgericht die von der kantonalen Instanz entsprechend einem ärztlichen Gutachten angenommene Invalidität von 30% auf 10% herab, was eine Entschädigung unter diesem Titel von rund Fr. 30 000.– ergibt.
95 II 255ff.	*Dreijähriger Knabe kommt unter den Zug; es muss ihm der rechte Vorderarm unterhalb des Ellbogens abgenommen werden.* Die kantonalen Instanzen sprechen einen Dauerschaden von jährlich Fr. 12 600.– aufgrund eines Jahresverdienstes von Fr. 18 000.– und einer Invalidität von 70% zu. Das Bundesgericht tut unter Berufung auf frühere Urteile dar, dass diese Schätzung namentlich bei einem Kinde zu hoch ist, und weist, nach eingehenden Aus-

führungen zum Wesen des Nachklagerechts, die Sache zur neuen Beurteilung an die Vorinstanz zurück.

91 II 425ff. *Ein Hilfsmechaniker konnte nach einem Unfall die Arbeit trotz zeitweiligem Auftreten von Schmerzen wieder voll aufnehmen.* Das kantonale Gericht hat deshalb erst für die zweite Hälfte der ihm verbleibenden Aktivitätsdauer eine Erschwerung des wirtschaftlichen Fortkommens, und zwar im Umfange von 20% angenommen. Damit hat es sich im Rahmen seines Ermessens gehalten. Hingegen ist für diese Zeit vom dann anzunehmenden Verdienst auszugehen, wobei allerdings die altersbedingte Verminderung der Leistungsfähigkeit zu berücksichtigen wäre, während eine reine teuerungsbedingte Steigerung nicht ins Gewicht fiele. Das Bundesgericht rechnet dann aber aus, dass jedenfalls kein die Suva-Leistung übersteigender Schaden entstanden ist.

89 II 222ff. *32jähriger italienischer Landarbeiter gerät in Miststreutrommel, so dass ihm ein Bein bis auf einen kurzen Stumpf abgenommen werden muss.* Das aargauische Obergericht errechnet, gestützt auf einen Jahresverdienst von Fr. 5000.– und eine Invalidität von 60%, einen Schaden von Fr. 76 280.–. Das Bundesgericht bestätigt diese Berechnung. Es geht nicht auf die vom Beklagten geforderte Umschulung zum Fräser, Bohrer oder Dreher ein, weil die Prothese bei sitzender Tätigkeit drücken und weil der Kläger keine Arbeit in der Metallindustrie finden könnte. Ebenso wenig lässt es am bisherigen Einkommen als Berechnungsgrundlage rütteln, weil der Geschädigte ohne den Unfall auf absehbare Zeit in der Schweiz geblieben wäre und angesichts seiner Geschicklichkeit auch in Italien ein Einkommen in der genannten Höhe hätte erzielen können.

85 II 350ff. *52jährige Frau stürzt bei der Einfahrt des Zuges von der offenen Plattform und verliert beide Beine oberhalb des Knies.* Sie bleibt für den Rest ihres Lebens vollinvalid. Das Bundesgericht nimmt für rund vier Jahre ein jährliches Einkommen von Fr. 5000.– an und hernach von Fr. 3000.–, in der Meinung, die Geschädigte hätte sicher mit der Zeit ihre Nebenbeschäftigung (Aufzucht von Geflügel) aufgegeben, besonders nach der Pensionierung ihres Mannes.

82 II 25ff. *44jähriger Mailänder Bankprokurist wird von einem Skifahrer angefahren und bricht sich den Hals des linken Oberschenkelknochens.* Nach drei Monaten kann er die Arbeit teilweise, nach sechs Monaten wieder voll aufnehmen, aber die Beweglichkeit des Beines bleibt im Umfange von 20% beeinträchtigt, so dass er in den Innendienst genommen werden muss. Der Beklagte behauptet, dort verdiene er sogar mehr. Das steht indessen nicht fest, und das Bundesgericht heisst die Berechnung des Solothurner Obergerichts, welches von einer Erschwerung des wirtschaftlichen Fortkommens von 10% ausgegangen ist, gut: «Ein körperlich behinderter Mann ist erfahrungsgemäss auch im Innendienst einer Bank in seiner Arbeit beeinträchtigt und hat daher weniger Aussicht auf Beförderung... Mit zunehmendem Alter wird der Kläger möglicherweise sogar mit grösseren Schwierigkeiten rechnen müssen.»

81 II 512ff. *Zweieinhalbjähriges Mädchen wird von einem Hund gebissen; zurück bleibt eine Narbe über die ganze Wange.* Das Aussehen der Klägerin kann durch eine zumutbare Operation verbessert werden. Trotz geringer Entstellung ist aber an einer gewissen Erschwerung des wirtschaftlichen Fortkommens

nicht zu zweifeln. «Als Kind eines Apothekers wird sie sich nicht mit einem Beruf begnügen wollen, der nur handwerkliches Können erfordert. Sie wird daher in der Berufswahl behindert sein. Einen Beruf, der Anforderungen an ein einnehmendes Aussehen stellt, wird sie nicht wählen oder im Wettbewerb mit anderen nur mit Nachteil ausüben können. Nach der Erfahrung des Lebens schränken Narben im Gesicht einer Frau, selbst wenn sie dieses nur geringfügig entstellen, auch die Möglichkeit der Verheiratung und damit die mit der Heirat verbundene Verbesserung des wirtschaftlichen Fortkommens ein.» Dieser Beeinträchtigung (die sich natürlich erst später auswirken wird) entspricht der vom Obergericht Aargau zugesprochene Betrag von insgesamt Fr. 7000.– durchaus.

81 II 159ff. *Zweieinhalbjähriges Mädchen wird vom Zug angefahren und trägt eine beträchtliche kosmetische Entstellung des Gesichtes mit Schielen und Sehschwäche davon.* Das Obergericht Solothurn spricht eine Rente von Fr. 40.– im Monat für die Zeit vom 16. bis zum 20. Lebensjahr und eine solche von Fr. 70.– monatlich für die Zeit nachher zu, was einer Invalidität von 20% entspricht. Die Rente wird nicht angefochten und ist nach der Äusserung des Bundesgerichts in Ordnung. Im übrigen verwirft es den Antrag der Klägerin auf Ausrichtung eines Kapitals.

77 II 296ff. *32jähriger Geschäftsagent und Liegenschaftenhändler trägt eine unbedeutende Verletzung an der Hand und manchmal auftretendes Kopfweh sowie Gedächtnislücken davon.* Die Gutachter schätzen diese Beeinträchtigung auf 5%, und gestützt auf diesen Invaliditätssatz sowie auf einen Monatsverdienst von Fr. 1500.– spricht das Freiburger Kantonsgericht Fr. 18000.– zu. Das Bundesgericht unterstreicht, dass der Richter sich nicht einfach auf die Experten abstützen darf, sondern die Auswirkungen einer Verletzung selbst abschätzen muss. In diesem Beruf ist die Handverletzung praktisch bedeutungslos; nur Kopfweh und Gedächtnislücken können stören. Die volle Invaliditätsentschädigung ist zu hoch; sie wird auf rund die Hälfte herabgesetzt.

72 II 198ff. *Achtjähriger Knabe wird beim Schlitteln vom Zug erfasst; das führt zu einer Amputation des vorderen Teils des Fusses, mit der Notwendigkeit, nach Beendigung des Wachstums den ganzen Fuss im Unterschenkel abzunehmen.* Die Verminderung der Erwerbsfähigkeit wird durch ärztliches Gutachten theoretisch auf 60% festgesetzt. Der Appellationshof des Kantons Bern nimmt eine Invalidität von 40% an, weil sich die Behinderung bei geeigneter Berufswahl weniger stark auswirke. Das Bundesgericht findet das immer noch erheblich übersetzt und betrachtet 25% als angemessen (mit sehr eingehenden Ausführungen zur Berufswahl). Also wird eine Rente von 25% = Fr. 1500.– jährlich, beginnend mit dem 20. Altersjahr, kapitalisiert.

63 II 58ff. *10jähriger Knabe erleidet schwere Fussverletzungen*, so dass schliesslich infolge Versteifung des rechten Fussgelenks eine dauernde Invalidität von 20% zurückbleibt. «Bei der Berechnung der Erwerbseinbusse ist die Vorinstanz davon ausgegangen, dass der Kläger den Beruf eines Elektrikers ergriffen hätte und vom 20. Altersjahr an auf ein Einkommen von Fr. 3600.– gekommen wäre.» Diese Berechnung ist in Ordnung, und es ergibt sich ein Kapital von Fr. 9014.40. Da aber der Geschädigte nach beendigter Lehre zwischen dem 18. und 20. Altersjahr auch schon etwas verdient hätte, wird die Entschädigung auf Fr. 9600.– erhöht.

III. TÖTUNG

1. ALLGEMEINES

a) Die gesetzliche Grundlage

OR 45 Im Falle der Tötung eines Menschen sind die entstandenen Kosten, insbesondere diejenigen der Bestattung, zu ersetzen.
Ist der Tod nicht sofort eingetreten, so muss namentlich auch für die Kosten der versuchten Heilung und für die Nachteile der Arbeitsunfähigkeit Ersatz geleistet werden.
Haben andere Personen durch die Tötung ihren Versorger verloren, so ist auch für diesen Schaden Ersatz zu leisten.

Diese Bestimmung gilt für sämtliche Haftpflichtfälle
– entweder direkt, wie für OR 41ff.
– oder kraft Verweises wie für die vertraglichen Haftungen (OR 99 III) oder die Spezialgesetze (SVG 62)
– oder kraft ihrer allgemeinen Geltung.

Das EHG enthält in Art. 2 eine eigene Regelung; diese lautet aber nicht nur inhaltlich, sondern fast wörtlich gleich. Wir halten uns deshalb für alles Weitere an OR 45.

b) Der Eintritt des Todes

In der Regel tritt der Tod sofort oder bald einmal ein. Er kann aber auch viel später, nach Jahren kommen. Das ändert nichts an der Haftpflicht, sofern der Zusammenhang noch beweisbar und vernünftig ist. Allerdings verliert sich der Kausalzusammenhang mit der Zeit immer mehr. Eine Schranke bildet sodann die Verjährung. Da sie nach OR 60 und SVG 83 erst mit der Kenntnis des Schadens zu laufen beginnt, ist dort die absolute Verjährung von zehn Jahren massgeblich. Diese Frist ist in der Regel nicht zu knapp bemessen. Anders verhält es sich mit der nach EHG 14 und EIG 37, welche zwei Jahre ab Unfalltag beträgt. Hier liegt die Gefahr näher, dass Ansprüche verjährt sind, bevor sie entstehen (darüber hinten 249).

Keine Rolle spielt, immer unter dem Vorbehalt der Adäquanz, die Kausalkette, die zum Tode führt. Ruft beispielsweise eine Hirnverletzung eine Gemütsveränderung hervor, welche die betroffene Person in den Selbstmord treibt, so ist dieser als Unfallfolge zu werten (vgl. UVV 48 und 120 V 352).

Wird ein noch nicht geborenes Kind von einem Unfall betroffen, so könnte man grosse begriffliche Überlegungen zur Möglichkeit oder Unmöglichkeit anstellen, ein Wesen zu töten, welches noch gar nicht auf die Welt gekommen und nach ZGB 31 II nur unter dem Vorbehalt, dass es lebend geboren wird, rechtsfähig ist. Kopfzerbrechen lohnt sich indessen nicht, denn die mit dem «Tod des Kindes» verbundenen Kosten lassen sich zwanglos bei der Körperverletzung der Mutter unterbringen, und ein Versorgungsschaden ist zu entfernt und ungewiss.

c) Die Schadenposten

Die drei Absätze des Artikels 45 OR betreffen drei Posten:
– Kosten, namentlich der versuchten Heilung und der Bestattung
– Arbeitsausfall zwischen Unfall und Tod
– Schaden Dritter durch Verlust der Versorgung

Bei den ersten beiden Posten ist der Schaden der betroffenen Person selbst bzw. ihrer Erbmasse erwachsen. Entsprechend können sie von den Erben geltend gemacht werden. Beim Versorgungsschaden hingegen handelt es sich um einen Reflexschaden, dessen Ersatz ausnahmsweise, eben kraft ausdrücklicher Gesetzesvorschrift, von den betroffenen Dritten aus eigenem Recht gefordert werden kann. Die übrigen Ausfälle, alle die Kreise, die der Tod eines Menschen um sich zieht, fallen ins Gebiet des nicht zu ersetzenden indirekten Schadens.

2. KOSTEN UND ARBEITSAUSFALL

a) Die Bestattungskosten

Das Gesetz verhält die Haftpflichtigen zur Übernahme der Bestattungskosten, ungeachtet der Tatsache, dass diese früher oder später so oder so entstanden wären, bei einem alten oder kranken Menschen vielleicht schon bald. Damit geht es über die reine Logik hinaus: Es ist aber ein Entscheid, der als ebenso vernünftig wie brauchbar erscheint. Zu den Bestattungskosten gehören
– der Leichentransport
– die Herrichtung des Leichnams
– der Sarg
– die Todesanzeige und die Danksagung
– die Beerdigung oder Einäscherung
– das Leichenessen
– die Trauerkleider
– der Grabstein
– die erste Grabbepflanzung

Zu diesen Auslagen drängen sich folgende Bemerkungen auf:
– Verstorbene sollen die Bestattung erhalten, welche ihrer Person und den Gebräuchen entspricht. Sie dürfen, wenn sie aus einem andern Land stam-

men, auf Wunsch der Familie und auf Kosten der Haftpflichtigen in die Heimat zurückgebracht werden. Im Zweifel gibt das, was die Angehörigen ohne zahlende Haftpflichtige getan hätten, den Massstab ab. Ist allerdings in einem Lande bei einem Todesfall ein Aufwand üblich, welcher unsere Vorstellungen sprengt, so ist an BGE 66 II 168 und 109 II 67 zu erinnern, wonach sich bei einem Unfall in der Schweiz nicht nur die Haftpflicht, sondern auch der Schadenumfang nach dem Landesrecht richtet.

– Die Reisekosten der engsten Angehörigen gehören zu den Bestattungskosten. Nicht nur ist es Brauch und Sitte, dass sie an der Beisetzung teilnehmen, sie haben auch die verschiedensten Dinge zu besorgen und die Trauergäste zu betreuen.

– Bei den Trauerkleidern hat sich die Regel, dass Haftpflichtige die Hälfte übernehmen, eingelebt. Damit wird der Tatsache Rechnung getragen, dass diese Kleider bei anderen Gelegenheiten wieder Verwendung finden, und verhindert, dass die Angehörigen sich auf Kosten Haftpflichtiger schön dunkel herausstaffieren. In 113 II 339 hat das Bundesgericht allerdings zu Recht die (bescheidenen) Ausgaben für Trauerkleider voll gelten lassen in der Meinung, diese seien den Angehörigen weiter nicht von Nutzen. Die Lockerung der Kleidersitten hat das Problem entschärft.

– Es stellt sich dann allerdings die Frage, ob man nicht auch die Kränze und Blumen, die Reisekosten und Arbeitsausfälle der Trauergäste als Teil der Bestattungskosten übernehmen müsste. Das ginge zu weit. Hier hört die Haftpflicht auf und fängt die Pietät an. Wer so rechnet, der verzichtet am besten auf die Teilnahme an der Bestattung und auf Blumenspenden.

– Einen Zankapfel bildet die Bepflanzung und Betreuung des Grabes. Logischerweise müssten sie von den Haftpflichtigen bis zum mutmasslichen Tod des Opfers ohne den Unfall übernommen werden. Indes spricht das Gesetz von den entstandenen und nicht den entstehenden Kosten. So erscheint denn die Lösung, die erste Bepflanzung des Grabes den Haftpflichtigen, die späteren den Angehörigen zu überbürden, als richtig (95 II 308, bestätigt durch 113 II 338f.).

– Die Bestattungskosten müssen jenen, die sie auf sich genommen haben, ersetzt werden. Das sind normalerweise die Angehörigen oder Erben, wie denn die Beisetzung zu Lasten der Erbmasse geht (vgl. ZGB 474 II). Es kann aber auch eine Freundin, ein Freund oder sonst irgend jemand in die Lage kommen, das Nötige zu veranlassen.

b) Versuchte Heilung

Hier geht es darum, die auf die Erben übergegangenen Ansprüche Verunfallter für ärztliche Behandlung wie bei einer Körperverletzung abzugelten. Haftpflichtige müssen es hinnehmen, dass man das Unmögliche versucht hat. Die Kosten sind von ihnen selbst dann zu tragen, wenn keine Aussicht auf Rettung mehr bestand und die getroffenen Massnahmen nur noch der Linderung dienten. Wollte man den Gesetzestext enger auslegen, so könnte man solche Aufwendungen bei den Kosten, die im Absatz 1 allgemein erwähnt sind, unterbringen. Dasselbe gilt für Besuche und Beistand von seiten der Angehörigen.

c) Nachteile der Arbeitsunfähigkeit

Auch diese Ansprüche sind in der Person der Verletzten entstanden und auf die Erben übergegangen. Es geht einfach um die Entschädigung vorübergehenden Arbeitsausfalles, wie vorn 58ff. erläutert. Entsprechend ist die Entlöhnung von Aushilfen zu übernehmen.

d) Sonstige Kosten

Neben den vom Gesetz eigens erwähnten und eben besprochenen Posten sind gemäss OR 45 I die entstandenen Kosten schlechthin geschuldet. Dazu gehört alles, was vom oder für den Verunfallten an Geldwertem und, aus damaliger Sicht, Vernünftigem veranlasst wurde. Zu denken ist an Rettungsmassnahmen, Reisen zu Sterbenden, Abklärung des Unfallherganges, Sicherung des Eigentums. Es kann sich aber nur um Kosten handeln, die die Zeit zwischen dem verhängnisvollen Ereignis und dem Tod oder unmittelbar danach betreffen, die also direkt mit dem Tod zusammenhängen. Frühere Aufwendungen (zur Ausbildung, Geschäftserweiterung usw.), die sich nun als nutzlos erweisen, sind ebensowenig zu ersetzen wie Verluste, die sich wegen des Todes ergeben, z.B. als Folge einer notwendig gewordenen Veräusserung von Eigentum. Ausser Betracht fallen selbstverständlich auch die Dritten reflexweise erwachsenen Schäden.

3. DER VERSORGUNGSSCHADEN

a) Schaden und Versorgungsschaden

OR 45 ist eine Ausnahme vom Grundsatz, dass indirekt Betroffene keine Entschädigung fordern können. Daraus hat das Bundesgericht gefolgert, diese Gesetzesbestimmung dürfe nicht zu weit ausgelegt werden (82 II 39). Der Ersatz des Versorgungsschadens liegt indes so nahe und entspricht derart dem Gerechtigkeitsgefühl, dass er uneingeschränkt erfolgen soll.

Nach dem Willen des Gesetzes geht es nicht um den Schaden schlechthin, sondern nur um den Wegfall der Versorgungsleistung. Nach einer oft gebrauchten Wendung entsteht ein Versorgungsschaden dann, wenn jemand wegen des Todes eines andern Menschen den bisherigen Lebensstandard nicht beibehalten könnte (108 II 436, 119 II 367). Die Formel ist richtig in all den Fällen, in denen nicht mit einer Änderung zu rechnen war. Genau genommen haben Versorgte Anspruch auf die Lebensführung, welche ihnen in der Zukunft ohne den Tod des Versorgers oder der Versorgerin möglich gewesen wäre (101 II 260, 102 II 93). Entscheidend ist nicht der bisherige, sondern der zu erwartende Lebensstandard. Wenn eine Familie am Anfang der beruflichen Laufbahn des Mannes bescheiden lebte, so darf man Witwe und Kinder nicht auf diesem Stand einfrieren.

Haftpflichtige haben nicht bloss für die unbedingt nötige Unterstützung, gleichsam für die Sicherung des Existenzminimums aufzukommen, sondern für die gesamte Versorgung, wie sie Verstorbene geleistet hätten (102 II 90ff.). Dabei spielt es keine Rolle, ob diese durch Geld oder Sachzuwendungen oder Arbeit erfolgte (82 II 36ff.). Der Versorgungsschaden ist umfassend zu verstehen; er wird nicht nur durch die Bedürfnisse und Notwendigkeiten, sondern auch durch die Möglichkeiten und Annehmlichkeiten des Lebens bestimmt.

Es muss sich aber um Versorgung handeln. Wenn der treue Sohn seine wohlhabenden Eltern durch regelmässige und nicht eben billige Geschenke erfreute, so entsteht diesen zwar ein Schaden, aber kein Versorgungsschaden. Anders, wenn sich Vater und Mutter ohne die Zuwendung eines Kindes beim Wohnen, Essen oder Vergnügen einschränken müssen. Versorgungsbedarf ist Voraussetzung für einen Versorgungsschaden. Keine Versorgung liegt bei Leistung und Gegenleistung vor, etwa wenn ein Kind den Eltern ein Kostgeld bezahlt oder wenn jemand die Schwiegereltern dafür schadlos hält, dass er bei ihnen wohnen kann (88 II 462).

Schliesslich ist erforderlich, dass die Versorgung wirklich, d.h. mit genügender Wahrscheinlichkeit, geleistet worden wäre, dass also der oder die Verstorbene die Möglichkeit und den Willen dazu besessen hätte. Die bisher gewährte Unterstützung stellt den schlagendsten Beweis für die Zukunft dar, aber die Gegebenheiten des einzelnen Falles und die allgemeine Lebenserfahrung können den Schluss nahelegen, dass Zuwendungen nach Ablauf einer gewissen Zeitspanne aufgehört oder von einem bestimmten Zeitpunkt an begonnen hätten. So ist gegebenenfalls anzunehmen, dass ein Kind mit dem Eintritt ins Erwerbsleben angefangen hätte, seine Eltern zu unterstützen, dies aber nur während einiger Jahre, nämlich bis zur Gründung eines eigenen Hausstandes, getan hätte. Selbst ein Scheidungs- oder Vaterschaftsurteil gibt noch keine Gewähr, dass die festgesetzten Beträge bezahlt worden wären. Immerhin ist daran zu denken, dass bei Nichtbezahlung der Alimente möglicherweise das Gemeinwesen in die Bresche gesprungen wäre.

b) Versorgende und Versorgte

– Nach dem Wortlaut des Gesetzes und nach ständiger Rechtsprechung (114 II 146) kommt es auf die tatsächlichen Verhältnisse an und nicht auf Verwandtschaft, Erbberechtigung oder Unterstützungspflicht (wie im deutschen Recht), wenngleich in der Regel erbberechtigte und unterstützungspflichtige Angehörige als Versorgende in Erscheinung treten. Wird aber beispielsweise ein Ehemann getötet, welcher seine Frau verlassen hatte und sich aller Voraussicht nach auch in Zukunft, ohne belangt werden zu können, nicht um sie gekümmert hätte, entsteht ihr kein Versorgerschaden, während ein Freund oder Menschenfreund, der sich ihrer in dauerhafter Weise angenommen hätte, Versorger gewesen wäre. Unerheblich ist auch, woher das Geld kommt. Wenn eine Tochter ihre Mutter unterstützt, ist sie deren Versorgerin, auch wenn die Mittel aus dem Vermögen oder Einkommen des Ehemannes stammen (74 II 209f.). Schliesslich kommt es selbst bei Versorgung aus unsittlichem Erwerb heraus auf nichts anderes als die Tatsachen an (zu dieser Frage und zur Versorgung aus Verbrechen vorn 39f.).

– Grundlage und Umfeld für die Berechnung des Versorgungsschadens sind die tatsächlichen und rechtlichen Verhältnisse in Familie und Gesellschaft. Vieles ist da im Wandel. Die Formen des ehelichen und ausserehelichen Zusammenlebens ändern und lockern sich. Man muss sich etwas vom Bild aus Schillers Glocke lösen: «Der Mann muss hinaus ins feindliche Leben ... und drinnen waltet die züchtige Hausfrau.» In vielen Ehen gehen beide Partner einem Erwerb nach; einige verteilen gar die Rollen umgekehrt. So wird uns der Hausmann immer vertrauter. Die Hausarbeit tritt gleichwertig neben die Erwerbstätigkeit. Das Konkubinat ist salonfähig geworden und wird aus dem rechtsleeren Raum herausgeholt (vgl. etwa 120 Ia 329 und 343 betreffend Besteuerung). Auf den Beginn des Jahres 1988 ist das Eherecht neu gestaltet worden. Gatte und Gattin sind einander gleichgestellt. Das kommt in den gegenseitigen und gemeinsamen Rechten und Pflichten wie auch in der Sprache des Gesetzes zum Ausdruck. Der Mann ist nicht mehr das Haupt der Familie und vorherrschender Träger der Unterhaltspflicht. (Siehe die eindrückliche Schilderung des veränderten Ehebildes in 117 V 196f.) Der neue ordentliche Güterstand ist die Errungenschaftsbeteiligung, die jedem Eheteil die Hälfte der Vermögensvermehrung zuweist und jedem das Eigengut belässt; der Mann hat nicht mehr die Verwaltung und Nutzung des Frauenguts. Auch erbrechtlich wird die Frau besser gestellt; sie erhält, wenn Kinder da sind, die Hälfte und nicht nur einen Viertel zu Eigentum. Diese Neuordnung hat man sich bei der Berechnung des Versorgungsschadens und bei der Würdigung der vorher ergangenen Gerichtsurteile vor Augen zu halten, wenn auch die folgende Darstellung aus dem Bisherigen herauswächst und darauf Rücksicht nimmt, dass die hergebrachte Rollenverteilung in der Ehe immer noch überwiegt. Bei der Volkszählung im Jahre 1990 lebten in der Schweiz – immer in runden Zahlen – 1,53 Millionen Ehepaare. Bei diesen ging in 608 000 Fällen allein der Mann, in 31 000 Fällen allein die Frau einer Arbeit nach, während in 623 000 Ehen beide erwerbstätig waren. Weiter zählte man damals rund 147 000 nichtverheiratete Paare (in der Sprache des Bundesamtes für Statistik Konsensualpaare); bei diesen waren 114 000mal beide erwerbstätig; in 19 000 Fällen war es der Mann allein, in 6000 Fällen die Frau allein. Was bei den Konsensualpaaren bereits die Norm ist, dass nämlich beide Teile einem Erwerb nachgehen, das ist bei den Ehepaaren immer häufiger der Fall. Damit einher geht die Tatsache, dass es sich, auf der einen oder andern oder beiden Seiten, nicht immer um Vollbeschäftigung handelt. Unterschiedlich sind auch die Hausarbeiten verteilt, und entsprechend hat die Entschädigung zu erfolgen. Was schon zur Körperverletzung gesagt wurde, ist hier zu wiederholen: Man kann immer weniger von einem einheitlichen und einseitigen Erwerbs-/Versorgungsmodell ausgehen.

– Klassischer Versorger ist der Ehemann und Vater, wie Heine einen seiner Grenadiere sagen lässt: «Doch hab ich Weib und Kind zu Haus, die ohne mich verderben» (siehe vorab 119 II 36lff., 113 II 323ff., 101 II 346ff., 99 II 207ff., 97 II 123ff., 95 II 411ff., 89 II 396ff.). Nebenformen sind der Geschiedene, der Stiefvater (72 II 170), der Zahlvater. Als Gegenerscheinung kann man die Frau bezeichnen, die durch ihre Berufstätigkeit den Mann oder die Familie versorgt, sei es, dass sie einen einträglicheren Beruf hat, sei es, dass dies dem Rollenverständnis der beiden entspricht, sei es, dass der Ehepartner invalid, arbeitslos oder im Studium ist.

– Die Zeiten sind allerdings vorbei, da der «auswärts» arbeitende Partner, regelmässig der Ehemann, als Versorger erschien und die den Haushalt führende Ehefrau lediglich als Versorgte. In 82 II 39f. hatte das Bundesgericht noch den Standpunkt vertreten, nur in einfachen Verhältnissen entstehe mit dem Tode der Frau ein Versorgungsschaden; in sogenannten bürgerlichen Kreisen wögen die Ausgaben des Mannes für die Frau deren Leistung auf. Es ging dabei von der Überlegung aus, eine Haushälterin oder Stundenfrau koste zwar einen Lohn und mache im Haushalt nicht aus allem das Beste wie eine Ehefrau, verursache aber keine Aufwendungen für Kleider, Vergnügungen, Ferien und Geschenke. Zwanzig Jahre später mussten die Richter in Lausanne aber feststellen: «Diese Regel ist angesichts der heute für Dienstleistungen zu zahlenden Löhne nicht mehr massgeblich, weder für bescheidene städtische oder ländliche noch für sogenannte bürgerliche Verhältnisse» (102 II 94f.; bestätigt in 108 II 436). Die Eheleute sind Partner und versorgen einander gegenseitig, in welcher Form auch immer dies geschieht. Bereits in 82 II 39 betont denn das Bundesgericht, Versorger sei nicht nur, wer das Geld bringe, sondern auch, wer die Mahlzeiten bereite, die Kleider und die Wohnung in Ordnung halte usw. Im übrigen geht heute in vielen Ehen die Frau einer Arbeit ausser Haus nach (Weiteres zur Frau als Versorgerin hinten 93ff.).

– Vor dreissig Jahren noch war ein Versorgungsschaden der Eltern durch den Tod der Kinder geläufig. Die Ausbreitung des Wohlstandes und vorab der Sozialversicherung haben ihn zur Ausnahme gemacht. Und je jünger die Nachkommen sind, desto ungewisser ist eine spätere Versorgung. So hat das Bundesgericht bereits in 62 II 58f. beim Tod des fünfjährigen Sohnes eines arbeitslosen Uhrmachers insgesamt nur Fr. 2000.– zugesprochen. In 72 II 196f. hat es den Anspruch der 47jährigen Mutter eines verunfallten Rekruten abgelehnt, weil diese mit der Führung eines Gasthofes «noch sehr lange ihr Auskommen gefunden hätte und weil sie im übrigen von ihrem Manne ein kleines Vermögen geerbt habe, das sich nun noch um ihren Erbanteil am väterlichen Erbe des Verunfallten vermehre». In 88 II 462 fand es, der bei den Schwiegereltern wohnende Verunfallte habe diese nicht über den Wert ihrer Gegenleistung unterstützt. In 112 II 122 schliesslich, wo es um den Tod zweier Söhne im Alter von 11 und 18 Jahren durch den Absturz eines Militärflugzeugs ging, hat das Bundesgericht einen Versorgerschaden ebenfalls abgelehnt, wobei es der von den Eltern erhofften Hilfe durch die Kinder den Wegfall der Kosten ihrer Auferziehung gegenüberstellte. Diese «Verrechnung», die das Bundesgericht in früheren Entscheidungen nicht vorgenommen hatte, ergibt sich aus dem Begriff des Versorgungsschadens. Um die Ausführungen zu diesem Gegenstand doch noch mit einem bejahenden Urteil abzuschliessen, sei auf 74 II 209f. verwiesen (Unterstützung der Mutter durch die verheiratete Tochter). Nicht aus dem Auge zu verlieren ist, dass Eltern in anderen Ländern durch den Tod von Nachkommen noch oft einen Versorgungsschaden erleiden.

– Aus dem Kreis der näheren und weiteren Angehörigen sind als mögliche Versorgende zu nennen: Brüder und Schwestern, Onkel und Tanten, Grosseltern und Enkelkinder, Paten und Patinnen, Stiefeltern und Schwiegerkinder. Schliesslich kann irgend jemand, der für einen andern Menschen aufkommt, Versorger, Versorgerin sein: eine Freundin, ein Gönner, eine Kunstfreundin, ein Wohltäter, eine Glaubensgenossin, ein Landsmann. Je weniger aber eine Unterstützung durch Bande des Blutes und der Familie gefestigt wird, desto unsicherer ist sie.

– Nach dem Gesagten ist klar, dass auch der Braut oder dem Bräutigam ein Versorgungsschaden entstehen kann. Immerhin muss man davon ausgehen können, das Verhältnis hätte zur Ehe geführt. Keine Zweifel wird man bei Brautleuten hegen, die sich regelrecht verlobt haben und mit dem Ring am Finger Hochzeitsvorbereitungen treffen. Da aber zur Verlobung das formlose gegenseitige Eheversprechen genügt, ist es denkbar, dass sich eine Frau darauf beruft, welche den Freund nach verhältnismässig kurzer Bekanntschaft verloren hat. Umgekehrt machte in 66 II 220f. die jahrelange Verlobungszeit das Bundesgericht stutzig. Man muss die Wahrscheinlichkeit der späteren Verheiratung in Würdigung aller Umstände und nach den allgemeinen Beweisregeln beurteilen. Äusserungen gegenüber Dritten, Heiratsvorbereitungen und dergleichen vermögen ein Licht auf die Sache zu werfen. Ist, wenn man von späterer Vermählung ausgeht, die volle Versorgung zu vergüten? Man wird dies dort bejahen, wo keine Zweifel am baldigen Eheschluss bestehen, aber dort einen Abzug machen, wo noch gewisse Unsicherheiten hineinspielen. In 66 II 221 ermässigte das Bundesgericht die vom Walliser Kantonsgericht aufgrund einer Versorgungsquote von 25% zugesprochenen Fr. 35 000.– auf Fr. 20 000.–. Es stellt sich nun allerdings noch die Frage des Versorgungsbedarfs. Die Braut hat in der Regel ihre Arbeit und kann ihr gewohntes Leben weiterführen. Bedeutet es einen Nachteil, weiter im Berufsleben statt am häuslichen Herd zu stehen? Es fällt immer schwerer, eine allgemeine Antwort zu geben. Letztlich kommt es auch hier auf die Verhältnisse an: Wurde der Verlobten ein reicher zukünftiger Gatte entrissen? Übt sie eine Tätigkeit aus, die viel Befriedigung und Geld bringt? Im übrigen liegt der Gedanke, dass die Betroffene einen anderen Mann heiraten wird, nahe. Nur ausnahmsweise ist Versorgerschaden eines Bräutigams, etwa bei verminderter Arbeitsfähigkeit, anzunehmen. Mit den in 114 II 149 nicht veröffentlichten Erwägungen 2c wiesen die Gerichte den Versorgungsanspruch des Bräutigams ab, weil er mit einem Lohn von mehr als 41 000 Franken (1987) seinen bisherigen Lebensstandard beibehalten könne und es ihm zuzumuten sei, die grosse Wohnung, in der er mit der Getöteten gelebt hatte, für eine kleinere aufzugeben.

– Gerne erregten sich Geist und Gemüt der Gelehrten an der Frage, ob die Konkubine einen Versorgerschadenanspruch habe. Das Bundesgericht zeigt in 111 II 298, dass, wo und wie es Konkubinate als rechtserheblich betrachtet hat, und würgt dann die Feststellung hervor, «dass eine allfällige Sittenwidrigkeit oder gar Widerrechtlichkeit des Konkubinats nicht notwendig dazu führt, damit zusammenhängende Tatbestände mit entsprechenden Rechtsfolgen zu pönalisieren». Wir sagen es blank: Das Haftpflichtrecht richtet nicht, sondern richtet sich nach dem Leben. Ein Konkubinat kann ohne weiteres die Grundlage für einen Versorgerschaden – für beide Teile – abgeben (so dann unumwunden 114 II 147). Es kommt einzig darauf an, ob die beiden nach aller Wahrscheinlichkeit beieinander geblieben wären. Die bisherige Dauer des Verhältnisses, gemeinsame Kinder, ein gemeinsames Haus oder ein Konkubinatsvertrag können entscheidende Hinweise geben (siehe 114 II 148). Es ist aber bei alledem nicht ausser acht zu lassen, dass sich eine sogenannte wilde Ehe leichter als eine vor dem Staat und der Kirche geschlossene (und meist auch ohne Unterhaltsverpflichtung) auflösen lässt. Das führt in der Regel zu einer Ermässigung der Entschädigung. Es gibt aber freie Bindungen, die den Vergleich mit jeder Ehe aushalten. Und die Ehen zeichnen sich immer weniger durch Dauerhaftigkeit aus; im Jahre 1996 stieg die Scheidungsrate auf 39%.

c) Die Art der Berechnung

Hin und wieder, namentlich bei zeitlich begrenzter Unterstützung, z.B. bei einem Kind in Ausbildung, ist der Versorgerschaden ziemlich genau bestimmbar. Im Normalfall geht es um eine länger dauernde Versorgung. Dann ist wie bei einer Invalidität der jährliche Ausfall zu ermitteln und mit dem passenden Faktor zu vervielfachen. Bei unbefristeter Unterstützung, wie sie vorab unter Eheleuten anzunehmen ist, verwendet man einen sogenannten Verbindungskoeffizienten, welcher sich aus der Aktivitätserwartung der versorgenden und der Lebenserwartung der versorgten Person ergibt. Wieder ähnlich wie beim körperlichen Dauerschaden kann die jährliche Versorgung in einem Teil des Einkommens oder in einem bestimmten Betrag ausgedrückt werden.

Beim Tod des Ehemannes und Vaters war man seit Jahrzehnten daran gewöhnt, mit Witwen- und Kinderquoten zu rechnen. Diese bemassen sich nach dem Anteil, der den Versorgten vor dem Tod des Versorgers zur Verfügung stand. Inzwischen hat ein Umdenken stattgefunden. Man fragt nicht mehr: Wieviel bekam die Witwe zu Lebzeiten des Versorgers, sondern: Wieviel braucht sie nach seinem Tode für den ihr gemässen Lebensstil? Dieser Fragestellung kommt die deutsche Methode der Versorgerschadenberechnung entgegen. Sie geht davon aus, dass zwei oder mehr Personen zusammen billiger leben als jede einzeln, weil die festen Kosten (Wohnung, Heizung usw.) gleich bleiben. Deshalb werden den Hinterbliebenen die Fixkosten voll zugesprochen, und vom verbleibenden Einkommensteil erhalten sie eine bestimmte Quote. Der Anspruch einer Witwe wird beispielsweise wie folgt ermittelt: Bei einem Einkommen von Fr. 50 000.– betrügen die fixen Kosten Fr. 20 000.–. Die hinterbliebene Ehefrau bekäme diese Fr. 20 000.– und (neben Kindern) von den verbleibenden Fr. 30 000.– einen Drittel, gleich Fr. 10 000.–. Ihr jährlicher Versorgerschaden beliefe sich also auf Fr. 30 000.– oder auf 60% des Einkommens von Fr. 50 000.–. Dieser Satz liegt über den in der Schweiz bisher angewendeten. Es ist aber bei einem solchen Vergleich nicht aus dem Auge zu verlieren, dass die Quote in Deutschland vom Nettolohn, d.h. vom Bruttolohn abzüglich Steuern und Sozialversicherungsabgaben, berechnet wird. Sodann wird ennet dem Rhein die Schadenminderungspflicht grossgeschrieben, d.h. in jedem Falle geprüft, ob der Witwe die Aufnahme einer Erwerbstätigkeit zuzumuten sei. Auf weitere Unterschiede zwischen dem deutschen und dem schweizerischen Recht sei noch der Vollständigkeit halber hingewiesen: In Deutschland gilt nur ein Unterstützungspflichtiger als Versorger, und eine Genugtuung erhalten die Hinterlassenen nicht.

Die geschilderte Änderung der Betrachtungsweise drückt sich im Übergang von einer eher abstrakten zu einer möglichst konkreten Versorgungsschadenberechnung aus. In 108 II 434ff. rechnete das Bundesgericht beim Tod einer Ehe- und Hausfrau auf Tag und Stunde, auf Heller und Pfennig aus, was ihre Arbeit für den Mann wert gewesen war und was er durch ihren Tod einsparte. Den verbleibenden Verlust kapitalisierte es dann.

Das Streben nach wirklichkeitsnaher Berechnung des Versorgungsschadens ist lobenswert. Nur müsste man, wenn man so genau sein will, noch viel genauer sein. Vorerst wären die Steuern in die Rechnung hineinzunehmen. Das Einkommen des Mannes ist ja voll und nach den Regeln der Progression zu versteuern, so dass oft von vornherein ein erklecklicher Teil wegfällt, während die Witwe für die Kapitalabfindung jedenfalls wesentlich weniger Steuern zahlt. Das Bundesgericht hat es in 101 II 353f. abgelehnt, diesen Gesichtspunkt zu berücksichtigen, weil er eine Quelle zusätzlicher Verwicklungen und Unsicherheiten wäre. Das ist begrüssenswert und weise. Bei höhern Einkommen wird indes der Steuergewinn unübersehbar; er kann in die Zehntausende von Franken gehen. Es ist deshalb dort – und nur dort – auf die Steuern Bedacht zu nehmen, wo sie die Rechnung erheblich verfälschen.

Weiter ist daran zu denken, dass der berufstätige Versorger (oder die berufstätige Versorgerin) oft für die Fahrt zur Arbeit, für Kleider oder gesellschaftliche Verpflichtungen mehr verbrauchte. Auch wird bei der hinterbliebenen Person der Teil der Arbeitskraft frei, die sie dem Verstorbenen zuwendete, und je nach den Umständen kann sie diese anderswo geldbringend einsetzen.

Schliesslich ist es möglich, dass nicht das ganze Einkommen für den Lebensunterhalt verbraucht wurde. Wenn das allerdings seinen Grund darin hatte, dass man sich auf ein bestimmtes Ziel hin einschränkte, sollen es die Hinterbliebenen nicht entgelten müssen.

Vergegenwärtigt man sich all diese Verästelungen und Fragwürdigkeiten, so stimmt man in den verzweifelt-kernigen Ausruf von Stark ein: «Die Versorgerschadenberechnung ist auf jeden Fall falsch!», und man fühlt sich wieder zur guten, alten, einfachen Quotenrechnung hingezogen. Man kommt ohnehin nicht darum herum, die Versorgung in eine Beziehung zum Verdienst des Versorgers zu setzen.

Bezeichnenderweise rechnet die deutsche Praxis zur Vereinfachung und entgegen der Rechtsprechung vielfach mit einer pauschalen Einkommensquote. Dem schweizerischen Bundesgericht war schliesslich stets bewusst, dass «die Kosten der Lebenshaltung einer einzelnen Person erfahrungsgemäss höher zu stehen kommen als der Anteil des Einzelnen an den Kosten einer mehrköpfigen Haushaltung» (72 II 168). Man darf nur keine starren Sätze nehmen, z.B. stets eine Witwenquote von 40 oder 45 oder 50%, sondern muss je nach den Gegebenheiten höher gehen, namentlich bei niedrigem Einkommen, oder tiefer, z.B. bei hohem Einkommen und einem teuren Steckenpferd des Verdieners. Auch das hat das Bundesgericht im erwähnten Entscheid schön ausgedrückt: «Es gibt für die Höhe des Versorgerschadens keinen normalen Satz, keinen schematisch anzuwendenden Tarif. Massgebend sind vielmehr die Verhältnisse des Einzelfalles» (72 II 166).

Die konkrete und die quotenmässige Berechnung des Versorgerschadens lassen sich dadurch unter einen Hut bringen, dass man zwar mit Quoten rechnet, diese jedoch unter geschmeidiger Berücksichtigung der Verhältnisse festsetzt. Damit kommt man der Wirklichkeit so nahe, wie es eben möglich ist, und umgeht eine ausgeklügelte Rechnerei, die eine hohe Genauigkeit doch nur vorzutäuschen vermag. In 113 II 333ff. hat das Bundesgericht den Versorgerschaden einer Witwe in herkömmlicher Weise aufgrund einer Quote bestimmt. Es ging von gleichem Verbrauch beider Eheleute aus, was angesichts der Fixkosten zu einer Witwenquote von mehr als 50% führen müsse. Es hielt, bei einem Einkommen von Fr. 50 000.–, 55 bis 60% für angemessen und nahm das Mittel = 57,5%; siehe auch hinten 91. In 119 II 361ff. hatte die Genfer Vorinstanz, angesichts des Einkommens von 200 000 Franken, der Witwe 30% und den beiden Kindern je 10% zugesprochen; das Bundesgericht erhöhte den Anteil der Witwe auf 40% = Fr. 80 000.– jährlich (nicht veröffentlichte Erwägungen 3).

Die Berücksichtigung der Fixkosten hat zu einer Erhöhung der Quoten geführt. Zur Fixkostenrechnung wird man greifen, wenn diese Kosten stark ins Gewicht fallen. Im Vordergrund stehen die Aufwendungen fürs Wohnen, sei es die Miete, sei es der Hauszins inkl. Gebäudeunterhalt, nebst Heizung usw. Hinzu kommen wohl die fixen Ausgaben für ein Auto, weiter die Gebühren für Radio und Fernsehen, die Zeitungsabonnemente. Man braucht nicht alles auf Franken und Rappen auszumitteln, sondern darf mit runden Zahlen rechnen. Man wird dann einer Witwe die fixen Kosten und vom Rest im Normalfall die Hälfte geben, vielleicht einen Drittel, wenn Kinder da sind.

Bei jeder Art von Versorgungsschadenberechnung lässt sich gleichsam die Neunerprobe dadurch vornehmen, dass man prüft, ob mit den zugesprochenen Beträgen das Ziel: die Beibehaltung des Lebensstandards, erreicht wird.

———

Der Versorgungsschaden wird auf den Zeitpunkt des Todes berechnet, der so gefundene Betrag mit 5% verzinst. Das Bundesgericht hat dieses Vorgehen mit 84 II 300ff. eingeführt und seither verschiedentlich bestätigt, z. B. in 119 II 366. Es begründet dies damit, dass man nicht wisse, ob die getötete Person den Abrechnungstag erlebt hätte, im Unterschied zum körperlichen Dauerschaden, wo bis zum Urteilstag konkret gerechnet wird. Zur Kapitalisierung verwendet man den Koeffizienten des Jahres, in welchem der Geburtstag näher beim Todestag liegt (Bestätigung in einem Urteil vom 11. Juni 1997 = 123 III Nr. 45).

d) Das Einkommen des Versorgers, der Versorgerin

Der Lebensstil eines Ehepaars, eines Konsensualpaares oder einer Familie wird vom Einkommen der Person, die «das Geld nach Hause bringt», bestimmt. In der Regel ist dies der Mann; oft sind es beide, wenn auch nicht immer im gleichen Ausmass, und häufiger als früher ist es die Frau. Die Einkünfte der verstorbenen Person sind jeweils Ausgangspunkt der Überlegungen zum Versorgungsschaden.

Massgeblich ist, wie bei der Invalidität, der zukünftige Verdienst. Es kann auf die dortigen Ausführungen verwiesen werden (vorn 61f.). Zu beachten ist indes, dass der Versorgerschaden auf den Todestag berechnet wird und dass man seither mögliche Entwicklungen nur mit Zurückhaltung berücksichtigen darf, weil man nicht weiss, ob das Unfallopfer den Abrechnungstag erlebt hätte (97 II 131). Das Bundesgericht hat dies in 101 II 351f. bestätigt und ergänzt, man dürfe nicht einfach auf den Zeitpunkt des Urteils abstellen und die im Augenblick herrschenden Verhältnisse einseitig zugunsten einer Partei berücksichtigen; die Löhne könnten auch sinken, und der Kapitalisierungszins von 3,5% mache die Teuerung teilweise wett. Auch in 99 II 211ff. ging es hauptsächlich aus diesem Grund nicht auf die Geldentwertung ein. In 113 II 332 bestätigte es seine Praxis, die Teuerung, auch die bis zum Urteilstag eingetretene, ausser acht zu lassen. In 119 II 366 strich es erneut die Zurückhaltung gegenüber Zukünftigem heraus. Diese Dämpfer, die das Bundesgericht aufsetzte, sollen aber nicht daran hindern, wahrscheinliche berufliche Entwicklungen, namentlich bei jüngeren Versorgenden, zu berücksichtigen. Im übrigen bleibt es dabei, dass die Teuerung bei der Berechnung des Versorgungsschadens nicht berücksichtigt wird: «Selon la jurisprudence, la perte de soutien est calculée sans égard à la dépréciation monétaire future» (BGE vom 11. Juni 1997 = 123 III Nr. 45).

Auszugehen ist vom Nettoverdienst. Dieser ergibt sich nach Abzug der Gestehungskosten vom Bruttoeinkommen. AHV-Beiträge, Versicherungsprämien und dgl. sind aber keine solchen Gewinnungskosten, sondern Einkommensverwendung zur Vorsorge (90 II 187f.).

Woher die Einkünfte kamen, ist dem Grundsatze nach belanglos. Es kann sich um Arbeitslohn, Geschäftsgewinn, Nebenverdienst, Kapitalertrag, um eine Invalidenrente oder ein Ruhegehalt handeln (109 II 68f.). Entscheidend ist einzig, dass dieses Einkommen der Versorgung diente und dass es mit dem Tod weggefallen ist. Soweit allerdings diese Quellen für die Hinterlassenen weiterfliessen, entsteht ihnen kein Unterstützungsverlust. Das ist der Fall, wenn sie das Vermögen, aus welchem sie versorgt wurden, erben, oder wenn eine Pension oder Rente anteilmässig (als Witwenpension, als Kinderrente) weiterläuft. Gegebenenfalls liegt der Versorgerschaden im Unterschied zwischen dem, was die Versorgten vorher erhielten, und dem, was ihnen nun zufliesst. Das Bundesgericht will zu Unrecht der Witwe die Pension, die sie bekommt, nicht entgegenhalten (56 II 269f., 109 II 69).

Es folgen ein paar Beispiele aus der Rechtsprechung des Bundesgerichts:

113 II 332	Lastwagenchauffeur hatte zur Zeit seines Todes (9.12.80) ein Einkommen von Fr. 41 753.–. Das Obergericht Basel-Landschaft berücksichtigte die Aussicht auf einen 13. Monatslohn und auf eine gewisse Reallohnsteigerung, lehnte hingegen eine teuerungsbedingte Erhöhung ab. Es gelangte so zu einem Jahreseinkommen von 50 000 Franken; vor Bundesgericht blieb es dabei.
101 II 351ff.	Fabrikationschef in einer Fabrik, die Zifferblätter herstellt, verdient im Moment seines tödlichen Unfalles Fr. 21 600.– jährlich. Das Genfer Kantonsgericht nimmt für die kommenden 20 Jahre ein Salär von Fr. 54 000.– an, weil dies dem Verdienst des Nachfolgers des Getöteten sieben Jahre nach dem Unfall entspreche. Das Bundesgericht hält eine Erhöhung des Verdienstes im Unfallzeitpunkt um 73% für ausreichend, nämlich auf Fr. 37 500.–. Für die beiden Kinder, die im Unfallzeitpunkt 14 und 9 Jahre alt waren und für die bis zur Volljährigkeit zu zahlen ist, hält das Bundesgericht Einkommensansätze von Fr. 30 000.– beziehungsweise Fr. 33 500.– für richtig.
99 II 207ff.	48jähriger Marktfahrer, mit eingeschränkter Aktivität, hätte nach Meinung der Vorinstanz (Kantonsgericht Waadt) jährlich Fr. 17 500.– verdient. Dabei berücksichtigte diese die Möglichkeit eines beruflichen Wechsels zum Früchte- und Gemüsehändler auf eigene Rechnung oder im Solde eines grossen Hauses. Das Bundesgericht sagt, diese These finde in den Feststellungen der Vorinstanz keinerlei Stütze, so dass das massgebliche Einkommen Fr. 15 000.– betrage, wie es die Vorinstanz für den Fall des Beibehaltens der bisherigen Tätigkeit angenommen habe.
97 II 130ff.	Bauarbeiter verdiente im Moment des Unfalles (1966) Fr. 5.03. 1967 hätte er einen Stundenlohn von Fr. 5.40 und 1968 einen solchen von Fr. 5.70 gehabt. Der Berner Appellationshof ist von diesem Stundenlohn von Fr. 5.70 ausgegangen, was bei 2180 Stunden im Jahr ein Einkommen von Fr. 12 426.– ergibt. Nach Ansicht der Klägerinnen hätte das Gericht von dem für 1970 gültigen Stundenlohn von Fr. 6.32 ausgehen sollen, um so mehr als bekannt gewesen sei, dass die Löhne im Baugewerbe vom 1. Juni 1971 an eine wesentliche Erhöhung erführen. Demgegenüber hält das Bundesgericht fest, dass

	man nach dem Tod eintretende Umstände nur mit Zurückhaltung berücksichtigen darf, die Löhne könnten ja auch einmal sinken. Zudem wisse man nicht, wie lange der Getötete, dessen Familie in Italien lebte, in der Schweiz geblieben und Arbeit gefunden hätte. Die kantonale Instanz habe deshalb ihr Ermessen richtig gehandhabt.
89 II 396ff.	Ein Buchbinder hatte im Jahr vor seinem Unfalle Fr. 10 772.60 als Reingewinn erwirtschaftet. Das Walliser Kantonsgericht nahm an, in zehn Jahren wäre er auf Fr. 15 000.– jährlich gekommen, und legte diesen Betrag der Versorgerschadenberechnung zugrunde. Das Bundesgericht fand, es widerspreche der Lebenserfahrung nicht, dass ein fleissiger und tüchtiger Geschäftsmann (übrigens der einzige Buchbinder im Unterwallis) sein Unternehmen in der angenommenen Weise entwickle.
81 II 38ff.	Die Witwe machte geltend, ihr Mann, im Unfallzeitpunkt 29 Jahre alt und Handlanger, hätte Maurer gelernt und entsprechend mehr verdient. Dieser berufliche Werdegang war indes weder erwiesen noch auch nur wahrscheinlich.

e) Die Versorgungsanteile

Massgebend ist, wie gesagt, nicht der Anteil des Einkommens, welcher zu Lebzeiten des Versorgers, der Versorgerin auf die Versorgten entfiel, sondern der Betrag, der ihnen eine ungeschmälerte Lebensführung ermöglicht. Man kann aber nicht umhin, den Versorgungsausfall in eine Beziehung zum Einkommen der Versorgenden zu setzen. Eine Darstellung der Bundesgerichtspraxis kommt schon gar nicht ohne sie aus.

Über Jahrzehnte hinweg hat man für eine Witwe ohne Kinder 40 bis 45% angenommen. Das Bundesgericht hatte sich aber schon längst und entschieden gegen einen sogenannten normalen Ansatz gewehrt: «Es gibt für die Höhe des Versorgerschadens keinen normalen Satz, keinen schematisch anzuwendenden Tarif. Massgebend sind vielmehr die Verhältnisse des Einzelfalles» (72 II 166). Es hat in diesem Entscheid eine Quote von 45% bestätigt und festgehalten: «Die in der Literatur sich vorfindenden Zusammenstellungen über die Rechtsprechung weisen denn auch Ansätze von 40 bis 50% für kinderlose Witwen in bescheidenen Verhältnissen auf» (72 II 167). In 99 II 211 hat es ebenfalls auf 45% erkannt, mit dem Bemerken: «La part du revenu du mari consacrée à l'épouse était plutôt inférieure à la moyenne», dies allerdings bei einem Einkommen des Ehemannes von Fr. 15 000.–. In der Tat: Je niedriger die Einkünfte des Ehemannes sind, desto höher ist der auf die Ehefrau entfallende Anteil. Umgekehrt sinkt dieser bei höherem Einkommen.

Ähnliches gilt, wenn die Witwe mit Kindern teilen muss. In 72 II 168 bezeichnet das Bundesgericht Quoten von 25% für Einzelkinder und von 30% für zwei Kinder als zutreffend. In 99 II 373 scheinen ihm allerdings 20% für ein Kind zu hoch. In 101 II 353f. sagt es, die folgende Aufteilung stimme mit der Rechtsprechung überein: 30% für die Witwe und 2 × 15% für die Kinder; ab

Volljährigkeit des ersten Kindes 35% für die Witwe und 20% für das andere Kind; nachher 40% für die Witwe. Man hätte hier auch vereinfachend z. B. durchgehend 40% für die Witwe und je 10% für die Kinder annehmen können. Allerdings braucht uns eine Abstufung der Rentensätze bei einer Witwe mit ein paar Kindern nicht zu schrecken, findet sich doch in den Tafeln Stauffer/Schaetzle auf den Seiten 263f. eine Umrechnung solcher Fälle auf einen einfachen Nenner.

In 113 II 333ff. hat das Bundesgericht – bei einem Verdienst des Versorgers von 50 000 Franken – die Quote für die (allein Ansprüche stellende) Witwe wie folgt bestimmt: Im Normalfall wird das Einkommen von den Ehegatten zu gleichen Teilen, also je zur Hälfte, verbraucht. Der Anteil des hinterbliebenen muss aber wegen der Fixkosten über (den vom Kantonsgericht Basel-Landschaft zugesprochenen) 50% liegen. Anderseits sind die im Falle Blein (108 II 439) für den Witwer angenommenen 65% nicht massgeblich, da dort von einem Renteneinkommen von Fr. 32 400.– auszugehen war. Auch sollten 65 bis 70% selbst für eine Witwe mit Kindern nicht überschritten werden. Als zutreffend erscheinen somit im vorliegenden Fall 55 bis 60%. Das Bundesgericht nahm das Mittel = 57,5%.

Bei der Verwendung der geschilderten Rechtsprechung ist daran zu denken, dass man heute eher höhere Quoten, vorab für die Witwen, nimmt. Man sieht deutlicher als früher, dass es darauf ankommt, was die Hinterlassenen *nach dem Tode des Versorgers brauchen,* und dass man allein teurer lebt als zu zweit oder im Familienverband. Deshalb darf man nicht einfach rechnerisch das Einkommen des Versorgers auf ihn und die Versorgten verteilen. Die der Rechnung zugrunde zu legende Quote wird bestimmt durch den zur Beibehaltung des Lebensstandards erforderlichen Aufwand. In diesem Lichte sind die angegebenen Quoten und Obergrenzen zu würdigen.

Allgemein ist festzuhalten, dass die Hinterlassenen-Quoten nicht nur vom Einkommen, sondern auch von dessen Verwendung durch den Ehemann abhängen. Gesellschaftliche Verpflichtungen oder Verbindungen, Sportausübung oder Liebhabereien können das Familienbudget schmälern. In 99 II 210f. musste bei der Festsetzung der Witwenquote gar das Vorhandensein einer Mätresse berücksichtigt werden.

———

Ist die Ehefrau vor dem Tod des Mannes einer Erwerbstätigkeit nachgegangen und hätte sie dies weiter getan, oder ist anzunehmen, dass sie später, z. B. nach Flüggewerden der Kinder, eine solche Tätigkeit aufgenommen hätte, so wirkt sich das auf ihre Unterstützungsbedürftigkeit aus. Es gibt drei Möglichkeiten, solche Einkünfte bei der Bemessung ihres Versorgungsanteils zu berücksichtigen:

- Ermässigung der Witwenquote
- Anrechnung eines bestimmten Betrages, z. B. der Hälfte des Erwerbs, auf die Witwenquote
- Einbezug des Frauenverdienstes in eine Gesamtrechnung (vom Gesamteinkommen der Ehegatten wird die Witwenquote berechnet, von dieser ihr eigener Verdienst abgezogen; was bleibt, ist die verlorene Versorgung).

Die beiden ersten Methoden sind etwas grobschlächtig; die dritte erscheint als die einleuchtendste. Zu bedenken ist indes, dass die Steuern ins Gewicht fallen, wenn zwei Einkünfte zusammenkommen. Man muss also, wenn man genau rechnen will, die Steuern vom Gesamteinkommen abziehen und den Betrag, den die Witwe dem Staat abzuliefern hat, zu ihrer Versorgungsquote hinzuschlagen.

Man gelangt auf allen drei Wegen zum Ziel und je nach den Annahmen, die man trifft, zum selben. Gleichsam die Neunerprobe vornehmen kann man, indem man sich vergegenwärtigt, was der Witwe vom Haftpflichtigen und aus eigener Tätigkeit zufliesst, und ob es ihr damit möglich ist, das Leben zu führen, auf das sie Anrecht hat.

Konnte eine Frau ihren Lohn ganz oder teilweise statt in den gemeinsamen Haushalt in die eigene Tasche stecken, so fällt dieser Betrag für die Versorgungsschadenberechnung ausser Betracht. Das trifft namentlich bei einem höheren Einkommen des Mannes zu (vgl. 111 II 105f., wo es zwar um eine Scheidung, aber um die gleiche Frage geht). Ähnliche Überlegungen sind anzustellen, wenn der Frauenverdienst aus anderen Gründen nicht dem Lebensunterhalt diente, z. B. für den Kauf eines Hauses zurückgelegt wurde. Überhaupt ist im Auge zu behalten, dass eine solche Tätigkeit oft vor dem Ende der Erwerbsfähigkeit aufgegeben wird.

Sind Kinder da, so darf man annehmen, dass ein Teil der Einkünfte der Mutter diesen zugute gekommen wäre. Dann brauchen diese vom Vater her weniger; dafür erhöht sich der Versorgerschaden der Frau, bis die Kinder flügge sind.

———

Kommen bei einem Unfall Vater und Mutter um, so sind die für Auferziehung und Ausbildung der Kinder nötigen Mittel bereitzustellen. Ihr Umfang ergibt sich aus der für die Waisen getroffenen Lösung. Vielleicht kann eine Verwandte den Haushalt weiterführen; sonst werden die Kinder wohl in einer Familie oder in einem Heim untergebracht. Selbstverständlich sind neben den dadurch entstehenden Kosten all die zusätzlichen Aufwendungen (für Kleidung, Bildung, Unterhaltung) zu übernehmen. Gesamthaft wird man für ein Kind im Jahr mit einer Entschädigung in der Grössenordnung von Fr. 20 000.– rechnen müssen.

f) Die Frau als Versorgerin

Zur Vereinfachung wird vorausgesetzt, dass die Frau den Haushalt führt; mitunter übernimmt auch ein Hausmann diese Rolle. Auch ist gemeinsame Erwerbs- und Hausarbeit häufig. Die folgenden Ausführungen greifen nur einen Fall heraus. Wie vorn 82f. ausgeführt, wird der Wert der Hausarbeit heute nicht mehr verkannt.

Die Versorgungsleistung der Ehefrau ist nicht leicht und deshalb um so mehr aus dem Einzelfall heraus zu berechnen. Die Hinterbliebenen haben Anspruch auf den Lebensstandard, den ihnen das Wirken der Gattin und Mutter in Zukunft gewährleistet hätte. Haftpflichtige haben die Kosten einer angemessenen Lösung zu übernehmen. Diese werden jeweilen dadurch ermittelt, dass man der Versorgungsleistung der Verstorbenen die nun wegfallenden Aufwendungen für sie gegenüberstellt (82 II 39, bestätigt in 108 II 436f.).

Der auf der Hand liegende Ersatz für eine Hausfrau ist eine Haushälterin. Die Einstellung einer solchen drängt sich insbesondere auf, wenn kleine Kinder da sind. Sie kann sich aber auch ohne Kinder oder nach deren Flüggewerden rechtfertigen (102 II 92f.). Vom Barlohn der Haushälterin sind die Ausgaben abzuziehen, die der Ehemann nun nicht mehr hat (Kleider der Ehefrau usw.).

Lässt sich der Wegfall der Versorgerin mit einer Stundenfrau auffangen, so vergrössert sich der Abzug um das eingesparte Essen. Vielleicht ergeben sich aber zusätzliche Kosten für das Instandhalten der Kleider und dergleichen.

Oft führen die Hinterbliebenen den Haushalt ohne fremde Hilfe weiter. Das ist möglich, wenn die Kinder schon grösser sind und sich mit dem Vater in die Hausarbeit teilen. Es wäre ungerecht, in einem solchen Falle keinen Versorgungsschaden anzunehmen. Einmal entstehen zusätzliche Kosten aller Art, weil man z.B. für das Essen teurer einkaufen oder wegen fehlender Pflege früher neue Kleider anschaffen muss. Vor allem aber sind die zusätzlichen Anstrengungen angemessen zu entschädigen. Es würde auch etwas kosten, wenn die Hinterbliebenen, wozu sie das Recht hätten, fremde Hilfe beizögen; sie verdienen sodann vom Begriff des Versorgungsschadens her eine Vergütung, nehmen sie doch durch den vermehrten Einsatz und den Verzicht auf manches eine Verschlechterung ihres Lebensstandards in Kauf.

Hat die Ehefrau im Geschäft ihres Mannes mitgearbeitet oder ist sie sonst einem Erwerb nachgegangen, so reisst ihr Tod eine um so grössere Lücke ins Familienbudget. Man darf allerdings nicht nur den zusätzlichen Verdienst sehen, sondern muss auch prüfen, ob sie weniger Zeit für den Haushalt hatte, ob sie ihn teurer führen musste, ob sie z.B. bezahlte Hilfen beschäftigte.

Die Arbeit einer Frau kommt dem Manne und den Kindern zugut. Bei ihrem Tod erleiden beide einen Versorgungsschaden. Der ist grundsätzlich getrennt zu berechnen. Bei zwei oder drei Kindern entspricht deren Anteil zusammen ungefähr dem des Mannes (101 II 262). Es sollen aber auch in diesem Punkte die starren Regeln der im einzelnen Falle einleuchtenden Lösung weichen. So schliesst (wie in 102 II 93) eine Haushälterin, die der Witwer seinetwegen anstellen darf, auch die bei den Kindern entstandene Versorgungslücke.

Die folgenden paar Urteile veranschaulichen das Gesagte, sie widerspiegeln gleichzeitig die Aufwertung der Versorgungsleistung durch die Frau.

82 II 132ff.	39 Jahre alter Café-Besitzer verliert seine Gattin, die das Geschäft geführt hatte. Er erlangt in der Folge selbst das Wirtepatent und übernimmt die Führung des Kaffeehauses. Damit ist er nun nicht schlechter gestellt als zu Lebzeiten seiner Frau, besonders unter Berücksichtigung der Wiederverheiratungsmöglichkeiten. Also sind die durch die kantonale Instanz für eine gewisse Übergangszeit zugesprochenen Fr. 8000.– genügend.
101 II 257ff.	Eine verunglückte Ehefrau, 32jährig, hinterlässt den Mann, Equipenchef in einer Fabrik, und Kinder im Alter von 8, 6 und 3 Jahren. Nach den Umständen scheint eine Lösung mit Teilzeithilfen angebracht, aber sogar wenn man eine ganztägig beschäftigte Haushälterin zubilligt, sind die vom Kantonsgericht angenommenen Aufwendungen von sFr. 1200.– im Monat plus Kost nicht annehmbar, weil sie fast dem Einkommen des Mannes, der immerhin für eine fünfköpfige Familie zu sorgen hatte, entsprechen. ⅔ seines Einkommens von jährlich fFr. 24000.– sind richtig (eine verfehlte Bezugnahme; es kommt einzig auf den Bedarf an). Davon abzuziehen ist der Aufwand für die Ehefrau, der nun wegfällt, nämlich ⅓ des Einkommens des Ehemannes, so dass als Gesamtversorgerschaden wiederum ⅓ = fFr. 8000.– verbleibt. Diese sind, weil sie vorab den Kindern zugute gekommen wären, zu gleichen Teilen auf die vier verbleibenden Familienglieder zu verteilen, so dass der Versorgerschaden des Ehemannes fFr. 2000.– = sFr. 1200.– pro Jahr ausmacht.
102 II 90ff.	Ein Witwer, der vor dem Tod der Frau ein altes Mietshaus mit Garten bewohnte, hat Anspruch, weiter darin zu leben und eine Haushälterin zu beschäftigen, auch nach dem Flüggewerden der mit ihm lebenden jüngeren Kinder. Allerdings ist damit deren Versorgungsanspruch abgegolten. Das Bundesgericht rechnet mit jährlichen Mehraufwendungen von Fr. 10000.– bis zur Volljährigkeit der Kinder, für die folgende wesentlich längere Periode noch mit Fr. 5000.–. Deshalb nimmt es für die ganze Zeit einen durchschnittlichen Mehraufwand von Fr. 6000.– jährlich an, was kapitalisiert Fr. 93060.– ergibt.
108 II 434ff.	Es geht um den Versorgerschaden eines Rentners. Im einzelnen rechnet das Bundesgericht aus, was die Leistung der Verstorbenen für den Ehemann wert war und was er durch ihren Tod anderseits einspart. Man kann es so auf folgenden verschlungenen arithmetischen Pfaden begleiten: Nach einer Schweizer Studie arbeitet eine Hausfrau durchschnittlich 39 Stunden in der Woche, nach einer deutschen sind es 22–34 Stunden. Davon fallen beim Tod der Ehefrau 5–7 Stunden weg, so dass der Ehemann noch etwa 25 Stunden an Hausarbeit benötigt. Ihm selbst ist ein Beitrag von

7 Stunden zuzumuten; also beträgt sein Ausfall schliesslich 18 Stunden in der Woche = 78 im Monat = 936 im Jahr. Bei einem Stundenlohn von Fr. 15.– (höher als der einer Haushälterin) ergibt sich ein Ausfall von Fr. 1170.– im Monat. Hievon ist abzuziehen, was der Ehemann einspart: Von einem Einkommen von Fr. 2500.– monatlich vor dem Unfall braucht er jetzt etwa 65% = Fr. 1625.–. Da sein Einkommen nach dem Unfall rund Fr. 2000.– ausmacht, stellt er sich um Fr. 375.– günstiger. Diese sind von den vorher gefundenen Fr. 1170.– abzuziehen, worauf sich ein monatlicher Verlust von Fr. 795.– bzw. ein jährlicher von Fr. 9540.– ergibt. Zum gleichen Ergebnis gelangt man, fügt das Bundesgericht «zur Vereinfachung» bei, wenn man die vor dem Unfall für den Mann notwendigen Fr. 1625.– nimmt, den Wert der entgangenen Hausfrauenarbeit von Fr. 1170.– hinzuzählt und sein jetziges Einkommen von Fr. 2000.– abzieht. (Der jährliche Versorgungsverlust von Fr. 9540.– ist mit einem Koeffizienten zu multiplizieren, über den anschliessend zu reden sein wird.)

g) Die Dauer der Unterstützung

Die Versorgung kann auf eine bestimmte Zeitspanne oder auf Lebenszeit angelegt sein.

Die Frage der Dauer stellt sich vor allem bei Kindern, die ihren Versorger oder ihre Versorgerin verloren haben. Wann werden sie flügge? In 65 II 256 nannte das Bundesgericht als Regel ein Endalter von 18 Jahren, in 66 II 177 ein solches von 20 Jahren. Diese Werte haben heute noch Gültigkeit, denn bis etwa zum Alter von 15 Jahren geht man zur Schule, worauf eine Lehre von 3 bis 4 Jahren, mitunter eine Zusatzausbildung von einem oder zwei Jahren folgt. So waren in 101 II 262 18 Jahre unbestritten. Man wird in der heutigen Zeit, wo die Arbeit immer anforderungsreicher wird, in der Regel auf 20 Jahre gehen müssen, etwa im Gedanken an einen Sprachaufenthalt im Ausland. Das Bundesgericht weist in 99 II 373f. allerdings darauf hin, dass Lehrlinge gegen das Ende ihrer Ausbildung einen Lohn erhalten, der sie von den Eltern unabhängig macht; es hätte deshalb lieber ein Endalter von 18 gesehen statt des vom Kantonsgericht Waadt angenommenen von 20 Jahren. Sobald ein eigentliches Studium zur Debatte steht, ist das Endalter hinaufzusetzen, meistens auf 25 Jahre. In 65 II 250ff. war die Vorinstanz bei zwei Söhnen mit Recht über das 20. Altersjahr hinausgegangen, beim einen wegen der Handelsschule und Lehre, beim andern wegen des Gymnasial- und Universitätsstudiums. Für dieses Studium hatte sie drei Jahre angenommen und so den errechneten Betrag von Fr. 5777.– wegen der vorhandenen Unsicherheit auf Fr. 4000.– herabgesetzt. Diese Kürzung hob das Bundesgericht auf, denn der Unsicherheit war schon durch die Begrenzung auf drei Jahre Rechnung getragen worden.

Auch unter Eheleuten kann sich der Versorgerschaden auf eine Anzahl Jahre beschränken: In 82 II 135 wurde einem Ehemann für den Tod der Frau nur eine Entschädigung während einer gewissen Übergangszeit zugebilligt, und in 101 II 262 wurde sie auf 15 Jahre begrenzt. Im Normalfall jedoch dauert die Unterstützung solange die versorgte Person dazu imstande und die versorgte am Leben ist. Dieser Vorgabe entsprechen die Faktoren für Verbindungsrenten gemäss den Tafeln von Stauffer/Schaetzle. Bei Berufstätigen stellt sich die Frage, ob mit der natürlichen Aktivität oder dem Pensionsalter von 65 bzw. 62/64 Jahren zu rechnen sei. Während das Bundesgericht in 113 II 336f. noch auf die natürliche Aktivitätserwartung des ums Leben gekommenen Lastwagenchauffeurs, entgegen der Vorinstanz, abstellte, geht es nun vom Pensions- gleich AHV-Alter aus (123 III 117f. betr. Körperverletzung). Beim Tod einer Hausfrau vertrat es in 108 II 441 allerdings die Meinung, die Arbeit im Haushalt gehe über die normale Aktivität hinaus. Es liess die Frage offen, ob ein einfaches Mittel zwischen Aktivität und Mortalität oder gar ein gewogenes (⅔ zugunsten der Mortalität) zu verwenden sei. In 113 II 345 entschied es sich dann für das arithmetische, also das einfache Mittel.

h) Die Anrechnung von Vorteilen

Geht es darum, den durch den Tod des Versorgers oder der Versorgerin entgangenen Unterhalt zu ersetzen, so gebietet die Logik, auch das durch das gleiche Ereignis Hinzugekommene zu berücksichtigen. Man spricht von Vorteilsanrechnung und denkt vorab an die Erbschaft. Unrichtig wäre, sie als solche vom Versorgungsschaden abzuziehen, fiele sie doch später ohnehin an. Wenn allerdings die versorgte Person älter als die versorgende ist und nach dem normalen Lauf der Dinge gar nie in den Genuss der Erbschaft gekommen wäre, müsste man diese voll anrechnen. Es geht jedoch vorab um die Frage, ob die Erbschaftserträgnisse zu berücksichtigen seien. Das Bundesgericht bejaht dies, mindern sie doch die Versorgungsbedürftigkeit (95 II 416, 99 II 212f.). Werden allerdings die Erträgnisse kapitalisiert vom Versorgungsschaden abgezogen und beträgt der Koeffizient 20, so gelangt man bei Annahme eines fünfprozentigen Ertrags auf die Gesamtsumme der Erbschaft und damit zur vollen Anrechnung. Richtigerweise muss nach Abzug der kapitalisierten Erträge eine Summe übrigbleiben, welche, sich verzinsend, bis zum Zeitpunkt des natürlichen Todes der Versorgerin oder des Versorgers zur vollen Erbschaft anwächst. Diese Überlegungen lassen immer noch die Frage unbeantwortet, ob sich die Erbschaft ohne den Unfall vergrössert oder verflüchtigt hätte.

Folgerichtig wären die Erträge aus Unfall- und Lebensversicherungen ebenfalls anzurechnen. Das Argument, Versorgende hätten Prämien dafür bezahlt, verfängt nicht, denn für das Vermögen, welches sie hinterlassen, haben sie meistens auch Anstrengungen unternommen. Hingegen lässt sich die Anrechnung von Versicherungsleistungen, sei es des Kapitals, sei es der Zinsen, sei es der Renten, nicht mit VVG 96 vereinbaren (95 II 416f.). Man kann allerdings einwenden, es gehe gar nicht um eine Anrechnung, sondern um die Beurteilung der Versorgungsbedürftigkeit im Lichte der Lage, in der sich die versorgte Person befindet. Ob sie ein eigenes Vermögen habe oder aus Güterrecht gewinne (99 II 210), solches erbe oder aus einem Versicherungsvertrag erhalte, spiele keine Rolle.

Was einen bei der Vorteilsanrechnung stört, ist die Tatsache, dass Haftpflichtige Nutzen aus der Vorsorge anderer ziehen, besonders dort, wo diese, wie bei der Versicherung, ausgeprägt als solche in Erscheinung tritt. Vielleicht haben Eheleute sogar Einschränkungen auf sich genommen, um die Frau beim Tod des Gatten besonders gut zu stellen. Dass ihr daraus ein Nachteil erwachse, kann nicht befriedigen. Nach all diesem Für und Wider ist es wohl richtig, die Erbschaftserträge mit etwelcher Zurückhaltung anzurechnen, weil sie sich doch direkt und ohne weiteres aus dem Tod des Versorgers, der Versorgerin ergeben, Versicherungsleistungen hingegen ausser Betracht zu lassen, weil sie ihre Ursache im wesentlichen in der Vorsorge haben, und weil sich aus VVG 96 ergibt, dass sie den Begünstigten ungeschmälert zukommen sollen.

Kann man von der versorgten Person die Aufnahme oder Wiederaufnahme einer Arbeit verlangen? Dem Grundsatze nach nicht, denn sie soll ja gleichgestellt sein wie ohne den Unfall der versorgenden Person. Also erwartet man von einer Studentin nicht, dass sie nun Werkstudentin werde, oder von einer Hausfrau mit Kindern, dass sie einer Arbeit ausserhalb ihres Haushaltes nachgehe. Anders verhält es sich, wenn durch den Tod des Versorgers wesentliche Teile der bisherigen Arbeit wegfallen. Dieser Fall ergibt sich bei einem Zweierhaushalt, wenn der Ehemann umkommt (vgl. 110 II 225). Man wird heutzutage namentlich im Hinblick auf das nunmehr geltende Eherecht nicht von vorneherein ausschliessen, dass die Frau eine Erwerbstätigkeit aufnehme. Ihr Alter, ihre soziale Stellung oder die Unmöglichkeit, angemessene Arbeit zu finden, können dem aber entgegenstehen. In 119 II 366f. ging es um die Erwerbstätigkeit einer beim Tod ihres Mannes 41jährigen Zahnarztwitwe mit zwei kleinen Kindern und zwei heranwachsenden aus erster Ehe, die seit Jahren nicht mehr ausser Haus gearbeitet, nach dem Unfall aber wieder eine solche Tätigkeit aufgenommen hatte. Die Genfer Cour de justice civile weigerte sich, das Einkommen daraus vom Versorgerschaden abzuziehen, und das Bundesgericht gab ihr recht: Es komme letztlich nicht darauf an, ob eine Witwe wieder einem Verdienst nachgehe oder umgekehrt dies unterlasse; entscheidend sei einzig, was man von ihr mit Fug verlangen könne («si l'on peut raisonnablement et objectivement exiger de sa part qu'elle acquière un revenu propre»). Das Bundesgericht verwies auf seine Praxis, wonach einer Geschiedenen über 45 oder mit einem Kind unter 10 bzw. 16 keine Aufnahme einer Erwerbstätigkeit zuzumuten sei.

Haftpflichtige können sich nicht auf die Unterstützungspflicht anderer berufen. So ist ein Stiefvater nur zum Unterhalt verpflichtet, wenn das Kind oder seine Mutter keine entsprechenden Einkünfte haben. «Hieraus ergibt sich, dass die spätere Wiederverheiratung der Mutter den Versorgerschaden des Kindes nicht berührt» (72 II 169, als Gegenstück dazu darf der Stiefvater das Kindesvermögen nicht nutzen).

i) Die Wiederverheiratung

Sie macht der Ersatzverpflichtung in der Regel ein Ende, denn die Wiederverheiratung bringt die Unterstützungspflicht durch den neuen Ehemann, die neue Ehefrau. Natürlich mag es einem nicht passen, dass diese damit die Haftpflichtigen entlasten. Noch stossender aber wäre es, wenn man gleichsam eine unterhaltsfreie Witwe oder einen unterhaltsfreien Witwer heiraten könnte, deren «Marktwert» dadurch beträchtlich stiege. Die gegenseitige Unterstützung der Eheleute ist vom Gesetz gewollt. Die Gedanken über die Wiederverheiratung gelten deshalb für beide: die Witwe und den Witwer, wenn auch manchmal beispielhalber nur die Frau genannt wird.

Voraussetzung für die volle Berücksichtigung der Wiederverheiratung ist, dass die neue Ehe einen ähnlichen Lebensstandard wie den bisherigen ermögliche (95 II 418, 89 II 400). Im gleichen Sinne hat das Bundesgericht zugunsten eines Witwers, der sich bald wieder vermählt hatte, berücksichtigt, dass die neue Gattin im Unterschied zur verstorbenen in seinem Architekturbüro nicht mitarbeitete, dass also die Wiederverheiratung seinen Versorgerschaden nicht wettmachte. Heiratet z. B. eine Witwe «unter ihrem Stand», so wird der Versorgerschaden nur zum Teil behoben. Zumeist überspielt die übliche Kapitalabfindung diese Frage, wird doch einfach für die Möglichkeit der Wiederverheiratung ein Abzug gemacht. Die Tafeln Stauffer/Schaetzle geben für Mann und Frau jeden Alters die statistische Wiederverheiratungswahrscheinlichkeit an. Bei den Frauen wird zudem zwischen gewöhnlichen und sogenannten Suva-Witwen unterschieden: Der Verlust der Rente wirkt heiratshemmend. So beträgt der Abzug für eine 30jährige Witwe 26%, für eine sogenannte Suva-Witwe 9%.

Inzwischen ist die obligatorische Unfallversicherung, unter Beteiligung der Versicherungsgesellschaften, auf alle Arbeitnehmenden ausgedehnt, dazu die AHV ausgebaut worden. Damit spielt der Wegfall von Renten eine immer grössere Rolle. Auf der anderen Seite ist das eheähnliche Zusammenleben salonfähig und häufig geworden. (1980 zählte man 58000 Konsensualpaare gegenüber 1,44 Millionen Ehepaaren; 1990 waren es 147000 nicht verheiratete gegenüber 1,53 Millionen verheirateter Paare.) Das setzt die Bereitschaft zur Eingehung einer neuen Ehe weiter herab. Die Aufnahme eines Konkubinats kann aber einer Verheiratung nahekommen. Zwar wiegelt das Bundesgericht in 113 II 336 ab: «Die Zunahme eheähnlicher Gemeinschaften spricht zwar für einen Rückgang der Wiederverheiratungsquote; deswegen ein Konkubinat versorgungsrechtlich im vornherein einer Wiederverheiratung gleichsetzen zu wollen, geht indes nicht an.» Anderseits heisst es im Leitsatz des Scheidungsurteils 116 II 394: «Ein stabilisiertes Konkubinat führt auch dann zur Aufhebung der Scheidungsrente, wenn die Konkubinatspartner aus sozialversicherungsrechtlichen Gründen auf eine Heirat verzichten.» Grundsätzlich muss man das Konkubinat in genau gleicher Weise wie für die Begründung eines Versorgungsanspruchs auch für dessen Ermässigung berücksichtigen, und zwar genau genommen nicht bloss ein bestehendes Konkubinat im einzelnen Fall, sondern allgemein die Möglichkeit eines späteren als Ergänzung zur Wahrscheinlichkeit einer Wiederverheiratung. Das führt zu einer Erhöhung des Abzugs bei Suva- bzw. Rentenwitwen. Bei solchen Gedankengängen ist allerdings nicht aus den Augen zu verlieren, dass dem Konkubinat hinsichtlich Bestand und Versorgungsleistung Unsicherheiten innewohnen.

Bedenkt man all das, so wird man die Statistiken mit Vorsicht gebrauchen. Das Bundesgericht hat dies schon immer empfohlen: Die Tabellen könnten höchstens mangels anderer Hinweise eine Entscheidungshilfe sein, fand es in 89 II 399f. Es hat sich dann aber in 91 II 224f. und 95 II 419 an sie gehalten und in 101 II 264, 102 II 96 sowie 108 II 441f. festgestellt, grundsätzlich sei von den Tafeln auszugehen, die dort gefundenen Werte seien aber nach der Besonderheit des Falles zu berichten. Wenn sich das Bundesgericht von den Tafeln entfernt hat, so war es immer nach unten, wie in den beiden zuletzt genannten Entscheiden. In 113 II 335f. hält es sich bei einer Witwe, die Suva- und AHV-Leistungen bezieht, an die 21% für Suva-Witwen, lägen sie doch wesentlich unter dem Normalsatz von 31%.

Die Wiederverheiratung hängt vorab von den Umständen des Einzelfalles ab, nämlich vom Alter der Witwe oder des Witwers, ihrem Wesen, den gesellschaftlichen, örtlichen und familiären Verhältnissen, ihrer Gesundheit, ihrem Aussehen und ihrer finanziellen Situation und schliesslich von ihrem Willen, sich wieder zu verheiraten (95 II 418f.).

In folgenden Urteilen haben die folgenden Erwägungen zu folgenden Abzügen geführt:

Witwe

113 II 335f. **21%**	36jähriger Lastwagenchauffeur hinterlässt eine 33jährige Witwe und drei im Unfallzeitpunkt (1980) noch minderjährige Kinder. Deren Vorhandensein ist nicht ausschlaggebend, denn es mag zwar die Bereitschaft zur Heirat fördern, verbessert aber nicht die Chancen. Angemessen ist ein Abzug von 21% gemäss Stauffer/Schaetzle für Suva-Witwen, da dieser bereits erheblich unter dem Normalwert von 31% liegt.

97 II 123ff. **10%**	39jähriger Bauarbeiter hinterlässt 35jährige Witwe, die mit den beiden Töchtern in Italien lebt. Die 10% waren vor Bundesgericht nicht streitig; es ging nur mehr um die Berechnungsart.
95 II 418f. **10%**	Mitinhaber einer Kollektivgesellschaft hinterlässt eine 39jährige Witwe und zwei Kinder. Die Witwe sieht gut aus und hat ein einnehmendes Wesen. Die Kinder sind schon oder bald selbständig. Die finanzielle Lage ist gut. Die 10% entsprechen der statistischen Wahrscheinlichkeit bei Suva-Witwen.
91 II 224f. **30%**	31jähriger Zahntechniker hinterlässt eine 28jährige Witwe und zwei Töchter. Das Walliser Kantonsgericht hat 25% abgezogen, das Bundesgericht setzt den Abzug auf 30% hinauf. Die Tatsache, dass die Witwe als Oberwalliserin seit vier Jahren im Unterwallis wohnt und sich noch nicht völlig eingewöhnt hat, darf nicht überschätzt werden. Die Töchter sind gesund, und die Witwe ist besser gestellt als der Durchschnitt. Also darf man von den Tafeln ausgehen.
89 II 399f. **25%**	Buchbinder hinterlässt eine Witwe von 27 Jahren und zwei Kinder. Das Walliser Kantonsgericht hatte 25% abgezogen. Das wurde vom Bundesgericht bestätigt, wiewohl die Statistiken 35% angaben. Es spielte eine Rolle, dass eines der Kinder gesundheitlich angeschlagen war.
72 II 214ff. **ca. 20%**	33jährige Bäuerin, Mutter von vier Kindern im Alter von 2 bis 9 Jahren, ohne Vermögen und nur Pächterin eines zerfallenen Gutes. Das lässt nicht auf grosse Wiederverheiratungschancen schliessen. Allerdings kann sie mit kleinen Kindern auf einem Bauernhof nicht gut allein bleiben, was ihren Wunsch nach einer neuen Verbindung verstärkt. Anderseits muss sie sich deswegen vielleicht auf eine unvorteilhafte Heirat einlassen, während ihr früherer Mann ein ausgesprochen wackerer und arbeitsamer Mann war. So könnte die Ermässigung bestenfalls 20% betragen; aus Verfahrensgründen konnte eine genaue Bestimmung des Abzuges unterbleiben. Das Bundesgericht weist im übrigen daraufhin, dass es nie mehr als 30% Wiederverheiratungsabzug vorgenommen hat (20% in 54 II 297 und 30% in einem unveröffentlichten Fall mit grosser Wiederverheiratungswahrscheinlichkeit).

Witwer

108 II 441f. **0%**	64jähriger Rentner mit theoretischen Wiederheiratungschancen von 12%. Keine Anzeichen einer Wiederverheiratung in den sechs Jahren seit dem Verlust der Gattin.
102 II 95f. **30%**	Nach der Statistik wären es bei diesem 47jährigen Mann 47% Wiederheiratschancen. Das Bundesgericht hebt die Verschiedenheit der Verhältnisse zu 101 II 264 hervor.
101 II 264 **30%**	33jähriger Equipenchef mit Kindern von 8, 6 und 3 Jahren. Nach den Tafeln betrüge die Wiederverheiratungswahrscheinlichkeit 68%. Das Bundesgericht bestätigt jedoch die vom waadtländischen Kantonsgericht festgesetzten 30%, weil von der angenommenen Versorgungsdauer von 15 Jahren schon 4 verflossen waren.

Die Heiratsmöglichkeit kann bei weiteren Personen eine Rolle spielen. In 66 II 219 ging es um die 36jährige Verlobte eines Walliser Anwalts und Notars, der bei einem Autounfall ums Leben gekommen war. Die Heirat hätte in ei-

nem Vierteljahr stattfinden sollen. Die guten Aussichten auf eine andere Ehe trugen massgeblich zur Ermässigung des Versorgerschadens auf Fr. 20 000.– bei.

Bei der Berücksichtigung der Wiederverheiratung kommt es auf den Beurteilungszeitpunkt an. Regelmässig vergehen Jahre zwischen dem Hinschied und dem Urteil. In dieser Zeit hat der zurückgebliebene Ehepartner vielleicht eine ernsthafte Bekanntschaft oder gar einen neuen Ehebund geschlossen. Anderseits rückt die Tatsache, dass nichts dergleichen geschehen ist, eine Wiederverheiratung in die Ferne. Das Bundesgericht fand indessen in 95 II 418, da die Schadenberechnung auf den Todestag vorzunehmen sei, müsse auch die Wiederverheiratung aus damaliger Sicht beurteilt werden, denn die Berechnung habe aus einem Guss zu sein, auf die Gefahr hin, dass man von nicht ganz zutreffenden Voraussetzungen ausgehe. Es ging deshalb auf das Argument der Witwe, sie sei während sechs Jahren unverheiratet geblieben, nicht ein. In 108 II 442 räumte es allerdings, etwas lebensnäher, ein, man dürfe in einem gewissen Umfange Umstände, die zwischen dem Tod und dem Urteil eingetreten seien, berücksichtigen. Das führte dazu, dass bei einem 64jährigen, der ebenfalls sechs Jahre ohne neue Bindung geblieben war, kein Abzug mehr gemacht wurde, wiewohl es nach Statistik 12% gewesen wären. In 113 II 336 ging das Bundesgericht aus prozessrechtlichen Gründen nicht auf die Behauptung ein, die Klägerin lebe seit Jahren in einem eheähnlichen Verhältnis, und fügte bei: «Dass aus dem Verhältnis angeblich ein Kind hervorgegangen ist, belegt noch kein Konkubinat.»

Vollends nicht berücksichtigt werden darf eine Änderung (lies eine Wiederverheiratung), die nach dem kantonalen Urteil eingetreten ist (72 II 215). Das Bundesgericht hat es aber in diesem Entscheid mit einem prozessualen Argument vermeiden können, gegen die Tatsachen zu entscheiden. Noch kniffliger war die Lage in 82 II 132ff., wo die Wiederverheiratung schon ein halbes Jahr vor dem kantonalen Urteil erfolgt, darin aber nicht erwähnt war. Es handelte sich um einen 39jährigen Café-Besitzer, der nach dem Tod seiner Frau selbst das Wirtepatent erlangt und die Führung des Cafés übernommen hatte. Auch hier zog sich das Bundesgericht elegant aus der Affäre, indem es aus der damaligen Sicht heraus eine hohe Wiederverheiratungswahrscheinlichkeit annahm und die von der Vorinstanz zugesprochene Übergangsentschädigung bestätigte.

k) Die Ausrechnung

Hat man alle Gesichtspunkte eingefangen und die Berechnungelemente: das Einkommen, die Versorgungsquote, den Koeffizienten und den Wiederverheiratungsabzug, herauskristallisiert, so kann es an die Ausrechnung gehen. Ein Beispiel liefert 113 II 338:

Massgebendes Jahreseinkommen	Fr. 50 000.–	
Witwenquote 57,5%	Fr. 28 750.–	
kapitalisiert mit 12.31		Fr. 353 912.–
./. 21% Wiederverheiratung		Fr. 74 322.–
Brutto-Versorgerschaden		Fr. 279 590.–

Regelmässig ist allerdings noch die Rückgriffsforderung der UVG-Versicherung und der AHV abzuziehen. Dabei ist zu beachten, dass bei der UVG-Rente der gleiche Faktor wie beim Versorgerschaden zu verwenden ist, während die AHV-Rente nur bis zum Zeitpunkt zu berücksichtigen ist, in dem sie in eine normale Altersrente umschlägt. Sodann sind auch die anzurechnenden Sozialversicherungsleistungen um den Wiederverheiratungsabzug zu kürzen. Die obige Rechnung erfuhr somit folgende Fortsetzung:

Anrechnung der Renten:		
SUVA-Rente Fr. 12 510.–		
kapitalisiert mit 12.31	Fr. 153 998.–	
./. 21% Wiederverheiratung	Fr. 32 340.–	
	Fr. 121 658.–	
AHV-Rente Fr. 9720.–		
kapitalisiert mit 11.33	Fr. 110 127.–	
./. 21% Wiederverheiratung	Fr. 23 126.–	
	Fr. 87 001.–	
Total Anrechnung		Fr. 208 659.–
Netto-Versorgerschaden		Fr. 70 931.–

Sind Kinder vorhanden, so ist auch ihr Anteil auszurechnen; indes erleiden sie oft, wie in 113 II 332, keinen Direktschaden.

    Im übrigen enthalten die Tafeln Stauffer/Schaetzle Rechnungsbeispiele in grosser Zahl.

IV. SACHSCHADEN

1. IM ALLGEMEINEN

a) Der Begriff

Unter Sachschaden versteht man die Beschädigung, die Zerstörung oder den Verlust einer Sache. Als zerstört gilt eine Sache auch dann, wenn eine Instandstellung zwar möglich, aber mit Kosten verbunden wäre, welche den Wert der Sache übersteigen. Oft zieht ein Sachschaden weitere Verluste nach sich. So führt die Beschädigung einer Maschine regelmässig zu einem Betriebsausfall oder zu Aufwendungen, mit denen der Verlust in Grenzen gehalten wird. Genau genommen handelt es sich dabei um Vermögensschäden. Es wäre aber unnatürlich, solche Ausfälle oder Aufwendungen nicht den Sachschäden zuzuordnen. Es handelt sich um Sachschäden in einem weiteren Sinne, um sogenannte Folgeschäden. Sie sind genau gleich wie der ihnen zugrundeliegende Sachschaden zu behandeln.

Ein Erweiterung hat der Bereich des Sachschadens durch den Umweltschaden erfahren. Art. 10 Abs. 1 des Vorentwurfs zu einem Allgemeinen Teil des Haftpflichtrechts lautet:

> Bei Einwirkung auf die natürliche Umwelt umfasst der ersatzfähige Schaden namentlich die Kosten von Massnahmen, die nach Treu und Glauben ergriffen werden, um:
> 1. eine drohende Einwirkung abzuwehren;
> 2. die Folgen einer andauernden oder eingetretenen Einwirkung zu mindern;
> 3. zerstörte oder beschädigte Bestandteile der Umwelt wiederherzustellen oder sie durch gleichwertige Bestandteile zu ersetzen.

Bei der Verletzung oder Tötung von Tieren handelt es sich um Sachschaden. Im übrigen sind die Möglichkeiten so vielfältig, dass eine Einteilung nicht gut möglich ist. Eine Gruppe indessen ragt aus allen heraus; das ist der Schaden an Automobilen. Seine praktische Bedeutung und die mit ihm verbundenen Probleme rechtfertigen eine gesonderte Darstellung (hinten 107ff.).

b) Die Berechnung

Der Schaden besteht auch hier in einer Vermögensverminderung. Also müssen Geschädigte die Vergütung erhalten, welche ihr Vermögen auf den früheren Stand bringt oder genauer: auf den Stand, den es ohne den Unfall hätte. Massgeblich ist das Interesse, das Geschädigte am Nichteintritt des Schadens haben. Verlieren sie durch den Schadenfall eine Sache, so zählt, was diese für sie und nicht an sich wert war. Es kommt auf den Gebrauchswert, nicht auf den Verkehrs- oder Verkaufswert an (ausser dieser sei höher), auf den subjektiven, nicht auf den objektiven Wert. Der Schaden ist mit anderen Worten konkret und nicht abstrakt zu berechnen (89 II 219). Die beiden Arten fallen zusammen, wenn es sich um marktgängige Dinge handelt, weil der Verlust jederzeit durch den Erwerb eines gleichartigen und gleichwertigen Stückes wettgemacht werden kann. Das ist der Fall, wenn eine Tonne Zucker vernichtet oder ein Auto zu Schrott gefahren wird. Bei einer gebrauchten Sache kommt es darauf an, ob sie den Geschädigten den Dienst noch so gut und so lange wie eine neue versehen hätte oder ob sie sie wegen Abnützung in absehbarer Zeit hätten ersetzen müssen. Fährt einer in ein eisernes Gartentor, welches, zwar längst nicht mehr neu, noch auf Jahr und Tag gehalten hätte, so wird er nicht darum herumkommen, ein neues zu berappen, weil ja auch kein gebrauchtes der gleichen Art und Grösse zu finden sein wird. Geschädigte fahren in einem solchen Falle gut, doch würden sie bei einem Abzug «neu für alt» einen ungerechtfertigten Nachteil erleiden. Wo nur die Wahl zwischen dem einen und dem andern bleibt, muss zu ihren Gunsten entschieden werden.

Ihre Grenze findet diese Betrachtungsweise beim blossen Liebhaberwert, dem sogenannten Affektionsinteresse. Damit sind nicht Stücke mit Sammlerwert gemeint, sondern persönliche Dinge, die nur für die betreffende Person einen grossen Wert haben: ein Gegenstand, ein Brief, ein Bild. Der Gefühlswert lässt sich weder ersetzen noch berechnen. Da ein solcher Verlust eine seelische Unbill darstellt, kommt allenfalls eine Genugtuung in Frage, nämlich nach OR 49. Die von dieser Bestimmung geforderte besondere Schwere der Verletzung ist indes nicht immer gegeben. So kann eine Geschädigte etwas, das ihr teuer ist, verlieren, ohne den Schuldigen belangen zu können, wie die Klägerin in 87 II 290ff., die das Stück Land, an welchem sie hing, wegen der Nachlässigkeit ihres Anwalts durch Enteignung verlor (siehe Band I 53). EHG 12 spricht vom «wirklichen Werte» der beschädigten, zerstörten oder verlorenen Gegenstände. Diese (veraltete) Bestimmung kann zwanglos im Sinne des Gesagten ausgelegt werden.

Ein weiteres Beispiel für die Schwierigkeit der Schadenberechnung und die Unmöglichkeit vollen Ersatzes bilden die Baumschäden. Ein alter, grosser Baum ist unersetzlich. Seine Schönheit, seine Würde hat keinen Preis. Die Vereinigung Schweizerischer Stadtgärtnereien und Gartenbauämter (VSSG) hat zwar versucht, den Wert solcher Bäume festzulegen. Nach ihren Richtlinien kommt man auf Zehntausende von Franken für ein einzelnes Exemplar. Ein solcher Betrag mag einem wirtschaftlichen Schaden entsprechen, wenn der Verlust eines Baumes den Markwert einer Liegenschaft derart mindert. In der Regel jedoch liegt der Schaden auf der Ebene des Schönen und des Gemütes (ohne dass die Voraussetzungen für eine Genugtuung gegeben wären). Es bleibt in solchen Fällen nichts anderes übrig, als den Baum so gut es geht zu ersetzen. Man kann ja heute auch grössere Bäume einpflanzen. Geschädigte haben Anspruch auf den grösstmöglichen Ersatzbaum, der sich vernünftigerweise erstehen, befördern und einsetzen lässt. Es sind ihnen alle mit dem Ersatz verbundenen Kosten, inbegriffen die Entfernung des zerstörten Baumes, zu vergüten. Ist ein Baum bloss beschädigt, so schulden Haftpflichtige die Kosten für die Rettung und Behandlung des Baumes, gegebenenfalls eine Minderwertsentschädigung.

Mitunter ändert sich der Wert einer Sache in der Zeitspanne zwischen der Schädigung und der Entschädigung. Dann ist auf den spätern Zeitpunkt abzustellen, sofern nicht anzunehmen ist, die geschädigte Person hätte sich der Sache inzwischen, zu höherem oder niedrigerem Preis, entäussert. Massgebend ist stets die Frage, welches ihr Vermögen ohne den Unfall heute wäre.

c) Die Ersatzleistung

Bei Beschädigung einer Sache haben Haftpflichtige deren Instandstellung, gegebenenfalls einen zurückbleibenden Minderwert zu bezahlen. Ist die Sache zerstört oder verloren, so ist sie zu ersetzen. Allfällige Überreste verbleiben den Geschädigten; ihr Wert, sei es für die Geschädigten, sei es im Verkauf, wird vom Schadenersatz abgezogen. Die Verwertung der Überreste obliegt, als Schadenminderungspflicht, den Geschädigten. In der Praxis kommt es oft vor, dass Haftpflichtige oder ihre Versicherungen die beschädigte oder zerstörte Sache übernehmen.

Geschädigte sind nicht gehalten, die Reparatur durchzuführen oder eine neue Sache anzuschaffen. Sie haben einfach Anspruch auf Ausgleichung ihrer Vermögenseinbusse. Sie können das Geld einstreichen und die beschädigte Sache gar nicht oder notdürftig flicken, die zerstörte durch eine andersartige oder gar nicht ersetzen. Das gilt für die übliche Ersatzleistung durch Geld. Ein Schädiger hat allerdings die Möglichkeit, die Instandstellung selbst vorzunehmen oder Realersatz zu leisten. Man liest in 107 II 139: «Wie sich aus Art. 43 Abs. 1 OR ergibt, kommt als Ersatz für den eingetretenen Schaden nicht nur eine Geldleistung in Frage, sondern es sind auch andere Arten des Schadenersatzes denkbar. So hat das Bundesgericht in BGE 100 II 142/143 E. 6b beispielsweise den aus Art. 58 OR für die Folgen einer Überschwemmung Verantwortlichen verpflichtet, das verwüstete Grundstück auf eigene Kosten zu säubern und instand zu stellen (vgl. auch BGE 99 II 183 E. 3, 80 II 389/390 E. 9).» Solche Fälle bleiben aber Ausnahmen.

Neben den direkten Kosten und den Folgeschäden verursacht ein Schadenfall manchmal weiteren Aufwand:

- Verminderung des entstandenen und Verhinderung weiteren Schadens (sogenannte Rettungskosten)
- Abklärung der Schadenursache und der Schadenhöhe (z.B. durch Gutachten)
- Geltendmachung der Ansprüche (Zuzug einer Anwältin, eines Anwalts)

So wie Geschädigte einerseits den Schaden nach Möglichkeit mindern müssen, so sind ihnen andererseits die dabei entstehenden Auslagen, die sogenannten Rettungskosten, zu ersetzen. Selbstverständlich sollen diese nicht mehr ausmachen, als die Sache selbst wert ist; überhaupt sollen sie vernünftig sein. Das allerdings ist aus damaliger Sicht zu beurteilen. Wenn sich erst nachträglich herausstellt, dass man gescheiter etwas anderes oder weniger oder gar nichts vorgekehrt hätte, darf man Geschädigten keinen Strick daraus drehen, sondern muss sie für die in guten Treuen und mit Vernunft getroffenen Massnahmen entschädigen. Indes ist die Verhütung weiteren Schadens von der Verhütung eines Schadens an sich abzugrenzen. Wenn erst ein Schaden droht, mögen das Nachbarrecht oder das Verwaltungsrecht Mittel in die Hand geben; das Haftpflichtrecht kommt erst zum Zuge, nachdem ein Schaden eingetreten ist.

Bergungskosten sind dann Rettungskosten, wenn sich die Bergung lohnt. Allerdings kann eine solche auch aus andern als wirtschaftlichen Gründen angezeigt sein. So wird man ein Tier nicht elendiglich zugrunde gehen lassen, sondern aus einer misslichen Lage befreien, oder ein Erinnerungsstück irgendwo herausholen, obwohl sich der Aufwand wirtschaftlich gesehen nicht lohnt, solange er sich in einem nach der Lage der Dinge vertretbaren Rahmen hält. Keine Zweifel gibt es dort, wo die Rechtsordnung Geschädigte zur Bergung verpflichtet, z.B. aus Gründen des Umweltschutzes; man darf ein Automobil, welches in eine Schlucht gestürzt ist, nicht einfach verrotten und verrosten lassen.

Das Gesetz enthält keine Umschreibung der Ersatzleistungen beim Sachschaden, im Unterschied zur Körperverletzung und Tötung. Diese Unausgewogenheit will Art. 9 des Revisionsvorentwurfs beheben:

> Ist eine Sache gänzlich zerstört worden oder abhanden gekommen, so umfasst der ersatzfähige Schaden in der Regel die Kosten für die Neuanschaffung einer gleichwertigen Sache; unterliegt die Sache der Entwertung, so kann die Entschädigung unter Berücksichtigen einer angemessenen Abschreibung ermässigt werden.
> Ist eine Sache teilweise beschädigt worden, so umfasst der ersatzfähige Schaden namentlich die Kosten der Instandstellung sowie einen allfälligen Minderwert.
> War die Sache für die geschädigte Person notwendig oder nützlich, namentlich zur Ausübung einer beruflichen Tätigkeit, so umfasst der ersatzfähige

Schaden auch die Mietkosten für eine gleichwertige Sache während der zur Instandstellung oder Neubeschaffung erforderlichen Zeitspanne oder den während dieser Zeit entgangenen Gewinn.

2. BEI AUTOMOBILEN

a) Bei Reparatur

Schädiger schulden die Kosten der Wiederinstandstellung. Diese ergeben sich aus der Reparaturrechnung. Die Entschädigung kann indes auch aufgrund eines Kostenvoranschlags oder einer anderen Schätzung erfolgen, da Geschädigte nicht verpflichtet sind, die Reparatur durchzuführen. Dies ist um so angängiger, als heute zuverlässige und bequeme Mittel der Kostenberechnung zur Verfügung stehen. Allgemeine Hinweise zur Wiederinstandstellung, aber auch zu Zeitwert, Minderwert und Wagenausfall geben die Bewertungsrichtlinien (BWR 90) des Verbandes der freiberuflichen Fahrzeugsachverständigen der Schweiz (vffs). Der Reparaturkostenberechnung im besonderen dient das ständig nachgeführte Listenbuch von Eurotax/«Kalkulation». Es enthält die Ersatzteilpreise einerseits, die benötigten Arbeitszeiten anderseits. Für die Lackierung kann man zum Buch «Eurotax Lack» greifen. Die Firmen Audatex (Auto-Daten-Expertisen) und Eurotax bieten computergestützte Kalkulationsprogramme an, welche aufgrund umfangreicher Datenbanken Reparaturkosten ermitteln. Die grossen schweizerischen Versicherungsgesellschaften bedienen sich dieses Instruments von Audatex.

Die heutigen technischen Möglichkeiten und die weitgehende Verwendung von Neuteilen gewährleisten in der Regel eine vollständige Wiederherstellung beschädigter Motorfahrzeuge. Nur ausnahmsweise bleibt, z. B. bei Richtarbeiten, ein eigentlicher, ein technischer Minderwert zurück. Grössere Bedeutung hat der sogenannte kommerzielle, fast möchte man sagen psychologische Minderwert: Das Fahrzeug ist in den Augen seines Eigentümers und möglicher Kaufinteressierter ein Unfallwagen und weniger wert. So musste gemäss 84 II 158 der Erwerber das bei der Überführung beschädigte und für Fr. 900.– reparierte neue Automobil nicht mehr entgegennehmen, dies abgesehen von der Möglichkeit versteckter Schäden. Wird ein Minderwert angenommen, so beträgt die Vergütung dafür ein paar Prozente des Zeitwerts, selten mehr als 10%. Umgekehrt kann ein Auto nach der Reparatur einen Mehrwert aufweisen. Diesen haben sich Geschädigte jedoch nur anrechnen zu lassen, wenn sie einen Nutzen für ihr Vermögen daraus ziehen können. Ein neuer Kotflügel oder ein neuer Teil im Motor bringt nichts ein, wohl aber der Ersatz abgefahrener Reifen oder des ganzen Motors.

Ist die Reparatur nicht in Ordnung, so haben sich Geschädigte zur Wehr zu setzen, namentlich Mängelrüge zu erheben. Haftpflichtige schulden einfach die

Kosten einer richtigen Arbeit. Die Versicherungen pflegen sich allerdings nicht darauf zu berufen; ihre Experten bereinigen solche Fälle mit den Reparaturwerkstätten.

b) Bei Totalschaden

Kann ein Automobil schlechthin nicht mehr repariert werden, so liegt ein eigentlicher, technischer Totalschaden vor. Wäre es zwar wieder instandzustellen, aber nur mit Kosten, die seinen Wert übersteigen, handelt es sich um einen wirtschaftlichen Totalschaden. Dasselbe gilt, wenn sich eine Reparatur unter Berücksichtigung des verbleibenden Minderwerts, des längeren Wagenausfalls und der Verwertbarkeit der Überreste nicht mehr lohnt. Mitunter nehmen die Versicherungen die Entschädigung selbst in reparaturwürdigen Fällen wie bei einem Totalschaden vor. Sie gehen dabei Überraschungen bei der Ausführung der Reparatur und Auseinandersetzungen über den Minderwert aus dem Wege; gleichzeitig kommen sie dem Wunsche der geschädigten Person nach einem neuen Fahrzeug entgegen. Man spricht von einem künstlichen Totalschaden.

Der Wert des Fahrzeugs vor dem Unfalle, der sogenannte Zeitwert, wird aufgrund des Modells, des Alters und der Marktlage einerseits, der Ausstattung, des Zustandes und der Kilometerleistung anderseits bestimmt. Die Amortisationstabellen des vffs sowie die Eurotax-Veröffentlichungen bieten ihre Hilfe an. Letztlich entspricht der Zeitwert dem Preis für ein gleichwertiges Fahrzeug. Bei gängigen Marken und Modellen ergeben sich kaum Schwierigkeiten. Bei seltenen oder selten gewordenen Vehikeln, an denen Geschädigte in der Regel hängen, wird man im Zweifel einer Reparatur den Vorzug geben; man muss versuchen, den berechtigten Wunsch des Fahrzeugeigentümers und eine wirtschaftlich vernünftige Lösung unter einen Hut zu bringen. Ist nichts mehr zu machen, so wird man sich an den Sammlerwert halten: den Erlös, welchen ein solches Gefährt etwa auf einer Versteigerung erzielen würde oder erzielt hat. Bei fast neuen Automobilen ist der volle Kaufpreis geschuldet.

c) Für Wagenausfall

Die Unmöglichkeit, das beschädigte Fahrzeug zu benützen, kann zu weiterer Vermögensverminderung führen. In der Regel wird ihr mit einem Ersatzfahrzeug begegnet. Dann haben Haftpflichtige die Kosten dafür zu übernehmen. Kein Anspruch auf ein solches besteht dort, wo der Wagenausfall keinen Schaden, sondern nur den Verzicht auf die Annehmlichkeiten eines Motorfahrzeuges nach sich zieht. Geschädigte mögen es als ungerecht empfinden, dass sie zwar die Steuern und die Versicherung für das Fahrzeug bezahlen mussten, nun aber wegen des Unfalles nicht darüber verfügen können. Deshalb wird immer wieder die Forderung nach einer Vergütung für den Nutzungsausfall, die «perte de jouissance», erhoben. Geschieht dies in umliegenden Ländern mit Erfolg, so kommen wir für die Schweiz nicht um die Feststellung herum, dass der Begriff des Schadens als einer Vermögensverminderung keine Vergütung unter diesem Titel zulässt. Im Gegenteil, wer den Sonntagausflug auf Schusters Rappen oder mit dem Fahrrad macht, fährt billiger; auch die Eisenbahn ist kaum teurer. Die Einschränkung der Beweglichkeit und Bequemlichkeit ist seelische Unbill und könnte nur durch eine Genugtuung ausgeglichen werden, doch fehlt es offensichtlich an der Schwere der Verletzung gemäss OR 49. So bleibt den Betroffenen nichts anderes übrig, als diese Folge des Schadenfalles als eines der kleineren Ärgernisse hinzunehmen, die uns das Leben beschert.

Man darf allerdings den Geschädigten keine besondern Mühen und Umstellungen zumuten. Man darf einer Familie, die eben in die Ferien fahren wollte, nicht sagen, ohne Auto gehe es auch, und Ferien zu Hause kämen noch billiger zu stehen. Man wird auch jenem, der keine geeigneten öffentlichen Beförderungsmittel zur Verfügung hat, nicht zumuten, jeden Tag eine Stunde später nach Hause zu kommen. Ferien und Freizeit sind notwendig zum Leben, und Geschädigte brauchen keine ins Gewicht fallenden Einschränkungen hinzunehmen, besonders nicht während längerer Zeit.

In der Regel behelfen sich Geschädigte mit einem Mietauto. Mitunter lässt sich eine günstigere Lösung finden, z. B. durch gelegentliche Inanspruchnahme eines Taxis.

Bei Reparaturen wird die Dauer der Wagenmiete durch die benötigte Zeit bestimmt. Selbstverständlich hat die geschädigte Person darauf zu sehen, dass die Instandstellung innert üblicher und nützlicher Frist erfolgt; Verzögerungen ist, so gut es eben geht, entgegenzuwirken. Bei Totalschaden wird eine Zeitspanne von 10 bis 14 Tagen als ausreichend für die Anschaffung eines neuen Fahrzeugs angesehen. Gegebenenfalls haben Haftpflichtige das Geld vorzustrecken. Ist das Modell, an welches die geschädigte Person gewöhnt ist und welches sie wieder haben möchte, erst nach Monaten lieferbar, ist eine vernünftige Lösung im Verein mit der Garage und den Fachleuten der Versicherung zu suchen.

Geschädigte haben Anspruch auf ein ungefähr gleichwertiges Fahrzeug; wer eine noble Karosse besitzt, braucht sich nicht mit einem Kleinwagen zu begnügen. Allerdings darf man von beiden Seiten Geschmeidigkeit verlangen, wenn nur ein Mietwagen einer höheren oder tieferen Preisklasse zur Verfügung steht. Bei längerer Dauer lohnt sich die Übertragung der Nummernschilder auf das Ersatzfahrzeug.

Zu reden und zu rechnen gibt der Ausfall von Taxis, Fahrschulwagen, Lastfahrzeugen, Gesellschaftswagen, Fahrzeugen öffentlicher Betriebe und Spezialfahrzeugen aller Art. Vereinbarungen zwischen Versicherungen und Verbänden oder Verkehrsbetrieben schaffen vielfach einfache und klare Verhältnisse. Im übrigen ist im Einzelfall stets das zu tun und das zu vergüten, was sich aus der Verpflichtung zum Schadenersatz einerseits und der Verpflichtung zur Schadenminderung anderseits ergibt. Das gilt namentlich auch dort, wo der Ausfall des Fahrzeugs einen Erwerbsausfall der Person, die mit ihm arbeitet, im Gefolge hat: bei Taxihaltern, Fahrlehrerinnen, Lastwagenhaltern. Solche Leute müssen sich nach Möglichkeit anderweitig beschäftigen, als Fahrlehrer die Theoriestunden auf die betreffende Zeit legen usw.

Kann die Geschädigte auf ein Reservefahrzeug zurückgreifen, so hat sie diese Möglichkeit zu nutzen. Selbstverständlich kann sie dem Haftpflichtigen alle Zusatzkosten, z.B. den höheren Betriebsaufwand, belasten. Darf sie ihn auch anteilsmässig an den Kosten des Ersatzwagens, den sie sich ohnehin hält, beteiligen? Streng aus dem Schadenbegriff heraus wäre die Frage zu verneinen, denn der Ausfall des Fahrzeuges bringt unter diesen Umständen keine Vermögensverminderung. Dagegen mag geltend gemacht werden, das Reservefahrzeug sei auch für solche Fälle gedacht. Eine angemessene Lösung wird sich aus dem einzelnen Falle, mitunter aus allgemeinen Abmachungen, ergeben.

Streng rechtlich und rechnerisch müsste man abziehen, was Geschädigte durch den Nichtgebrauch des eigenen Vehikels gewinnen (Eigenwagenschonung). Das ginge indessen am Leben vorbei. Ein solcher kleiner Vorteil stellt ein verdientes Gegengewicht zu den Umtrieben, die mit einem Unfall verbunden sind, dar.

d) Die Rolle der Versicherung

Sachschaden an Automobilen wird in der Mehrzahl der Fälle durch die Versicherungen erledigt, sei es durch die Haftpflichtversicherung oder durch eine Kaskoversicherung, welche dann Rückgriff nimmt. Da die Versicherungsgesellschaften über einen ausgebauten und eingespielten Sachverständigen-Dienst verfügen, nehmen sie den Geschädigten die Abklärung und den Beweis des Schadens sowie den Verkehr mit den Garagen ab. Sie tun dies auch im eigenen Interesse: um den Schaden zu mindern und um Auseinandersetzungen zu vermeiden:
- Sie klären zusammen mit den Werkstätten Reparaturwürdigkeit und Kosten ab.
- Sie zeigen aufgrund ihrer Kenntnisse und Möglichkeiten passende Lösungen auf.
- Sie bestimmen zusammen mit den Werkstätten den technisch und wirtschaftlich besten Reparaturweg.
- Sie kümmern sich um Reparaturen, die nicht in Ordnung sind.
- Sie befassen sich mit der Verwertung der Überreste.

- Sie setzen ihre Auslandorganisation und ihren Rückholdienst ein.
- Sie rechnen direkt mit den Garagen ab.
- Sie schliessen Abkommen über Chômage-Entschädigungen mit Berufsverbänden (der Taxihalter, der Lastwagenchauffeure) und Verkehrsbetrieben (der Post, städtischen Verkehrsbetrieben).

V. VERMÖGENSSCHADEN

1. ALLGEMEINES

a) Der Begriff

Vermögensschaden in einem weiteren Sinne ist jede Einbusse, im Unterschied zur seelischen Unbill. Hier geht es um den Vermögensschaden im engen Sinne, nämlich um die Schädigung des Vermögens, die weder einen Personen- noch einen Sachschaden darstellt. Dabei werden Verluste, die sich als Folge eines Personen- oder Sachschadens einstellen, diesen Gruppen zugerechnet. Hier ist der reine Vermögensschaden gemeint. Das Bundesgericht verwendet die Bezeichnung «sonstiger Schaden» (106 II 75). Ein solcher liegt auch vor, wenn zwar z. B. ein Sachschaden am Anfang steht, aber eine andere Person davon betroffen wurde.

Ein reiner Vermögensschaden lag vor, als eine Unternehmerin wegen des Einsturzes eines Zwischengeschosses Mehraufwendungen für die Neuerstellung hatte. Das spielte eine Rolle für die Haftungsgrundlage (119 II 127ff.). Die Unterscheidung von Sachschaden und Vermögensschaden kann auch für die Versicherungsdeckung von Belang sein. Sie wurde bejaht in 118 II 176: «Ein Sachschaden liegt auch vor, wenn Klärschlamm so verunreinigt worden ist, dass seine landwirtschaftliche Verwendung nicht mehr möglich ist und er aufwendig vernichtet werden muss.» In 118 II 342ff. entfiel der Versicherungsschutz, als eine Reinigungsfirma Schlüssel verloren hatte, wegen der Obhutsklausel. Ein Fragezeichen ist aber hinter die Bemerkung des Bundesgerichts auf S. 346 zu setzen, der notwendig gewordene Ersatz der Schlösser stelle einen blossen Vermögensschaden dar. Man könnte in den unbrauchbar gewordenen Schlössern die Beschädigung oder den Verlust einer Sache und damit einen Sachschaden sehen.

b) Die gesetzliche Regelung

Vermögensschäden sind überall dort zu ersetzen, wo das Gesetz schlechthin von Schaden spricht. Das ist bei den Haftungen des ZGB und des OR, desgleichen bei der Haftung aus Jagd, Luftfahrt, Verwendung von Sprengstoffen und Einwirkungen auf die Umwelt der Fall. Beim Pauschalreisegesetz (Art. 14) stehen Vermögensschäden im Vordergrund; allerdings kann die Haftung hiefür, im Unterschied zu den Personenschäden, auf das Zweifache des Preises der Pauschalreise beschränkt werden (Art. 16). Andere Spezialgesetze, so das EIG, das EHG, das RLG, das PrHG und namentlich das SVG, beschränken die Haftpflicht auf Personen- und Sachschaden. Ein eindrückliches Beispiel dazu findet sich in 106 II 75ff., die Beschädigung einer elektrischen Leitung durch einen Landwirtschaftstraktor mit Tieflockerungsgerät betreffend: Das Elektrizitätswerk konnte seinen Sachschaden geltend machen, nicht aber ein Kies- und Betonwerk, das wegen des Stromausfalles stillstand, seinen Vermögensschaden. Eine ebenfalls angeschlossene Asphaltaufbereitungsanlage hatte «insofern einen Sachschaden erlitten, als der Asphalt, der sich in der Aufbereitungsanlage befand, unbrauchbar wurde und aus ihr entfernt werden musste» (S.79). Als auch zu ersetzender Folgeschaden war der deswegen entstandene Betriebsunterbruch zu betrachten, nicht aber der, welcher sich aus dem Stromausfall an sich ergab. Auch das im Wurfe liegende Stauanlagen-Haftpflichtgesetz (SHG) beschränkt sich auf Körper- und Sachschäden.

Das KHG erfasst gemäss Art. 2 allen Schaden, der durch Kernmaterialien verursacht wird; beim Schaden aus Evakuierung und dergleichen schliesst es den entgangenen Gewinn aus. Im Falle der Gemüsebauern, die wegen des Reaktorunglücks von Tschernobyl ihre Produkte nicht verkaufen konnten, ergab sich volle Ersatzpflicht nach KHG 2 Ia, weil die Unverkäuflichkeit nicht bloss auf die behördlichen Warnungen und Weisungen, sondern auch auf die Verstrahlung zurückzuführen war, somit kein reiner Vermögensschaden vorlag (116 II 490).

Eine interessante Lösung enthält der Vorentwurf zu einem Allgemeinen Teil des Haftpflichtrechts. Allgemein ist der Schaden schlechthin, unter ausdrücklicher Nennung des Vermögensschadens, zu ersetzen (Art. 6 I). Der zweite Absatz dieses Artikels hingegen lautet:

> Im Bereich der Gefährdungshaftung ist unter Vorbehalt anderslautender Bestimmungen nur der Schaden ersatzfähig, der durch Tötung, durch Einwirkung auf die körperliche oder geistige Unversehrtheit, auf Sachen oder auf die Umwelt entsteht.

Abschliessend sei das im Band I auf Seite 55 Gesagte wiederholt, nämlich dass die unterschiedlichen Regelungen unbegründet sind, dass die Gesetze allen Schaden erfassen sollten und dass deswegen keine Unzukömmlichkeiten zu befürchten sind.

2. EINIGE ANWENDUNGSFÄLLE

a) Enttäuschtes Vertrauen

121 III 350ff.   Der Ringer Grossen wird für die Weltmeisterschaft selektioniert und bereitet sich mit unbezahltem Urlaub darauf vor. Im letzten Moment verlangt man von ihm einen Ausscheidungskampf, den er verliert. Er klagt den Schweizerischen Amateurringerverband auf Schadenersatz ein. Das Walliser Kantonsgericht spricht ihm rund 5000 Franken zu; das Bundesgericht bestätigt.

121 III 176ff.	X., Organ von Mövenpick, bringt S. durch betrügerische Wein- und Finanzgeschäfte zu Schaden. Dessen Zahlungen im Betrag von 750 000 Franken bleiben ohne Gegenleistung. Zum Verlust des Kapitals gesellt sich der Zins von 5% ab dem jeweiligen Datum der Scheckübergabe.

b) Verschulden beim Vertragsschliessen

Dieser Haftungsgrund – eine Unterart der Vertrauenshaftung – ist besser unter dem lateinischen Namen culpa in contrahendo bekannt. Eine allgemeine Darstellung findet sich in Band I 447ff. Allerdings äussern sich nur wenige Entscheide zur Schadenhöhe. Es sei in Erinnerung gerufen, dass das negative Interesse zu ersetzen ist (vorn 27).

105 II 75ff.	Die Klägerin, eine Firma zur Vermietung von Fernseh- und Stereogeräten, verhandelt mit der Beklagten, einer Bank, über die Finanzierung dieser Geschäfte. Als die Verhandlungen mit der Filiale der Bank schon sehr weit gediehen sind, wird von deren Hauptgeschäft aus die Genehmigung verweigert. Dass sie die Gesprächspartnerin nicht früher von den internen Befugnissen unterrichtete, gereicht der Bank zum Verschulden. «Das Handelsgericht ist der Auffassung, die Klägerin hätte die Mitte 1976 mit einer andern Bank abschliessen und in dieser Zeitspanne etwa 50 Geräte mehr finanzieren lassen können, wenn die Beklagte den am 8. Dezember 1975 eingenommenen Standpunkt bereits Anfang Oktober bekanntgegeben hätte. Aus den Mietzinseinnahmen für diese Geräte hätte die Klägerin unter Berücksichtigung, dass ungefähr ein Drittel der Verträge vorzeitig gekündigt werde, rund Fr. 32 000.– Gewinne erzielt. Dazu kämen je Gerät Fr. 50.– eingesparte Verwaltungs- und Servicekosten sowie ein Sperrkontobetrag von Fr. 100.–, so dass sich ein Schaden von insgesamt Fr. 39 500.– ergebe» (S. 81). Der Entscheid der Vorinstanz war, soweit ihn das Bundesgericht überprüfen durfte, nicht zu beanstanden.
90 II 449ff.	Eine Versicherungsgesellschaft ist daran mitschuldig, dass ein Transportunternehmer einen Lastwagen nicht kaskoversichert. Durch einen Unfall entsteht ein Schaden von Fr. 24 860.–. Das ist unstreitig der Betrag, um den es geht. Der Versicherer haftet zu ⅔.

c) Unrichtige Angaben

122 III 61ff.	«Der Schaden, den der Architekt dem Bauherrn wegen seines Vertrauens in die Verlässlichkeit des Kostenvoranschlages zu ersetzen hat, entspricht nicht dem objektiven Mehrwert der Baute; er besteht in der Differenz zwischen dem objektiven Wert der Baute und dem subjektiven Nutzen für den Bauherrn.» Das Bundesgericht bestätigt den Entscheid des Kantonsgerichtes St. Gallen, das den subjektiven Nutzen auf rund ⅔ des aufgedrängten Mehrwerts von Fr. 100 000.– = Fr. 70 000.– bemessen hat. Siehe auch den ähnlichen Fall 119 II 254.
119 II 456ff.	Fettleibige Patientin lässt sich für rund 20 000 Franken operieren, weil sie gestützt auf die Auskunft ihres Arztes mit der Übernahme der Kosten durch

	die Krankenkasse rechnet. Das Bundesgericht bejaht die Haftung im Gegensatz zum Waadtländer Kantonsgericht.
112 II 347ff.	Ein Ehepaar lässt eine kostbare alte Lampe von einer Firma, die mit Kunstgut handelt und Kunstauktionen veranstaltet, schätzen. Es erhält die Auskunft, das Stück sei Fr. 8000.– bis Fr. 12 000.– wert. Gestützt darauf verkaufen die Eheleute die Gallé-Lampe für Fr. 16 500.–. Ein paar Wochen später berichtigt die Firma die Schätzung auf Fr. 30 000.– bis Fr. 40 000.–. 1982 fordert das Ehepaar Fr. 233 500.– Schadenersatz. Ist anzunehmen, die Kläger hätten den Gegenstand bei richtiger Wertangabe damals verkauft, so ist entscheidend, «welcher Preis anlässlich einer Auktion hätte erzielt werden können». Hätten sie ihn dagegen bei zutreffender Schätzung behalten, so bleibt «abzuklären, in welchem Mass sie durch den Verlust des Wertgegenstandes in ihrem Vermögen geschädigt worden sind» (S. 355).

d) Berufliche Beeinträchtigung

Solche kann seelische Unbill und wirtschaftlichen Schaden verursachen. Der ist oft schwierig zu berechnen oder kann gar nur geschätzt werden.

102 II 211ff.	Der Fussballklub Servette hindert den Spieler Perroud durch unzulässige Vertragsbestimmungen am Übertritt in eine andere Mannschaft und schliesst ihn deshalb für zwei Jahre aus der Nationalliga aus. Dafür erhält der Spieler eine Entschädigung von monatlich Fr. 1000.–, also insgesamt Fr. 24 000.–
87 II 143ff.	Bauunternehmung sichert sich die Dienste eines Ingenieurs, um im Walliser Berufsregister der Baumeister eingetragen zu werden. Nach Erreichen des Ziels lässt sie den Partner fallen. Dem Geprellten werden Fr. 10 000.– Schadenersatz zugesprochen.

e) Haftung der Arbeitnehmenden

Sie hat ihre Grundlage in OR 421 e. Die Rechtsprechung dazu ist spärlich.

110 II 344ff.	Ingenieur irrt sich im Betrag bei der Berechnung einer Submissionseingabe. Dadurch entsteht seinem Arbeitgeber, wie sich aus weitläufigen Berechnungen und Kausalitätsüberlegungen ergibt, ein Schaden von rund Fr. 140 000.–. Unter Berücksichtigung des Berufsrisikos und der eigenen Verantwortung des Arbeitgebers wird der Angestellte zum Ersatz eines Viertels verurteilt.
97 II 142ff.	Treuhandfirma löst aus wichtigen Gründen den Vertrag mit einem leitenden Angestellten einer Niederlassung auf. Sie macht ihn für die Hälfte des Geschäftsverlustes eines Jahres, nämlich für Fr. 23 980.–, verantwortlich. Es fehlt jedoch am Beweis der Zusammenhänge.

f) Unterbrechung der Stromzufuhr

Dieser Schadenposten hat an Bedeutung gewonnen, seit das Bundesgericht den Stromausfall nicht mehr als Reflexschaden, sondern als selbständigen Vermögensschaden betrachtet (Band I 61). Jedoch entfällt die Haftpflicht, wenn ein Gesetz, wie das SVG, den Ersatz auf Personen- und Sachschaden beschränkt.

106 II 75ff.	Der einen Traktor steuernde Angestellte des Landwirts Rathgeb reisst mit dem Tieflockerungsgerät ein elektrisches Kabel auf. Ein Kies- und Betonwerk wird während 25 Stunden stillgelegt. Dasselbe geschieht der Asphaltaufbereitungsanlage einer andern Geschädigten. Dort wird zudem Asphalt unbrauchbar und muss ausgeräumt werden. Die beiden Firmen beziffern ihren Schaden auf Fr. 11 462.– und Fr. 36 500.–. Nach SVG 58 I ist aber nur der Sachschaden (Asphalt im Werte von Fr. 2903.–) und der direkt darauf zurückgehende Vermögensschaden (Ausräumungskosten von Fr. 1070.–) zu ersetzen.
102 II 85ff.	Bagger beschädigt Hochspannungsleitung. Eine Papierfabrik und eine Verzinkerei erhalten während einiger Stunden keinen Strom. Sie stellen Forderungen von Fr. 23 100.– und Fr. 6526.–. Die Haftpflicht (nach OR 55) wird bejaht, weil die Unterbrechung der Stromzufuhr ein durch StGB 239 geschütztes Rechtsgut betrifft und damit eine widerrechtliche Handlung darstellt.
97 II 221ff.	Arbeiter beschädigt mit dem Presslufthammer die Stromzuleitung zur Steckborn Kunstseide AG. Dort fällt während 13½ Stunden der Strom aus, und es entsteht ein Schaden von Fr. 143 946.50. Das Bezirksgericht Steckborn und das Obergericht des Kantons Thurgau sprechen diesen Betrag samt Zins zu 5% seit dem Unfalltag zu. Das Bundesgericht weist die Berufung dagegen ab und insbesondere das Begehren, die Ersatzpflicht auf die Hälfte zu ermässigen, weil die Fabrik keine zweite Stromzuleitung erstellt habe. Das Problem des Reflexschadens stellte sich nicht, weil das elektrische Kabel, wie aus den Ausführungen herauszulesen ist, der Fabrik selbst gehörte.

g) Das unerwünschte Kind

Es kann aus verschiedenen Gründen zum Haftpflichtfall werden:
– Fehlerhafte Durchführung der Unfruchtbarmachung durch den Arzt.
– Fehlende Aufklärung über die verbleibende Möglichkeit einer Schwangerschaft.
– Abgabe der unrichtigen Pille durch die Ärztin oder die Apothekerin.
– Unrichtige Diagnose (die Leibesfrucht sei gesund) oder Unterlassung der dahingehenden Untersuchung, weshalb die Schwangerschaft nicht unterbrochen wird.

Auch bei den Vermögenseinbussen sind verschiedene Arten zu unterscheiden:
– Die mit der Schwangerschaft und Geburt verbundenen Kosten wie Arbeitsausfall, Kosten der Entbindung, Aufwendungen für eine Haushalthilfe.
– Der Einkommensausfall der Mutter, weil sie durch die Auferziehung des Kindes in Anspruch genommen wird.
– Der Aufwand für die Auferziehung des Kindes.

Schliesslich gibt es verschiedene Arten von unerwünschten Kindern:
– gesunde und in normaler Ehe geborene,
– behinderte,
– ausserehelliche,
– in besondere Verhältnisse hineingeborene (berufstätige Ehefrau, kinderreiche Familie).

Die direkten Kosten (Entbindung, Ausfälle und Hilfen) können mit einer Körperverletzung in Zusammenhang gebracht werden. Doch auch wenn man sie als reinen Vermögensschaden betrachtet, ist man geneigt, sie den Haftpflichtigen aufzuerlegen. Es wird sich um einen Betrag von vielleicht Fr. 10 000.– handeln, vielleicht auch um einen höheren, namentlich wenn die Schwangerschaft zu einem Lohnausfall geführt hat. Bedeutender sind die Aufwendungen für die Auferziehung. An diesem Posten entzündet sich vornehmlich die Frage, ob ein Kind einen Schaden darstelle.

Die Frage ist zu bejahen, wenn man rein vom Schadenbegriff ausgeht, denn die Auferziehung eines Kindes bringt eine Vermögensverminderung. Dass es diese im Einzelfalle durch spätere Fürsorge wettmache, wird man beim heutigen Ausbau der Sozialversicherung kaum annehmen. Indessen darf sich die Betrachtungsweise nicht auf den Gesichtspunkt der Vermögensverminderung beschränken. Ein Kind ist seinem Wesen nach kein Schadenfall. Bezeichnenderweise spricht man von einem freudigen Ereignis. Es ist die Aufgabe und das Vorrecht der Eltern, für ein Kind zu sorgen. Ein unterhaltsfreies Kind passt nicht in diese Beziehung hinein. Würde man die Geburt eines unerwünschten Kindes allein vermögensrechtlich betrachten, so müsste man einer Schwangerschaftsunterbrechung auf Kosten der haftpflichtigen Person oder der Freigabe des Kindes für eine Adoption, welche sogar noch etwas einbrächte, das Wort reden. Dass auch bei ungewollter Schwangerschaft weder das eine noch das andere zumutbar ist, zeigt, dass mit schadenrechtlicher Sicht hier nicht auszukommen ist. Auch dem Kinde selbst gegenüber, welches vielleicht später die Zusammenhänge erführe, wäre eine solche Schadenregelung nicht zu verantworten.

Das Gesagte gilt uneingeschränkt, wenn ein normales Kind in einer normalen Ehe geboren wird, wenn also die Eltern ihr Leben in ähnlicher Weise wie bisher weiterführen können und als Gegengewicht zu den zusätzlichen Lasten zusätzliche Freude erleben. Von dieser Betrachtungsweise mag man, nicht ohne Bedenken, abrücken, wenn das unerwünschte Kind eine aussergewöhnliche Belastung bringt, zu einer Änderung der Lebensführung zwingt. Als Beispiel sind denkbar:
– Das Kind ist behindert, es verlangt viel Aufopferung mit zusätzlichen Aufwendungen.

- Die Mutter ist ledig; ein Kind verändert ihr Berufs- und Privatleben einschneidend.
- Eine Ehefrau wird durch die ungewollte Schwangerschaft daran gehindert, eine bereits aufgenommene oder eine in Aussicht genommene Tätigkeit auszuüben.
- Die Eheleute kommen durch die Ankunft eines neuen Erdenbürgers räumlich und finanziell in Schwierigkeiten.

In allen diesen Fällen erscheint es als billig, dass Haftpflichtige die den Eltern entstehenden Vermögenseinbussen ausgleichen, etwa für die Unterbringung eines behinderten Kindes in einem Heim aufkommen, der berufstätigen Frau eine Hilfe stellen oder ihr den Erwerbsausfall ersetzen.

Die Auffassung, ein Kind stelle keinen Schaden dar, wird nicht von allen geteilt. Der deutsche Bundesgerichtshof bejaht die Ersatzpflicht für den Unterhalt des Kindes bis zu seinem Flüggewerden. Das erste Urteil in der Schweiz hat das Bezirksgericht Arbon am 16. Oktober 1985 gefällt. Es wies die Forderung der Eltern für den Unterhalt des Kindes von Fr. 450.– monatlich (Fr. 77 490.– insgesamt) ab, sprach aber der Mutter dafür, dass sie eine ins Auge gefasste Tätigkeit nicht aufnehmen konnte, eine Entschädigung von Fr. 23 486.– zu, nebst einer Genugtuung von Fr. 4000.–.

Das Bundesgericht hatte zwar schon Klagen aus unerwünschter Schwangerschaft zu beurteilen. Es kam aber um eine Stellungnahme zur Frage des Schadens herum, weil jeweils keine Haftung angenommen wurde.

Zusammenfassend bleibt festzuhalten:
- Ein unerwünschtes Kind ist kein Schaden.
- Es ist aber angebracht, dass Haftpflichtige die mit der Geburt zusammenhängenden Kosten und Ausfälle übernehmen.
- Bei einem in normaler Ehe geborenen normalen Kind besteht kein Anspruch auf Unterhaltszahlungen (der Arzt soll nicht zum Zahlvater werden).
- Bei Vorliegen besonderer Umstände sind weitergehende Leistungen am Platze.

Auf die Geburt eines behinderten Kindes beziehen sich Haftpflichtansprüche gegen den Arzt, die Ärztin wegen Nichterkennens der Schädigung, weshalb eine Abtreibung unterblieb. Neben Forderungen der Eltern (wrongful birth) stellt sich die Frage nach Ansprüchen des Kindes selbst (wrongful life), wenn es ein Leben mit Leiden, eingeschränkten Möglichkeiten und zusätzlichen Aufwendungen führen muss.

ZWEITER TEIL

GENUGTUUNG

I. ALLGEMEINES

1. DAS WESEN

a) Die seelische Unbill

Die Genugtuung ist eine Leistung für die Verursachung seelischer Unbill. Solche ergibt sich bei einer Verletzung der Persönlichkeit. Die Folgen einer Körperverletzung oder Tötung stehen im Vordergrund: Krankenlager, Schmerzen und Ängste haben die Betroffenen mitgenommen; bleibende Einschränkungen der Beweglichkeit und der Körpervorgänge, Verstümmelungen und Entstellungen schmälern ihren Lebensgenuss. Schmerz und Leid verursacht auch der Tod von Angehörigen. Innerhalb des Haftpflichtrechts und darüber hinaus sind sonstige Beeinträchtigungen der Persönlichkeit zu erwähnen: die Lasten und Kümmernisse der Eltern eines schwergeschädigten Kindes, das Erleiden von Unrecht und Kränkung im Privat- oder Berufsleben.

Seelische Unbill ist alles, was das Wohlbefinden und die Lebensfreude, die Geltung und die Entfaltung eines Menschen hindert oder mindert, ohne sich erfassbar auf sein Vermögen auszuwirken. Nicht jede seelische Unbill führt indes zu einer Genugtuung. Es müssen gewisse Voraussetzungen gegeben sein. «Dabei kommt es vor allem auf die Art und Schwere der Verletzung, die Intensität und die Dauer der Auswirkungen auf die Persönlichkeit des Betroffenen sowie auf den Grad des Verschuldens an, das den Schädiger am Unfallereignis trifft» (112 II 133). Im Vordergrund steht die Grösse des zugefügten Leides (118 II 413).

b) Sühne und Trost

In zweierlei Richtung kann der verletzten Person Genugtuung verschafft werden: dadurch, dass man dem Schädiger wehtut, und dadurch, dass man dem Geschädigten wohltut. Das eine ist das Rachebedürfnis, das nach Sühne ruft: Gerächte Unbill ist halbe Unbill. Das andere ist der Ausgleichsgedanke: Die Verletzte bekommt Geld und kann sich damit Annehmlichkeiten leisten. Die Genugtuung bezweckt, dass «das Wohlbefinden anderweitig gesteigert oder dessen Beeinträchtigung erträglicher gemacht wird» (123 III 15).

In früheren Zeiten stand die Vergeltung im Vordergrund; heute hat der Ausgleich die Oberhand. Unfallfolgen zählen mehr als Verschulden (112 II 137). Das hängt mit dem Vordringen der Kausalhaftungen zusammen und mit der zur Regel gewordenen Zahlung durch die Versicherung. Man meine aber nicht, die Genugtuung diene nur noch dem Ausgleich. Eine so mächtige Wurzel, wie sie das Begriffspaar Schuld und Sühne darstellt, lässt sich nicht ausreissen:

Wenngleich das Verschulden als Voraussetzung für die Genugtuung weggefallen ist, wird doch bei ihrer Bemessung in jedem Falle darauf gesehen, ob den Haftpflichtigen kein Verschulden oder ein leichtes oder ein schweres treffe (110 II 165f.). Und gerade in unseren Tagen feiert mit den amerikanischen punitive damages, welche bei rücksichtslosem Verhalten des Schädigers in Millionenhöhe zugesprochen werden, die Genugtuung als Strafe Triumphe. Zwar hält das Bundesgericht in 115 II 158 (wie auch wieder in 123 III 16) fest, die Genugtuung bezwecke nicht die Bestrafung, sondern ausschliesslich den Ausgleich für erlittene Unbill, muss aber auf der folgenden Seite zugeben: «Der Ausgleich wirkt sich für den Verpflichteten als Belastung aus und wird von ihm zwangsläufig als Strafe empfunden.» Rein zur Bestrafung diente die Genugtuung in 117 IV 270: Eine Frau hatte Jäger mit «bande de salauds» betitelt und musste 200 Franken an eine wohltätige Institution überweisen.

Bei alledem bleibt die Genugtuung eine Einrichtung des Zivilrechts und darf nicht die strafrechtliche Ahndung ersetzen oder ergänzen. Es ist dem zivilen Gericht verwehrt, wegen einer seines Erachtens zu milden Bestrafung die Genugtuung zu erhöhen (82 II 42; vgl. auch 123 III 16).

c) Genugtuung und Geld

Es stellt sich die Frage, ob seelische Unbill und schnöder Mammon unter einen Hut zu bringen sind. Dazu die Botschaft des Bundesrates zur Änderung von ZGB 28 und OR 49:

«Der Grundsatz der Genugtuung ist – trotz der Vorbehalte, welche gegenüber diesem Institut immer geäussert wurden – unbestritten. Obwohl es kein geeignetes Mittel gibt, welches eine eigentliche Wiedergutmachung seelischer Unbill ermöglicht, kann diese Unbill, die das Opfer einer Persönlichkeitsverletzung erleidet, rechtlich nicht unbeachtet bleiben. Das Gesetz muss einen Rechtsschutz für die Fälle besonders schwerer Verletzungen enthalten und eine, wenn auch sehr unvollkommene, Wiedergutmachung vorsehen.» (BBl 1982 II 680). Siehe die ähnlichen Überlegungen in 123 III 15.

In der Tat, wenn auch eine Genugtuungssumme nur einen armseligen Ausgleich bringt, ist sie besser als gar nichts. Und Geld ist das geeignete Mittel, wenngleich es auf einer ganz anderen Ebene als die Verletzung der Persönlichkeit liegt (112 II 133f.). Geld hilft den Verletzten, über die erlittene Unbill hinwegzukommen. Es bringt Linderung, es ist ein Trostpflaster. Dass Schädigende Geld geben müssen und dass die Geschädigten es erhalten, stellt ein Gegengewicht zum zugefügten Unrecht dar und verschafft den Betroffenen eine gewisse Genugtuung. Genugtuung erscheint denn auch als der passende Ausdruck. Er ist umfassender als die in Deutschland und Österreich gebrauchte Bezeichnung Schmerzensgeld.

Weil man die seelische Unbill, im Unterschied zum Vermögensschaden, nicht messen kann, ist ihre Abgeltung nicht folgerichtig wie der Schadenersatz, sondern völlig offen. Man kann nichts geben, wie in Deutschland und Österreich für den Tod von Angehörigen; man kann Millionen von Talern zusprechen wie in Amerika. Man hat einfach zu entscheiden, wie weit man Haftpflichtige – und mit ihnen angesichts der allgegenwärtigen Versicherung die Gesamtheit der Prämienzahlenden – belasten will.

d) Genugtuung und Schadenersatz

Der wirtschaftliche Schaden lässt sich, durch Berechnung oder Schätzung, bestimmen und demgemäss ersetzen; die seelische Unbill kann nur irgendwie gemildert werden. Die Genugtuung hebt sich deshalb vom Schadenersatz ab und ist nicht bloss eine Unterart davon. Sie ist eine Haftpflichtleistung eigener Prägung.

Schadenersatz und Genugtuung sind denn auch unabhängig voneinander zuzusprechen, obschon in der Regel die gleiche Schädigung bei der gleichen Person beide Ansprüche auslöst. Indessen brauchen schon die Berechtigten nicht dieselben zu sein. Es können z. B. Angehörige keinen Schaden erlitten, wohl aber eine Genugtuung zugute haben (103 V 187). Auch die Leistungen selbst sind auseinanderzuhalten (91 II 426). Die Genugtuung darf nicht zur Abdeckung entstandenen Schadens verwendet werden (74 II 210, 102 II 22); ebensowenig soll sie wegen des zugesprochenen Schadenersatzes weg- oder geringer ausfallen.

Das schliesst nicht aus, dass man bei der Bemessung der Genugtuung die wirtschaftliche Lage der Betroffenen in die Würdigung der Umstände miteinbezieht. Das schliesst auch nicht aus, dass man gelegentlich Schadenersatz und Genugtuung ineinanderrechnet und gesamthaft entschädigt. Es kann sich gar einmal aufdrängen, die beiden Posten zusammen zu betrachten, wie es das Bundesgericht bei der Würdigung eines nach SVG 87 II angefochtenen Vergleiches getan hat («un article trop élevé peut en compenser un autre, trop faible», 99 II 372).

Bei alledem ist nicht zu verkennen, dass sich Schadenersatz und Genugtuung nähergekommen sind. Wenn die Genugtuung in erster Linie dem Ausgleich erlittener Unbill dient, darf sie – abgesehen von der Schwere der Verletzung – nicht allein auf das Verschulden der schädigenden und der geschädigten Person abstellen, sondern muss auch die Betriebsgefahr berücksichtigen. Das hat vor einigen Jahren dazu geführt, dass das Bundesgericht auch bei überwiegendem Selbstverschulden eine Genugtuung gewährte (116 II 733ff., bestätigt in 117 II 60, wo keine Betriebsgefahr hineinspielte). Das wiederum bedeutet, erklärtermassen, eine weitgehende Angleichung an den Schadenersatz. Es

bleibt die Feststellung aus Band I 153 zu wiederholen, dass Genugtuung und
Schadenersatz zwar immer noch getrennte, aber zunehmend gemeinsame
Wege gehen. Das zeigt sich sehr schön beim Quotenvorrecht (hinten 223ff.).

2. DAS GESETZLICHE GEFÜGE

a) Übersicht

Ausgangspunkt ist der in ZGB 28 verankerte Schutz der Persönlichkeit. Deren
Verletzung kann man mit mannigfachen Mitteln begegnen: mit der Klage auf
Unterlassung, auf Beseitigung, auf Feststellung der Widerrechtlichkeit, auf Berichtigung, auf Schadenersatz und auf Genugtuung sowie mit einer Gegendarstellung. Zur Genugtuungsklage sagt ZGB 28a III, sie bleibe vorbehalten. Sie
ist also – überall und nur dort – möglich, wo eine gesetzliche Bestimmung sie
vorsieht:
- Das ist im ZGB selbst an verschiedenen Orten der Fall, so in Art. 29 II (Namensanmassung), in Art. 93 I (Verlöbnisbruch), in Art. 151 II (Scheidung).
- In OR 47 ist die Genugtuung bei Körperverletzung und Tötung geregelt.
- OR 49 umschreibt in allgemeiner Weise den Genugtuungsanspruch bei Verletzung der Persönlichkeit.
- OR 47 und 49 finden auch bei Schädigung durch vertragswidriges Verhalten Anwendung (Verweis von OR 99 III).
- Die meisten Spezialgesetze verweisen auf OR 47; das EHG enthält in Art. 8 eine eigene Bestimmung.
- Auch dem öffentlichen Haftungsrecht ist eine Genugtuung nicht fremd; VG 6 setzt noch ein Verschulden voraus; das Militärgesetz von 1995 verweist auf OR 47 und 49.
- Ins Sozialversicherungsrecht fand die Genugtuung 1963 durch MVG 40bis (heute Art. 59) Eingang; als Integritätsentschädigung gemäss UVG 24 I nimmt sie jetzt breiten Raum ein. Nach beiden Gesetzen ist der Rückgriff auf Haftpflichtige gegeben.

b) OR 47

**Bei Tötung eines Menschen oder Körperverletzung kann der Richter unter
Würdigung der besonderen Umstände dem Verletzten oder den Angehörigen des Getöteten eine angemessene Geldsumme als Genugtuung zusprechen.**

Diese Bestimmung ist die Hauptgrundlage für die Zusprechung von Genugtuung in Haftpflichtsachen.

- Sie gilt kraft ihrer Stellung im Gesetz für die Verschuldenshaftung nach OR 41 sowie für die Haftung von Urteilsunfähigen (OR 54), aus Geschäftsherrschaft (OR 55), Tierhaltung (OR 56) und Werkeigentum (OR 58).
- Sie gilt kraft des Verweises von OR 99 III auch für die Haftung aus Vertrag (110 II 164, 116 II 521).
- Sie gilt, da sie eine allgemeine Bestimmung des OR und dieses des ZGB fünfter Teil ist, für die im ZGB geregelten Haftungen, etwa der Grundeigentümerin (ZGB 679) oder des Vormundes (ZGB 426).
- Sie gilt für die Spezialgesetze, die ausdrücklich auf sie verweisen, so für das SVG (62 I), für das RLG (34), für das USG (59a IV) und das KHG (7 I).
- Sie gilt ebenso für die Spezialgesetze, die auf das OR allgemein verweisen, wie das LFG (79), das SprstG (27 I), das JSG (15 II) und das PrHG (11 I); hiezu darf man auch das EIG zählen, welches im Artikel 36 I «für die Bestimmung der Entschädigungen» das OR als massgebend bezeichnet.
- Sie gilt selbst für Gesetze, die sich nicht äussern, so für das StSG, das die Genugtuung nur in der Verjährungsbestimmung von Art. 40 erwähnt.
- Die neueste gesetzliche Grundlage für die Genugtuung brachte Art. 12 II des Opferhilfegesetzes.

Somit ist OR 47 praktisch auf alle Haftpflichtfälle anwendbar. (Es spielte deshalb in 104 II 263f. keine Rolle, ob der Fall nach OR oder nach SVG zu beurteilen war.) Die späteren Ausführungen haben denn auch durchwegs OR 47 im Auge.

Aus Sinn und Zusammenhang ergibt sich, dass eine Genugtuung nur in Frage kommt, wenn eine Haftpflicht gegeben ist (97 II 348f., 113 II 424ff.). Dabei genügt das Einstehenmüssen für Hilfspersonen, sei es nach OR 55 oder 101 (110 II 163). Eine Körperverletzung oder Tötung, die ohne Verschulden erfolgte und nicht in den Bereich einer Kausalhaftung fällt, begründet keinen Genugtuungsanspruch (123 III 204ff.).

c) OR 49

Wer in seiner Persönlichkeit widerrechtlich verletzt wird, hat Anspruch auf Leistung einer Geldsumme als Genugtuung, sofern die Schwere der Verletzung es rechtfertigt und diese nicht anders wiedergutgemacht worden ist. Anstatt oder neben dieser Leistung kann der Richter auch auf eine andere Art der Genugtuung erkennen.

Diese Bestimmung ist seit dem 1. Juli 1985 in Kraft. Die alte Fassung verlangte für die Zusprechung einer Genugtuung eine besondere Schwere der Verletzung und des Verschuldens. Sie war weniger wegen dieser einengenden Voraussetzungen als aus folgendem Grund nahezu bedeutungslos für das Haftpflichtrecht: Man legte den Artikel 47 OR dahin aus, dass bei Körperverletzung ausschliesslich die verletzte Person selbst einen Anspruch habe. Wegen der immer besseren Überlebenschancen Schwerstgeschädigter hat sich immer dringender die Frage gestellt, ob es richtig sei, den Angehörigen, welche das ganze Leid mitmachen müssen, jegliche Genugtuung vorzuenthalten. Die Frage stellte sich mit besonderer Schärfe dort, wo das Unfallopfer sein Elend weitgehend nicht empfand, wie im Tessiner Narkosefall (108 II 422ff.), welcher ein 15jähriges, total gelähmtes und in schwerster Weise hirngeschädigtes Mädchen betrifft. Das Bundesgericht sprach diesem Fr. 100 000.– zu und konnte die Frage einer Genugtuung an die schwergeprüften Eltern offenlassen.

In 112 II 222ff. und 226ff. hat dann das Bundesgericht den Genugtuungsanspruch von Angehörigen Schwerstgeschädigter mit einleuchtender Begründung bejaht. Es handelt sich um einen eigenen Anspruch, der sich auf OR 49 stützt und der zum Recht auf Genugtuung hinzutritt, welches das Unfallopfer aus OR 47 hat.

Nicht vergessen sei ob dem Geschilderten die schon immer genugtuungsbegründende direkte Verletzung der Persönlichkeit: durch Schädigung des Rufes, Schmälerung der privaten oder beruflichen Entwicklung usw.

d) EHG 8

Trifft die Eisenbahnunternehmung oder die in Art. 1 Abs. 2 genannten Personen ein Verschulden, so kann der Richter unter Würdigung der besondern Umstände, namentlich in Fällen von Arglist oder grober Fahrlässigkeit, dem Verletzten oder, wenn dieser gestorben ist, dessen Angehörigen, auch abgesehen von dem Ersatz nachweislichen Schadens, eine angemessene Geldsumme zusprechen.

Dieser Artikel steht einsam und vergreist in der gesetzlichen Landschaft, gewährt er doch eine Genugtuung nur bei Verschulden, am liebsten bei grobem. Gegeben waren die Voraussetzungen für eine Genugtuung in

81 II 170   Noch nicht dreijähriges Mädchen kann sich wegen Fehlens von Hängegittern an der Bahnschranke auf das Geleise begeben und wird vom Zug angefahren. Es verliert die Sehkraft am linken Auge und bleibt entstellt. Genugtuung Fr. 2000.–.

Keine Genugtuung sprach das Bundesgericht trotz einem Verschulden der Bahn in den folgenden Fällen zu:

84 II 392f.   Zu kurzer Halt auf einer Station. Eine Dame will bei schon anfahrendem Zug noch aussteigen. Der Konduktor hindert sie nicht entschieden genug daran, ja er hilft ihr zum Schluss dabei. Der Reisenden werden beide Beine abgefahren.

89 II 48   Wegen fehlender Warnung durch die Angestellten der SBB und eines Missverständnisses kommt der Gehilfe eines Bahnkunden beim Abladen eines Güterwagens mit der elektrischen Fahrleitung in Berührung und erleidet schwere Brandwunden.

Beide Male hätte man sich eine Genugtuung nach EHG 8 vorstellen können, im zuletzt genannten Entscheid auch eine solche nach EIG 36 I/OR 47.

Zum Glück sind die Fälle, in denen der Text von EHG 8 zu einer anderen Beurteilung als nach OR 47 zwingt, selten. So konnte das Bundesgericht in 96 II 234f. die Frage offenlassen, welche der beiden Bestimmungen zum Zuge komme. Gerne vermerkt man in diesem Zusammenhang, dass Unfälle des Bahnpersonals sowie von Arbeitern zugezogener Unternehmungen nicht nach dem EHG zu beurteilen sind (EHG 1 II, 88 II 516). Im übrigen ist ausgemacht, dass die Sonderregelungen des EHG ausgemerzt werden sollen, spätestens im Zuge der Gesamtrevision des Haftpflichtrechts. Man hätte das EHG schon längst aufheben und durch einen Artikel im Eisenbahngesetz ersetzen können (vgl. Band I 221 Mitte).

e) MVG 48 und 59

Art. 48 I	**Erleidet der Versicherte eine dauernde erhebliche Beeinträchtigung der körperlichen oder geistigen Integrität, so hat er Anspruch auf eine Integritätsschadenrente.**
Art. 59	**Bei erheblicher Körperverletzung kann dem Verletzten und ausnahmsweise auch den nächsten Angehörigen, im Todesfall den Angehörigen des Getöteten, eine angemessene Geldsumme als Genugtuung zugesprochen werden, sofern besondere Umstände vorliegen.**
	Die Integritätsschadenrente schliesst Genugtuungsleistungen aus.

Die beiden Bestimmungen sind wegen des Rückgriffs der Militärversicherung (MVG 67ff.) beachtlich, ob man diese nun, wie üblich, dem Sozialversicherungsrecht zuordne oder, wie das Bundesgericht, als Einrichtung zur Regelung der Haftpflicht des Bundes betrachte (103 V 186f.). Die Integritätsschadenrente ist auf körperliche Dauerschäden, die Genugtuung auf zeitlich beschränkte Unbill und auf Todesfälle zugeschnitten. Man sieht, dass in MVG 59 die Ausdehnung der Genugtuungsberechtigung auf Angehörige Schwerverletzter bereits Gesetz geworden ist.

f) UVG 24/25

UVG 24 I	**Erleidet der Versicherte durch den Unfall eine dauernde erhebliche Schädigung der körperlichen oder geistigen Integrität, so hat er Anspruch auf eine angemessene Integritätsentschädigung.**

Nachdem das MVG 1963 mit Art. 40bis (und 23 I/25 I) die Genugtuung ins Sozialversicherungsrecht gebracht hatte, hielt diese mit UVG 24/25 im grossen Stile Einzug. Die dort geregelte Integritätsentschädigung ist gemäss UVG 43 II d der haftpflichtrechtlichen Genugtuung gleichgesetzt. Zwar haben Verantwortliche selbstverständlich nur nach den Normen des Haftpflichtrechts Genugtuung zu leisten, aber sie müssen daran denken, dass eine andere Anspruchsberechtigte, eben die Rückgriff nehmende Sozialversicherung, da ist oder da sein könnte.

Auf der andern Seite unterliegt nun die Genugtuung für Körperverletzung der Haftungsbeschränkung von UVG 44 (auf Absicht oder grobe Fahrlässigkeit). Diese findet jedoch weiterhin keine Anwendung auf Todesfälle.

g) OHG 12

OHG 12 II   **Dem Opfer kann unabhängig von seinem Einkommen eine Genugtuung ausgerichtet werden, wenn es schwer betroffen ist und besondere Umstände es rechtfertigen.**

Diese Bestimmung stimmt inhaltlich mit OR 47 überein. Das ist richtig, denn der Staat tritt stellvertretend für die genugtuungspflichtige Person ein. Entsprechend sollte die Bemessung der Genugtuung nach den gleichen Grundsätzen erfolgen. Zu Unrecht sieht das Bundesgericht in 121 II 373ff. einen gewissen Unterschied bei der Berücksichtigung der Ermässigungsgründe.

Im Gegensatz zur Entschädigung bleibt das Einkommen des Opfers ohne Einfluss auf die Genugtuung. Wie steht es mit der Begrenzung auf 100 000 Franken gemäss OHG 13 III in Verbindung mit OHV 4 I? Das Bundesgericht findet im erwähnten Entscheid, auf Seite 377, das Entschädigungsmaximum müsse auch für die Genugtuung richtungweisend sein. Indessen verwendet das Gesetz in den Art. 11ff. immer die Doppelbezeichnung «Entschädigung und Genugtuung» und legt Höchstbeträge nur für die Entschädigung fest. Deshalb kann nach OHG einfach die haftpflichtrechtlich geschuldete Genugtuung ausgerichtet werden. Das ist eine einfache und für die Geschädigten gute Lösung, die auch einigermassen im Rahmen des OHG bleibt. Vgl. noch 123 II 210.

h) Die künftige Regelung

Die geplante Neufassung der Genugtuungsbestimmungen ist nichts anderes als eine Festschreibung der bisherigen Gesetzesgrundlage in Verbindung mit der Rechtsprechung, welche den Angehörigen schwerstverletzter Personen eine Genugtuung, gestützt auf OR 49, gewährt. Nach Streichung der zwei Wörter «des Getöteten» in OR 47 liesse sich ein solcher Anspruch aus diesem Artikel ableiten. Der Vorentwurf für einen Allgemeinen Teil des Haftpflichtrechts fasst OR 47 und 49 wie folgt zusammen:

Art. 11:   Wer in seiner Persönlichkeit verletzt wird, hat Anspruch auf Genugtuung für immateriellen Schaden, sofern die Schwere der Verletzung, insbesondere der körperliche und seelische Schmerz, es rechtfertigt.

Das Gericht kann der verletzten Person einen angemessenen Geldbetrag zusprechen, es sei denn, diese Entschädigung lasse sich durch eine geeignetere Art der Genugtuung ersetzen oder ergänzen.
Bei Tötung oder besonders schwerer Körperverletzung steht ein Genugtuungsanspruch auch den Angehörigen des Opfers zu.

3. DIE GENUGTUUNGSFORDERUNG

a) Die Berechtigten

- Im Vordergrund stehen Personen, die eine Körperverletzung erlitten haben; ihr Anspruch ist in OR 47 verankert. Auch ein Kind, das im Mutterleib geschädigt wird, kann, wenn es hernach lebend geboren wird, das Recht auf eine Genugtuung erlangen. Der Verlust der Leibesfrucht hingegen ist als Körperverletzung der Mutter zu betrachten.
- OR 47 sieht auch Genugtuung für Angehörige von Getöteten vor. Diese haben ein eigenes, unmittelbares Recht und nicht bloss ein von den Getöteten auf sie übergegangenes (84 II 300). Stirbt die verletzte Peson erst nach geraumer Zeit, so sind die Angehörigen genugtuungsberechtigt, wenn der Kausalzusammenhang feststeht und die Verjährung noch nicht eingetreten ist. Dass der Betroffene selbst schon eine angemessene Genugtuung erhalten hat, welche nun die Angehörigen erben, mag berücksichtigt werden, schliesst aber deren Anspruch nicht von vornherein aus; grundsätzlich haben beide Ansprüche nebeneinander Platz, wobei im Ergebnis der des Verletzten auf die begrenzte Zeit seines Leidens abzustimmen wäre (zustimmend 118 II 407). Können Personen, die in der Form des Konkubinats zusammenleben, als genugtuungsberechtigte Angehörige bezeichnet werden? Die Frage ist nicht von vornherein zu verneinen. Näheres dazu hinten 150.
- Wer, ohne eine Körperschädigung, in seiner Persönlichkeit verletzt wurde, kann, wenn die Voraussetzungen gegeben sind, aus OR 49 Genugtuung fordern. Als Beispiel seien Ehrverletzungen erwähnt. Gegebenenfalls haben Angehörige (namentlich Ehegatten oder Eltern) von Schwerverletzten einen Anspruch auf Genugtuung aus OR 49.
- Eine juristische Person kann gemäss OR 49 Genugtuung verlangen, wenn sie in ihrer Persönlichkeit verletzt wurde (nach 95 II 502f. widerfuhr solches dem Club Méditerranée durch eine Karikatur des «Tagesanzeigers» unter dem Titel «Club Medityrannis»; es gebrach allerdings an der Schwere der Verletzung und des Verschuldens).
- Als Genugtuungsberechtigte gegenüber dem Staat erscheinen gemäss OHG die Opfer von strafbaren Handlungen (ein Beispiel in 121 II 369ff.: Einem Drogenabhängigen wird bei der Übergabe von Heroin ein Auge ausgeschlagen).

b) Die Verpflichteten

– Die Forderung richtet sich gegen Haftpflichtige. Dort, wo persönliches Verschulden keine Haftungsvoraussetzung bildet, ist es auch für die Genugtuung nicht erforderlich. Das Einstehenmüssen für Hilfspersonen genügt (110 II 165, siehe auch 104 II 263f. und 88 II 528ff.). In 72 II 266 wurden die Mitglieder einer Käsereigesellschaft zu Genugtuung verpflichtet, obwohl sie an der fehlenden Beaufsichtigung des Maschinisten einer Dreschmaschine nur mittelbar und beschränkt schuld waren.
– Eine juristische Person kann durch das Verschulden ihrer Organe oder über eine Kausalhaftung genugtuungspflichtig werden.
– Die Haftpflichtversicherung hat die Genugtuung in gleicher Weise wie den Schadenersatz zu übernehmen, gegebenenfalls aufgrund des direkten Forderungsrechtes. Ihre Verpflichtung geht aber nicht weiter als diejenige des Schädigers, «car l'assurance est seulement destinée à couvrir la dette d'indemnité de l'assuré» (63 II 220).
– Die Regeln der solidarischen Haftung spielen auch bei der Genugtuung (104 II 190). Es ist nicht aus dem Auge zu verlieren, dass die Solidarität nur so weit wie die Grundverpflichtung geht (63 II 345, 88 II 530), dass sich die Voraussetzungen für Schadenersatz und Genugtuung nicht immer decken (71 II 38) und dass die Genugtuungsverpflichtung solidarisch Haftender wegen der Verschuldenslage verschieden sein kann. Am besten halten sich Geschädigte an den, welchen das grösste Verschulden trifft. Der Einfachheit halber mag man bcim internen Rückgriff auf die Genugtuung den gleichen Verteiler wie auf den Schadenersatz anwenden (104 II 190, 101 II 356f.). Hat ungenügende Beaufsichtigung zum Unfall eines Kindes beigetragen, so darf diesem das Verschulden der Eltern nicht angerechnet werden. Es mag höchstens in die Würdigung der Gesamtumstände einbezogen werden.

c) Der Übergang

– Lässt man die Leistung von Genugtuung durch Geld zu, so muss man deren Übertragbarkeit hinnehmen. Das Bundesgericht fragte sich in 63 II 159, «ob die Abtretung vereinbar sei mit dem gesetzlichen Zweck der Genugtuungsforderung, der darin besteht, dem Berechtigten für ausgestandene körperliche oder seelische Leiden einen Ausgleich zu verschaffen. Es liesse sich daraus folgern, dass die Genugtuungsleistung nur dem Verletzten persönlich erbracht werden könnte.» Das Bundesgericht fand aber, was der Verletzte mit dem Anspruch mache, sei «letzten Endes seine Sache», und es bestehe auch «auf Seite des Schuldners kein schutzwürdiges Interesse, die Leistung nur gerade an den ursprünglich Berechtigten zu vollziehen». Übertragbar ist die

Genugtuungsforderung als solche. Sie braucht vom Geschädigten nicht gerichtlich oder aussergerichtlich durchgesetzt und damit in ihrem Bestand und Umfang bestimmt zu sein. Es ist nicht einmal erforderlich, dass der Verletzte sie schon geltend gemacht hat, denn durch die Übertragung bringt er seinen dahingehenden Willen zum Ausdruck.
- Auch die Frage, ob Genugtuungsansprüche vererbt werden können, ist zu bejahen. Voraussetzung ist allerdings, dass «der Berechtigte sie irgendwie geltend gemacht hat» (81 II 390, bestätigt in 88 II 462 und 118 II 407), gehört es doch zum Wesen der Genugtuung, dass sich Betroffene verletzt fühlten und Genugtuung verlangten. Man spricht von aktiver Vererblichkeit der Genugtuungsforderung.
- Diese ist auch passiv vererblich (74 II 214), d.h., die Verpflichtung Verstorbener zur Leistung einer Genugtuung geht auf ihre Erben als Rechtsnachfolger über. Diese können die Erbschaft allerdings innerhalb dreier Monate ausschlagen (ZGB 566ff.).

d) Die Form

OR 47 sieht einzig Geld als Genugtuung vor. Nach OR 49 II kann der Richter anstatt oder neben dieser Leistung auch auf eine andere Form der Genugtuung erkennen, z.B. durch gerichtliche Missbilligung einer ehrverletzenden Äusserung (63 II 187ff.), auf die Veröffentlichung des Urteils (84 II 577f.) oder gar einmal auf die Zusprechung eines Radios (100 II 74f.). In 117 IV 270 wurde eine Frau, die Jäger wüst beschimpft hatte, zur Zahlung von 200 Franken an eine wohltätige Einrichtung verpflichtet; das Bundesgericht belehrte das Kantonsgericht Waadt darüber, dass die Genugtuungssumme nicht unbedingt den Verletzten zukommen müsse.

Das Gesetz spricht von einer Geldsumme. Damit ist nicht bloss ein Kapital gemeint, sondern es ist auch, wie in Deutschland, eine Genugtuung in Rentenform denkbar statt oder neben einer einmaligen Abfindung. Die schweizerische gerichtliche und aussergerichtliche Praxis ist indes ganz auf Kapitalzahlung ausgerichtet.

e) Der Zeitpunkt

Die Genugtuung wird mit der Zufügung der seelischen Unbill fällig. Das ist in der Regel der Unfall, wenn sich auch die Folgen erst später einstellen. Man muss die Verursachung des Ungemachs als Gesamtheit ansehen, die mit dem Schadenereignis ihren Anfang nimmt. Entsprechend ist der Betrag vom Tage des Unfalles an mit 5% zu verzinsen (112 II 138, 117 II 63, 118 II 409). Es handelt sich dabei nicht um Verzugszins, sondern um einen Bestandteil der Genugtuung (81 II 519).

Eine andere Betrachtungsweise ist dort gerechtfertigt, wo die massgeblichen Folgen viel später eintreten, wo etwa eine harmlos scheinende Verletzung erst nach Jahr und Tag zu einem schlimmen Leiden oder zum Tode führt oder wo eine Berufskrankheit erst nach langer Zeit ausbricht.

Wird die Genugtuung erst nach Jahren ausbezahlt und entsprechend verzinst, so ist man versucht, sie nach den im Unfallzeitpunkt gültigen Ansätzen zu bemessen. Es ist jedoch stets die Betrachtungsweise im Urteilszeitpunkt massgeblich. Ausdrücklich hat das Bundesgericht in 112 II 133 die zusätzliche Genugtuung von Fr. 50 000.– unter Berufung auf die neueste Rechtsprechung festgesetzt und Verzinsung mit 5% seit dem Tag des Unfalles (und Jahre vor dem Urteil) verfügt. In 116 II 299f. hat es die Frage wieder offengelassen. Die Formel: Genugtuung nach damaligen Ansätzen plus Zins oder nach heutigen Massstäben ohne Zins, klingt logisch. Richtig gestellt lautet die Frage aber nicht: Was hätte die geschädigte Person, aus damaliger Sicht, bekommen?, sondern: Was hätte sie damals nach heutigem Verständnis bekommen sollen? (wie sich denn Änderungen der Rechtsprechung auch auf hängige Fälle auswirken). Neben veränderten Anschauungen hat die Geldentwertung zu höheren Genugtuungssummen geführt; die darf ohnehin berücksichtigt werden. Fazit: Genugtuung nach heutiger Wertung plus Zins.

4. ZUSPRECHUNG UND ZUMESSUNG

a) Grundsätze

- Vorliegen und Umfang eines Schadens führen schlüssig zur Ersatzforderung; die Genugtuung kann und muss, dem Grundsatz und der Höhe nach, frei, fast möchte man sagen willkürlich, festgesetzt werden (89 II 25, 112 II 133). Immerhin: Die Genugtuung darf nicht so hoch sein, dass sie den Schädiger zugrunde richtet oder die Gefahrengemeinschaft der Versicherten ungebührlich belastet; sie darf nicht so niedrig sein, dass sie in keinem vernünftigen Verhältnis mehr zum Schadenersatz steht und als Quantité négligeable erscheint. Das Bundesgericht hat den Rahmen wie folgt abgesteckt: Einerseits muss die Genugtuung, weil sie nur schwer in eine Geldsumme umzusetzen ist, innerhalb gewisser Grenzen bleiben; anderseits darf die zugesprochene Summe nicht lächerlich wirken (89 II 26, 118 II 413). Es gilt, zwischen Versilberung und Geringschätzung der Empfindungen eine Mitte zu finden.
- Den Weg weist die Rechtsprechung (112 II 133); sie ist nirgends so wichtig wie hier. Sie gewährleistet ungefähr gleiche Behandlung ungefähr gleicher Fälle. «Dabei muss die Beurteilung ... nach objektiven Kriterien erfolgen, da nur auf diese Weise eine rechtsgleiche Behandlung ... gewährleistet ist» (108

V 93). Wer will das Glück einer Ehe oder die Liebe zu den Kindern messen? Es hat sich, namentlich für die Genugtuung an Angehörige, eine Art Tarif herausgebildet. Das schliesst nicht aus, dass die Besonderheiten eines Falles Berücksichtigung finden. Das Bundesgericht hat seinerzeit die Ansätze erhöht, um unter anderem «den kantonalen Gerichten zu erlauben, die verschiedenen Grade immaterieller Unbill in einem erweiterten Rahmen differenzierter zu bewerten» (107 II 349, wiederholt in 112 II 133). Auch hier, zwischen Gleichschaltung und Unausgewogenheit, ist ein Mittelweg zu suchen.
– Schliesslich geht es darum, das Mass zwischen Beständigkeit der Rechtsprechung und Fortentwicklung des Rechts zu finden. Gerechtigkeit und Rechtssicherheit erheischen gleiche Genugtuungssummen über längere Zeit. Auf der anderen Seite drängen sich Anpassungen auf: an die Geldentwertung (107 II 348, 112 II 133), an veränderte Wertvorstellungen. So ist denn jeweilen im Spannungsfeld der ergangenen Urteile, der Kaufkraft des Geldes und der herrschenden oder sich vordrängenden Anschauungen die angemessene Summe zu suchen. Grosszügige, dafür nicht allzu häufige Anpassungen dienen der aussergerichtlichen Erledigung der Schadenfälle; nicht angebracht ist insbesondere eine laufende, sklavisch-rechnerische Ausrichtung auf die Teuerung, solange diese verhältnismässig bescheiden bleibt.
– Drei Dinge beeinflussen die Genugtuung: die Schwere der Verletzung, Vorliegen und Grösse eines Verschuldens, besondere Umstände wie etwa die Beziehung zwischen der schädigenden und der geschädigten Person. Sie können zu einer normalen Genugtuung, zu einer Erhöhung oder Ermässigung oder zum Ausschluss der Genugtuung führen.

b) Die Schwere der Verletzung

Schadenersatz ist vom ersten Franken an geschuldet; der Anspruch auf Genugtuung beginnt nicht beim leisesten Unbehagen, sondern erst bei einer erheblichen Beeinträchtigung. Das ergibt sich aus der Würdigung der besonderen Umstände gemäss OR 47 und aus der Erwähnung der Schwere der Verletzung in OR 49, als dessen Anwendungsfall OR 47 erscheint (89 II 400).

Erheblich sind bei einer Körperverletzung vorab die dauernden Folgen; selbst eine verhältnismässig leichte Invalidität fällt, da sie sich täglich auswirkt, ins Gewicht. Umgekehrt braucht es bei vorübergehender Beeinträchtigung eine entsprechende Schwere: eine Lebensgefährdung, ein langes Krankenlager, Schmerzen, die man wegen ihrer Heftigkeit oder Dauer nicht so leicht vergisst. Ein Arm- oder Beinbruch, der rasch und ohne Schwierigkeiten verheilt, verschafft keinen Genugtuungsanspruch, wohl aber der Verlust des Gehörs auf einem Ohr (110 II 166).

Der Tod naher Angehöriger ist regelmässig als schwere seelische Unbill zu betrachten. Diese schwindet allerdings rasch mit verwandtschaftlicher und räumlicher Entfernung. So sind Geschwister nurmehr genugtuungsberechtigt, wenn sie mit der verstorbenen Person zusammenlebten oder besonders enge Beziehungen zu ihr unterhielten (89 II 400f.).

Vergleicht man die für Körperverletzung und die für Tötung zugesprochenen Genugtuungssummen, so sieht man, dass jene etwa dreimal so hoch sind wie diese. Das leuchtet ein, leidet man doch an einem bleibenden Schaden ein Leben lang, während man über den Tod eines Angehörigen mit der Zeit eher hinwegkommt (113 II 339). Die vom Bundesgericht vorgenommene bedeutende Erhöhung der Beträge bezog sich denn auch durchwegs auf Fälle von Körperverletzung (107 II 349, 108 II 422, 112 II 138).

Hängt die Schwere der Verletzung von der Empfindsamkeit der Betroffenen ab? Erhält, wer lange leidet, mehr, als wer mit seinem Ungemach rascher fertig wird? Grundsätzlich muss man wie beim Schadenersatz auch bei der Genugtuung die Folgen, wie sie eben bei der betroffenen Person eintreten, berücksichtigen, solange sie in einem vernünftigen Zusammenhang mit dem Ereignis bleiben. Einen ausgeprägten Anwendungsfall dieses Gedankens stellt 112 II 118ff. dar: Ein Vater erlitt wegen des Todes zweier Söhne durch ein abstürzendes Militärflugzeug einen Nervenschock und blieb zu 50% invalid; er erhielt wie seine Frau eine Genugtuung von Fr. 40 000.– für den Verlust der Kinder und dazu eine solche von Fr. 20 000.– für seinen Körperschaden. Indes empfiehlt sich Zurückhaltung. Die Rechtsordnung muss sich weitgehend an Durchschnittswerte halten und deshalb von einem durchschnittlichen Empfinden ausgehen, um so mehr, als eine Abstufung des Schmerzes ohnehin schwierig ist. So sagt das Bundesgericht in 97 V 106: «Im allgemeinen, zumal in geordneten und harmonischen Familienverhältnissen, ist anzunehmen, der Verlust eines Kindes werde von beiden Elternteilen gleich schmerzlich empfunden, wenn auch in der Reaktion von Vater und Mutter Unterschiede bemerkbar sein mögen.» Es verweigerte der Mutter eine höhere Summe, «denn der plötzliche Tod seines Sohnes dürfte den gesundheitlich widerstandsfähigeren Vater seelisch gleich tief getroffen haben wie die gesundheitlich schwächere Mutter».

c) Die Rolle des Verschuldens

Die Schuld der Schädiger ist eine Hauptwurzel für die Genugtuung. Nach dem Muster von EHG 8 war in MFG 42 ein Verschulden, namentlich ein grobes, Bedingung für die Zusprechung einer Genugtuung. Damit in Einklang stand die Praxis der Gerichte, unter dem Titel «Besondere Umstände» gemäss OR 47 ein

Verschulden vorauszusetzen. Im Entscheid 74 II 210ff. hat dann das Bundesgericht den Gesichtspunkt der Sühne zurückgedrängt und den Ausgleichsgedanken in den Vordergrund gerückt, mit anderen Worten das Verschulden als Voraussetzung fallenlassen. Das bedeutet, dass auch bei blosser Kausalhaftung Genugtuung verlangt werden kann. In jenem Fall ging es um OR 54, um den Fall eines Schaffhauser Kinobesitzers, welcher in geistiger Umnachtung Frau und Töchterchen umgebracht hatte; seine Schwiegermutter erhielt eine Genugtuung. Diese Auslegung von OR 47 ist feststehende Rechtsprechung geworden (siehe z. B. 102 II 243 und die dort genannten weiteren Urteile). Sie öffnete den Weg für eine Genugtuung nach allen Spezialgesetzen, welche auf das OR verweisen. Im Strassenverkehrsrecht geschah dies mit der Einführung des SVG von 1958 (Art. 62 I).

Dass ein Verschulden nicht mehr Voraussetzung für eine Genugtuung ist, bedeutet mitnichten, dass es bei deren Zusprechung und Zumessung ausgespielt habe. Einmal ist es weiterhin bei den Tatbeständen der Verschuldenshaftung erforderlich, weil es dort den Grund für eine Haftung überhaupt und damit für eine Genugtuung darstellt (93 I 596). Vor allem aber spielen Vorliegen und Schwere eines Verschuldens in jedem Falle eine Rolle für die Bemessung der Genugtuung (110 II 166, 112 II 133, 116 II 733ff.). Man findet denn auch in den Urteilen zur Genugtuung stets Ausführungen über das Verschulden der schädigenden Person. Leichtsinn und Rücksichtslosigkeit, Sinnlosigkeit und Vermeidbarkeit der Schädigung fallen ins Gewicht.

Von ebensogrosser Bedeutung ist das Verschulden der Geschädigten (das auch den Angehörigen Getöteter entgegengehalten werden kann; 95 II 308, 117 II 61). Ist das Unfallopfer allein und erheblich im Fehler und haftet die Schädigerin nur kausal, so ist keine Genugtuung am Platze. Wenn sich aber eine Betriebsgefahr deutlich ausgewirkt hat und ihr nur ein leichtes Selbstverschulden gegenübersteht, ist eine Genugtuung zu gewähren.

Ähnliches gilt für den Fall beidseitigen Verschuldens. Gleich grosses Verschulden Geschädigter steht einer Genugtuung schon lange nicht mehr im Wege (102 II 21f., wo das Nichttragen der Sicherheitsbrille dem Arbeitnehmer in gleicher Weise wie dem Arbeitgeber zum Vorwurf gereichte). Diese Regel erfasst selbst den Fall beidseitigen groben Verschuldens, wie es bei der Verletzung eines Mitfahrers auf einer Sauftour gegeben sein mag. In 116 II 733ff. ist das Bundesgericht noch einen Schritt weitergegangen und hat einer Fussgängerin, die das überwiegende Verschulden an einem Verkehrsunfall traf, eine Genugtuung gewährt. In 117 II 50ff. bestätigte es diese Rechtsprechung zugunsten eines Mannes, der wegen einer Kohlenmonoxydvergiftung in einem Badezimmer totalinvalid geworden war. Diese beiden Entscheide führten zu einer weitgehenden Angleichung der Genugtuung an die Haftungsquote.

d) Sonstige Umstände

Neben der Schwere der Verletzung und dem Verschulden beeinflussen weitere Umstände die Genugtuung, sei es nach oben, sei es nach unten:
– Sie können im Verhalten des Schädigers, vor oder nach dem Unfall, begründet sein: Er wollte der Geschädigten eine Gefälligkeit erweisen, sie mit dem Auto irgendwohin bringen, als der Unfall passierte. (Dass die Gefälligkeitsfahrt 1975 aus dem SVG gestrichen wurde, tut ihrer Berücksichtigung gemäss OR 47 keinen Abbruch.) Der Schädiger hat sich nach dem Unfall sehr oder aber gar nicht um die Geschädigte gekümmert. Er hat tätige Reue gezeigt, indem er sich um eine rasche und anständige Entschädigung bemühte. Er hat umgekehrt der Verunfallten zum Leid noch Sorgen und Ärger wegen der Vergütung des Schadens zugefügt. Genugtuungserhöhend hat sich schon ausgewirkt, dass die Haftpflichtversicherung unnötig hart war.
– Gründe für eine Erhöhung, eine Herabsetzung oder gar den Ausschluss von Genugtuung können beim Geschädigten liegen: Ein Vorzustand verschlimmert die Unfallfolgen; der Geschädigte verhält sich unangemessen; er tut nicht alles Zumutbare zur Verminderung des Schadens. Auch das Alter des Betroffenen mag eine Rolle spielen (95 II 308). Es ist nicht dasselbe, ob ein Ungemach einen jungen Menschen trifft, der ein Leben lang daran zu tragen hat, oder jemanden, der nicht mehr allzu lange leben wird. So hebt das Bundesgericht in 88 II 461 hervor: «La mort de la victime, en pleine force de l'âge, fut tragique pour sa veuve, désormais seule avec un petit enfant», während in 93 I 595 entscheidend war, dass der 79jährige Getötete ein erfülltes Leben hinter sich hatte, die Angehörigen in gesicherten Verhältnissen wusste und eine verminderte Lebenserwartung aufwies; dies, zusammen mit der Verschuldenslage, führte zur Abweisung der Genugtuungsforderung. Man hüte sich allerdings davor, bei älteren Menschen die Genugtuung grundsätzlich zu kürzen; es ist ein hartes Los, einen glücklichen Lebensabend vor sich und dann jäh zerstört zu sehen. So heisst es in 88 II 114: «Alors que celui-ci, grâce à sa robuste santé, pouvait compter jouir encore d'une existence normale pendant de nombreuses années, il a vu sa vie brisée prématurément.» In 82 II 42 wird von einem 55jährigen Lehrer am Collège de Vevey gesagt: «L'accident causé par Peyaud l'a privé brutalement d'une épouse à laquelle il était très attaché et le laisse solitaire au seuil de la vieillesse.» Vorgerücktem Alter kommt eine verkürzte Lebenserwartung gleich. Ist diese allerdings Folge des Schadenereignisses, so soll die Genugtuung eher grösser sein. In 121 II 369ff. waren neben der verminderten Lebenserwartung noch weitere Umstände zu berücksichtigen, die beim Geschädigten lagen. Dieser, drogen- und alkoholabhängig sowie HIV-positiv, war bei der Übergabe von Heroin plötzlich angegriffen worden und hatte ein Auge ver-

loren. Das Bundesgericht fand, der nach dem OHG belangte Kanton könne nicht nur die dem Angreifer zustehenden, sondern auch eigene Einwände geltend machen, nämlich dass das in Drogenhandel und Kriminalität verwickelte Opfer weniger auf die Sympathie und Solidarität der Gemeinschaft zählen dürfe. Damit hat das Bundesgericht allerdings den Gedanken, dass der Staat hilfsweise an die Stelle des Schädigers trete, verlassen.

– Zu berücksichtigen sind ferner die Beziehungen zwischen Schädigenden, Geschädigten und Hinterlassenen. Es macht einen Unterschied, ob sich der Anspruch gegen einen wildfremden Menschen richte oder gegen die Freundin. Unter Verwandten wird eine Genugtuung fragwürdig. Ehegatten, Eltern und Kinder bereiten einander soviel Freude, mitunter auch Leid, teilen miteinander soviel Erfreuliches und anderes, dass die seelische Unbill in der Gesamtheit ihrer Beziehungen aufgeht, auch weniger stark empfunden und leichter verziehen wird. Hinzu kommt, dass die schädigende Person in der Regel am meisten unter dem Vorgefallenen leidet. Schliesslich käme bei Genugtuung innerhalb der Familie oft der Schädiger selbst in den Genuss des Geldes. In 115 II 156ff. wurde eine Genugtuung an den Vater abgelehnt, als seine Frau mit einem geliehenen Wagen durch einen Selbstunfall den Tod ihres halbjährigen Kindes verursacht hatte. Fehl am Platze ist eine Genugtuung auch, wenn das Unfallopfer oder die hinterbliebene Person den Haftpflichtigen heiratet (63 II 220, den Tod des Bruders der Verlobten und späteren Ehefrau des Schädigers betreffend; die anderen drei Geschwister erhielten je eine Summe von Fr. 1500.–, weil sie auf die Heirat keinen Einfluss hatten). Allgemein soll unter Ehegatten und Verwandten grosse Zurückhaltung bei der Zusprechung von Genugtuung geübt werden (115 II 159).

– Schliesslich kann das Gericht alle anderen Gesichtspunkte in seine Würdigung der Gesamtumstände einbeziehen: das Mitwirken des Zufalles, die vom Geschädigten zu vertretende Betriebsgefahr, Wohlstand oder Armut beim einen oder beim andern. So erwähnt 104 II 264 «la gravité particulière de l'atteinte, s'agissant de la mort brutale d'un homme de 32 ans, laissant une veuve du même âge et deux enfants de un et sept ans dans des conditions financières difficiles, ce qui les a obligés à regagner l'Italie». Grundsätzlich jedoch geht es nicht an, einen Unterschied zwischen Reich und Arm zu machen, etwa einer vermögenden Person, damit die gleiche Wirkung eintrete, einen höheren Betrag zuzusprechen (123 III 14). Das wäre stossend. Und der Tatsache, dass einer begüterten Ansprecherin das gleiche Geld weniger bedeutet, steht die Überlegung entgegen, dass sie es weniger nötig hat.

Sind niedrigere Lebenshaltungskosten im Ausland zu berücksichtigen? In 121 III 252 ging es um die Genugtuung für die Witwe und die drei Kinder eines Mannes, der bei einem Ehebruch in flagranti ertappt und erschossen worden war. Das Zürcher Obergericht halbierte die geforderten 40 000 und

3 × 30 000 Franken wegen der tieferen Lebenshaltungskosten in Kosovo. Das Bundesgericht überlegte, dass folgerichtig in Betracht zu ziehen wäre, ob jemand in der Schweiz in einer Grossstadt oder einer ländlichen Gegend oder im Ausland in einer teuren Metropole wohne, und dass in einem Fall wie dem vorliegenden faktisch die Niederlassungsfreiheit beschränkt würde. Es hob das Urteil der Vorinstanz auf, sprach die geforderten Summen zu und schrieb als Leitsatz: «Bei der Bemessung der Genugtuung sind die Lebenshaltungskosten am Wohnsitz des Berechtigten nicht zu berücksichtigen.» In 123 III 10ff. sah es sich dann allerdings zu einer Einschränkung oder, wie es sich ausdrückte, Weiterentwicklung dieser Rechtsprechung gezwungen. Diesmal ging es um die Genugtuung an die Eltern einer Frau, die von ihrem Ehemann getötet und in Abfallsäcken beseitigt worden war. Das Geschworenengericht Zürich erkannte auf eine Summe von je 5000 Franken für die in der Volksrepublik China lebenden Eltern. Diese verlangten je 45 000 Franken. Das Bundesgericht betonte, dass es bei seiner Rechtsprechung bleiben und die unterschiedlichen Lebenshaltungskosten nicht berücksichtigen wolle. Im zu beurteilenden Fall lägen aber «derart besondere Umstände» vor, dass eine Genugtuung nach schweizerischen Massstäben (grundsätzlich ist sie nach dem Recht des Gerichtsstandes festzusetzen) zu einer krassen Besserstellung der auch in Zukunft in China lebenden Eltern, wo 200 Franken dem Monatslohn eines Angestellten in einer gutgehenden Fabrik entsprechen, führen würde. Es blieb deshalb bei den 2 × 5000 Franken.

e) Das praktische Vorgehen

Ergibt sich die Berechtigung einer Genugtuung, so liefert die Schwere der Verletzung einen ersten Massstab. Man lässt sich von Entscheiden zu ähnlichen Tatbeständen leiten. Nicht aus dem Auge zu verlieren ist der Zeitpunkt der Urteilsfällung, können sich doch inzwischen die Kaufkraft des Geldes oder die Wertmassstäbe geändert haben. Vergleichsgrundlage bildet einseitiges normales Verschulden beim Schädiger. Grobe Fahrlässigkeit führt zu einer Erhöhung um wohl höchstens die Hälfte. Das Selbstverschulden der geschädigten Person bewirkt eine Herabsetzung. Gegebenenfalls sind besondere Umstände zu berücksichtigen.

Mit etwelcher Vorsicht können auch die nach dem OHG ergangenen Entscheidungen herangezogen werden. Das Bundesgericht spricht sich in 123 II 210 für eine «analoge Anwendung zivilrechtlicher Regeln» aus.

II. GENUGTUUNG BEI KÖRPERVERLETZUNG

1. RICHTLINIEN

a) Die untere Grenze

«L'octroi d'une réparation morale pour lésions corporelles exige également que celles-ci aient une certaine importance» (110 II 166). In diesem Entscheid, rechtseitigen Gehörsverlust betreffend, war die Schwere der Verletzung klar gegeben, wie denn eine bleibende Schädigung die klassische Grundlage für eine Genugtuung abgibt. Indessen kann auch vorübergehende Unbill, wenn sie genügend ausgeprägt ist, zur Genugtuung berechtigen, namentlich eine lebensgefährliche Verletzung mit den entsprechenden Ängsten und Leiden oder ein langes und schmerzhaftes Krankenlager (82 II 35; der Verletzte konnte seine Arbeit erst nach fünf Monaten wieder aufnehmen). Sodann kann ein Unfall trotz vollständiger Genesung einschneidende Wirkungen auf das private oder berufliche Leben haben.

Ist keine der genannten Voraussetzungen gegeben, so entfällt eine Genugtuung, etwa bei einem Beinbruch, der normal verheilt. In einem unveröffentlichten Urteil vom 24. Februar 1956 i. S. K. gegen S. hat das Bundesgericht für eine Hirnerschütterung und einen Schlüsselbeinbruch, verbunden mit einer Arbeitsunfähigkeit von zwei Wochen, eine Genugtuung abgelehnt. Nach 97 II 218 hat ein Anwalt, der wegen einer Hirnerschütterung während 15½ Arbeitstagen ganz und während weiterer 15 Tage zur Hälfte arbeitsunfähig war, seine Genugtuungsforderung vor Bundesgericht fallen lassen.

b) Die obere Grenze

Vollständige Erblindung oder Lähmung und Hirnschädigung mit Zerstörung der Persönlichkeit gehören zu den schlimmsten Unfallfolgen und geben zu den höchsten Genugtuungen Anlass. Der Entscheid 108 II 422ff. (Totalinvalidität eines 15jährigen Mädchens nach Blinddarmoperation) hat mit einer Summe von Fr. 100 000.– eine Marke gesetzt. Dieser Betrag wurde selbst unter Berücksichtigung weitestgehend fehlender Empfindungsfähigkeit zugesprochen, wobei auf der anderen Seite das ausserordentlich schwere Verschulden des Arztes ins Gewicht fiel. In 112 II 131ff. hat das Bundesgericht als neue Höchstsumme eine Genugtuung von Fr. 110 000.– zugesprochen, und zwar an eine 38jährige Frau, der durch Splitterwirkung bei einer militärischen Sprengung das Gesicht zerschmettert wurde (mit einseitiger Erblindung, Entstellung, Persönlichkeitsveränderung und Totalinvalidität); der verantwortliche Oberleutnant hatte die vorgeschriebenen Sicherheitsvorkehrungen völlig ausser acht gelassen. Man darf deshalb heute Fr. 150000.– als angemessene Genugtuung für eine ganz schwere Verletzung ansehen; bei grobem Verschulden des Haftpflichtigen und voller Empfindungsfähigkeit des Opfers kommt eine Erhöhung auf Fr. 200000.– in Betracht. In diesen Rahmen passt die Bemerkung des Bundesgerichts, 120000 Franken für eine unvollständige Tetraplegie mit einer medizinisch-theoretischen Invalidität von 50% seien sicher an der oberen Grenze (Entscheid vom 6. Mai 1997 = 123 III ...).

c) Die Abstufung

Zwischen den noch nicht genugtuungswürdigen und den allerschwersten Verletzungen sind die vielen Fälle, in denen es abzuwägen gilt. Es liegt auf der Hand, dass die niedrigsten Summen für bloss vorübergehende oder sehr leichte dauernde Unbill zugesprochen werden. Sodann liegt der Gedanke nahe, unter Ausrichtung auf den Höchstbetrag nach dem Grad des Dauerschadens abzustufen, also bei einem Ansatz von Fr. 150000.– für Totalinvalidität Fr. 1500.– pro Invaliditätsprozent zu geben. Das mag eine Eselsleiter sein, mehr nicht. Ebenfalls nur eine Hilfe stellt die Skala der Integritätsschäden dar, welche sich im Anhang 3 zur Verordnung über die Unfallversicherung findet:

	%
Verlust von mindestens zwei Gliedern eines Langfingers oder eines Gliedes des Daumens	5
Verlust des Daumens der Gebrauchshand im Grundgelenk	20
Verlust des Daumens der anderen Hand im Grundgelenk	15
Verlust der Gebrauchshand	50
Verlust der anderen Hand	40
Verlust eines Arms im Ellbogen oder oberhalb desselben	50
Verlust einer Grosszehe	5
Verlust eines Fusses	30
Verlust eines Beines im Kniegelenk	40
Verlust eines Beines oberhalb des Kniegelenks	50
Verlust einer Ohrmuschel	10
Verlust der Nase	30
Skalpierung	30
Sehr schwere Entstellung im Gesicht	50
Verlust einer Niere	20
Verlust der Milz	10
Verlust der Geschlechtsorgane oder der Fortpflanzungsfähigkeit	40
Verlust des Geruchs- oder Geschmackssinnes	15
Verlust des Gehörs auf einem Ohr	15
Verlust des Sehvermögens auf einer Seite	30

Vollständige Taubheit	85
Vollständige Blindheit	100
Habituelle Schulterluxation	10
Schwere Beeinträchtigung der Kaufähigkeit	25
Sehr starke schmerzhafte Funktionseinschränkung der Wirbelsäule	50
Paraplegie	90
Tetraplegie	100
Sehr schwere Beeinträchtigung der Lungenfunktion	80
Sehr schwere Beeinträchtigung der Nierenfunktion	80
Beeinträchtigung von psychischen Teilfunktionen wie Gedächtnis und Konzentrationsfähigkeit	20
Posttraumatische Epilepsie mit Anfällen oder in Dauermedikation ohne Anfälle	30
Sehr schwere organische Sprachstörungen, sehr schweres motorisches oder psychoorganisches Syndrom	80

Die Ärzte der Suva haben zu dieser Skala noch einen Feinraster ausgearbeitet und in Form von Tabellen zu 16 Körperteilen und -funktionen herausgegeben. Das Obergericht Aargau spricht als Genugtuung die doppelte Integritätsentschädigung zu. Das sind Bestrebungen, mehr Gerechtigkeit (Gleiches für Gleiches) und höhere Rechtssicherheit zu erreichen. Sodann bietet die Kasuistik auf den Seiten 142ff. Anhaltspunkte. Bei ihrer Verwendung ist stets an den Einfluss der Gesamtumstände des Falles und des Zeitpunkts der Urteilsfällung zu denken. Insbesondere sind die in ältern Entscheiden vorkommenden Beträge überholt; im übrigen behalten die Urteile ihre Aussagekraft.

d) Besondere Fälle

– Schwierig wird die Bemessung der Genugtuung bei Verunstaltungen, dem sogenannten ästhetischen Schaden, weil man sich nicht nach einem Invaliditätsgrad richten kann. Zudem kommt es in ganz besonderem Masse darauf an, wen ein solches Ungemach trifft. So hat das Bundesgericht am 18. März 1980 i. S. M. in einem nicht veröffentlichten Entscheid, der indes durch alle Münder und Gazetten ging, einem sechzehnjährigen, ausgesprochen schönen Mädchen für schwere Verbrennungen am Leib, die ihm ein unachtsamer Kellner mit heissem Öl zugefügt hatte, Fr. 40 000.– zugesprochen. Dieses Urteil belegt zudem, dass auch Verunstaltungen des Körpers eine grosse Unbill darstellen können, wenngleich die jederzeit sichtbaren Entstellungen des Gesichts noch mehr ins Gewicht fallen. Es sei der Hinweis gewagt, dass eine ausgesprochen schwere Beeinträchtigung des Aussehens die Hälfte einer vollen Genugtuung, mithin etwa Fr. 75 000.–, erreichen mag. Gelingt es, eine Narbe mit einer geeigneten Haartracht oder mit den Künsten der Kosmetik zu überdecken, so verringert sich die Genugtuung; Haftpflichtige haben aber die Kosten dieser Massnahmen zu tragen. Dasselbe gilt für Korrekturoperationen. Den Entscheid darüber, ob eine solche lohnend und zumutbar sei, muss man weitgehend den Geschädigten überlassen. Der Ordnung halber sei darauf hingewiesen, dass ein ästhetischer Schaden nicht nur unter dem Gesichtspunkt der seelischen Unbill, sondern auch des wirtschaftlichen Fortkommens zu betrachten ist und gleichzeitig zu Schadenersatz Anlass geben kann (vorn 68).

— Mühe macht die Bestimmung der angemessenen Genugtuung bei Schädigung der Geschlechtsorgane. Es kommt hier auf die Art der Beeinträchtigung, auf das Alter des Betroffenen und auf dessen persönliche Verhältnisse an. Wird ein junger Mann wegen eines Unfalles impotent, so mag die Genugtuung die Hälfte einer vollen, mitunter gar etwas mehr erreichen. Mit dieser Wertung decken sich die in 112 II 222 erwähnten, von der Vorinstanz zugesprochenen Fr. 60000.– (vor Bundesgericht ging es um die Genugtuung an die Ehefrau).

— Viel zu reden gegeben hat die Frage der Empfindungsfähigkeit des Opfers. Soll man einer Hirngeschädigten, die nur noch stumpf dahinlebt, keine Genugtuung zusprechen, weil sie gar keine seelische Unbill empfindet? Das Gefühl sträubt sich dagegen, dass die zunehmende Schwere einer Verletzung zum Wegfall einer Genugtuung oder zu deren Herabsetzung führen soll. Sodann ist zumeist fraglich, ob das Opfer wirklich nichts mehr empfindet. Im bekannten Entscheid 108 II 422ff. ging es um ein junges Mädchen, das Empfindungen bestenfalls noch durch Verziehen des Gesichtes zeigen konnte. Das Bundesgericht erklärte, dass die Genugtuung nicht nur auf der subjektiven Empfindung, sondern auch auf der objektiven Schädigung fusse und dass der Gesetzgeber solchen bedauernswerten Opfern nicht von vornherein eine Genugtuung habe verweigern wollen. Man könne ja dem fehlenden Empfinden bei der Bemessung der Genugtuung Rechnung tragen. Anderseits sei daran zu denken, dass Geld dem Opfer die Möglichkeit gebe, sich gegenüber denen, die es treu umsorgen, dankbar zu erweisen. Das Bundesgericht konnte sich damit begnügen, die vom Tessiner Appellationsgericht zugesprochenen Fr. 100000.– für das Mädchen zu bestätigen. In 116 II 521 hat es erneut festgehalten, die Klägerin könne «aus der Beeinträchtigung ihrer körperlichen Integrität Genugtuung verlangen, selbst wenn die moralische Unbill ihr nicht bewusst geworden sein sollte». Der Gedanke liegt nahe, dem empfindungsunfähigen Opfer jetzt, wo die es umsorgenden Angehörigen direkt eine Genugtuung bekommen, keine oder nur eine stark gekürzte Genugtuung auszurichten. Das aber würde die Ausweitung der Genugtuungsleistungen auf Angehörige unterlaufen. Es ist deshalb richtig, auch in einem solchen Falle dem Opfer eine normal bemessene Entschädigung für die Beeinträchtigung seiner Persönlichkeit zukommen zu lassen.

2. URTEILE

Urteil	Tatbestand	Verletzung
123 III ... (BGE 6.5.97)	17½jähriger springt vom Sprungbrett und schlägt wegen ungenügender Wassertiefe auf dem Seegrund auf.	Unvollständige Tetraplegie 50–75% Invalidität.
123 II 210ff.	Angehörige der türkischen Botschaft in Bern schiessen auf kurdische Demonstranten	Offene Unterschenkelfraktur; 3 Wochen Spital, gut 7 Monate Arbeitsunfähigkeit, bleibende Belastungsschmerzen.
121 II 369ff.	Drogensüchtiger, HIV-positiver Alkoholiker mit verminderter Lebenserwartung wird bei der Übergabe von Heroin zusammengeschlagen.	Verlust des rechten Auges.
118 II 404ff.	Siebenjähriger Knabe erleidet Verkehrsunfall.	Schwere Hirnverletzung mit nachfolgender Tetraplegie.
116 II 733ff.	Fussgängerin wird von Auto angefahren.	Die bereits zu 10% invalide Frau wird zu 100% arbeitsunfähig im Erwerbsleben und zu 20% im Haushalt.
116 II 295ff.	Ärzlicher Kunstfehler bei Operation an einem Elektromonteur.	Schädigung der Muskulatur des linken Beines; 50% Invalidität.
112 II 138ff.	Hausdiener eines Waffensammlers hantiert unbefugt mit einem Gewehr. Ein Schuss trifft eine Hausangestellte in den Kopf.	Weitgehende Erblindung an einem Auge. Invalidität von 90%. Vollständige Arbeitsunfähigkeit.
112 II 131ff. (mit Erwähnung nicht veröffentlichter BGE)	Bei militärischer Sprengung wird 38jährige Frau, die in der nahen Wäscherei arbeitet, von einem Metallsplitter am Kopf getroffen.	Erblindung an einem Auge, schwere Entstellung des Gesichts, Hirnschädigung, Wesensveränderung, Totalinvalidität.
112 II 118ff.	Abstürzendes Militärflugzeug tötet zwei Söhne. Als der Vater davon erfährt, erleidet er einen Nervenschock.	Es bleibt eine Invalidität von 50% zurück. (Es geht hier nur um den Körperschaden des Vaters; für den Tod der Söhne hatten die Eltern je 40 000.– Franken erhalten.)
110 II 163ff.	34jähriger Arbeiter wird in einer Fabrik von einem schlecht befestigten Pressluftschlauch getroffen.	Verlust des Gehörs links.
108 II 422ff.	Narkosezwischenfall bei Blinddarmoperation an einem 15jährigen Mädchen.	Schwerste Lähmung und Hirnschädigung.

Verschulden	Genugtuung
Werkmangel zu Lasten des Kantons; Verschulden einer Fördervereinigung; Selbstverschulden 20%	Fr. 96 000.–
Schweres der Schädiger, im Verhältis dazu geringes des Opfers (Teilnahme an einer unbewilligten Demonstration).	Fr. 2 000.– (nach OHG)
Krasses Verschulden des Angreifers; Selbstverschulden des Opfers, das sich auf Drogenhandel und Kriminalität einliess.	Fr. 8 000.– (nach OHG)
Verschulden des Lenkers.	Fr. 100 000.– (Vergleichszahlung)
Selbstverschulden grösser als Verschulden des Lenkers.	Fr. 25 000.–
Verschulden des Arztes.	Fr. 20 000.–
Verschulden des Arbeitgebers wegen ungenügender Unterweisung. Überwiegendes des Angestellten. Keines der Verletzten.	Fr. 50 000.–
Erhebliches Verschulden eines Oberleutnants, der die vorgeschriebenen Sicherheitsmassnahmen völlig ausser acht liess.	Fr. 110 000.–
Keines; Kausalhaftung nach LFG.	Fr. 20 000.–
Nicht leichtes des Equipenchefs, für den die Unternehmung haftet.	Fr. 5 000.–
Schweres Verschulden des Arztes wegen mehr als eines groben Fehlers.	Fr. 100 000.–

Urteil	Tatbestand	Verletzung
108 II 64ff.	Arzt räumt bei einer Zystenoperation an einer 54jährigen Patientin – zwar nicht gegen die Regeln der Kunst, aber ohne jede Einwilligung – beide Brüste aus.	In der Folge Gewebeabstossung mit Operationen. Beeinträchtigung der Persönlichkeit und Weiblichkeit.
107 II 348f. (nur teilweise veröffentlicht)	52jähriger spanischer Bauarbeiter wird von herabfallendem Betonstück am Kopf getroffen.	Paraplegiker, Lähmung der Beine und der Verdauungs- sowie der Sexualorgane.
104 II 184ff.	Beim Spiel dreier 9jähriger Knaben dringt ein Pfeil ins Auge.	Augverlust, verbunden mit ästhetischem Schaden.
102 II 232ff.	34jähriger Händler aus Frankreich will sich vor Hund retten und stürzt von einer Siloleiter.	35%ige medizinische Invalidität, 20%iger konkreter Ausfall; langwieriger schmerzhafter Heilverlauf.
102 II 33ff.	Bei grobfahrlässigem Überholen wird ein korrekt entgegenkommender 37jähriger Lastwagenbesitzer verletzt.	35%ige unfallbedingte Invalidität; Zusammenbruch des Berufslebens, lange Leidensgeschichte.
102 II 18ff.	Gipser verletzt sich mit Bolzenschussapparat, weil er, mit Duldung des Arbeitgebers, weder Helm noch Sicherheitsbrille trägt.	Verlust der Sehfähigkeit des linken Auges.
97 II 339ff.	Geschädigter hilft Möbel in Neubau tragen und stürzt in nicht abgeschrankte Kelleröffnung.	Hirnschädigung, Persönlichkeitsveränderung, 70%ige Invalidität.
96 II 218ff.	Beim Eisenbahnbau wird 52jähriger Polier wegen ungenügender Sicherheitsvorkehren der SBB von einem Zug angefahren.	20%ige Invalidität; 1½ Jahre dauernde Arbeitsunfähigkeit.
89 II 56ff.	Nicht ganz 6jähriger Knabe rennt auf Fussgängerstreifen seitlich in einen Lastwagen.	Schädel-/Hirnverletzung mit praktisch vollem Sehverlust am rechten Auge und Verschlimmerung von Auswärtsschielen.
89 II 49ff.	57jähriger Fussgänger, der zögert, wird auf einem Fussgängerstreifen von einem Motorrad umgeworfen.	Verstärkung neurologischer Beschwerden, schnelleres Altern.
89 II 24ff.	39jähriger Kleinunternehmer wird von einem Sprengunfall betroffen, weil die Ladung zu früh losgeht.	Vollständige Erblindung.
88 II 516ff.	26jähriger wird bei Arbeiten auf Bahngeleise von einem nicht signalisierten Zug angefahren.	Totalinvalidität.

Verschulden	Genugtuung
Unverzeihliches Verhalten des Arztes.	Fr. 25 000.–
Haftung des Geschäftsherrn; Verschulden seiner Leute.	Fr. 60 000.–
Selbstverschulden von einem Viertel.	Fr. 8 000.–
Haftpflicht des Tierhalters mit zusätzlichem Verschulden, entschuldbare Fehlreaktion des Geschädigten.	Fr. 8 000.–
Grobes	Fr. 15 000.–
Nicht leichtes des Arbeitgebers; etwa gleich grosses des Geschädigten = Herabsetzung der Genugtuung auf die Hälfte.	Fr. 4 000.–
Des verantwortlichen Architekten, nicht grob. Selbstverschulden des Geschädigten.	Fr. 5 000.–
Mittleres. Kein Selbstverschulden.	Fr. 10 000.–
Mangelnde Aufmerksamkeit und Vorsicht beim Lastwagenlenker. Kein Verschulden des Knaben angesichts seines Alters.	Fr. 5 000.–
Alleiniges des Motorradfahrers, das nicht unterschätzt werden darf.	Fr. 5 000.–
Schweres des verantwortlichen Gemeindeangestellten. Mitverschulden des Geschädigten (ohne dieses Fr. 25 000.–).	Fr. 20 000.–
Schweres des mit der Aufsicht betrauten SBB-Angestellten.	Fr. 15 000.–

Urteil	Tatbestand	Verletzung
88 II 111ff.	68jähriger Fussgänger wird von einem Automobil angefahren.	Kopfverletzung mit starker Hirnerschütterung, totale Arbeitsunfähigkeit.
82 II 25ff.	Stürzender Skifahrer wird gegen einen Spaziergänger, einen 44jährigen Bankprokuristen, geschleudert.	Langes und schmerzhaftes Krankenlager, Dauerbeeinträchtigung am linken Bein, welche einer Invalidität von 10% entspricht.
81 II 512ff.	2½jähriges Mädchen wird von einer Chow-Chow-Hündin gebissen.	Narbe über die ganze Wange.
81 II 159ff.	2 Jahre und 8 Monate altes Mädchen begibt sich unbemerkt auf Bahngeleise und wird vom Zug angefahren.	Fast völliger Sehverlust am linken Auge, Schielen, kosmetische Entstellung.

Verschulden	*Genugtuung*
Alleiniges der Automobilistin.	Fr. 10 000.–
Leichtes Mitverschulden, aber Verschulden des Schädigers überwiegend.	Fr. 1 000.–
Des Tierhalters, wenn auch nicht besonders schweres.	Fr. 2 000.–
Verschulden des Vaters, aber auch der Bahn.	Fr. 2 000.–

III. GENUGTUUNG BEI TÖTUNG

1. RICHTLINIEN

a) Die Berechtigten

Nicht alle, die vom Tod eines Mitmenschen schmerzlich berührt werden, haben Anspruch auf eine Genugtuung. Eine solche bleibt den am unmittelbarsten und härtesten Betroffenen vorbehalten. OR 47 beschränkt sie von vornherein auf Angehörige. Dabei besteht die Vermutung, dass die Betroffenheit mit dem Grad der Verwandtschaft einhergeht (89 II 400f.). Mindestens so entscheidend ist aber das Zusammenleben. Genugtuung ist am Platze, wenn enge Bande des Blutes oder einer Beziehung zerrissen werden. In diesem Sinne ist zu den folgenden Personengruppen folgendes zu sagen:

– *Ehegatten:*
Hier wird eine Lebensgemeinschaft zerstört. Selbstverständliche Voraussetzung ist, dass eine solche bestand und weiter bestanden hätte. Sie fehlt bei Ehegatten, die geschieden sind oder in Scheidung leben. Damit entfällt eine Genugtuung. Leben Eheleute rechtlich oder tatsächlich getrennt, so kommt es darauf an, ob Hoffnung auf eine Wiedervereinigung vorhanden war. Bei Verheirateten, die sich auseinandergelebt hatten, aber doch zusammenblieben, ist eine Genugtuung geschuldet. So hat das Bundesgericht der 64jährigen Frau eines 48jährigen Mannes eine solche zugesprochen, wiewohl dieser mit einer andern Frau ein Verhältnis hatte, von dem die Gattin wusste, weil die Ehe deswegen nicht zerrüttet war (99 II 214).
– *Eltern:*
Wenn Eltern Kinder verlieren, so ist regelmässig Genugtuung am Platz. Ausnahmen sind immerhin denkbar, nämlich dort, wo sich Eltern überhaupt nicht um ihre Nachkommen kümmerten. Der Bursche, der das geschwängerte Mädchen mit dem Kind sitzenlässt, die Gattin, die mit einem andern Mann auf und davon geht, die Eltern, die ihr Kind ohne Not fremden Leuten zur Auferziehung überlassen, sie alle, die zu Lebzeiten kein Interesse an ihrem Nachwuchs gezeigt haben, sollen nun nicht plötzlich Geld für ihren Schmerz verlangen. Die Genugtuung gebührt in einem solchen Falle denjenigen, die das Kind betreut haben, etwa dem mit ihm zurückgebliebenen Eheteil oder den Pflegeeltern. In normalen Verhältnissen indes sollen die Eltern auch dann eine Genugtuung für den Tod eines Kindes bekommen, wenn dieses erwachsen war und weit weg wohnte, denn das Herz der Eltern ist stets bei den Kindern (103 V 183ff.; anderseits hat gemäss 104 II 260f. das

Kantonsgericht Waadt dem Vater eines 32jährigen Getöteten mit eigener Familie eine Genugtuung versagt, was vor Bundesgericht unangefochten blieb).
- *Kinder:*
Auf der Hand liegt die Genugtuungsberechtigung, wenn Kinder, die im Schosse der Familie aufwachsen, einen Elternteil verlieren. Doch auch später, wenn ein Kind im eigenen Hausstand lebt und die Eltern vielleicht nur noch selten sieht, ist der Verlust des Vaters oder der Mutter genugtuungswürdig.
- *Geschwister:*
Geschwister wachsen zusammen auf und stehen sich nahe. Wird eines aus dem Kreis gerissen, so haben die andern ohne weiteres einen Genugtuungsanspruch. Sind sie erwachsen, so geht jedes seiner Wege, hat seine Arbeit und seine neuen Beziehungen, und die Bande lockern sich. Eher ausnahmsweise bleiben Geschwister sehr eng miteinander verbunden. Das Bundesgericht gewährt deshalb Genugtuung unter Geschwistern nur, wenn sie zusammenlebten oder aussergewöhnlich enge Beziehungen zueinander unterhielten (66 II 220, 89 II 401). In beiden Urteilen hat es die vom Kantonsgericht Wallis zugesprochenen Fr. 500.– gestrichen, im zweiten sogar für einen Kläger, der den bei einem Verkehrsunfall ums Leben gekommenen Bruder, das einzige Geschwister, häufig, fast jede Woche, besuchte. Anderseits liess das Bundesgericht in 118 II 409, als der Bruder eines nunmehr 14jährigen Mädchens nach zehn Jahre dauernder Tetraplegie gestorben war, die Überlegung der Vorinstanz, es sei nun eine jahrelange Last von der Schwester genommen worden, nicht gelten.
- *Weitere Verwandte:*
Grosseltern und Enkelkinder, Onkel und Tanten, Nichten und Neffen, Schwiegereltern und Stiefkinder sollen nur noch dann eine Genugtuung erhalten, wenn sie einander besonders nahe waren und standen. Weil dies nicht der Fall war, wurde in 88 II 462 der Genugtuungsanspruch der Schwiegereltern abgelehnt.
- *Verlobte:*
Verlobte haben sich die Heirat versprochen (ZGB 90 I). Sie stehen bereits in einer Lebensgemeinschaft und sehen einer vertieften und dauerhaften Verbindung entgegen. Sie sind als Angehörige zu betrachten (66 II 221, 114 II 149). Der Verlust der Partnerin oder des Partners ist ein einschneidendes Erlebnis und berechtigt zu einer Genugtuung (66 II 222f., 114 II 149ff.).
- *Weitere Lebenspartner:*
Der Kreis der Genugtuungsberechtigten geht nicht über die Angehörigen hinaus, ist also auf verwandtschaftliche und ähnliche Beziehungen beschränkt. Adoptiv-, Stief- und Pflegeeltern gehören dazu. Macht auch dau-

erndes und inniges Zusammenleben den Partner, die Partnerin zu Angehörigen? Diese Frage stellt sich beim Konkubinat. Das Bundesgericht konnte sie in 114 II 149 offenlassen, weil, was die Vorinstanz verkannt hatte, von einem Verlöbnis auszugehen war. Wenn man bedenkt, wie verbreitet das Konkubinat heute ist, dass es einen Ehe-Ersatz darstellt, als solcher rechtlich auf verschiedenen Ebenen erfasst wird und zu Versorgerschaden berechtigt, so würde man der menschlichen, gesellschaftlichen und rechtlichen Wirklichkeit Gewalt antun, wenn man Konkubinatspartner von der Genugtuung ausschlösse. Bezeichnend ist, dass sie in Todesanzeigen als trauernde Hinterlassene erscheinen. Es stellt sich dann allerdings die weitere Frage, ob diese Öffnung auf gleichgeschlechtige Lebensgemeinschaften auszudehnen sei. Man wird dies in ausgeprägten Fällen bejahen, etwa wenn zwei Frauen jahrzehntelang zusammengelebt haben und einander derart angehörten, dass man sie eben als Angehörige empfindet.

b) Die Abstufung

Eine erste Abstufung ergibt sich aus dem Grad der familiären Beziehung:
- Die höchsten Genugtuungen werden dem überlebenden Eheteil zugesprochen, bringt doch der Verlust des angetrauten Lebenspartners die eingreifendste Veränderung. Man geht heute bis etwa Fr. 40 000.–; als oberste Marke mag man Fr. 50 000.– nennen.
- Am zweitmeisten erhalten Eltern für den Verlust eines Kindes. Hier wird berücksichtigt, dass die Beziehung sehr innig ist, dass das Zusammenleben aber doch einmal ein Ende nähme. Die Gerichte sprechen Beträge bis zu Fr. 30 000.– pro Elternteil zu.
- Etwas weniger können Kinder für den Verlust des Vaters oder der Mutter verlangen, weil es im Laufe der Dinge liegt, dass man einmal die Eltern verliert. Wenn allerdings Kinder im zarten Alter die Mutter oder den Vater verlieren, so ist das ebenso schlimm, wie wenn Eltern ein Kind entrissen wird.
- Bei Geschwistern sind bis zu Fr. 10 000.– Genugtuung üblich (sofern sie zusammenlebten oder sonst enge Beziehungen zueinander unterhielten).
- Wenige tausend Franken – sofern überhaupt eine Genugtuung in Frage kommt – sind bei weiteren Verwandten, z. B. Grosseltern, angebracht.
- Bei Verlobten wird die Genugtuung kaum mehr als die Hälfte der bei Ehegatten geschuldeten Summe erreichen, ist doch die Bindung noch nicht so tief und vor allem nicht so endgültig. Auch bei eheähnlichen und anderen Verbindungen auf Lebenszeit ist ein geringerer Betrag am Platze, sofern man hier überhaupt – in weiter Auslegung des Begriffs Angehörige – eine Genugtuung geben will. Stand allerdings die Heirat unmittelbar bevor, er-

eignete sich der Unfall gleichsam auf dem Weg zum Traualtar, oder fehlte bei einem Paar, das schon lange und mit gemeinsamen Kindern zusammenlebte, zur Ehe nur noch der Trauschein, so wird man höher, z. B. auf ¾ einer normalen Genugtuung gehen.

c) Die Abmessung

Im weiteren hängt die Abmessung der Genugtuung – immer zum Verschulden hinzu – von der Art, der Enge und der Dauer der zerstörten Beziehung, vom Alter der Beteiligten und von den sonstigen Umständen ab. Im Hinblick auf die erwähnten Personengruppen lässt sich sagen:

– Der Verlust des Ehegatten wiegt besonders schwer, wenn die Witwe oder der Witwer nicht mehr jung ist, das Leben ganz auf den Partner ausgerichtet hatte und kaum mehr einen Lebensgefährten findet (82 II 42). Ebenso schlimm ist es aber, wenn ein junger Mann und Familienvater den Seinen jäh entrissen wird (104 II 264). Dass selbst der Tod eines Mannes, der ein Verhältnis mit einer anderen Frau hatte, die Gattin zu einer normalen Genugtuung berechtigen kann, zeigt 99 II 214.

– Genugtuungserhöhend wirkt, dass Eltern ein im Schosse der Familie heranwachsendes Kind verloren, dass dieses sonst noch eng mit ihnen verbunden war (81 II 390), dass Hoffnungen zerstört wurden (81 II 390, 97 V 103ff.). Besonders schwer trifft die Eltern der Verlust eines Kindes, wenn es eines von zweien (81 II 390) oder gar das einzige war oder wenn das ihnen verbleibende gebrechlich ist. Grösstes Unglück widerfährt ihnen, wenn sie, wie in 112 II 118ff., zwei Kinder oder gar, wie in 93 II 94ff., ihre beiden einzigen Kinder miteinander verlieren. Man wird in einem solchen Falle nicht einfach zwei «normale» Genugtuungen zusammenzählen, sondern diese Summe angemessen, z. B. um die Hälfte, erhöhen. In der Regel sollen Eltern gleich grosse Genugtuungen erhalten, wenn sie auch unterschiedlichen Schmerz empfinden oder zeigen mögen (97 V 106f., 103 V 187). Anders verhält es sich natürlich, wenn das Kind nur oder hauptsächlich mit einem von beiden zusammenlebte. Eine höhere Genugtuung kann sich für den Elternteil ergeben, der den Unfall des Kindes mitansehen musste, eine tiefere für den, der nicht unschuldig daran war. Bei Adoptiv-, Stief- und Pflegekindern sowie bei Scheidungskindern, die dem andern Ehegatten zugesprochen wurden, darf man nicht eine Eltern-Kinder-Beziehung zweiter Klasse annehmen. Es lassen sich aber Verhältnisse denken, die eine geringere Genugtuung rechtfertigen. Massgebend ist, ob die Beziehung einer natürlichen, normalen gleichkam.

– Der Verlust des Vaters oder der Mutter ist für die Nachkommen, die im zarten Kindesalter stehen, am schmerzlichsten. Unangängig ist die Meinung, ein Kleinkind könne den Verlust des Vaters nicht empfinden, stellt sich doch der Schmerz auf alle Fälle später ein (88 II 461f.). In 72 II 170f. wurde einem Töchterchen, das erst zwei Monate nach dem Ereignis zur Welt und bald darauf zu einem Stiefvater gekommen war, eine Genugtuung zugesprochen, werde doch «einmal der Moment kommen, wo das Kind den wahren Sachverhalt erfahren muss». «Le tort moral futur mérite réparation au même titre que le tort moral actuel», sagt das Bundesgericht, mit eingehender Begründung, in 117 II 58. In 121 III 252ff. erhielt ein Kind, das 5 Monate nach dem Tod des Vaters geboren worden war, die gleiche Genugtuung wie seine Geschwister von 4 und 5 Jahren. In einem Entscheid vom 11. Juni 1997 = 123 III Nr. 45 bestätigt das Bundesgericht die von der kantonalen Instanz zugesprochenen 20 000 Franken für ein zwei Monate nach dem tödlichen Unfall des Vaters geborenes Söhnchen, um so mehr, als bereits eine Psychotherapie nötig geworden war. Ebenfalls unzulässig ist es, beim Tod eines Vaters oder einer Mutter, die eine grosse Kinderschar hinterlassen, dem einzelnen Kind weniger zu geben oder die seelische Unbill gar mit einer Pauschale abzugelten (90 II 83). Kommen bei einem Unfall beide Eltern um, so ist nicht bloss eine doppelte, sondern z.B. eine dreifache Genugtuung angemessen. Eine Erhöhung ist auch am Platze, wenn Halbwaisen den verbleibenden Elternteil verlieren.

– Bei Geschwistern kommt es vorab auf die Dauer gemeinsamen Heranwachsens oder sonstigen Zusammenlebens an, welche den hinterbliebenen nunmehr versagt ist, sodann auf die Zahl der Geschwister und schliesslich auf eine möglicherweise bestehende Abhängigkeit. So wird man die höchste Genugtuung einem invaliden Kind zusprechen, welches sein einziges Geschwister verlor.

– Bei den übrigen Verwandten hängt die Höhe der – nurmehr ausnahmsweise geschuldeten – Genugtuung ganz von den Umständen ab. Es ist am ehesten an Fälle zu denken, in denen Grosseltern oder Onkel und Tante an die Stelle der Eltern getreten sind.

– Bei Verlobten wird man darauf achten, wie sicher und bald die Heirat erfolgt wäre, wie sehr die Brautleute einander zugetan waren und wie die Aussichten des Zurückgebliebenen auf eine anderweitige Verheiratung sind. So hat das Bundesgericht in 66 II 220 in Erwägung gezogen, dass der tödliche Unfall eines Walliser Rechtsanwaltes die vier Jahre ältere Braut stark mitgenommen hatte, dass sie aber allem Anschein nach nicht von leidenschaftlicher Liebe beseelt und nicht auf eine baldige Heirat erpicht gewesen war.

Bedeutung für die Bemessung der Genugtuung haben endlich alle möglichen Umstände, welche vor dem Schadenereignis gegeben waren, welche dabei mitspielten oder welche nachher eintraten:

- Nicht gleichgültig sind die Beziehungen zwischen der haftpflichtigen Person und dem Unfallopfer, zwischen dem Opfer und den Hinterbliebenen oder zwischen den Hinterlassenen und dem Schädiger. So steht, wie vorn 136 ausgeführt, Verwandtschaft der Zusprechung einer Genugtuung hemmend oder gar hindernd entgegen. Verworfen wurde indes in 84 II 300 der Einwand des Beklagten, der Verstorbene hätte ihn selber nie zu Genugtuungsleistungen herangezogen. «Denn mit der Genugtuungsforderung machen die Kläger nicht Ansprüche des Getöteten geltend, die durch Rechtsnachfolge auf sie übergegangen sind, sondern eigene Ansprüche, die ihnen das Gesetz ... unmittelbar zubilligt.»
- Nicht ganz unerheblich sind die Umstände des Todes, welche die Erinnerung der Hinterbliebenen belasten: «wenn eine Person auf der Strasse, fern von den Angehörigen, gestorben oder umgekehrt vor deren Augen getötet worden sei, oder wenn das Bewusstsein den Ansprecher quäle, dass der Getötete noch habe leiden müssen» (93 I 596, unter Übernahme von Ausführungen Oftingers).
- Wichtig ist die Lage, in der sich die Hinterbliebenen nach dem Unfall befinden, ob sie sich (wie in 93 I 597) in gesicherten Verhältnissen wissen, ob sie (wie in 104 II 264) in Schwierigkeiten geraten und das Land verlassen müssen oder ob eine Witwe gar (wie in 99 II 214) den Halt verliert.

Weitere Überlegungen und Hinweise finden sich vorn 135ff. bei den allgemeinen Erwägungen zur Bemessung der Genugtuung.

Die in der nun folgenden Kasuistik genannten Summen sind natürlich an den Zeitpunkt der Urteilsfällung gebunden und verlieren mit der Zeit ihre Gültigkeit. Trotzdem findet man auch in ältern Entscheiden manchen Anhaltspunkt.

2. URTEILE

Urteil	Tatbestand	Verschulden
123 III Nr. 45	27jähriger wird wegen Mangels einer Aufzugseinrichtung von Gipsplatten erdrückt.	Der für die Anlage und die für die Unterweisung Verantwortlichen.
123 III 10ff.	Ehemann tötet seine Frau, zerstückelt ihren Leichnam und beseitigt ihn in Abfallsäcken.	Vorsätzliche Tötung; 12 Jahre Zuchthaus.
121 III 252ff.	Ehemann findet bei seiner Rückkehr die Ehefrau nackt mit einem nackten Mann, der durchs Fenster flüchtet. Er verfolgt ihn mit einem Revolver und streckt ihn nieder.	Vorsätzliche Tötung bei schwer verminderter Zurechnungsfähigkeit.
118 II 404ff.	7jähriger Knabe erleidet durch Verkehrsunfall eine Tetraplegie und stirbt 10 Jahre später.	Verschulden des Lenkers.
115 II 156ff.	Ehefrau verursacht durch einen Selbstunfall den Tod ihres 6 Monate alten Kindes.	Kein Verschulden des Wagenhalters.
114 II 144ff.	Automobilist gerät auf Gegenfahrbahn und verursacht Tod einer entgegenkommenden Motorradfahrerin.	Grobes Verschulden, angetrunken, mit nicht betriebssicherem Wagen und ohne Haftpflichtversicherung.
113 II 323ff.	Defekter Lastwagen bleibt in Tunnel stecken; Chauffeur eines auffahrenden Lastwagens stirbt.	⅔ bei Halter und Lenker des stehenden Lastwagens; ⅓ beim verunglückten Auffahrenden.
112 II 118ff.	Abstürzendes Militärflugzeug tötet zwei Söhne (11- und 18jährig), die zusammen mit Mutter und Bruder Birnen pflücken.	Keines; Haftung rein kausal.
104 II 259ff.	32jähriger Arbeiter wird von rückwärtsfahrender Dampfwalze erdrückt.	Höchstens leichtes des Lenkers; Selbstverschulden des Opfers nicht beweisbar.
103 V 183ff.	30jähriger Soldat wird von einer Lawine verschüttet.	Erhebliche Organisationsmängel, Fehler eines Majors.
101 II 346ff.	Automobilist prallt des nachts und innerorts mit 80–100 km/h auf ein vom Strassenrand wegfahrendes Fahrzeug, dessen Lenker den Tod findet.	¾ des Auffahrenden, ¼ Selbstverschulden des Wegfahrenden.

Angehörige	Genugtuung
Witwe, 24 Jahre (seit einigen Monaten verheiratet)	Fr. 40 000.–
Sohn (2 Monate nach Unfall geboren)	Fr. 20 000.–
Eltern in China	je Fr. 5 000.–
Ehefrau	Fr. 40 000.–
3 Kinder, 5jährig, 4jährig, 5 Monate später geboren	je Fr. 30 000.–
Eltern	Fr. 15 000.–
Schwester, 14jährig	Fr. 6 000.–
Vater	keine
Eltern	je Fr. 25 000.–
Verlobter	Fr. 25 000.–
Schwester	Fr. 12 000.– (Vorinstanz)
Ehefrau	Fr. 20 000.–
3 Kinder	je Fr. 10 000.–
Eltern	je Fr. 40 000.–
Bruder, 15jährig	Fr. 12 000.–
Witwe, 32jährig	Fr. 20 000.–
2 Kinder, 1- und 7jährig	je Fr. 10 000.–
Witwe, 27jährig	Fr. 20 000.–
Sohn, 2jährig	Fr. 8 000.–
Eltern	je Fr. 5 000.–
Witwe, 42jährig	Fr. 11 000.–
2 Kinder, 9- und 14jährig	je Fr. 6 000.–

Urteil	Tatbestand	Verschulden
99 II 366ff.	Wegen unverantwortlicher Fahrweise des Lenkers kommt ein Mitfahrer um.	Acceptation du risque. Haftpflicht ¾.
99 II 207ff.	48jähriger Marktfahrer wird bei Verkehrsunfall getötet; seine 64jährige arteriosklerotische Frau verfällt dem Trunke.	Schweres des Schädigers und der solidarisch Mithaftenden.
97 V 103ff.	20jähriger, hoffnungsvoller Sohn verliert sein Leben als Insasse eines Militärfahrzeugs, welches mit einem Zug zusammenstösst.	Grobes des Fahrzeuglenkers.
97 II 123ff.	39jähriger Arbeiter wird beim Setzen von Rohrsegmenten mit Bagger erdrückt.	Sehr schweres des Baggerführers; Mitverschulden des Opfers und weiterer Arbeiter.
95 II 306ff.	Kollision beim Kreuzen; 68jähriger wird getötet.	Haftpflicht 65%.
93 II 89ff.	Zwei Brüder, 8- und 12jährig, die beiden einzigen Kinder, ertrinken in einem halb zugefrorenen Teich, weil dieser ohne einen Hinweis vertieft worden war.	Alleiniges des Bauleiters.
93 I 586ff.	Berechtigterweise unbeleuchteter Militärradfahrer fährt in 79jährigen Fussgänger, weil dieser plötzlich einen Schwenker macht.	Kein Verschulden des Wehrmannes; Fehlverhalten des Opfers.
91 II 218ff.	31jähriger Mitfahrer, der den Lenker nicht vom Fahren in angetrunkenem Zustand abgehalten hatte, verunfallt tödlich.	Schweres Verschulden beider.
90 II 184ff.	Zu schnell fahrender Automobilist fährt des Nachts von hinten auf 57jährigen Radfahrer auf.	Alleiniges und schweres des Automobilisten.
90 II 79ff.	Alkoholisierter Automobilist fährt des Nachts und bei Regen von hinten in einen 50jährigen Radfahrer.	Schwer.
89 II 396ff.	30jähriger Buchbinder wird bei Verkehrsunfall getötet.	Alleiniges des Haftbaren.
88 II 516ff.	41jähriger Arbeiter wird getötet, weil der SBB-Überwachungsdienst einen vepäteten Güterzug vergessen hat.	Schweres des SBB-Sicherheitsdienstes.

Angehörige	Genugtuung
Töchterchen, 3jährig	Fr. 3 000.–
Witwe, 64jährig	Fr. 8 000.–
Eltern	je Fr. 10 000.–
Witwe, 35jährig 2 Töchter	Fr. 7 500.– je Fr. 2 500.–
Witwe Tochter, 16jährig	Fr. 5 000.– Fr. 2 000.–
Eltern	zusammen Fr. 25 000.–
Witwe Sohn Tochter	– – –
Ehefrau, 29jährig 2 Töchter, 3- und 5jährig	Fr. 8 000.– je Fr. 4 000.–
Witwe, 40jährig 2 Kinder, 6- und 14jährig	Fr. 13 000.– je Fr. 5 000.–
Witwe, 45jährig 7 Kinder aus erster Ehe, 6- bis 19jährig	Fr. 12 000.– je Fr. 5 000.–
Bruder	–
Witwe, 32jährig 2 Kinder, 2- und 8jährig Mutter, 67jährig	Fr. 5 000.– je Fr. 3 000.– Fr. 1 000.–

Urteil	Tatbestand	Verschulden
88 II 455ff.	Motorradfahrer stösst gegen geöffnete Autotüre und stürzt vor entgegenkommenden Lastwagen.	Haftpflicht des Automobilisten 70%.
85 II 32ff.	Mann stürzt vom fahrenden Heufuder, als er seinen Rucksack ergreifen will.	Fragliches des Bauern; Grobfahrlässigkeit des Geschädigten.
84 II 292ff.	52jähriger Polizeidirektor verunfallt tödlich im Wagen eines angetrunkenen Architekten.	Schweres des Lenkers; erhebliches des Mitfahrers.
82 II 36ff.	55jähriger Lehrer verliert seine 54jährige Gattin als Mitfahrerin auf dem Motorrad wegen eines unvorsichtig überholenden Automobilisten.	Offensichtlich.
81 II 385ff.	Automobilist biegt vor entgegenkommendem Motorradfahrer (22jährig) nach links ab.	Schwer.
74 II 202ff.	39jähriger Schaffhauser Kinobesitzer bringt in geistiger Umnachtung seine Frau und das 3jährige Töchterchen, das einzige Kind, um.	Keines.
66 II 206ff.	32jähriger Rechtsanwalt verunfallt als Mitfahrer wegen eines Fahrzeugmangels.	Schweres des Fahrzeughalters.

Angehörige	Genugtuung
Witwe	Fr. 4 000.–
Sohn, 3jährig	Fr. 3 000.–
Schwiegereltern	–
Witwe	–
6 Kinder, minderjährig	–
Witwe, 46jährig	Fr. 5 000.–
Sohn	Fr. 5 000.–
Ehemann	Fr. 5 000.–
3 Kinder, 25-, 23- und 21jährig	je Fr. 1 000.–
Mutter	Fr. 3 000.–
Vater	Fr. 2 500.–
Mutter der Ehefrau	Fr. 10 000.–
Brüder und Neffen der Ehefrau	–
Eltern	je Fr. 2 500.–
5 erwachsene Geschwister	–
Verlobte, 36jährig	Fr. 3 000.–

IV. GENUGTUUNG BEI VERLETZUNG DER PERSÖNLICHKEIT

1. DIE DIREKTE VERLETZUNG

a) Grundsätzliches

OR 49 erscheint einerseits als allgemeine, aus ZGB 28 abgeleitete Norm, anderseits als Auffangbestimmung für alle Fälle, die weder Körperverletzung noch Tod zur Folge haben und damit nicht unter OR 47 fallen: Verletzung der Ehre, Schmälerung des Ansehens, Störung der menschlichen Beziehungen, Beeinträchtigung der sexuellen Integrität, Minderung der persönlichen Entfaltung. In der bis zum 1. Juli 1985 gültigen Form setzte OR 49 eine besondere Schwere, sowohl des Verschuldens als auch der Verletzung, voraus. Die besondere Schwere des Verschuldens ist nun weggefallen und die Übereinstimmung mit OR 47 hergestellt. Geblieben ist die Schwere der Verletzung. Das muss so sein; es kann nicht jede Unbill, die einer einem anderen antut, mit Genugtuung geahndet werden. Bei Sachschäden kommt deshalb eine Genugtuung nur ausnahmsweise in Frage, etwa bei Zerstörung einer unersetzlichen Sammlung oder bei Tötung eines Tieres, das einem Menschen zum Lebensgefährten geworden ist, z. B. eines Blindenhundes. Vollends an der besonderen Schwere der Verletzung mangelt es, wenn man sein Automobil nicht benützen kann, einen sogenannten Nutzungsausfall erleidet.

b) Ein paar Anwendungsfälle

120 II 97ff.	Die X AG hatte durch zwei Berichte in ihrem Massenblatt den Kläger zu Unrecht des Handels mit Kriegsmaterial bezichtigt. Die Zuger Instanzen ordneten die Urteilsveröffentlichung an und lehnten eine Genugtuung ab. Das Bundesgericht bestätigte die Ablehnung der Genugtuung, weil nicht dargetan sei, dass die objektiv schwere Verletzung den Kläger seelisch entsprechend getroffen habe. Der Entscheid gibt zu Zweifeln Anlass.
118 II 410ff.	Unzüchtiges Betasten von Enkelinnen. Die 12jährige, bei der das mindestens einmal vorkam, hatte keine Probleme. Bestätigung der vom Walliser Kantonsgericht zugesprochenen Fr. 1000.–. Die 10jährige, die während eines halben Jahres Opfer solcher Übergriffe war und sie ungleich stärker empfand, hatte nach Ansicht des Bundesgerichts mehr als die von der Vorinstanz zuerkannten Fr. 6000.– zugut. Erhöhung auf Fr. 10 000.–.
117 IV 270ff.	Eine Frau betitelt Jäger, die in der Nähe ihres Hauses ein Reh schiessen, mit bande de salauds, weil sie meint, dass es sich um eine Jagdverbotszone handle (was bis vor 5 Jahren der Fall war). Der Polizeirichter hatte als Genugtuung die Überweisung von 200 Franken an eine wohltätige Einrichtung verfügt. Das Kantonsgericht Waadt fand, eine solche Zahlung könne nur den Verletzten zukommen. Das Bundesgericht belehrte es eines anderen.

115 II 474ff.	Eine Firma vermietet Ferienhäuser und -wohnungen an der italienischen Adria. Kunden klagen wegen mangelhafter Leistung. Handelsgericht Zürich stellt unrichtige und irreführende Angaben im Prospekt fest. Keine Genugtuung mangels besonderer Schwere der Verletzung.
113 Ib 155ff.	Ein Franzose war zu Unrecht während 267 Tagen als Dieb in Untersuchungshaft gehalten worden. Hiefür musste der Kanton Waadt 20 000 Franken Genugtuung zahlen. Die schlimmen Auswirkungen der Verhaftung und Gefangenschaft wurden nur wenig dadurch gedämpft, dass der Betreffende schon dreimal in Frankreich verurteilt und für einen Monat eingesperrt worden war.
108 II 344ff.	Ein Ehebrecher ist zwar der leibliche Vater eines Kindes, aber die Frau hat zum Gatten zurückgefunden. Weil das Kindesverhältnis ein rechtlicher Begriff ist, wird dem seinerzeitigen Geliebten der Frau verboten, sich als Vater zu bezeichnen. Da er dies mit grosser Hartnäckigkeit weiter tut, wird dem Ehemann eine Genugtuung von Fr. 10 000.– zugesprochen.
102 II 211ff.	Der Fussball-Klub Servette verunmöglicht dem Spieler Perroud durch eine unzulässige Vertragsbestimmung den Übertritt zu einem andern Verein. Damit wird die sportliche Laufbahn des Spielers vorzeitig beendet; dieser erhält trotz einem gewissen Mitverschulden Fr. 5000.– Genugtuung (nebst Schadenersatz).
101 II 177ff.	Dem Sohn der Eheleute Gautschi wird im Kantonsspital Zürich nach festgestelltem Hirntod ohne Anfrage das Herz zum Zweck der Verpflanzung entnommen. Dadurch werden die Eltern als engste Angehörige des Verstorbenen (nicht die mit ihm in Scheidung lebende Ehefrau) in ihren persönlichen Verhältnissen verletzt, und zwar aus eigenem, nicht aus ererbtem Recht. Das Bundesgericht sieht aber den Rechtfertigungsgrund des höheren Interesses (kritisch hiezu Band I 96). Es lässt die Frage offen, weil es jedenfalls an der Schwere des Verschuldens und der Verletzung fehle.
95 II 481ff.	Durch eine Satire auf die Gewaltherrschaft in den Mittelmeerländern unter dem Titel Club Medityrannis fühlt sich die Reiseunternehmung Club Méditerranée verletzt. Im Unterschied zum Handelsgericht Zürich bejaht das Bundesgericht die Verletzung in den persönlichen Verhältnissen, verneint indes die Schwere des Verschuldens und der Verletzung.
87 II 290ff.	Anwalt, mit der Verhinderung einer Enteignung beauftragt, erfüllt seine Aufgabe schlecht. Die Eigentümerin verliert das Grundstück, an dem sie hängt. Die nötige Schwere der Verletzung und des Verschuldens sind nicht gegeben.
87 II 143ff.	Eine Bauunternehmung sichert sich die Dienste eines Ingenieurs, um im Walliser Berufsregister der Baumeister eingetragen zu werden. Nach Erreichung des Ziels stellt sie den Partner in vertragswidriger Weise kalt. «Die Nichterfüllung eines Vertrages durch die eine Partei vermag für sich allein der andern noch keinen Genugtuungsanspruch zu verschaffen» (S.145). Hier liegt jedoch eine besondere Schwere der Verletzung und des Verschuldens vor; die vom Walliser Kantonsgericht (neben Schadenersatz) zugesprochene Genugtuung von Fr. 5000.– ist in Ordnung.
84 II 329ff.	«Angesichts der Tatsache, dass der Beklagte sich fortgesetzt des Ehebruchs mitschuldig machte und an seinem Verhältnis mit der Frau des Klägers trotz dessen Gegenwehr unter frecher Bestreitung unerlaubter Beziehungen festhielt, lässt sich nicht in Abrede stellen, dass sein Verhalten, rein objektiv be-

trachtet, in besonders schwerer Weise gegen die Pflicht zur Achtung der Ehe des Klägers verstiess» (S. 333). Indessen war er nicht in eine ungetrübte Ehe eingedrungen und hatte den Ehebruch auch nicht unter besonders verletzenden Umständen (z. B. in der ehelichen Wohnung) begangen. «Die strengen Voraussetzungen, unter denen ein Ehegatte vom Dritten, der mit dem andern Gatten ehewidrige Beziehungen unterhält, ausnahmsweise eine Genugtuungssumme verlangen kann, sind hier also nicht verwirklicht» (S. 335).

72 II 171ff. Drei Soldaten vergewaltigen eine ledige Frau. Mangels Vaterschaftsklage kommt keine Genugtuung nach ZGB 318 in Frage. Das schliesst eine solche nach OR 49 nicht aus. Jeder der drei Beklagten hat Fr. 2400.– zu zahlen.

c) Die Bemessung der Genugtuung

Bei der Unterschiedlichkeit der Tatbestände, wie sie in den Beispielen zum Ausdruck kommt, ist es unmöglich, Regeln aufzustellen. Man kann lediglich sagen, dass die nach OR 49 zugesprochenen Summen weit in der unteren Hälfte des bei der Anwendung von OR 47 gegebenen Rahmens liegen.

2. DIE INDIREKTE VERLETZUNG

a) Grundsätzliches

- Früher fristete der Artikel 49 OR ein Mauerblümchendasein. Zum einen war seine Anwendung eingeengt, weil er eine besondere Schwere sowohl des Verschuldens als auch der Verletzung verlangte. Zum andern kam er nicht zum Zuge, wenn jemand durch die Körperverletzung eines andern Menschen schwere seelische Unbill erlitt. Man ging davon aus, OR 47 lasse nur eine Genugtuung an direkt Betroffene zu.
- Mit 112 II 222ff. und 226ff. hat das Bundesgericht dieser Auslegung ein Ende bereitet. Wie es überzeugend ausführt, ist bereits nach dem Wortlaut von OR 49 «jeder in seinen persönlichen Verhältnissen Verletzte anspruchsberechtigt, wenn besondere Umstände vorliegen. Ein Ausschluss bestimmter Personen lässt sich der Vorschrift nicht entnehmen, ebensowenig eine Einschränkung auf bestimmte Ursachen und Arten der Verletzung» (112 II 223). Einzig die verwirrliche Verquickung mit dem Entscheid 112 II 121ff. wäre besser unterblieben. Aber das Urteil ist klar: Wer durch die schwere Körperverletzung eines Angehörigen selbst schwer getroffen wird, kann grundsätzlich Genugtuung, gestützt auf OR 49, fordern.
- Dieser Anspruch gemäss OR 49 ist unabhängig vom Anspruch der am Körper verletzten Person gemäss OR 47. Er tritt zu diesem hinzu. Es handelt sich um Forderungen verschiedener Personen aufgrund verschiedener Gesetzesartikel. «Klagt der Angehörige aus Art. 49 OR, macht er eigene

Rechte geltend und nicht solche des schwer verletzten Ehepartners oder Elternteils» (122 III 7). Die Möglichkeit, den Angehörigen eine Genugtuung zu geben, führt aber dazu, dass die Leistung an das Unfallopfer selbst ganz auf dieses ausgerichtet werden kann und nicht wie in 108 II 433f. auf Umwegen (wie das Bundesgericht in 112 II 223 offen zugibt) auch die seelische Unbill naher Angehöriger berücksichtigen muss. Diese Überlegung ist vorab für den Fall einer Geschädigten, die ihren Zustand nicht oder kaum mehr empfindet, von Bedeutung. Grundsätzlich soll aber die Leistung an Angehörige zur Genugtuung für die direkt betroffene Person hinzutreten und nicht deren Anspruch schmälern.

– Unabhängig von der neuen Auslegung des Artikels OR 49 durch die beiden Bundesgerichtsentscheide vom 22. April 1986, aber zeitlich nahe, nämlich am 1. Juli 1985, trat die neue Fassung von OR 49 in Kraft. Danach ist die Zusprechung einer Genugtuung nicht mehr an eine besondere Schwere des Verschuldens, sondern nur noch an die Schwere der Verletzung geknüpft. Die Voraussetzungen sind jetzt die gleichen wie in OR 47, d. h., es ist auch eine Genugtuung bei blosser Kausalhaftung möglich.

– Die beiden erwähnten Fälle waren allerdings noch nach altem Recht zu beurteilen. Im einen (112 II 222f.) war die besondere Schwere des Verschuldens gegeben, im andern (112 II 226ff.) nicht. Da hat das Bundesgericht kurzerhand festgestellt, dass unterschiedliche Voraussetzungen nach OR 47 und OR 49 ungerechtfertigt seien und dass es deshalb selbst bei der Anwendung des alten Artikels 49 OR entscheidend auf die Schwere der Persönlichkeitsverletzung ankomme (112 II 228). Damit hat es, zwar etwas kühn, aber durchaus zulässig, die Widersprüchlichkeit zweier Normen behoben, eine sogenannte unechte Gesetzeslücke gefüllt.

– Es stellt sich noch die Frage, wie es sich mit all den Fällen verhalte, welche mit den direkt Betroffenen bereits erledigt sind. Da die Angehörigen eine Forderung aus eigenem Recht haben, schadet es ihnen nicht, dass der Fall schon abgeschlossen ist, ausser sie hätten ausdrücklich auch für sich selbst Saldoquittung erteilt. Im weiteren gilt für sie die Schranke der Verjährung; diese richtet sich nach OR 60. So waren gemäss 118 II 409 die zweifellos gegebenen Ansprüche der Schwester eines von einer Tetraplegie betroffenen Knaben verjährt. Dasselbe Schicksal widerfuhr den nach Jahren erhobenen Genugtuungsansprüchen des Ehemanns einer Querschnittgelähmten (BGE vom 9. Juni 1997 = 123 III 204).

– Damit ist das Recht auf Genugtuung von Personen, die durch die Körperschädigung einer andern in ihren persönlichen Verhältnissen verletzt worden sind, erstellt und dargestellt. Wichtig sind jetzt aber die Voraussetzungen, welche für die Zusprechung einer solchen Genugtuung gegeben sein müssen.

b) Die Voraussetzungen

Es liegt auf der Hand, dass eine Genugtuung an Angehörige von Verletzten nur in sehr schweren Fällen in Frage kommt. Das ergibt sich aus OR 49 selbst, wonach die Schwere der Verletzung den Anspruch rechtfertigen muss. Es «kann auch dem mit Resolution 75–7 vom 14. März 1975 durch das Ministerkomitee des Europarates empfohlenen Grundsatz Nr. 13 Rechnung getragen werden, der nur bei ausserordentlichem seelischem Schmerz (‹souffrances d'un caractère exceptionnel›) der Angehörigen Genugtuung vorsieht» (112 II 225, desgleichen 112 II 227f.). Etwas anderes würde ins Uferlose führen.

Einprägsam und in ihrer Bezugnahme auf OR 47 bestechend ist die Formel des Bundesgerichts, es habe jemand «Anspruch auf Genugtuung, wenn er gleich schwer oder schwerer betroffen ist als im Falle der Tötung eines Angehörigen» (112 II 226; bestätigt in 122 III 7; siehe auch 118 II 409). Eine solche Schwere der Verletzung war eindeutig bei den Eltern des ohne rechtes Bewusstsein und gelähmt dahinlebenden Mädchens in 108 II 433f. gegeben. Dasselbe gilt für den Ehemann der erblindeten, an den Rollstuhl gefesselten und pflegebedürftigen Frau in 112 II 220ff. Beide Male ist im Urteil festgehalten, dass die Angehörigen die Last der Pflege auf sich genommen hatten. Bei so schweren Invaliditäten sind die Leiden naher Angehöriger im allgemeinen grösser als im Falle des Todes (117 II 60). In 112 II 226ff., wo es um die Impotenz eines jungen Ehemannes ging, wies das Bundesgericht die Angelegenheit an das Zivilgericht des Kantons Basel-Stadt zurück, auf dass es abkläre, welcher Art die Impotenz sei und wie sie sich auf die Ehe auswirke.

OR 49 beschränkt den Kreis der Anspruchsberechtigten nicht auf die Angehörigen. Der Sache nach wird es sich aber regelmässig um solche handeln. Das passt auch zu OR 47, worin ausdrücklich die Angehörigen des Getöteten als Genugtuungsberechtigte genannt werden. Es sind aber auch ausserhalb von Ehe und Verwandtschaft Lebensgemeinschaften denkbar, in denen die Auswirkungen auf die Partnerin oder den Partner einer verunfallten Person die geforderte Schwere erreichen. Dann kann eine Genugtuung zugesprochen werden.

Die Angehörigen machen zwar eine eigene, selbständige Forderung geltend. Sie beruht aber auf dem Haftpflichtanspruch des Opfers. Fehlt es an einer Haftpflicht, so ist einer Genugtuung der Boden entzogen. Alleiniges Verschulden der direkt betroffenen Person kann zum Ausschluss der Haftung und damit der Genugtuung oder zu einer Ermässigung führen. Die Angehörigen müssen sich das Verschulden des Opfers anrechnen lassen; überwiegendes Selbstverschulden steht aber einer Genugtuung nicht im Wege (117 II 60f.).

c) Die Bemessung

Geht es um Genugtuung für seelischen Schmerz, der ebensogross oder noch grösser als beim Tod eines Angehörigen ist, so sind gleich hohe oder höhere Summen am Platze. Die Fr. 40000.–, die der Kläger in 112 II 222ff., einem ganz schweren Fall, erhielt, sind folgerichtig. Sie machen etwa das Anderthalbfache dessen aus, was ihm beim Tod der Gattin zugesprochen worden wäre.

Im Verhältnis zu der dem Unfallopfer selbst zukommenden Genugtuung haben Angehörige etwa auf die Hälfte Anspruch. Man kann sich aber eine Verschiebung zu ihren Gunsten vorstellen, wenn die verletzte Person selbst ihren Zustand nicht mehr empfindet und die Angehörigen die ganze Last der Pflege tragen.

Ist nicht nur eine genugtuungsberechtigte Person (vorab die Ehefrau oder der Ehemann) da, sondern sind es zwei (namentlich die Eltern) oder gar mehrere (ausnahmsweise), so darf die Genugtuung für jede von ihnen etwas geringer als bei einer Person allein ausfallen, weil sie sich in das Leid und die Last teilen können.

Im übrigen gilt wieder einmal, dass es auf die Verhältnisse des einzelnen Falles ankommt; mehr als auf jedem andern Gebiet ist das Gericht hier auf sein Ermessen angewiesen.

d) Ein paar Urteile

122 III 5ff.	Familienvater erleidet bei Handgemenge mit Schussabgabe eine Querschnittlähmung (wofür er eine Genugtuung von Fr. 60000.– erhalten hatte). Bezirksgericht Arbon spricht der Ehefrau Fr. 30000.– und den beiden Kindern je Fr. 10000.– zu. Obergericht und Bundesgericht bestätigen.
118 II 404ff.	7jähriger Knabe erleidet durch einen Verkehrsunfall eine Tetraplegie (er stirbt 10 Jahre später). Die im Unfallzeitpunkt 4jährige Schwester hat «Mühe bekundet, ihren invaliden Bruder zu akzeptieren, ist zu einem ruhigen Mädchen geworden und hat sich zurückgezogen. Diese Persönlichkeitsveränderungen hätten ohne Zweifel für die Zusprechung einer Entschädigung für seelische Unbill nach Art. 49 OR ausgereicht, wäre dieser Anspruch nicht verjährt gewesen» (S. 409).
117 II 50ff.	Ein Mann badet in einem Badezimmer mit ungenügender Entlüftung und erleidet eine schwere Kohlenmonoxydvergiftung, die ihn totalinvalid macht. Dem Werkmangel steht ein leichtes Selbstverschulden des Betroffenen gegenüber. Das Kantonsgericht Wallis spricht der Ehefrau eine Genugtuung von 30000 Franken zu, lehnt aber eine solche für das im Unfallzeitpunkt halbjährige Töchterchen ab, weil das Kind den Zustand des Vaters erst mit der Zeit wahrnehme und ungleich weniger darunter leide als die Mutter. Das Bundesgericht schildert die seelische Unbill, die auf das Kind zukomme, und erkennt auf eine Genugtuung von 20000 Franken.
116 II 519ff.	Kleinkind leidet an Durchfall und Erbrechen. Eltern ersuchen um sofortige Untersuchung durch den Kinderarzt, in dessen Behandlung das Kind steht.

Arztgehilfin «wimmelt sie ab». Folge: Austrocknung mit schwerem Hirnschaden und dauernder Pflegebedürftigkeit. Klage der Mutter auf 60 000 Franken (neben der Tochter, die Fr. 120 000.– verlangt). Das Bezirkgericht Dielsdorf und das Obergericht Zürich weisen die Klage wegen Fehlverhaltens der Eltern ab. Das Bundesgericht stellt fest, dass dieses den Zusammenhang zwischen der Sorgfaltsverletzung durch den Arzt oder seine Hilfsperson und dem Schaden nicht unterbreche. Es weist die Sache zur Neubeurteilung zurück.

112 II 226ff. 28jähriger Mann wird von Lastwagen überfahren; der Unfall hat Impotenz zur Folge. Die damals 19jährige Ehefrau klagt eine Genugtuung von Fr. 30 000.– ein, weil sie keine Kinder mehr haben könne. Nach Einreichung der Klage wurde dem Mann eine Genugtuung von Fr. 60 000.– ausgerichtet. Die Ansprüche der Frau wiesen die Basler Gerichte ab. Das Bundesgericht heisst die Berufung gut und weist die Sache zur Abklärung und Neubeurteilung zurück.

112 II 220ff. Ehefrau wird auf einem Fussgängerstreifen von einem Motorrad angefahren. Sie ist erblindet, an den Rollstuhl gefesselt und in ihrem Bewusstsein schwer beeinträchtigt. Ihr wurde eine Genugtuung von Fr. 60 000.– bezahlt. Nun ging es um die Ansprüche ihres Mannes. «Der Unfall hat die bisherigen Lebensverhältnisse des Klägers geradezu umgestürzt. Die eheliche Gemeinschaft ist weitgehend zerstört, was um so schwerer wiegt, als die Ehe kinderlos geblieben ist» (S. 225 unten). Das Bundesgericht heisst die Berufung gegen das Urteil des Handelsgerichts Zürich gut und spricht die der Höhe nach nicht bestrittenen Fr. 40 000.– zu.

DRITTER TEIL

ERSATZPFLICHT MEHRERER

Es gibt kaum mehr einen Schadenfall mit einem einzigen Ersatzpflichtigen.

– Einmal werden die Lebenszusammenhänge immer verwickelter und das Haftpflichtdenken immer entwickelter. Das führt oft zu zwei und mehr Haftpflichtigen. Stürzt eine Baugrube ein und erleidet die Nachbarin einen Schaden, so fragt man nach der Haftpflicht des Bauherrn, der Geologin, des Ingenieurs, der Architektin, der Unternehmerin, ihrer Arbeiter. Wie nur schon ein Unfall beim Hineintragen eines Kastens in einen Neubau ein halbes Dutzend Beteiligte in den Strudel der Verantwortlichkeiten reissen kann, zeigt 97 II 339ff. Der Mehrheit von Haftpflichtigen ist der erste Abschnitt gewidmet. Das Wesentliche daran ist, dass die Schädiger solidarisch haften (Aussenverhältnis) und die endgültige Schadentragung untereinander auszumachen haben (Innenverhältnis).
– Zur Haftpflicht kann die Ersatzpflicht aus anderen Gründen treten, meist aus Versicherung. Lebensversicherungen, Unfallversicherungen, Krankenkassen, Brandassekuranzen, Mobiliarversicherungen, Arbeitgeber und weitere sind zur Deckung eines Schadens verpflichtet, und es stellt sich die Frage ihres Verhältnisses zu den Haftpflichtigen. Manchmal können Betroffene oder ihre Hinterbliebenen Leistungen von beiden Seiten einheimsen, sie sogenannt kumulieren, wie etwa bei einer Zahlung aus einer Lebensversicherung und aus Haftpflicht. Überwiegend aber wird der Schaden nur einmal vergütet, und die Regressordnung bestimmt die Verteilung zwischen Personen- und Sachversicherungen einerseits, Haftpflichtigen anderseits. Davon handelt der nächste Teil.
– In einem dritten ist von der Sozialversicherung die Rede, also der obligatorischen Unfallversicherung, der Alters- und Hinterlassenenversicherung, der Invalidenversicherung, der Militärversicherung. Deren Träger sind heute durchwegs mit einem blanken Rückgriffsrecht auf Haftpflichtige, sogenannter Subrogation, ausgestattet. Es stellt sich nur noch die Frage, wie weit ihre Leistungen einem haftpflichtrechtlich geschuldeten Schadenposten entsprechen.

I. MEHRERE HAFTPFLICHTIGE

1. DIE GESETZLICHEN GRUNDLAGEN

a) Nach dem OR

OR 50 I und II Haben mehrere den Schaden gemeinsam verschuldet, sei es als Anstifter, Urheber oder Gehilfen, so haften sie dem Geschädigten solidarisch.
Ob und in welchem Umfange die Beteiligten Rückgriff gegeneinander haben, wird durch richterliches Ermessen bestimmt.

Dies ist die klassische, allgemeine Bestimmung über die Haftung bei gemeinsamem Tun. Sie gilt z.B., wenn Kinder mit Pfeil und Bogen (104 II 184) oder mit Zündhölzern (100 II 337) spielen. Mitmachen bei einem gefährlichen Unternehmen genügt, z.B. beim Eishockeyspiel ohne genügenden Schutz der Zuschauenden (79 II 66ff.) oder beim Schiessen auf Flaschen und Gläser in einer Gartenwirtschaft (71 II 107ff.). Es bedarf keiner gemeinsamen Willensbildung; der eine kann unvorsichtig handeln und der andere es dulden; der Erfolg ergibt sich aus einem Ineinandergreifen von Tun und Lassen; es haben alle dazu beigetragen, die mitgemacht haben (71 II 114). Ein zeitgemässes Beispiel liefern die Krawallschäden (Ausschreitungen bei unbewilligten Demonstrationen und dergleichen). In 112 II 441 ging es um die gemeinsame Schadenverursachung durch sieben Miteigentümer eines Baumes, der in die Strasse ragte, in 117 II 63f. um Miteigentum an einem mangelhaften Badezimmer.

Gemeinsame Verursachung setzt aber mindestens Kenntnis vom Verhalten der anderen Beteiligten voraus. Der Chefredaktor haftet bei einer ehrverletzenden Veröffentlichung nicht gemeinsam mit einem Rechtsanwalt, wenn er von dessen angeblicher Beteiligung keine Kenntnis hatte (104 II 225ff.). Wer bei einer bewilligten Demonstration mitläuft und weggeht, wenn sie ausartet, oder wer Ausschreitungen in einem andern Teil des Zuges nicht sieht, ist aus der Sache. Im Falle des Boykotts ist bewusste und gewollte Teilnahme erforderlich (90 II 508). Bei einer einfachen Gesellschaft haften die übrigen Mitglieder für unerlaubte Handlungen eines Gesellschafters nur, wenn dieser mit ihrem Einverständnis gehandelt hat (90 II 507ff.)

OR 51 Haften mehrere Personen aus verschiedenen Rechtsgründen, sei es aus unerlaubter Handlung, aus Vertrag oder aus Gesetzesvorschrift dem Verletzten für denselben Schaden, so wird die Bestimmung über den Rückgriff unter Personen, die einen Schaden gemeinsam verschuldet haben, entsprechend auf sie angewendet.
Dabei trägt in der Regel derjenige in erster Linie den Schaden, der ihn durch unerlaubte Handlung verschuldet hat, und in letzter Linie derjenige, der

ohne eigene Schuld und ohne vertragliche Verpflichtung nach Gesetzesvorschrift haftbar ist.

Hier handelt es sich um die allgemeine grundlegende Bestimmung für die Haftung mehrerer aus verschiedenen Rechtsgründen. Fährt einer zu schnell gegen eine nicht gehörig abgeschrankte Baustelle, so kann die verletzte Mitfahrerin Haftpflichtansprüche gegen den fehlbaren Lenker, gegen den Fahrzeughalter, gegen dessen Versicherung, gegen die Eigentümerin der Strasse, gegen den Unternehmer, gegen den nachlässigen Arbeiter richten. Wenn Kühe auf der Alp imprägnierte Masten ablecken und Schaden nehmen, sind das Elektrizitätswerk nach OR 58 und der Unternehmer nach OR 41 oder 55 verantwortlich (79 II 407ff.). Wenn ein Waffensammler seinen Hausangestellten nicht vor den geladen an der Wand hängenden Gewehren warnt, so dass dieser beim unbefugten Hantieren damit eine Hausangestellte verletzt, haftet ihr der Arbeitgeber wegen gefährlichen Zustandes (OR 41) und aus Vertrag (OR 328 II), der Diener ausservertraglich wegen seines Verhaltens (112 II 143). Ein Architekt und eine Baufirma, die ihren vertraglichen Pflichten gegenüber der Bauherrschaft nicht nachgekommen sind, haften solidarisch aus verschiedenen Rechtsgründen (115 II 45); dasselbe gilt bei der Haftung einer Ingenieurfirma und einer Bauunternehmung gegenüber einer Bauherrin (119 II 131).

Bei Haftung aus verschiedenen Rechtsgründen spricht man von unechter Solidarität, im Gegensatz zur echten nach OR 50. Der Unterschied ist indes fragwürdig und unbedeutend. Eingehenderes dazu hinten 176f. Im übrigen sei festgehalten, dass OR 50 und 51 auch bei Haftpflicht aus Vertrag spielen (OR 99 III, 115 II 45).

OR 143ff.

Die Artikel 143–150 enthalten die Spielregeln der Solidarität:
- Die Gläubigerin kann einen Schuldner herauspflücken und das Ganze von ihm fordern (OR 144 I).
- Dem Belangten verbleiben die Einreden, die allen oder ihm persönlich zustehen, d.h. die Solidarität geht nicht weiter als die Haftung (OR 145 I).
- Die Zahlung eines Solidarschuldners befreit die andern (OR 147), die Rechte der Gläubigerin gehen auf ihn über (OR 149), und er kann auf die andern zurückgreifen (OR 148 II).
- Weder Schuldnerin noch Gläubiger dürfen die Stellung der übrigen Solidarschuldner erschweren (OR 145 II, 146, 149 II).

Manche möchten die Anwendbarkeit dieser Bestimmungen auf die echte Solidarität beschränken. Dazu besteht kein Grund. Nach OR 143 II entsteht Solidarität in den vom Gesetz bestimmten Fällen, und diese wird auch in OR 51 vorausgesetzt.

b) Nach dem SVG

SVG 60 Sind bei einem Unfall, an dem ein Motorfahrzeug beteiligt ist, mehrere für den Schaden eines Dritten ersatzpflichtig, so haften sie solidarisch.
Auf die beteiligten Haftpflichtigen wird der Schaden unter Würdigung aller Umstände verteilt. Mehrere Motorfahrzeughalter tragen den Schaden nach Massgabe des von ihnen zu vertretenden Verschuldens, wenn nicht besondere Umstände, namentlich die Betriebsgefahren, eine andere Verteilung rechtfertigen.

Diese Bestimmung erfasst nicht nur die Haftung mehrerer Motorfahrzeughalter gegenüber Dritten (worauf Satz 2 des 2. Absatzes hinweist), sondern auch (wie Satz 1 zeigt) die Haftpflicht anderer Beteiligter. Damit geht ihre Bedeutung weit über das SVG hinaus. Sie gilt, sobald ein Motorfahrzeug an einem Unfall beteiligt ist, für alle darein Verwickelten: Fahrzeughalterinnen, Lenker, Tierhalterinnen, Werkeigentümer, Eisenbahn, Radfahrerinnen, Fussgänger.

Zu verdeutlichen bleibt, dass die Beteiligung eines Motorfahrzeugs nach SVG, d.h. mit einer Haftung nach diesem Gesetz, gegeben sein muss. Wenn zwar ein Motorfahrzeug in den Unfall verwickelt, der Halter aber nicht oder nicht nach SVG haftbar ist, findet Art. 60 keine Anwendung. So hat der Schadenersatzprozess eines Automobilisten gegen die Eigentümerin einer Strasse aus OR 58 nichts mit dem SVG zu tun. Es geht dabei um eine rein gemeinrechtliche Verantwortlichkeit ohne irgendeine Solidarhaftung nach SVG 60 I. Selbst die zur Verrechnung gestellte Forderung der Werkeigentümerin gegen den Fahrzeughalter ändert daran nichts (111 II 55ff.). Hingegen genügt das Vorhandensein irgendeiner Verantwortlichkeit für ein Motorfahrzeug gemäss SVG, also auch diejenige des Halters für Verkehrsunfälle, die durch ein nicht in Betrieb befindliches Motorfahrzeug veranlasst werden (SVG 58 II), oder für Schäden aus Hilfeleistung (SVG 58 III), sodann diejenige des Unternehmers im Motorfahrzeuggewerbe (SVG 71), der Veranstalterin von Rennen (SVG 72), des Strolchs (SVG 75) und des Halters des entwendeten Fahrzeugs.

Den Hauptfall stellt der Zusammenstoss zweier Automobile dar, wobei es um die Haftung der beiden Halter geht. Das Bundesgericht hatte wiederholt klarzustellen, dass sich SVG 60 II zwar inhaltlich mit SVG 61 I deckt, aber in der Anwendung davon unterscheidet: SVG 61 betrifft die gegenseitige Schädigung unter Haltern, SVG 60 deren (vorläufige und endgültige) Haftung gegenüber Dritten (113 II 329, 105 II 213, 102 II 33). Solche Dritte können Fussgängerinnen und Radfahrer, Mitfahrerinnen in Automobilen und auf Motorrädern, aber auch Lenker, die nicht Halter sind, sein (105 II 209ff.). 113 II 323ff. zeigt, wie sich die solidarische Haftung zweier Halter gegenüber dem (blossen) Lenker des einen Fahrzeugs auswirkt: Ein Lastwagenchauffeur fand den Tod, als er mit übersetzter Geschwindigkeit auf einen andern Lastwagen prallte, der wegen mangelhaften Unterhalts in einem Autobahntunnel steckengeblieben war.

Das Verschulden des Auffahrenden wurde mit ⅓, das Verschulden des Lenkers und der Halterin des andern Fahrzeugs mit ⅔ eingesetzt. Da nun gesamthaft die Verschuldungsanteile mit ⅔, die Betriebsgefahren mit ⅓ gewichtet wurden, mussten sich die Hinterbliebenen nur den Verschuldensanteil des tödlich Verunfallten abziehen lassen, also ⅓ von ⅔ = 2/9, während die belangte Versicherung des stehengebliebenen Gefährts, neben dem Verschulden wegen schlechter Wartung, die Betriebsgefahren beider Fahrzeuge zu vertreten hatte, also ⅓ oder 3/9 für die Betriebsgefahren und ⅔ von ⅔ = 4/9 für den Verschuldensanteil, zusammen 7/9.

Spielt sich ein Unfall in mehreren Teilen ab, indem z. B. Fahrzeuge auf schon verunfallte auffahren, so ist es eine Frage des Kausalzusammenhanges, welche Schäden wem zuzurechnen sind; davon hängt dann auch die solidarische Haftung ab. Später Hinzugekommene können nicht für den schon entstandenen Schaden verantwortlich gemacht werden, während das Umgekehrte sehr wohl denkbar ist.

SVG 61 III Mehrere ersatzpflichtige Halter haften dem geschädigten Halter solidarisch.

Diese Bestimmung wurde durch die Revision von 1975 eingeführt; damit war ein umstrittener Punkt geklärt. Die solidarische Haftung gilt sowohl für Personen- als auch für Sachschaden. Voraussetzung ist, wie stets, das Vorliegen einer Haftung überhaupt. Dies beurteilt sich nicht wie bei SVG 60 nach den Artikeln 58/59, sondern nach Artikel 61, Absatz 1 und 2 SVG. Es bedeutet, dass die schuldlose Halterin dem geschädigten Halter, den ein Verschulden trifft, nicht und damit auch nicht solidarisch haftet (unter dem Vorbehalt geringen Verschuldens oder überwiegender Betriebsgefahr bei Personenschaden, siehe Band I 295f.).

Dem solidarisch in Anspruch Genommenen haften die verbleibenden Halter nicht mehr solidarisch, sondern nur noch anteilsmässig.

Nicht auf SVG 61 III angewiesen ist die Halterin, die haftpflichtrechtlich gar nicht als solche erscheint, sei es, dass ihr Fahrzeug nicht im Betrieb war, sei es, dass der Zusammenhang zwischen dem Betrieb und dem Schaden unterbrochen wurde (102 II 33ff.).

SVG 65 Der Geschädigte hat im Rahmen der vertraglichen Versicherungsdeckung ein Forderungsrecht unmittelbar gegen den Versicherer.
Einreden aus dem Versicherungsvertrag oder aus dem Bundesgesetz vom 2. April 1908 über den Versicherungsvertrag können dem Geschädigten nicht entgegengehalten werden.
Der Versicherer hat ein Rückgriffsrecht gegen den Versicherungsnehmer oder den Versicherten, soweit er nach dem Versicherungsvertrag oder dem Versicherungsvertragsgesetz zur Ablehnung oder Kürzung seiner Leistung befugt wäre.

Dadurch, dass Geschädigte die Versicherung direkt und unter Ausschluss von Einreden aus dem Versicherungsvertrag belangen können, gewinnen sie eine weitere Ersatzpflichtige, ja man darf sagen Haftpflichtige. Die Versicherung deckt sowohl die Haftpflicht des Halters als auch des Lenkers (91 II 227ff.). Eine gleiche Versicherung ist für Radfahrende vorgeschrieben (SVG 70 VII). Die Versicherung haftet solidarisch mit dem Fahrzeughalter und der Lenkerin. Dass es sich dabei um sogenannte unechte Solidarität handelt (69 II 162, 90 II 190f., 106 II 253) ist um so bangloser, als SVG 83 II die Verjährung wie bei der echten Solidarität regelt und damit den einzigen Unterschied, der eine Rolle spielen könnte, wegwischt. Auch unter den Versicherungen ist solidarische Haftung gegeben.

Geschädigte können sich also an die Halterin und/oder den Lenker und/oder die Versicherung halten. Aus Gründen der Haftung, der Zahlungskraft und der Einfachheit nehmen sie kaum je die Lenker, nur hin und wieder die Halter, regelmässig aber die Versicherung in Anspruch. Deren solidarische Haftung ist allerdings auf die obligatorische Versicherung beschränkt, bilden doch Versicherungsobligatorium, direktes Forderungsrecht und Einredeausschluss, sowohl dem Sinne als auch dem Gesetze nach, eine Einheit. Nach SVG 73 brauchen sich Bund und Kantone nicht zu versichern; tun sie es trotzdem, so besteht kein direktes Forderungsrecht gegen die Versicherung (88 II 463). Dasselbe gilt, wenn ein Versicherungsvertrag mehr als die Haftung nach SVG abdeckt. Folgerichtig müsste man es auch mit den Versicherungssummen, welche die gesetzlich vorgeschriebenen übersteigen, so halten. Da indes SVG 65 I den Geschädigten einen unmittelbaren Anspruch «im Rahmen der vertraglichen Versicherungsdeckung» gewährt, erstreckt sich die solidarische Haftung der Versicherung auf die ganze Versicherungssumme. Über diese hinaus aber kann die Versicherung nicht mehr, auch nicht solidarisch, belangt werden. Die Verjährungsunterbrechung gemäss SVG 83 entfaltet ihre Wirkung ebenfalls nur in diesem Rahmen (hinten 306).

SVG 75 **Wer ein Motorfahrzeug zum Gebrauch entwendet, haftet wie ein Halter. Solidarisch mit ihm haftet der Führer, der bei Beginn der Fahrt wusste oder bei pflichtgemässer Aufmerksamkeit wissen konnte, dass das Fahrzeug zum Gebrauch entwendet wurde. Der Halter haftet mit, ausser gegenüber Benützern des Fahrzeugs, die bei Beginn der Fahrt von der Entwendung zum Gebrauch Kenntnis hatten oder bei pflichtgemässer Aufmerksamkeit haben konnten.**
Der Halter und sein Haftpflichtversicherer haben den Rückgriff auf die Personen, die das Motorfahrzeug entwendeten, sowie auf den Führer, der bei Beginn der Fahrt von der Entwendung zum Gebrauch Kenntnis hatte oder bei pflichtgemässer Aufmerksamkeit haben konnte.
Der Versicherer darf den Halter nicht finanziell belasten, wenn diesen an der Entwendung keine Schuld trifft.

Diese Bestimmung beschert den Geschädigten ein Quartett solidarisch Haftpflichtiger:
- den, der das Fahrzeug entwendet hat;
- die, die es im Wissen darum lenkte;
- den Halter, ob er an der Entwendung schuld sei oder nicht;
- die Haftpflichtversicherung des Halters.

Die Haftung des Fahrzeughalters entfällt allerdings gegenüber dem Lenker und den Insassen, wenn sie von der Entwendung Kenntnis hatten oder bei pflichtgemässer Aufmerksamkeit haben konnten (Kritik im Band I 279). Damit ist auch der Versicherungsschutz nicht mehr gegeben. In den übrigen Fällen wenden sich die Geschädigten durchwegs an die Versicherung.

———

Keine solidarische Haftung besteht zwischen dem Halter und dem Garagisten, dem sogenannten Unternehmer im Motorfahrzeuggewerbe. Nach SVG 71 haften der Halter und seine Haftpflichtversicherung nicht. Sie können deshalb auch nicht herangezogen werden, wenn der Garagist keine Versicherung abgeschlossen hat und selbst nicht über genügende Mittel verfügt.

Heikler ist die Frage, ob bei Rennen, für welche die Veranstalterin nach SVG 72 haftet und eine Versicherung abschliessen muss, die Halterin mitverantwortlich bleibt. Da aus dem Gesetz nicht klar hervorgeht, dass sie von jeder Haftpflicht befreit sei, stehen sie und ihre Versicherung den Geschädigten weiterhin zur Verfügung. Weil aber das Gesetz zum Ausdruck bringt, dass der Veranstalter und sein Versicherer vorweg in Anspruch genommen werden sollen (SVG 72 V), haftet der Halter nicht solidarisch, sondern nur subsidiär (siehe Band I 277).

Subsidiäre Haftung bzw. Deckung finden wir weiter in SVG 76 und 77 für unbekannte oder nicht versicherte Fahrzeuge.

c) Nach weiteren Spezialgesetzen

Die Grundsätze des OR über die Haftung mehrerer finden auch in diesem Bereich Anwendung, sei es kraft ihrer allgemeinen Geltung, sei es kraft besonderen Verweises (vgl. etwa JSG 15 II, USG 59a IV). Hinzuweisen bleibt auf einige eigene Bestimmungen in Spezialgesetzen.
- EIG 28 regelt Solidarität und Rückgriff bei mehrteiligen elektrischen Anlagen mit verschiedenen Betriebsinhabern, EIG 30 bei Schädigungen zufolge des Zusammentreffens von verschiedenen elektrischen Leitungen. Wie in Band I 213 gesagt, handelt es sich um nichts anderes als Anwendungsfälle des Betriebsbegriffs und Solidaritätsgedankens.

– Auch LFG 66: «Wird ein Schaden auf der Erde dadurch verursacht, dass zwei oder mehrere Luftfahrzeuge zusammenstossen, so sind die Halter dieser Luftfahrzeuge den geschädigten Dritten als Solidarschuldner ersatzpflichtig», bringt nur eine Selbstverständlichkeit zum Ausdruck. Es fragt sich höchstens, ob diese solidarische Haftung unbedingt sei oder, vorab durch Drittverschulden, unterbrochen werden könne. Wie in Band I 241 und 248 dargetan, ist in einem solchen Falle die Haftung und damit die Solidarität durchwegs gegeben.
– RLG 33 I und KHG 3 IV sehen solidarische Haftung von Inhaber und Eigentümer vor (damit sich der Eigentümer nicht durch eine vorgeschobene Betreiberin der Anlage der Haftung entziehen kann, Band I 304 und 313).
– PrHG 7 hält unter dem Titel Solidarhaft den Grundsatz der solidarischen Haftung fest: «Sind für den Schaden, der durch ein fehlerhaftes Produkt verursacht worden ist, mehrere Personen ersatzpflichtig, so haften sie solidarisch».

2. WESEN UND WIRKUNG DER SOLIDARITÄT

a) Grundsatz und Leitidee

Jede solidarisch haftbare Person ist Geschädigten gegenüber grundsätzlich für den ganzen Schaden haftbar, und keine kann die Mithaftung der andern als Ermässigungsgrund anrufen. Darüber musste sich die Genfer Cour de justice belehren lassen:

112 II 138ff.   Der Besitzer einer Waffensammlung unterrichtet einen eben eingestellten Hausdiener nicht genügend über die an der Wand hängenden geladenen Schusswaffen. Dieser hantiert aus Neugier mit einem Gewehr. Dabei löst sich ein Schuss und trifft die gleichzeitig in den Dienst genommene Hausangestellte, die praktisch voll invalid wird. Der Arbeitgeber haftet aus OR 41 wegen Schaffung eines gefährlichen Zustandes sowie aus Vertrag wegen Verletzung von OR 328 II. Der Diener wird wegen seines Verhaltens ausservertraglich verantwortlich. Die beiden haften solidarisch, und die Geschädigte kann den Dienstherrn trotz des überwiegenden Verschuldens des Angestellten, ihres Freundes, für den ganzen Schaden belangen und nicht bloss auf die 20%, die nach Ansicht der Vorinstanz seinem Verschuldensanteil entsprechen. Sie erhält deshalb statt der von diesem zugesprochenen Fr. 48 000.– für Verdienstausfall bis zum Urteil Fr. 240 000.– und für den Dauerschaden statt Fr. 89 568.– den Betrag von Fr. 447 840.–.

Der Geschädigte kann eine solidarisch Haftende herauspflücken und dieser die Auseinandersetzung mit den übrigen Verantwortlichen überlassen (93 II 322 und 333, 97 II 415). «Il peut choisir la partie adverse à son gré» (112 II 143). Das ist selbst dort möglich, wo der Geschädigte, zusammen mit den Haftpflichtigen, auch solidarisch haftbar wäre: Wenn drei Knaben ein gefährliches Spiel mit Pfeil und Bogen treiben, kann der Getroffene den Schützen und den Mitspieler solidarisch belangen (104 II 187f.). Die Auswahl an Belangbaren wird oft durch Ersatzpflichtige aus einem Versicherungsvertrag erweitert. So konnte in 114 II 344 die Vermieterin eines Automobils, das ein Angestellter der Mieterin zu Schrott gefahren hatte, zwischen der Kaskoversicherung, der Mieterin und dem Lenker wählen. Sodann kann eine Geschädigte, wenn weitere Betroffene da sind, ohne Rücksicht auf diese vorgehen. Sie braucht sich mit den andern nicht abzusprechen (ausser die vorhandenen Mittel seien ungenügend). Hingegen kann ein solidarisch in Anspruch Genommener auf die Mithaftenden nicht mehr solidarisch, sondern nur noch anteilsmässig zurückgreifen (103 II 139f.).

Die Solidarität ist nicht selbstverständlich (97 II 415). Nach der Logik könnten Geschädigte von jedem Haftpflichtigen nur das fordern, was ihnen dieser letztlich, unter Berücksichtigung aller Verursachungsanteile, schuldet. Das würde ihnen oft Mühe und Schwierigkeiten bereiten. Sie müssten die Zusammenhänge entwirren, sich mit den verschiedenen Verursachern auseinandersetzen und die Entschädigung zusammenkratzen. Diese Mühsal wollte man den Geschädigten nicht zumuten. Man fand es richtiger, sie einem der Schädiger aufzubürden, wie auch das Risiko der Zahlungsunfähigkeit eines Mitschuldners. «Solidarität bedeutet in jeder Form Stärkung der Stellung des Gläubigers» (93 II 322, 97 II 416). Sie erweist sich als bedeutsamer Grundsatz des Haftpflichtrechts.

b) Echte und unechte Solidarität

Die Unterscheidung ergibt sich aus OR 50: gemeinsames Verschulden, und 51: verschiedene Rechtsgründe. Bei der ersten Bestimmung marschieren die Haftpflichtigen gemeinsam auf die Schädigung zu, bei der zweiten kommen sie aus verschiedenen Richtungen an diesem Punkt zusammen. So besteht bei der Täuschung von Aktienkäufern durch ungerechtfertigte Gutschriften eigentliche Solidarität zwischen Bank und Verkäufern nur bei bewusstem Zusammenwirken, andernfalls blosse Anspruchskonkurrenz (89 II 248f.).

Die Unterscheidung geht davon aus, dass das Gesetz lediglich bei der Haftung aus gemeinsamem Verschulden nach OR 50, nicht aber bei der Ersatzpflicht aus verschiedenen Rechtsgründen gemäss OR 51, Solidarität mit all ihren Konsequenzen vorsehe (104 II 225ff.). Dagegen ist zweierlei einzuwenden: Zum ersten ist es unrichtig zu sagen, dass das Gesetz in OR 51 keine Solidarität vorsehe. Wie anders liesse sich die Regelung des Rückgriffs ebenda erklären? Es erscheint auch nicht als gerechtfertigt, im einen Fall Solidarität anzunehmen, im andern nicht. Den besten Beweis dafür liefert der Artikel 60 SVG, welcher für Haftung aus verschiedenen Rechtsgründen ausdrücklich Solidarität vorsieht. Zweitens ist der Unterschied für keinen Kernpunkt von Belang, sondern nur für eine Randerscheinung, die Verjährung: Deren Unterbrechung wirkt bei der echten Solidarität auch gegenüber den Mitschuldnern, bei der unechten nicht (104 II 225). Das Bundesgericht gibt in diesem Urteil zu, dass dies der möglicherweise einzige Unterschied sei (Bestätigung in 112 II 143). Er verliert erst noch seine Bedeutung, wenn man davon ausgeht, dass Rückgriffsansprüche erst mit der Zahlung zu verjähren beginnen. Auch in 90 II 190f. kommt das Bundesgericht nicht um die Feststellung herum, dass die Unterscheidung ohne praktisches Interesse für den Kläger sei. In 115 II 45ff. bleibt das Bundesgericht bei der Unterscheidung zwischen echter und unechter Solidarität, und zwar einzig wegen der Verjährungsregelung, mit andern Worten wegen des Art. 136 I OR. Die Schlüsse, die es aus dieser Bestimmung zieht, sind allerdings nicht zwingend.

So erweist sich denn das grosse Gerede der Gelehrten und Gerichte um diesen Gegensatz als ungerechtfertigt. Eine Unterscheidung, die weder im Gesetz noch in der Sache eine Stütze findet, keine grosse Rolle spielt und überdies nicht immer sauber durchzuführen ist, sollte man aus dem Haftpflichtrecht verbannen. In diesem Sinne hat auch die Studienkommission für die Gesamtrevision des Haftpflichtrechts Stellung genommen (Bericht S. 102ff.). Art. 29 I des Vorentwurfs lautet kurz und bündig: «Sind mehrere Personen für den Schaden einer Drittperson haftpflichtig, so sind sie solidarisch zum Ersatz verpflichtet».

c) Einer für alle

Einer der solidarisch Haftbaren muss vorerst seinen Kopf hinhalten, und zwar grundsätzlich auch für die Haftungsanteile der anderen (97 II 415f.). Welcher es ist, das bestimmt der Geschädigte. Dieser kann sich den Haftpflichtigen, der ihm am besten passt, aussuchen: den Zahlungsfähigsten, den am nächsten Gelegenen, den, bei dem die Haftpflicht am bequemsten zu begründen ist. Bei gerichtlicher Austragung kann er «sich darauf beschränken, nur gegen den einen der mehreren Schuldner vorzugehen; er kann diese auch nacheinander belangen oder – wenn das kantonale Prozessrecht dies zulässt – alle Schuldner als Streitgenossen im selben Prozess einklagen. Welchen Weg er auch einschlägt, erlischt sein Anspruch erst, wenn er voll befriedigt worden ist» (93 II 333). Konnte er vom Belangten nicht alles erhältlich machen, haften ihm die anderen für den Rest wiederum solidarisch. Umgekehrt und selbstverständlich befreit die Zahlung, die ein Solidarschuldner erbracht hat, die anderen insoweit von ihrer Verpflichtung dem Geschädigten gegenüber (OR 147 I); die Ansprüche gegen die einzelnen Solidarschuldner können nicht kumuliert werden (95 II 324).

d) Solidarität und Genugtuung

Wenn OR 50 und SVG 60 von solidarischer Haftung für Schaden sprechen, so ist dies in einem umfassenden Sinne zu verstehen. Die Solidarität gilt auch für die Genugtuung (116 II 650ff.). Das Bundesgericht behandelt denn etwa in 104 II 190 die Genugtuung sowohl im Innen- als auch im Aussenverhältnis genau gleich wie den Schadenersatz. Immerhin ist folgender Unterschied zu beachten: Während sich der Schaden unabhängig vom Verhalten der Haftpflichtigen aus der eingetretenen Vermögensverminderung ergibt, wird die Höhe der Genugtuung auch vom Verschulden beeinflusst. Es wird sich also oft beim einen Haftpflichtigen eine andere Genugtuung als beim andern ergeben. Dann kann jeder bis zur Höhe des von ihm geschuldeten Betrags solidarisch belangt werden. Der Ansprecher wird sich an den Schädiger halten, der zur höchsten Genugtuung verpflichtet ist. Hat dieser geleistet, so sind auch die andern befreit. Diese Überlegungen werden besonders bei solidarischer Haftpflicht aus verschiedenen Rechtsgründen eine Rolle spielen. Die beiden erwähnten Urteile beziehen sich zwar auf OR 50 und SVG 60, doch muss das gleiche für OR 51 gelten.

e) Solidarität und Haftungsprivileg

Wenn der eine Schädiger nicht belangt werden kann, weil seine Haftung auf grobe Fahrlässigkeit beschränkt ist (UVG 44), wird sich die geschädigte Person selbstverständlich an den andern halten. Diesem ist dann, wiederum wegen des Haftungsprivilegs, der Rückgriff verwehrt, der sonst nach Verursachung und Verschulden gegeben wäre. Daraus leiten manche ab, der Belangte schulde nur den Teil, den er ohne das Haftungsprivileg letztlich zu tragen hätte; er hafte nicht für den Anteil, den er im Rückgriff nicht geltend machen könne. Sie begründen es damit, dass einer allein gar nicht solidarisch, sondern nur für seinen Anteil hafte. Diese Ansicht verkennt das Wesen der Solidarität. Einmal kann die geschädigte Person bei jedem Schädiger soviel holen, wie ihr dieser aus seiner Lage heraus und ohne Rücksicht auf Mithaftpflichtige schuldet. Rechtliche Schwierigkeiten hat sie ebensowenig zu entgelten wie tatsächliche, z.B. Zahlungsunfähigkeit der Rückgriffschuldnerin. Sodann soll im Zweifel die haftpflichtige und nicht die geschädigte Person benachteiligt werden: «Solidarität bedeutet in jeder Form Stärkung der Stellung des Gläubigers» (93 II 322). Das Bundesgericht hat denn auch in 113 II 330f. entschieden, dass die Haftungsbeschränkung gegenüber dem einen Haftpflichtigen aus UVG 44 den Anspruch des Geschädigten gegenüber einem andern nicht schmälere; es entspreche dem Wesen der Solidarität und auch der Billigkeit, dass in einem solchen Fall die belangte haftpflichtige und nicht die geschädigte Person den Ausfall trage.

3. SCHRANKEN UND GRENZEN DER SOLIDARITÄT

a) Solidarität ersetzt Haftung nicht

Solidarität setzt gegenteils Haftung voraus. Wer nicht haftet, haftet auch nicht solidarisch. «Solidarität setzt voraus, dass die Haftung eines jeden Beteiligten bereits feststeht» (95 II 337). Wird eine Fahrzeughalterin durch grobes Drittverschulden gemäss SVG 59 I befreit, so kann ihr die Solidarität nichts mehr anhaben. Auch ein anderer Halter gilt als Dritter (Band I 289). Wenn also einer grobfahrlässig, wie in 102 II 33ff., überholt und in der Folge mit einem korrekt Entgegenkommenden zusammenstösst, so ist dieser in keiner Weise, auch nicht solidarisch und auch nicht gegenüber den Insassen des eigenen Wagens, haftbar. Für seinen eigenen Schaden ist er als Dritter anzusehen, dem die übrigen Beteiligten solidarisch haften. Lehrreich ist 95 II 630ff.: Auf der Autobahn fiel von einem Lastwagen eine Korbflasche, die sich irgendwie gelöst hatte, vor einen Personenwagen; dessen Lenker verlor die Herrschaft über das Fahrzeug, und eine Insassin erlitt eine Querschnittlähmung. Sie konnte den Halter des Personenwagens gemäss SVG 60 I solidarisch belangen, weil den Lastwagenchauffeur nach den Umständen nur ein gewöhnliches Verschulden an der ungenügenden Sicherung der Ladung traf. Hätte er die Korbflasche einfach lose hingestellt, so fügt das Gericht auf Seite 638 hinzu, wäre sein Verschulden schwer gewesen.

b) Solidarität geht nicht weiter als Haftung

Solidarität bedeutet nur, dass die Mithaftung anderer die eigene Haftpflicht nicht schmälert. Sie kann aber nie dazu führen, dass eine Person wegen der Mithaftung anderer mehr leisten muss als ohne diese. Entscheidend ist immer das Mass der Haftung, das sich aus dem Verhältnis eines Solidarschuldners zur geschädigten Person ergibt. Haftet zum Beispiel einer aus Kausalhaftung voll, ein zweiter aus unerlaubter Handlung wegen geringen Verschuldens (OR 43 I) nur zur Hälfte, dann kann der Kausalhaftpflichtige solidarisch auf 100% des Schadens, der Verschuldenshaftpflichtige aber nur auf 50% belangt werden. Denn es «ist der einzelne Solidarschuldner dem Gläubiger nur insoweit verpflichtet, als dessen Forderung *ihm gegenüber* zu Recht besteht» (93 II 334). Neben persönlichen Einreden kann die Belangte diejenigen geltend machen, die allen zustehen (OR 145 I), insbesondere das

c) Selbstverschulden der geschädigten Person

Solches führt zur üblichen Ermässigung des Anspruchs. Die Solidarität bewirkt keineswegs, dass die geschädigte Person gleichsam im Stile des Quotenvorrechts die einzelnen Haftungsanteile zusammenzählen kann, bis sie hundertprozentigen Schadenersatz hat. Sie muss sich ihr Verschulden anrechnen lassen, auch wenn ihr, wie etwa in 79 II 66ff., ein Dutzend Haftpflichtige zur Verfügung stehen. Zu beachten ist aber, dass sich solche Herabsetzungsgründe je nach Person des haftpflichtigen Solidarschuldners unterschiedlich auswirken können. So führte in 97 II 339ff. das Mitverschulden des Transportunternehmers, der beim Hineintragen eines Schrankes die Treppe hinuntergestürzt war, gegenüber seinem Auftraggeber zu einer Haftungsermässigung von 9/10, gegenüber dem Architekten, der für die fehlende Abschrankung verantwortlich war, aber nur zu einer solchen von ¼.

Geschädigten wird auch das Verhalten ihrer Hilfspersonen angerechnet (95 II 53f.). Wenn eine Architektin oder ein Ingenieur neben einem Unternehmer Fehler zum Schaden der Bauherrin begangen hat, erhebt sich die Frage, ob diese den Unternehmer solidarisch auf das Ganze belangen könne oder aber das Verhalten der Architektin oder des bauleitenden Ingenieurs als das ihrer Hilfsperson zu verantworten habe. Es kommt hier darauf an, ob die Architektin oder der Ingenieur gegenüber dem Bauunternehmer (und weiteren Beteiligten) als Vertreter des Bauherrin erscheint oder nicht. Bejaht wurde das in 95 II 54, wo der Architekt als Hilfsperson der Bauherrn anzusehen war, und in 119 II 130, worin die Ingenieurfirma als Hilfsperson der Bauherrin gegenüber der Unternehmerin bezeichnet wurde, verneint in 98 II 104, wo der bauleitende Ingenieur zwar den Unternehmer, nicht aber den Geometer, um dessen Haftpflicht es ging, zu überwachen hatte.

d) Verschulden anderer Haftpflichtiger

Es gehört zum Wesen der Solidarität, dass das Verschulden der einen Person die Haftpflicht der andern nicht schmälert. Zwei Ausnahmen sind indes zu erwähnen:

Erstens kann das schwere Verschulden eines anderen Beteiligten den Kausalzusammenhang unterbrechen (siehe vorn 179). Zweitens mag das Verschulden eines Haftbaren das Verhalten eines andern in einem milderen Lichte erscheinen lassen (98 II 104). Allerdings: «Eine Haftungsbeschränkung wegen mitwirkenden Drittverschuldens darf nur mit grosser Zurückhaltung angenommen werden, da sonst der Schutz des Geschädigten, den die Solidarhaftung mehrerer Schuldner ihrem Wesen nach anstrebt, weitgehend illusorisch gemacht würde ... Das Bundesgericht hat denn auch eine Haftungsbeschränkung aus diesem Grund nur in seltenen Fällen, beim Vorliegen ganz besonderer Umstände eintreten lassen.» Das Bundesgericht fragt sich sogar, «ob es sich unter diesen Umständen überhaupt rechtfertige, an der Möglichkeit einer Haftungsbeschränkung festzuhalten» (93 II 323). Die Antwort liegt auf der Hand:

Wenn wegen des Verhaltens eines anderen das Verschulden eines Haftbaren als geringer erscheint und deshalb die Haftpflicht gemäss OR 43 eine Ermässigung erfährt, so kann die Solidarität auch nicht weiter gehen. Zuzustimmen ist aber dem Bundesgericht darin, dass die theoretische Bedeutung dieser Möglichkeit grösser ist als ihre praktische (93 II 323, vgl. auch 97 II 416). In 112 II 143f., wo es nochmals die ganze Frage aufrollt, muss es gar gestehen, dass man überhaupt kein Anwendungsbeispiel kenne. Es malt dann als theoretische Möglichkeit den Fall aus, «où la faute de l'auteur recherché apparaîtrait si peu grave et dans une telle disproportion avec celle du tiers qu'il serait manifestement injuste et choquant de faire supporter au défendeur l'entier du dommage» (S.144). Es blieb auch in der zu beurteilenden Sache bei der Theorie: Die Haftung des Hausherrn, der seinen Diener nicht vor den geladenen Feuerwaffen gewarnt hatte, wurde durch dessen unbefugtes Hantieren mit einem Gewehr nicht gemindert, selbst wenn man mit der Vorinstanz nur 20% Verschulden beim Arbeitgeber und 80% beim Angestellten sehen wollte. In 113 II 331 sagt das Bundesgericht blank und beiläufig, es werde dem Haftpflichtigen keine Herabsetzung wegen mitwirkenden Drittverschuldens gewährt.

e) Die Rechtskraft eines Urteils

beschränkt sich auf die Prozessparteien, erstreckt sich also nicht auf eine Solidarschuldnerin (93 II 333). Das leuchtet ein, denn ein Urteil hängt nicht bloss von der Rechtslage, sondern auch von der Prozessführung ab; es ginge zu weit, wenn ein Schuldner einen andern hiedurch verpflichten könnte. In Kauf nimmt man damit allerdings, dass es zu widersprechenden Urteilen kommt; es ist dann einfach jedes Urteil einzeln zu betrachten, siehe die ausführlichen Erwägungen in 93 II 334ff.

f) Bei einem Vergleich

fragt sich, wie weit Vergleichschliessende und wie weit die übrigen Solidarschuldner befreit werden.

Hat die Gläubigerin Saldoquittung für alle gegeben, so entfallen weitere Ansprüche von ihrer Seite. Erhalten bleibt in der internen Auseinandersetzung der Einwand, die Vergleichschliessende habe die gemeinsamen Interessen nicht genügend gewahrt, z.B. hinsichtlich der Schadenberechnung oder des Selbstverschuldens des Geschädigten (OR 145 II).

Schliesst eine Solidarschuldnerin einen Vergleich nur für sich, so kann der Gläubiger seine restliche Forderung bei den andern geltend machen. Selbstverständlich darf ein Solidarschuldner hiedurch die Lage der anderen nicht erschweren (OR 146); er kann sich nicht durch eine günstige Abmachung mit den

Geschädigten um seinen vollen internen Anteil drücken. Erteilt ihm allerdings der Gläubiger Saldoquittung, so erfasst diese auch den Rückgriff, wie denn ein separater Vergleich in der Regel nur dann einen Sinn für einen Solidarschuldner hat. In einem solchen Falle muss sich der Geschädigte gemäss OR 149 von den weiter belangten Haftpflichtigen die Verkürzung ihres Rückgriffs entgegenhalten lassen. Zudem werden diese schon nach OR 147 II befreit, wenn «die Umstände oder die Natur der Verbindlichkeit es rechtfertigen». Das ist namentlich dann der Fall, wenn der Gläubiger einem Schuldner im Wissen um die Rückgriffsansprüche der andern Saldoquittung erteilt (107 II 226ff.).

g) Bei Begünstigung

Der Begünstiger haftet nach der ausdrücklichen Vorschrift von OR 50 III «nur dann und nur soweit für Ersatz, als er einen Anteil an dem Gewinn empfangen oder durch seine Beteiligung Schaden verursacht hat». In 77 II 301ff. wurde die zivilrechtliche Haftung einer strafrechtlich verurteilten Hehlerin mangels adäquaten Kausalzusammenhangs verneint. Die Gesamtrevision des Haftpflichtrechts wird die Sonderbestimmung von OR 50 III wohl wegwischen. Solche Fälle lassen sich mit den Verursachungsregeln bewältigen (siehe den Bericht der Studienkommission S. 103).

h) Kanalisierung der Haftpflicht

Eine deutliche Ausnahme vom Grundsatz der Haftung mehrerer muss erwähnt werden: «Andere als die in den Absätzen 1–5 genannten Personen haften dem Geschädigten nicht für Nuklearschäden», lautet der erste Satz von KHG 3 VI. Man spricht von Kanalisierung der Haftung. Somit können Geschädigte lediglich die Inhaberin einer Kernanlage belangen. Diese hat nach Art. 6 KHG nur unter eng umschriebenen Voraussetzungen den Rückgriff auf andere Haftpflichtige. Kanalisierung der Haftpflicht sieht auch die Vorlage zu einem Stauanlagen-Haftpflichtgesetz (SHG) vor. Eine ähnliche Erscheinung finden wir im öffentlichen Recht: Nach dem Militärgesetz (Art. 135/138), dem Verantwortlichkeitsgesetz des Bundes (Art. 3) und gewissen kantonalen Verantwortlichkeitsgesetzen können sich Geschädigte nur an den Staat halten und dieser bloss bei grobem Verschulden Rückgriff auf Angehörige der Armee oder Beamtete nehmen. Der Gedanke liegt nahe, solche Kanalisierung der Haftpflicht auf Unternehmungen und ihre Angestellten zu übertragen (vgl. den Bericht der Studienkommission S. 73); doch das ist Zukunftsmusik (wie denn in den Art. 20 und 21 des Vorentwurfs nichts davon zu lesen ist).

i) Nach GSchG 54 und USG 59

werden die Kosten von Massnahmen den Verursachern überbunden. Es handelt sich um Verwaltungsrecht, doch werden solche Rückgriffsansprüche wie Haftpflichtforderungen behandelt und versichert. Hier nun (d. h. zum seinerzeitigen entsprechenden Art. 8 des Gewässerschutzgesetzes) hat das Bundesgericht entschieden, dass die Verursacher, seien sie Zustands- oder Verhaltensstörer, nicht solidarisch haften, weil es dem Gemeinwesen (anders als einem eigentlichen Geschädigten) zuzumuten sei, die einzelnen Anteile zu ermitteln. «Art. 8 GSchG schafft keine solche ‹Solidarhaft› unter verschiedenen Verursachern... Die Kosten von Massnahmen sind vielmehr nach möglichst genauer Abklärung des Hergangs auf die verschiedenen Verursacher nach analogen Grundsätzen zu verteilen, wie sie für das Innenverhältnis (Regress zwischen mehreren Ersatzpflichtigen) im privaten Haftpflichtrecht gelten» (102 Ib 210f., in Bestätigung von 101 Ib 418ff.; ausführlicher dazu Band I 329f.).

k) Bei der einfachen Gesellschaft

Die einfache Gesellschaft ist zwar ein Zusammenschluss von Personen zu gemeinsamem Tun und Zweck (OR 530 I), aber doch ein eher lockerer. Deshalb macht die unerlaubte Handlung eines Gesellschafters die andern nur dann solidarisch haftbar, wenn sie damit einverstanden waren (OR 544 III; 84 II 381ff. betreffend Erteilung einer unrichtigen Auskunft; 90 II 508f. betreffend Boykott). Geht es allerdings um die Aufsichtspflicht gegenüber Angestellten, so entrinnen die Gesellschafter ihrer gemeinsamen Verantwortung nicht leicht (vgl. 87 II 186 betreffend ein Baukonsortium). In 72 II 255f. hat das Bundesgericht gar alle 27 Mitglieder der Käsereigesellschaft Lippoldswilen zu solidarischer Haftung für den Unfall einer Helferin beim Dreschen verurteilt, weil sie es an der Beaufsichtigung des Maschinisten hatten fehlen lassen.

4. REGELN DES RÜCKGRIFFS

a) Keine Solidarität mehr

Sind mehrere Solidarschuldner da, so kann derjenige, der bezahlt hat, seine Rückgriffsansprüche nicht mehr nach den Regeln der Solidarität, sondern nur noch anteilsmässig geltend machen (103 II 139f.). Er kann nicht wie die Geschädigte auf den für ihn bequemsten Schuldner greifen, sondern nur noch auf denjenigen, welcher den Schaden letztlich zu tragen hat, und nur in dem Masse, in welchem das der Fall ist. Das bedeutet, dass er von vornherein seinen eigenen Anteil abziehen muss, und weiter, dass er den Teil, welcher auf einen weiteren Solidarschuldner fällt, bei diesem zu holen hat. Diese Ordnung leuchtet ein. Es geht nicht mehr um die Besserstellung von Geschädigten gegenüber Haftpflichtigen, sondern nur noch um die Auseinandersetzung unter diesen. OR 149 I, wonach die Rechte des Gläubigers auf den zahlenden Solidarschuldner übergehen, ist etwas weit gefasst (103 II 140).

b) Keine Schlechterstellung der durch Rückgriff Belangten

Dass Haftpflichtige durch Rückgriff und nicht direkt in Anspruch genommen werden, darf sie nicht benachteiligen. Sie schulden der Rückgriffsgläubigerin höchstens soviel wie dem Geschädigten selbst (95 II 340). Es bleiben sämtliche Einreden, welche sie gegen diesen hätten, erhalten. Wie aber, wenn der Rückgriffsberechtigte Anwalts- und Prozesskosten gehabt habt? Er kann sie bei der Rückgriffsschuldnerin geltend machen, wenn er deren Interessen gewahrt, sich namentlich gegen übersetzte Ansprüche gewehrt hat. Man hört die Anklänge an die Geschäftsführung ohne Auftrag. Soweit indes Rechtskosten ihren Grund in der Stellung und Haltung des Zurückgreifenden haben, können sie nicht überwälzt werden (69 II 160f.). Hingegen darf die Zurückgreifende ohne weiteres den Schadenzins, den sie entrichten musste, geltend machen, gehört dieser doch zum Schadenersatz. Aus dem gleichen Grunde ist ihr der Schadenzins zu ersetzen, welcher von ihrer Zahlung bis zur Befriedigung ihres Rückgriffs läuft.

c) Keine Abänderung der Rückgriffsordnung

Das Gesetz stellt Regeln über die endgültige Tragung des Schadens auf. Eine Geschädigte kann diese durch die Wahl des Solidarschuldners nicht beeinflussen. Es darf mit anderen Worten für die Schlussbelastung nicht darauf ankommen, welcher Solidarschuldner in Anspruch genommen worden ist. Stets lässt sich das richtige Ergebnis durch den Rückgriff herbeiführen. Dieses kann auch nicht durch Vereinbarungen zwischen Geschädigten und solidarisch Schuldenden, namentlich durch eine Abtretung, unterlaufen werden (80 II 252f.). Solches widerspräche übrigens OR 146 und 149 II. Stets müssen solidarisch Schuldende im Endergebnis mit ihrem Haftungsanteil belastet werden (vgl. 119 II 131). Die Haftpflichtigen untereinander freilich können, wenn sie wollen, von der gesetzlichen Rückgriffsordnung abweichen und diejenige Verteilung vereinbaren, die ihnen beliebt.

d) Bei Zahlungsunfähigkeit

Ist von zwei Haftpflichtigen einer zahlungsunfähig, so zahlt eben der andere den Preis für die Solidarität, d.h. er zahlt alles. Ist der Schaden auf mehrere zu verteilen und von einem unter ihnen nichts erhältlich, so haben die andern für das Fehlende aufzukommen, und zwar nicht einfach nach Köpfen, sondern nach dem Vorhandensein und dem Verhältnis der endgültigen Verpflichtung. Eine Schuldnerin, die nach der Rückgriffsordnung nicht zum Zuge käme, muss deshalb erst einspringen, wenn die vor ihr Haftenden zahlungsunfähig sind. OR 148 III: «Was von einem Mitschuldner nicht erhältlich ist, haben die übrigen gleichmässig zu tragen» hat die gleichmässige Verpflichtung aller im Auge.

e) Die Durchsetzung des Rückgriffs

Sie muss, wenn es nicht anders geht, durch einen Rückgriffsprozess erfolgen. Dieser erfasst dann nicht nur die anteilsmässige Tragung des Schadens, sondern auch dessen Höhe. Der vom Rückgriffsgläubiger mit der Geschädigten ausgehandelte Betrag ist nicht verbindlich, selbst ein durch ein Urteil im sogenannten Hauptprozess festgelegter nicht. Das Bundesgericht hat zwar in 93 II 335 die Frage offengelassen, «ob wenigstens für den Rückgriff des vom Gläubiger zuerst belangten Solidarschuldners auf die übrigen die Rechtskraft des im Hauptprozess ergangenen Urteils in gewissen Punkten auf das Innenverhältnis der Solidarschuldner unter sich zu erstrecken sei». Wenn es indes am selben Orte die «Beschränkung der Rechtskraftwirkung auf die Prozessparteien» festhält, muss, wenigstens dem Grundsatze nach, auf Unabhängigkeit der Rückgriffsauseinandersetzung vom Urteil im Hauptprozess geschlossen und in Kauf genommen werden, dass es zu widersprüchlichen Erkenntnissen kommt. Dem kann mit einer Streitverkündung begegnet werden (darüber 90 II 404ff.). Nicht ohne weiteres ist damit auch die Gefahr gebannt, dass der Rückgriffsanspruch inzwischen verjährt (dazu 89 II 123 und hinten 289f.).

f) Haftpflicht auf verschiedenen Stufen

Neben den geschilderten allgemeinen Rückgriffsregeln gibt das Gesetz in verschiedenen Bestimmungen Anweisungen, wie die endgültige Aufteilung des Schadenersatzes unter den verschiedenen Haftpflichtigen zu erfolgen habe. Im Mittelpunkt stehen OR 51 II und SVG 60 II. Es geht namentlich um die Frage des Rückgriffs unter Haftpflichtigen, die aus unterschiedlichen Gründen einzustehen haben: aus ausservertraglichem Verschulden, aus vertraglicher Verpflichtung, aus Kausalhaftung. Hier liegen die Hauptprobleme.

5. RÜCKGRIFF NACH DEM OR

a) Nach OR 50

Absatz 2 verweist einfach auf das richterliche Ermessen. OR 148 I schreibt gleichmässige Aufteilung vor, sofern sich aus dem Rechtsverhältnis unter den Solidarschuldnern nicht etwas anderes ergibt. Da es sich um eine Haftung aus gemeinsamem Verschulden handelt, ist die Schwere des Verschuldens der einzelnen Beteiligten für die endgültige Übernahme des Schadens massgeblich. Manchmal steht die Beteiligung an einem gefährlichen Spiel im Vordergrund, und es ist eher zufällig, wer den Schaden direkt verursacht, wie bei den drei Knaben, die in einer Scheune mit bengalischen Zündhölzern hantierten (100 II 332ff.). Dann ist gleichmässige Schadentragung angebracht. Mitunter trifft den Urheber das grössere Verschulden als den blossen Beteiligten. So musste beim Spiel mit Pfeil und Bogen in 104 II 184ff. der Schütze, der zusätzlich die Spielregeln verletzt hatte, doppelt soviel tragen wie der Spielgefährte. Vielschichtig war die Aufteilung in 79 II 66ff., ein Eishockeyspiel in Moutier betreffend, wo der Besucher-Klub Delsberg die Hälfte zu übernehmen hatte, der Spieler, der eine Zuschauerin mit dem Stock getroffen hatte, ³⁄₂₀ und jeder der nur lose zusammengeschlossenen jugendlichen Spieler von Moutier ¹⁄₁₀ der verbliebenen ⁷⁄₂₀, also ⁷⁄₂₀₀. Beim Schiessen auf Gläser in einer Gartenwirtschaft, das zu 71 II 107ff. Anlass gab, hatte der im Vordergrund stehende Offizier ¾ zu zahlen, der Wirt, der das Treiben geduldet hatte, ¼.

b) Nach OR 51

Diese Bestimmung verweist auf die vorhergehende, also auch auf das richterliche Ermessen. Dazu aber enthält sie in Abs. 2 eine Stufenordnung: In der Regel soll der aus unerlaubter Handlung, also aus Verschulden Haftende den Schaden tragen, nach ihm der aus Vertrag Ersatzpflichtige und in letzter Linie der aus blosser Gesetzesvorschrift Haftbare.

Zur Einstufung sei bemerkt:
– Bei der Verschuldenshaftung belastet in gewohnter Weise das Verschulden von Organen, und nur dieses, die juristische Person (76 II 391). Die Geschäftsherrenhaftung nach OR 55 indessen ist eine Haftung aus Gesetz, auch wenn die Hilfsperson schuldhaft gehandelt hat (77 II 247). Aus Verschulden haftet nur die Hilfsperson. Trifft indessen die Geschäftsherrin ein zusätzliches Verschulden, dann fällt auch sie in die Kategorie der zuvorderst Haftpflichtigen. Dabei muss man sich allerdings davor hüten, in der Sorgfaltsverletzung bereits ein Verschulden zu sehen. Sie bildet ja gerade den

Haftungsgrund nach OR 55 (80 II 250f.). Erst wenn das Verhalten des Geschäftsherrn allgemeine Grundsätze der Rechtsordnung oder eine besondere Bestimmung verletzt, wird es zum Verschulden nach OR 41 (80 II 251). Zusätzliches Verschulden eines Geschäftsherrn wie einer Tierhalterin oder eines Familienhauptes liegt also erst dann vor, wenn die geschädigte Person, schöbe man die Kausalhaftung beiseite, ein solches im Sinne von OR 41 beweisen könnte.
- Auch bei der vertraglichen Haftung stellt sich die Frage der Einstufung der Haftung für Hilfspersonen. Hier ist es anders. Der Geschäftsherr haftet nicht mehr wie bei OR 55 für eigenes Verhalten, sondern dasjenige seiner Hilfspersonen (die an seiner Stelle die eingegangene Verpflichtung erfüllen) wird ihm wie eigenes angerechnet. Wenn also der Handwerker seinen Arbeiter zur Kundin schickt und der dort einen Schaden anrichtet, ist die Haftung des Patrons eine vertragliche und nicht eine solche aus blosser Gesetzesvorschrift (80 II 253). Sind neben der Verantwortlichkeit aus Vertrag die Voraussetzungen für ausservertragliche Haftung gegeben, so belastet dies den Betreffenden auch beim Rückgriff.
- Als Haftungen nach Gesetzesvorschrift erscheinen die Kausalhaftungen, einmal die einfachen oder milden gemäss OR 54, 55, 56 und 58 sowie ZGB 333 und 679, sodann die Gefährdungshaftungen oder scharfen Kausalhaftungen der verschiedenen Spezialgesetze. Bei den milden Kausalhaftungen ist zu beachten, dass sie ein gewisses Mass an Ordnungswidrigkeit erfassen und dass die ihnen Unterworfenen erst beim Hinzutreten eines selbständigen Verschuldens in die Gruppe der Verschuldenshaftpflichtigen fallen. Das gleiche geschieht Gefährdungshaftpflichtigen, denen irgendein Verschulden nachgewiesen wird. Es ist aber in diesem Zusammenhang nicht an ihnen, ihr Nichtverschulden darzutun.

Der Rückgriff innerhalb der gleichen Stufe bietet keine Schwierigkeiten:
- Bei der Verschuldenshaftung stellt man auf die Schwere des jeweiligen Verschuldens ab.
- Bei der Vertragshaftung sind die Bedeutung der Vertragsverletzung und das Gewicht des Verschuldens massgeblich. So ergab sich in 95 II 55 eine Aufteilung der Verantwortlichkeit zwischen Architekt und Unternehmer von 40:60%, wobei allerdings die Solidarität entfiel, weil der Architekt Hilfsperson der Bauherrin war. In 119 II 127ff. blieb es bei der Belastung der Ingenieurfirma mit 70% und der Bauunternehmung mit 30%.
- Bei den Kausalhaftungen hält man sich an die Regeln über die Haftungskollisionen. Naturgemäss bringen die scharfen Kausalhaftungen stärkere Belastung als die milden. Nichts anderes ergibt sich nach dem Art. 60 SVG, der zum Zuge kommt, sobald ein Motorfahrzeug beteiligt ist.

Schwieriger wird die Aufteilung zwischen Haftpflichtigen verschiedener Stufen. Zwar enthält OR 51 II hiefür eine klare Massgabe. Ihre unbesehene Anwendung würde indes bedeuten, dass bei der Verursachung eines Schadens durch eine aus Gefährdung haftpflichtige und eine durch Verschulden haftpflichtige Person die durch Verschulden haftende letztlich den ganzen Schaden zu tragen hätte. Hätten sich die beiden gegenseitig geschädigt, so würde nach den Regeln über die Haftungskollisionen der grössere Teil zu Lasten der kausalpflichtigen Person gehen. Ob indessen die beiden Haftpflichtigen einen Dritten schädigen oder nur einander, ändert an der Gewichtung der Schadenursachen, die sie zu vertreten haben, nichts. Die Regelungen müssen sich decken. Haftungs- und Rückgriffsordnung müssen übereinstimmen. Wir stellen hier einen Gegensatz zwischen der Regelung der Haftungskollisionen und der Regressregel von OR 51 II fest.

Wie ist das Problem zu lösen? Für einen grossen Teil der Fälle findet sich die Antwort bereits in SVG 60. Dieser Artikel gilt für alle Unfälle, an denen ein Motorfahrzeug beteiligt ist, und umfasst so bereits einen grossen Teil aller internen Auseinandersetzungen zwischen Gefährdungs- und Verschuldenshaftpflichtigen. Wenn ein Motorfahrzeuglenker einer unvorsichtigen Fussgängerin ausweicht und die Insassen des Fahrzeugs verletzt werden, so regelt sich der Rückgriff nach dieser Bestimmung. Sie sieht Belastung nach den Umständen vor, und es ist klar, dass die Betriebsgefahr des Motorfahrzeugs einen gewichtigen Umstand darstellt. Es kann keine Rede davon sein, dass die Fussgängerin, die ein normales Verschulden trifft, letztlich alles zu übernehmen habe. Der Gesetzestext legt es nahe, die Fussgängerin am Schaden Dritter in gleicher Weise zu beteiligen wie an dem von ihr selbst bzw. vom Automobilisten erlittenen. Was aber auf dem Gebiet des SVG recht ist, muss bei den anderen Gefährdungshaftungen billig sein. Der Gesetzestext steht dem nicht entgegen. OR 51 II stellt nur eine Regel auf, und es liegt auf der Hand, dass man seinerzeit Gestalt und Gewicht der ganzen Gruppe der Gefährdungshaftungen noch nicht sah. Dazu kommt, dass OR 51 I ausdrücklich auf OR 50 und damit auf das richterliche Ermessen verweist. Es besteht deshalb vom Gesetz her volle Freiheit, bei den Kausalhaftungen, namentlich den scharfen, den Rückgriff entsprechend der allgemeinen Haftungsverteilung zu ordnen.

Die beste Lösung besteht darin, die Regel von OR 51 II von vornherein nur auf die Haftungen innerhalb des OR anzuwenden und bei Zusammentreffen von Verschuldenshaftungen mit spezialgesetzlich geregelten Kausalhaftungen das richterliche Ermessen spielen zu lassen, wobei natürlich SVG 60 als Massgabe dient. Genau genommen könnte man es mit den im OR enthaltenen, den milden Kausalhaftungen ähnlich halten. Aber hier mag die Regel zum Tragen kommen, und sie bewirkt auch keine unbilligen Ergebnisse: Wenn die Tierhalterin eine krasse Sorgfaltsverletzung begangen hat oder wenn ein ausgeprägter

Werkmangel vorliegt, ist in der Regel ein zusätzliches Verschulden gegeben; wenn anderseits der Fehler des Verschuldenshaftpflichtigen gering ist, kann er mit Hilfe von OR 43 I entlastet werden.

So kann man mit dem Art. 51 II OR, der nun einmal da ist, leben. Man kommt aber nicht um die Feststellung herum, dass er, wenn er überhaupt jemals richtig war und nicht zu Unrecht ganze Generationen kujoniert hat, beseitigt werden sollte. Das ist denn die Absicht. Art. 30 I des Vorentwurfs lautet:

> Auf die beteiligten haftpflichtigen Personen wird der Schadenersatz nach Massgabe aller Umstände verteilt; zu berücksichtigen sind dabei insbesondere die Schwere des Verschuldens und die Intensität des charakteristischen Risikos, welche jeder einzelnen Person zuzurechnen sind.

c) Nach OR 55

OR 55 II **Der Geschäftsherr kann auf denjenigen, der den Schaden gestiftet hat, insoweit Rückgriff nehmen, als dieser selbst schadenersatzpflichtig ist.**

Hat der Geschäftsherr eine Drittperson entschädigt, so kann er nach allgemeiner Regel auf die solidarisch mit ihm haftende Hilfsperson zurückgreifen. Insofern ist OR 55 II unnütz. Darüber hinaus ist diese Bestimmung verwirrlich, erweckt sie doch den Eindruck, der Rückgriff des Geschäftsherrn sei in dem Umfange gegeben, in dem die Hilfsperson nach aussen haftet. Ihr endgültiger Anteil mag aber wegen Verschuldens des Geschäftsherrn oder wegen des nach OR 321e zu berücksichtigenden Berufsrisikos geringer ausfallen. Das «insoweit Rückgriff nehmen, als» bedeutet deshalb einfach «Rückgriff nehmen, wenn». Unnötig zu sagen, dass diese Rückgriffsbestimmung die Gesamtrevision des Haftpflichtrechts nicht überleben wird.

d) Nach OR 56

OR 56 II **Vorbehalten bleibt ihm der Rückgriff, wenn das Tier von einem andern oder durch das Tier eines andern gereizt worden ist.**

Diese Rückgriffsvorschrift bringt nichts Neues und auch keine Abweichung gegenüber der allgemeinen Rückgriffsordnung. Man wird die Aufteilung nach dem Gewicht vornehmen, das dem Verhalten der Drittperson oder des andern Tieres im Verhältnis zur Verantwortlichkeit des Rückgriff nehmenden Tierhalters zukommt.

e) Nach OR 58

OR 58 **Der Eigentümer eines Gebäudes oder eines anderen Werkes hat den Schaden zu ersetzen, den diese infolge von fehlerhafter Anlage oder Herstellung oder von mangelhafter Unterhaltung verursachen.**
Vorbehalten bleibt ihm der Rückgriff auf andere, die ihm hiefür verantwortlich sind.

Verantwortlich sind dem Eigentümer vorab Personen, die das Werk errichtet haben: Architektin, Ingenieur, Handwerkerin oder solche, die es benützen und betreuen: Mieter, Pächterin, Hauswart.

Man sagt, OR 58 II sei nur ein Anwendungsfall von OR 51 II. In der Tat passen die beiden Bestimmungen zueinander, und der Werkeigentümer, die Werkeigentümerin kann den Rückgriff ohne weiteres auf OR 51 II gründen. Indessen öffnet ihnen OR 58 II einen direkten Weg und bessere Möglichkeiten. Nach der allgemeinen Bestimmung von OR 51 II nämlich müssen rückgriffsweise Belangte zum einen der geschädigten Person gegenüber haftbar und zum andern nach der dort aufgestellten Regel rückgriffspflichtig sein. Nach der Sondernorm von OR 58 II jedoch genügt es, wenn sie dem Werkeigentümer gegenüber verantwortlich sind. Da zwischen den beiden regelmässig ein Vertrag (ein Werkvertrag oder Auftrag, ein Arbeits-, Miet- oder Pachtvertrag) besteht, ist die Haftung z. B. eines Handwerkers eher gegeben als dessen ausservertragliche Haftpflicht gegenüber der geschädigten Person (Beweis des Verschuldens bzw. Nichtverschuldens, Haftung für Hilfspersonen). Sodann verschafft OR 58 II dem Werkeigentümer ohne weiteres den Rückgriff auf Personen, die Geschädigten gegenüber ebenfalls nur nach Gesetz, etwa nach OR 55, haften.

Miteigentum an einem Werk bewirkt solidarische Haftbarkeit (117 II 63). Die endgültige Aufteilung hat entsprechend der Verantwortung für den Werkmangel zu erfolgen; es ist denkbar, dass ein Miteigentümer oder eine Miteigentümerin die Betreuung des Werkes übernommen hat. Sind alle gleichermassen verantwortlich, so drängt sich Belastung nach Miteigentumsanteilen auf.

6. RÜCKGRIFF NACH DEM SVG

a) Nach SVG 60 II

Der erste Satz dieser Bestimmung:

Auf die beteiligten Haftpflichtigen wird der Schaden unter Würdigung aller Umstände verteilt,

bezieht sich auf die interne Auseinandersetzung zwischen Motorfahrzeughaltern oder -halterinnen und sonstigen Haftpflichtigen. Er stellt sie ins Ermessen des Gerichts. Da liegt es auf der Hand, die Regeln über die Haftungskollisionen anzuwenden (69 II 159). Das Zusammen- und Gegenspiel zwischen Betriebsgefahren, sonstigen Kausalhaftungsgründen und Verschulden gibt im einzelnen Fall den Ausschlag. So erfolgt bei einem Zusammenstoss zwischen Eisenbahn und Automobil die «Verteilung der Haftung nach dem Anteil an der

Verursachung, der jedem der beiden Fahrzeuge zuzuschreiben ist, unter Berücksichtigung der mit seinem Gebrauch verbundenen Gefahren, und nach dem beidseitigen Verschulden» (69 II 150). Ausgangspunkt war im genannten Entscheid der bekannte Schlüssel ⅔ zu ⅓ zu Lasten der Bahn; aufgrund des beidseitigen Verschuldens wurde er in ein Verhältnis ⅗ zu ⅖ zu Lasten des Automobils abgeändert (69 II 159). (Anmerkung: Das Bundesgericht erwähnt zwar auf Seite 155 den Artikel 18 EHG, nimmt dann aber in der Folge in keiner Weise mehr Bezug auf ihn.)

Bei der Kollision zwischen einem Motorfahrzeug und einem Tier ist die Ausgangslage umgekehrt: Falls keinen der Beteiligten ein Verschulden trifft, ist die Aufteilung des Schadens im Verhältnis von ⅔ zu ⅓ zu Lasten des Motorfahrzeughalters vorzunehmen (108 II 57). Der eben genannte Entscheid, das zu niedrige Nordtor des Städtchens Wangen an der Aare betreffend, hat für das Aufeinanderprallen von Werkeigentümer- und Motorfahrzeughalterhaftung neue Massstäbe gesetzt: «Die Risiken, die dem Strassenverkehr aus der Tierhaltung erwachsen, sind lediglich sporadische, während die Gefahren mangelhaften Strassenunterhalts in der Regel länger, vorliegend über Jahre, bestehen und meist auch schwerere Schäden bewirken.» Je nach Art des Mangels haftet der Werkeigentümer von vornherein zur Hälfte (wie hier) oder höher. Im vorliegenden Falle traf den Werkeigentümer ein zusätzliches Verschulden, weil es die zuständigen Organe während Jahren versäumt hatten, die vorgeschriebene Signalisation anzubringen (Seite 55f.), so dass er schliesslich ⅔ zu tragen hatte (Seite 58). Weniger Gewicht kam dem Werkmangel gegenüber der Betriebsgefahr eines Autos in 116 II 645ff. zu: Auf der Strasse zum Grossen St. Bernhard war ein Wagen ins Schleudern geraten und in ein entgegenkommendes Fahrzeug geprallt; dessen Lenker fand den Tod. Eine Rolle spielte ein Mittel im neu angebrachten Strassenbelag, das die Eisbildung verhindern sollte. Der Kanton Wallis musste einen Drittel der Aufwendungen übernehmen; zwei Drittel verblieben der Haftpflichtversicherung des Autos, das den Unfall verursacht hatte.

Bei solidarischer Haftung zwischen Fussgängerinnen oder Radfahrerinnen und Motorfahrzeughaltenden werden diese mit einer Haftungsquote von 50% oder weniger davonkommen, wenn die Fussgängerin oder Radfahrerin ein erkleckliches Verschulden trifft. Regelmässig bleibt aber der grössere Teil des Schadens beim Motorfahrzeughalter. Es kann sogar sein, dass ein leichtes Verschulden der Fussgängerin oder Radfahrerin bei der Gesamtwürdigung der Verursachung von der Betriebsgefahr und dem Verschulden des Automobilisten derart überschattet wird, dass dieser alles tragen muss. Nach den gleichen Grundsätzen regelt sich der Rückgriff einer Motorfahrzeughalterin gegen den Lenker des eigenen Fahrzeugs, doch gewinnt diese Frage nur dann Bedeutung, wenn der Versicherungsschutz nicht genügt.

Statt weiterer Ausführungen sei auf die Lehre von den Haftungskollisionen verwiesen (Band I 343ff.). Dass die dortigen Regeln mit den hiesigen übereinstimmen müssen, untermauert

der zweite Satz von SVG 60 II:

Mehrere Motorfahrzeughalter tragen den Schaden nach Massgabe des von ihnen zu vertretenden Verschuldens, wenn nicht besondere Umstände, namentlich die Betriebsgefahren, eine andere Verteilung rechtfertigen.

Diese Formulierung stimmt mit der Verteilung bei Kollision gemäss SVG 61 I überein (99 II 95). Das bedeutet, dass bei einseitigem Fehler der Alleinschuldige alles trägt. «Der Betriebsgefahr ist nur Rechnung zu tragen, wenn sie sich beim einen Halter besonders stark ausgewirkt hat oder wenn den allein schuldigen Halter nur ein geringfügiges Verschulden trifft» (99 II 98). Nach dem Wortlaut des Gesetzes gilt diese Ordnung für Körper- und für Sachschaden Dritter.

Ein Beispiel für die Aufteilung nach Verschulden findet sich in 101 II 346ff.: Ein 18½jähriger Automobilist kam mit 80–100 km/h statt der erlaubten 60 daher und stiess auf ein vom Strassenrand wegfahrendes Fahrzeug, dessen Lenker und Halter, der Herr U., starb; seine Gattin wurde schwer verletzt. Das Verschulden des Auffahrenden war schwer, das des Herrn U. von einer gewissen Schwere. Entsprechend verteilte das Bundesgericht die Haftung im Verhältnis ¾ zu ¼ zu Lasten des bei der Waadt versicherten Auffahrenden. Für den Körperschaden von Frau U. hafteten die beiden Halter solidarisch. Die von ihr belangte Versicherungsgesellschaft des Gegenfahrzeugs hatte deshalb einen Rückgriff von ¼ auf die Erben U., nämlich Frau U. und ihre Kinder, und konnte ihn mit den gestellten Versorgerschadenansprüchen verrechnen. In 113 II 323ff. wurde die Halterin des auffahrenden Lastwagens mit einem Drittel, die Halterin des in einem Tunnel stehen gebliebenen Lastenzuges mit zwei Dritteln belastet, weil das Verschulden an der Panne schwerer wog als die Unaufmerksamkeit des auffahrenden Chauffeurs. Dieser war beim Unfall getötet worden. Die beiden Halterinnen hafteten seinen Hinterbliebenen solidarisch. Sie hatten beide Betriebsgefahren zu vertreten und konnten den Hinterlassenen nur das Verschulden des Getöteten entgegenhalten, nämlich ⅓ von ⅔ (Verschuldensanteil an der Gesamtverursachung) = 2/9.

Ein Beispiel für die Belastung des alleinschuldigen Halters liefert 99 II 93ff.: Frau Mayer nahm auf schneebedeckter Strasse bei 60 km/h Geschwindigkeit das Gas weg, worauf sie ins Schleudern geriet und mit dem entgegenkommenden Wagen der Eheleute Meienberg zusammenstiess. Dessen Halter war Herr Meienberg; gesteuert wurde er von Frau Meienberg. Herr Meienberg belangte die Waadt als Versicherung des von Frau Mayer gelenkten Fahrzeugs. Diese machte ihm gegenüber Rückgriffsansprüche für ihre Aufwendungen an Frau

Meienberg geltend. Das Bundesgericht wies sie, im Unterschied zum Obergericht Zürich, wegen des einseitigen erheblichen Verschuldens von Frau Mayer ab.

Es vermag eher pragmatisch als dogmatisch zu befriedigen, dass bei der – direkten oder rückgriffsweisen – Auseinandersetzung unter Haltern in der Regel nur auf das Verschulden und nicht auch auf die Betriebsgefahr abgestellt wird. Zu begründen ist dies damit, dass bei gegenseitigen gleichen Betriebsgefahren diese in den Hintergrund treten (s. die ausführlichen Erläuterungen in 99 II 96ff.).

Ein Beispiel für die Berücksichtigung überwiegender Betriebsgefahr beim einen Halter stellt 95 II 333ff. dar: Frau Hegner, am Steuer des Wagens ihres Mannes, wollte vom rechten Rand wegfahren und die Strasse überqueren, stiess aber mit dem Fahrzeug der Eheleute Landolt zusammen, welches von hinten mit einer Geschwindigkeit von gut 100 km/h nahte. Die Basler, als Haftpflichtversicherung des Halters Hegner, trat auf die Ansprüche der Frau Landolt ein, machte aber rückgriffsweise einen Teil davon beim Halter Landolt geltend. Dieser musste, trotz ausschliesslichem und erheblichem Verschulden der Frau Hegner, 20% des Schadens übernehmen.

Vollends erlangt die Betriebsgefahr ihre Bedeutung wieder, wenn auf keiner Seite ein Verschulden vorliegt. Die Haftungsverteilung erfolgt dann nach den Umständen, namentlich nach den Betriebsgefahren. Sind diese gleich, so ergibt sich hälftige Aufteilung. Es können indessen noch andere Umstände eine Rolle spielen, vorab die in SVG 61 II genannten: vorübergehender Verlust der Urteilsfähigkeit, fehlerhafte Beschaffenheit des Fahrzeugs. Es ist nicht einzusehen, weshalb diese Umstände beim Sachschaden unter Haltern, nicht aber beim Personenschaden erheblich sein sollten. Fälle, in denen ein Fahrzeuglenker auf die linke Seite gerät, weil ihm plötzlich die Steuerung oder die Sinne versagen, sind in diesem Lichte zu lösen (Band I 296). Es kann deshalb dem Entscheid 105 II 209ff. nicht gefolgt werden. Dort ging es um einen Personenwagenlenker, der, möglicherweise wegen einer abgeklungenen Herzmuskelentzündung von einer Bewusstseinsstörung befallen, auf die andere Fahrbahn geraten und mit einem entgegenkommenden Lastwagen zusammengestossen war. Die beiden Halter wurden gegenüber den Hinterlassenen des erwähnten Lenkers haftpflichtig; da keiner ein Verschulden zu vertreten hatte, gab die Betriebssgefahr den Massstab ab. Diese war beim Lastwagen mit 15 Tonnen Gewicht gegenüber dem eine Tonne wiegenden Personenwagen eindeutig grösser. Dass das Bundesgericht trotzdem die vom Kantonsgericht Graubünden vorgenommene hälftige Teilung billigte, deutet darauf hin, dass der Halter des Personenwagens vom Geschehen her doch als der stärker Belastete erschien. Richtigerweise hätte man im Bewusstseinsverlust entweder die alleinige oder aber die Hauptursache sehen und dem Lastwagenhalter wegen überwiegender Betriebsgefahr höchstens etwa 20% aufbürden müssen. Das Urteil ist um so fragwürdiger, als das Bundesgericht im Gegensatz zu ZGB 16 die Urteilsfähigkeit des Personenwagenlenkers nicht vermuten wollte. Seine Berufung auf SVG 59, wonach das Verschulden zu beweisen sei, hilft nichts, weil eben im Rahmen dieser Beweisführung die Urteilsfähigkeit zu vermuten ist. Es entspricht schliesslich dem Rechtsempfinden, dass solches Abkommen vom rechten Wege zur vollen Haftung führt, sei es, dass ein Verschulden angenommen wird, sei es, dass der Verlust der Urteilsfähigkeit als die bestimmende Unfallursache erscheint.

Eher befreunden kann man sich mit dem Urteil des Bundesgerichts vom 10. Juni 1997 = 123 III Nr. 44: Ein Milchtanklastwagen war wegen eines unrichtig eingestellten Bremskraftreglers auf die linke Strassenseite geraten und mit einem entgegenkommenden Jeep zusammengestossen. Dessen Halter, der am Steuer sass, wurde getötet. Die Witwe und die Söhne klagten gegen den Halter des Lastwagens. Dieser hatte weder ein Verschulden des im Strafverfahren freigesprochenen Lenkers zu vertreten noch war er für ein allfälliges Verschulden der Mechaniker der Garage, wo kürzlich der grosse Service durchgeführt worden war, verantwortlich, weil diese nicht als Hilfspersonen beim Betrieb des Fahrzeugs galten. Es handelte sich also um eine Haftungskollision zwischen zwei Haltern ohne Verschulden. Das kantonale Gericht hatte dem Lastwagenhalter wegen der grösseren Betriebsgefahr (12 Tonnen gegen 2 Tonnen) und des Fahrzeugmangels eine Haftung von 90% auferlegt. Das Bundesgericht hielt fest, dass neben der Betriebsgefahr auch Umstände wie Bewusstseinsverlust oder fehlerhafte Beschaffenheit eines Fahrzeugs zu berücksichtigen seien, dass sie aber höchstens in Ausnahmefällen zu einer hundertprozentigen Haftpflicht führen könnten. Im zu beurteilenden Fall habe die Vorinstanz das ihr zustehende Ermessen nicht überschritten. Wir nehmen gerne an, dass das Bundesgericht dies auch gesagt hätte, wenn das Kantonsgericht auf volle Haftung des Lastwagenhalters erkannt hätte.

b) Nach SVG 61 III

Auch bei der solidarischen Haftung von Haltern gegenüber einem weiteren Halter sind die Kollisionsregeln anwendbar. Der Rückgriff beurteilt sich also nach SVG 61 I und II. Das bedeutet, dass ein Unterschied zwischen Personen- und Sachschaden zu machen ist, indem beim Sachschaden die Betriebsgefahr keine Berücksichtigung findet.

Im übrigen sei daran erinnert, dass der Rückgriff unter Haltern solidarische Haftung voraussetzt und dass diese nur diejenigen Halter trifft, welche als solche gemäss SVG erscheinen. Wer sein Fahrzeug korrekt am Strassenrand abgestellt hat oder wer durch grobes Drittverschulden entlastet wird, ist gar nicht als

Halter oder Halterin, sondern als irgendeine dritte Person in das Geschehen verwickelt (vorn 179).

c) Nach SVG 65 III

Leser, Leserinnen mögen die Stirne runzeln, wenn sie diesen Rückgriff hier behandelt finden, richtet er sich doch nicht nach Haftungs- und Kollisionsregeln, sondern nach Versicherungsrecht. Man hätte deshalb auch an anderer Stelle darauf eingehen können. Indessen überwiegt die Tatsache, dass es um einen durch das SVG geregelten Rückgriff zwischen zwei solidarisch Haftpflichtigen geht. Dieser Rückgriff ist das Gegenstück zur Ablehnung oder Kürzung der Versicherungsleistungen nach VVG 14, die gemäss SVG 65 II den Geschädigten nicht entgegengehalten werden kann. Er richtet sich gegen die Person, welche den Ablehnungs- oder Kürzungsgrund zu verantworten hat, sei es die Halterin, sei es die Lenkerin. Der Halter hat somit – im Unterschied zur Haftung – die Missetaten der Lenker nicht zu entgelten. Das Bundesgericht begründet dies damit, dass sich die Haftpflichtversicherung in eine solche des Halters einerseits, des Lenkers anderseits spalte (91 II 226). Mitunter trifft der Rückgriff sowohl die Halterin als auch den Lenker, z.B. wenn beiden der unzulängliche Zustand des Fahrzeugs bekannt sein musste.

Der Rückgriff kann die ganze Leistung der Versicherung erfassen, etwa beim Fahren ohne Führerausweis oder bei der sogenannten Alkoholklausel. In den meisten Fällen handelt es sich jedoch um einen teilweisen Regress wegen grober Fahrlässigkeit (zu diesem Begriff Band I 109). Die Frage dreht sich dann darum, ob eine solche vorliege und wie sie zu gewichten sei. Dazu zwei Urteile des Bundesgerichts:

91 II 226ff.	Bei einem Lenker, der «nachts in angetrunkenem Zustand mit übersetzter Geschwindigkeit auf seiner linken Fahrbahnhälfte» mit einem andern zusammenstösst, ist eine Kürzung des Versicherungsanspruchs von 70% nicht übersetzt.
92 II 250ff.	Bei einem Lenker, der nach Einbruch der Nacht mit einem fremden Wagen und mit der weit übersetzten Geschwindigkeit von 75 km/h in eine Kurve hineingefahren war, erhöhte das Bundesgericht den vom Amtsgericht Olten-Gösgen abgewiesenen und vom Obergericht Solothurn im Umfange von 15% zugesprochenen Regress der Versicherungsgesellschaft auf 30%.

Die Grobfahrlässigkeit ist nicht der groben Verletzung von Verkehrsregeln gemäss SVG 90/2 gleichzusetzen. Die Voraussetzungen für die Anwendung dieser Bestimmung sind enger. «Art. 90 Ziff. 2 SVG ist nach der Rechtsprechung objektiv erfüllt, wenn der Täter eine wichtige Verkehrsvorschrift in objektiv schwerer Weise missachtet und die Verkehrssicherheit abstrakt oder konkret gefährdet hat. Subjektiv erfordert der Tatbestand, dass dem Täter aufgrund eines rücksichtslosen oder sonstwie schwerwiegend regelwidrigen Verhaltens zumindest eine grobe Fahrlässigkeit vorzuwerfen ist» (120 IV 175). Somit kann grobe Fahrlässigkeit auch ohne eine Verurteilung nach SVG 90/2. gegeben sein; umgekehrt bestätigt eine solche Bestrafung von vornherein das Vorliegen einer Grobfahrlässigkeit.

In der Praxis schälen sich drei Gruppen grober Fahrlässigkeit heraus:
- Der Zustand des Lenkers: Trunkenheit am Steuer ist der klassische Rückgriffstatbestand. Er sticht nicht nur durch seine Häufigkeit, sondern auch durch seine Deutlichkeit heraus. Ob jemand Alkohol im Blut hat (wenn er tot ist: im Gehirn oder in der Muskulatur) lässt sich sauber feststellen, der Grad der Berauschung in eine unanfechtbare Rückgriffsquote umsetzen. Selbstverständliche Bedingung ist die Ursächlichkeit der Alkoholisierung. Ein Beispiel für beides bietet 84 II 292ff.: Bei nächtlicher Heimfahrt im Nebel, nach einem Essen mit alkoholischer Tranksame, geriet ein Architekt, mit einem Polizeidirektor im Auto, auf die andere Strassenseite und stiess mit einem korrekt entgegenkommenden Lastwagen, dessen Chauffeur ebenfalls angetrunken war, zusammen. Kaum je eine Rolle spielt, wie es zur Angetrunkenheit kam. Es lässt sich immerhin der Fall denken, dass einer Ahnungslosen Alkoholessenz in den Punsch geschüttet wurde, und vielleicht findet derjenige, den die Geburt seines ersten Kindes Nüchternheit und Besonnenheit vergessen liess, einen milden Sachbearbeiter bei der Versicherung.
Sehr auf die Vorgeschichte kommt es hingegen beim Einschlafen am Steuer an. Wer sich nach durchwachter Nacht auf eine längere Fahrt begibt, wer sozusagen in einem Zug durch halb Europa in die Ferien reist oder davon zurückkehrt, der nimmt eine Übermüdung in Kauf und verdient keinen Pardon, wenn der Körper seinen Tribut fordert. Eher auf Nachsicht hoffen kann ein Fahrzeuglenker, der unter vertretbaren Umständen am Steuer einnickt, obschon auch er dem Vorwurf der groben Fahrlässigkeit nicht entgeht. Der Schlaf überkommt einen ja nicht unversehens, sondern kündigt sich an, und dann ist es eben die Pflicht des verantwortungsbewussten Automobilisten, etwas dagegen zu tun (Fahrtunterbrechung, Bewegung usw.).
Zunehmende Bedeutung haben die Rückgriffe wegen Medikamentenmissbrauchs oder Drogenkonsums erlangt.
- Der Zustand des Fahrzeugs: Abgefahrene Reifen sind das häufigste Beispiel. Allerdings sind sie nur bei nasser Fahrbahn kausal für das Schleudern des Fahrzeugs. Im weiteren sind ungenügende Bremsen und fehlende Beleuchtung zu erwähnen.
- Das Fahrverhalten: Willentliche Missachtung des Rotlichts, Überfahren eines Stoppsignals, Überholen in Kurven, vor Eselsrücken oder trotz Gegen-

verkehr sowie gänzlich unangemessene Geschwindigkeit sind die häufigsten Tatbestände. Ihr Kennzeichen ist, wie beim Fahren in ungeeignetem Zustand oder mit ungeeignetem Fahrzeug, ein bewusst gesetzwidriges und gefährliches Verhalten, eine rücksichts- und verantwortungslose Einstellung, eine willentliche Missachtung wichtiger Vorschriften. Dadurch unterscheiden sie sich von blossen Unaufmerksamkeiten und Versehen, von Fehleinschätzungen der Entfernung oder der Geschwindigkeit eines andern Fahrzeugs, von «einfachen» Vortrittsverletzungen, mässigen Geschwindigkeitsüberschreitungen und dergleichen. Krasse Unaufmerksamkeiten wie das Überfahren eines gut sichtbaren Stoppsignals, das Nichtbeachten der Haltezeichen bei einem Bahnübergang oder das Benützen der Autobahn in verkehrter Richtung (Geisterfahrer) sind aber wieder als grobfahrlässig einzustufen, wenn nicht besondere Umstände vorliegen wie in 118 IV 290, wo das Überfahren eines Rotlichts infolge Unaufmerksamkeit «angesichts der Übersichtlichkeit der spitzwinkligen Einmündung allein einer Fahrbahn von links und der ausgesprochen ruhigen Verkehrslage nicht besonders schwer» wog. Grobfahrlässig handelte gemäss 123 IV 88 eine Radfahrerin, die unter ungünstigen Umständen bei Gelb noch durchzufahren versuchte. In einem Urteil vom 5. Mai 1987 in Sachen B. gegen B. hat das Bundesgericht einen Rückgriff der Versicherung von 25 000 Franken (bei Aufwendungen von 140 000 Franken) gegenüber einem Lenker geschützt, der mit einer weit übersetzten Geschwindigkeit von 75 bis 80 Stundenkilometern eine Strasse mit Kurven befahren und die Herrschaft über sein Fahrzeug verloren hatte. In 122 IV 175 ist nachzulesen, wann eine Geschwindigkeitsüberschreitung auf Autobahnen und auf nicht richtungsgetrennten Autostrassen als grobe Verkehrsregelverletzung zu betrachten ist.

Zwei gegenläufige Gesichtspunkte bestimmen die Rückgriffspraxis der Versicherungen: Auf der einen Seite sind sie dazu da, die Verbindlichkeiten ihrer Versicherten zu übernehmen; auf der andern Seite drängt man sie dazu, von ihrem Rückgriffsrecht zur Entlastung der Prämienrechnung vermehrt Gebrauch zu machen. Sie versuchen, beidem gerecht zu werden, indem sie die Rückgriffe grundsätzlich, regelmässig und folgerichtig durchführen, sich aber bei der Geltendmachung, bei der Bemessung und bei der Durchsetzung Zurückhaltung auferlegen. Sie gehen weniger weit, als es ihnen die Gerichtspraxis erlauben würde.

Die Rückgriffsquoten bewegen sich zwischen 10 und 50%. Beispielshalber werden von einem, der 1 Promille Alkohol im Blute hatte, 10% zurückverlangt, bei 1½ Promillen mögen es 25% sein, bei 2 Promillen sind es etwa 40%. Diese Rückgriffsquoten lassen sich mit den UVG-Kürzungen vergleichen. Nach den Empfehlungen der Schadenleiter wird bei 0,8–1,2 Promillen um 20%

und für je zusätzliche 0,4 Promille um jeweils weitere 10% gekürzt (vgl. 120 V 231). Bei grösseren Schäden richtet sich der Regress allerdings weniger nach dem angemessenen Anteil als nach den Möglichkeiten des Schuldners. Regelmässig kommt es dann zu Ratenzahlungen. Richtigerweise müssten Regresspflichtige zusätzlich mit den Zinsen belastet werden. Das ist allerdings nicht der Brauch. Vielmehr versuchen die Versicherungsgesellschaften, eine abschliessende Kapitalzahlung zu erreichen. Sie sind in einem solchen Falle im Hinblick auf die Zinsen und den Verwaltungsaufwand zu erheblichen Abstrichen an ihren Forderungen bereit. Überhaupt soll der Rückgriff Fehlbare zwar empfindlich treffen, aber nicht in den Ruin treiben.

Angenehm ist es, wenn der Rückgriff mit Hilfe einer anrechenbaren Unfallversicherung der geschädigten Person oder durch Verrechnen mit Unfall- oder Kaskoansprüchen der versicherten Person selbst getilgt werden kann. Von der zweitgenannten Möglichkeit wird die Versicherung allerdings nicht ungehemmt Gebrauch machen, sonst erlitte einen Nachteil, wer bei der gleichen Gesellschaft verschiedene Versicherungsverträge abgeschlossen hat. Die Versicherung wird vielmehr Versicherten, welche sich der Verrechnung nicht widersetzen, bei der Bemessung der Rückgriffsquote entgegenkommen.

Besondere Zurückhaltung ist gegenüber den Erben eines grobfahrlässigen Schadenverursachers am Platze – soweit sich diese nicht dem Rückgriff durch Ausschlagen der Erbschaft überhaupt entzogen haben. Man wird darauf sehen, ob den Erben genügende Mittel, namentlich Leistungen aus dem Tod des Versicherten selbst, zur Verfügung stehen.

Der Rückgriff auf die Versicherten ist weder für diese selbst (oder ihre Rechtsnachfolgenden) noch für die Versicherung eine erfreuliche Angelegenheit. Ärger und Umtriebe begleiten ihn. Er ist aber ein notwendiges Übel und entlastet die Prämienrechnung der schweizerischen Assekuranz jährlich um Millionen von Franken.

d) Nach SVG 72, 75, 76

Diesen Bestimmungen gemeinsam ist, dass – zum Schutz der Geschädigten – jemand solidarisch oder subsidiär haftet, den man letztlich nicht belasten will. Folgerichtig wird der Rückgriff auf die eigentlichen Verantwortlichen eingeräumt:

Bei Rennen:

SVG 72 V **Muss bei einem nicht behördlich bewilligten Rennen ein Schaden durch die ordentliche Versicherung des schadenstiftenden Motorfahrzeuges oder Fahrrades gedeckt werden, so hat der Versicherer den Rückgriff auf die**

> Haftpflichtigen, die wussten oder bei pflichtgemässer Aufmerksamkeit wissen konnten, dass eine besondere Versicherung für das Rennen fehlte.

Bei Strolchenfahrten:

SVG 75 II Der Halter und sein Haftpflichtversicherer haben den Rückgriff auf die Personen, die das Motorfahrzeug entwendeten, sowie auf den Führer, der bei Beginn der Fahrt von der Entwendung zum Gebrauch Kenntnis hatte oder bei pflichtgemässer Aufmerksamkeit haben konnte.

Bei unbekannten oder nicht versicherten Schädigern:

SVG 76 V Der nationale Garantiefonds kann Rückgriff nehmen auf:
a. Haftpflichtige, die nachträglich ermittelt werden, oder ihre Versicherer;
b. Personen, die den Schaden verschuldet haben oder für die Verwendung des Fahrzeugs verantwortlich waren.

7. RÜCKGRIFF NACH WEITEREN SPEZIALGESETZEN

a) Verweis auf das OR

RLG 34 und USG 59a IV verweisen ausdrücklich auf OR 50/51; LFG 79, SprstG 27 I, JSG 15 II und PrHG 11 II erklären das OR allgemein zum ergänzenden Recht. Auch beim StSG, das sich nicht äussert, sind die Rückgriffsbestimmungen des OR heranzuziehen. Für alle diese Gesetze gilt somit das vorn 186ff. Gesagte. Nachstehend sind ein paar besondere Rückgriffsbestimmungen zu behandeln:

b) Nach ElG 28/30

Nach ElG 28 II hat bei verbundenen elektrischen Anlagen der Inhaber des Teiles, welcher den Schaden zugefügt hat, das Rückgriffsrecht auf den Inhaber des Teiles, welcher den Schaden verursacht hat. Das ist eine vom Verursachungsdenken her einleuchtende Regelung.

Nach Art. 30 ist bei Schädigungen zufolge des Zusammentreffens von verschiedenen elektrischen Leitungen der Schaden zu gleichen Teilen zu tragen, soweit nicht das Verschulden der einen Anlage (so der Gesetzestext) nachgewiesen werden kann. Das entspricht dem Grundsatz, dass zwischen gleichgestellten Gefährdungshaftpflichtigen das Verschulden massgebend sein soll (einem Grundsatz, der vor allem im SVG seine Ausprägung erfahren hat). Ausdrücklich vorbehalten werden in ElG 30 anderweitige Verständigungen, sei es vor, sei es nach dem Ereignis.

c) Nach EHG 18

«Der Eisenbahnunternehmung bleibt der Rückgriff vorbehalten gegenüber Personen, die durch ihr Verschulden einen Unfall verursacht haben, aus welchem Schadenersatzansprüche geltend gemacht wurden.» Diese Norm ähnelt OR 58 II. Sie ist auf Personen und Unternehmungen, welche die Bahn zugezogen hat, aber auch auf irgendwelche Dritte zugeschnitten. Sie führt allerdings ein kümmerliches Dasein, weil sie nur gerade einen Rückgriffstatbestand herausgreift. Oft muss man doch wieder zu umfassenderen Bestimmungen und Betrachtungen greifen. So wird EHG 18 in 69 II 150ff., den Zusammenstoss zwischen einer Lokomotive und einem Automobil betreffend, nur kurz am Anfang der Erwägungen erwähnt (S. 155).

d) Nach KHG 6

Die Kanalisierung der Haftung (vorn 182) hat einen sehr begrenzten Rückgriff zum Gegenstück. Er ist nur vorgesehen gegenüber Personen, die den Schaden absichtlich herbeigeführt, die Kernmaterialien entwendet oder verhehlt oder diesen Rückgriff vertraglich eingeräumt haben (was aber gegenüber einem Arbeitnehmer nur bei absichtlicher Herbeiführung des Schadens geltend gemacht werden kann).

e) Nach OHG 14

Der Rückgriff nach diesem Gesetz ist geprägt durch die «Subsidiarität der staatlichen Leistung», wie der Titel zu OHG 14 lautet. Der Kanton tritt für die erbrachten Entschädigungs- und Genugtuungsleistungen voll in die Rechte des Opfers ein, und zwar hat er nicht nur den Vorrang vor Rückgriffsforderungen Dritter, sondern auch vor den verbleibenden Ansprüchen des Opfers selbst (OHG 14 II). Anderseits bestimmt OHG 14 III, dass der Kanton auf einen Rückgriff gegenüber dem Täter verzichtet, wenn es für dessen soziale Wiedereingliederung notwendig ist.

II. DER RÜCKGRIFF DER PRIVATVERSICHERUNG

1. GESETZE UND GRUNDSÄTZE

a) OR 51 und VVG 72

Die Versicherung wird aus dem Versicherungsvertrag ersatzpflichtig und ist eine vertraglich Haftbare im Sinne von OR 51 II. Sie kann also auf die aus Verschulden Haftpflichtigen zurückgreifen. Genau das sagt als Spezialbestimmung

VVG 72 I   **Auf den Versicherer geht insoweit, als er Entschädigung geleistet hat, der Ersatzanspruch über, der dem Anspruchsberechtigten gegenüber Dritten aus unerlaubter Handlung zusteht.**

Die beiden Bestimmungen stehen im Einklang (107 II 495). Mit dieser Feststellung lässt sich aber die Frage nach ihrer Anwendbarkeit nicht abtun. Ein wichtiger Unterschied liegt darin, dass VVG 72 der Versicherung bestimmt und beschränkt den Rückgriff auf Haftpflichtige aus unerlaubter Handlung gewährt, während OR 51 nur eine Regel enthält, also Raum für Abweichungen lässt. Darum stellt sich die Frage, ob sich der Rückgriff der Privatversicherung auf Haftpflichtige einzig nach der starren Massgabe von VVG 72 richte oder ob in Anwendung von OR 51 eine gewisse Geschmeidigkeit möglich sei. Der erste Gedanke ist natürlich, dass das VVG als der speziellere Erlass vorgehe. Dem steht die Überlegung entgegen, dass OR 51 als jüngere Norm den Art. 72 VVG bestätige, ergänze und verfeinere. Sie verdient den Vorzug, weil sie uns ein bisschen Bewegungsfreiheit verschafft und erlaubt, uns halbwegs aus dem Widerspruch zwischen Haftungs- und Rückgriffsordnung herauszuschwindeln (vgl. vorn 188f. und hinten 203f.). Bei den kantonalen Brandassekuranzen, die es im Rückgriff den privaten Versicherungsgesellschaften gleichstellt, wendet das Bundesgericht durchwegs OR 51 an (77 II 246f., 96 II 175f.).

Der Rückgriff der Privatversicherung ist also im Lichte von VVG 72 und OR 51 zusammen zu prüfen. Dabei lässt VVG 72 I die Versicherung, sobald sie geleistet hat, direkt in die Rechtsstellung ihres Versicherten eintreten (man spricht von Legalzession), während OR 51 II nur ein Rückgriffsrecht verleiht. Selbstverständlich bleibt VVG 72 III, verwandt mit VVG 14 III und UVG 44 I, zu beachten. Im übrigen sei festgehalten, dass sich die Rückgriffsfrage nur bei der Schadenversicherung stellt. Leistungen aus Summenversicherung können die Betroffenen zusätzlich zur Haftpflichtentschädigung beziehen (sog. Anspruchskumulation). Da diese Unterscheidung in erster Linie bei der Personenversicherung eine Rolle spielt, wird sie unter diesem Titel (hinten 207f.) behandelt. Vor der Darstellung des geltenden Rechts sei aber nochmals dessen Unzulänglichkeit hervorgehoben und gezeigt, wie man Remedur schaffen will.

b) Kritik und Vorschau

Wie schon gesagt (vorn 188f.) verträgt sich die Rückgriffsregelung nicht mit der Haftpflichtordnung. Insbesondere kommen Gefährdungshaftpflichtige beim Rückgriff ungeschoren davon, während sie haftungsmässig in vorderster Front stehen. Auch Haftpflichtige aus Vertragsverletzung können sich, falls sie kein grobes Verschulden trifft, vor Inspruchnahme retten, wenn eine Versicherung den Schaden deckt. Als Begründung für diese Rechtsprechung (siehe das berühmt-berüchtigte Urteil Gini/Durlemann 80 II 247ff., das immer wieder bestätigt worden ist) wird angeführt, dass die Versicherung für die Deckung solcher Risiken Prämien beziehe (S. 254f.). Da indes die Versicherungsprämien vom Schadenaufwand bestimmt werden, bezahlen letzten Endes diejenigen die Zeche, die durch ihre Vorsorge die Haftpflichtigen entlasten. Müsste die Versicherung nur die Schäden übernehmen, für die keine Haftpflicht gegeben ist, so könnte sie den entsprechenden Versicherungsschutz günstiger anbieten. Es ist nun nicht einzusehen, weshalb Geschädigte Ansprüche, die ihnen aus Haftpflicht zustehen, selbst berappen sollen. Es ist auch sachlich ungerechtfertigt, dass Haftpflichtige für die genau gleiche Schädigung je nachdem, ob eine von der geschädigten Person abgeschlossene Versicherung da ist, zur Zahlung herangezogen werden oder nicht. Vor allem steht, wer einen Schaden verursacht hat, diesem verantwortungsmässig am nächsten. Damnum sentit auctor, sei die Parole.

In diesem Sinne hat sich die Studienkommission geäussert: «Die Regelung befriedigt nicht. Sie muss parallel zu Revision von Art. 51 OR abgeändert werden. Der Rückgriff des Versicherers soll bei allen Haftungsgründen (Verschuldenshaftung, Kausalhaftung, vertragliche Haftung) zulässig sein.» Entsprechend lautet der Vorentwurf:

Art. 31 II Mit der Zahlung der Versicherungsleistungen tritt der Versicherer für die von ihm gedeckten gleichartigen Schadensposten in die Rechte der geschädigten Person ein.

Die folgende Schranke dient der Vermeidung von Unbilligkeiten:

Art. 32 II Das Gericht kann den Umfang des Rückgriffs einschränken, wenn besondere Umstände, namentlich enge Beziehungen zwischen der haftpflichtigen und der geschädigten Person, es rechtfertigen.

Soweit der Blick in die Zukunft. Wenden wir uns wieder der Lage zu, die sich aus den bestehenden Gesetzesbestimmungen und der Rechtsprechung dazu ergibt.

c) Möglichkeiten des Rückgriffs

– Der Rückgriff auf die aus unerlaubter Handlung Haftbaren ergibt sich ausdrücklich aus VVG 72 I und OR 51 II. Belangt werden kann unter diesem Titel aber nur jemand, den ein persönliches Verschulden trifft. Es genügt nicht, dass er für eine Hilfsperson geradestehen muss. Bei juristischen Personen muss sich ein Organ schuldhaft verhalten haben (107 II 496). Da die vertragliche Haftung auf einer Verschuldensvermutung beruht, bei den milden Kausalhaftungen fehlende Sorgfalt mitspielt und auch bei den scharfen Kausalhaftungen zusätzlich ein Verschulden gegeben sein kann, ist klarzustellen, ob diese Verschuldenselemente die Grundlage für einen Rückgriff wegen unerlaubter Handlung abgeben. Von vornherein ist zu sagen, dass sie keine Rolle spielen, wenn sie in der Vertrags- oder in der Kausalhaftung aufgehen. Eine gewisse Unsorgfalt etwa macht gerade die Haftung von OR 55 aus: «une telle négligence n'entraîne donc pas une responsabilité aquilienne fondée sur l'art. 41 CO» (80 II 250f.). Das Verschulden muss derart klar und persönlich sein, dass es unabhängig von einer anderen Haftungsgrundlage eine Verantwortlichkeit nach OR 41 bringt. Dann allerdings ist der Rückgriff möglich, kann sich doch die geschädigte Person, wenn die Voraussetzungen für mehrere Haftungen gegeben sind, auf jede von ihnen berufen. Entsprechend «ist im Falle einer Kausalhaftpflicht im Zusammenhang mit der Frage des Regresses nach Art. 72 Abs. 1 VVG und Art. 51 Abs. 2 OR jeweils zu prüfen, ob dem Kausalhaftpflichtigen zusätzlich ein Verschulden zur Last fällt» (107 II 496).

– Hat es die Versicherung mit andern aus Vertrag Ersatzpflichtigen zu tun, z. B. einem Handwerker, der beim Schweissen einen Brand verursachte, so lässt VVG 72 den Rückgriff nicht zu, während OR 51 schweigt. Man müsste also einen guten Grund für eine Abweichung oder besser gesagt Ergänzung von VVG 72 haben. Der könnte darin liegen, dass den Haftpflichtigen eine Vertragsverletzung belastet. Anderseits sieht der Versicherungsvertrag gerade die Übernahme solcher Schäden vor, und die Versicherung hat Prämien dafür bezogen. So kann man dem Bundesgericht vorderhand zustimmen, wenn es der Privatversicherung den Rückgriff auf die bloss aus Vertrag Haftpflichtigen versagt, ausser diese treffe ein grobes Verschulden (80 II 251ff.). Dann liegt aber ohnehin eine unerlaubte Handlung vor.

– Kausalhaftungen sind solche aus blosser Gesetzesvorschrift und stehen in der Rückgriffsordnung an hinterster Stelle. Für die milden Kausalhaftungen kann es dabei sein Bewenden haben. Die meisten von ihnen sind nahe bei OR 51 verankert, und die Art der Haftung legt keine besondere Strenge gegenüber den ihr Unterworfenen nahe.

– Anders verhält es sich mit den scharfen Kausalhaftungen. Sie führen zu ausgeprägter Verantwortlichkeit für gefährliches Tun und stehen heute in der Haftungsordnung an vorderster Stelle, was besonders bei den Haftungskollisionen deutlich wird. Ist es da richtig, dass sie beim Rückgriff zuletzt an die Reihe kommen? Das Auseinanderklaffen von Haftungs- und Rückgriffsordnung bereitet Kopfzerbrechen. Dort jedenfalls, wo sich eine Betriebsgefahr voll ausgewirkt hat, sollten die für sie Verantwortlichen nicht ungeschoren davonkommen und die endgültige Schadentragung der Versicherung überlassen dürfen, für die Geschädigte gesorgt haben und deren Belastung sich in den Prämien niederschlägt. In Einklang mit dem Gesetz lässt sich diese Forderung bringen, indem man das Ermessen von OR 51 I/50 II in Anspruch nimmt und die Regel von OR 51 II durchbricht; sie wurde ja aufgestellt, bevor die scharfen Kausalhaftungen mit der Ballung und Wucht, die wir heute kennen, auf den Plan traten. Die Rechtsordnung lässt somit, widerwillig, den Rückgriff der Privatversicherung auf Gefährdungshaftpflichtige zu. Ob und wieweit man ihn im einzelnen Falle gewähren will, ist Ermessenssache. Man wird darauf abstellen, ob der Unfall eher Ausfluss einer grossen Betriebsgefahr ist oder aber der allgemeinen Gefahr, eine Verletzung zu erleiden.

Man mag bei alledem bedenken, dass es sich zumeist um eine Auseinandersetzung zwischen zwei Gefahrengemeinschaften handelt.

d) Einige neuere Urteile

sollen ein Bild von Tatbeständen und ihrer Beurteilung vermitteln.

120 II 58ff.	Präsident einer AG verursacht grobfahrlässig einen Unfall mit Totalschaden an einem von seiner Firma geleasten und von ihr kaskoversicherten Mercedes. Die Versicherung zahlt 70 000 Franken und nimmt für einen Viertel Rückgriff auf den Verursacher. Die Luzerner Instanzen und das Bundesgericht schützen die Klage. Die Versicherung hätte zwar, da der Schädiger Organ der Versicherungsnehmerin war, direkt kürzen können. Es stand ihr aber frei, zu bezahlen und Rückgriff zu nehmen.
120 II 191ff.	H. erwirbt bösgläubig einen gestohlenen Mercedes und verkauft ihn weiter. Die Kaskoversicherung zahlt rund 77 000 Franken und nimmt Rückgriff auf H. Das Obergericht Solothurn heisst die Klage im Betrage von Fr. 65 000 gut. Eine von H. dagegen eingelegte Berufung weist das Bundesgericht ab. Nach ZGB 940 I schuldet ein bösgläubiger Besitzer vollen Schadenersatz. Schliesslich stellte das Bundesgericht klar: «Die Verantwortlichkeitsansprüche aus Art. 940 Abs. 1 ZGB sind ausservertraglicher, nicht quasi-kontraktueller Natur» (S. 196). Damit war die Anwendung von VVG 72 I gegeben.
118 II 502ff.	Gast eines Hotels erhält von diesem, in Untermiete, eine Boje für sein Motorboot. Ein Unwetter reisst die schadhaft gewordene Ankerkette los. Die Allianz zahlt für das bei ihr versicherte Boot 29 000 DM und klagt das Hotel auf rund 35 000 DM ein. Die Tessiner Gerichte und das Bundesgericht wei-

sen die Klage ab. Zwar hatte das Hotel den Vertrag verletzt, doch war sein Verschulden leicht. Versicherungsvertrag und Subrogation unterstehen dem deutschen Recht, doch muss nach dem Kumulationsstatut der Rückgriff auch nach schweizerischem Recht möglich sein, was bei zwei vertraglichen Ersatzverpflichtungen und fehlendem grobem Verschulden des Hotels nicht der Fall ist. Die Klägerin berief sich sodann auf die ausservertragliche Haftung und auf VVG 72, doch sah das Bundesgericht keine unerlaubte Handlung bei der Beklagten, denn diese war nur Mieterin und hatte keine allgemeine Verpflichtung gegenüber jedermann, die Boje in tadellosem Zustand zu halten.

115 II 24ff.   G. jun. verletzt mit dem Auto seines Vaters den bei der Pensionskasse des Kantons Jura versicherten M.; dieser bleibt invalid. Gemäss Décret sur la Caisse de pensions de la République et du canton du Jura tritt die Kasse in die Rechte ihres Versicherten ein. Da die Millionendeckung der Haftpflichtversicherung nicht ausreicht, belangt die Pensionskasse den Vater G. für 158 000 Franken. Kantons- und Bundesgericht weisen die Klage ab. OR 51 II ist auch auf Pensionskassen anwendbar. Diese Bestimmung kann nicht durch kantonales Recht oder durch Abtretung ausgeschaltet werden, ebensowenig durch BVV 2 Art. 26. Die Leistungen der Pensionskasse, namentlich für Invalidität, fallen unter die Schaden- und nicht unter die Summenversicherung. Die aus Vertrag ersatzpflichtige Pensionskasse hat gemäss OR 51 II keinen Rückgriff auf den kausalhaftpflichtigen Fahrzeughalter. Zwar stellt diese Bestimmung nur eine Regel auf, doch besteht in einem Fall wie dem vorliegenden kein Grund, von ihr abzuweichen.

114 II 342ff.   Die X. SA vermietet ein Auto für zehn Tage an T. Dessen Angestellter I. verschuldet einen Totalschaden. Die Vermieterin belangt T. auf Ersatz ihres Schadens von Fr. 9965. Die Genfer Cour de justice spricht Fr. 3866 zu, indem sie den Anspruch der Klägerin gegenüber der Kaskoversicherung von Fr. 6099 abzieht. Die Klägerin aber wollte im Hinblick auf Gewinnbeteiligung und Prämienfestsetzung ihre Kaskoversicherung nicht in Anspruch nehmen. Das Bundesgericht belehrt die Genfer Justiz darüber, dass sie nur die interne Verteilung im Auge gehabt und die solidarische Haftung der Ersatzpflichtigen übersprungen habe. Gestützt darauf nämlich konnte die Vermieterin nach ihrem Gutdünken die Kaskoversicherung oder den Mieter oder den fehlbaren Lenker belangen. Deshalb war die Klage gegen T. in vollem Umfange gutzuheissen. Damit hatte das Bundesgericht die ihm vorliegende Streitsache entschieden. Es fügte aber bei, dass angesichts des nicht schweren Verschuldens des Lenkers ein Rückgriff des T. auf die Kaskoversicherung wohl gegeben sei.

e) Nahestehende Personen

VVG 72 III   **Die Bestimmung des ersten Absatzes findet keine Anwendung, wenn der Schaden durch eine Person leichtfahrlässig herbeigeführt worden ist, die mit dem Anspruchsberechtigten in häuslicher Gemeinschaft lebt oder für deren Handlungen der Anspruchsberechtigte einstehen muss.**

– In häuslicher Gemeinschaft leben heisst unter dem gleichen Dache wohnen und am gleichen Tische essen. Indessen gibt es zahlreiche Abwandlungen mit mehr oder weniger engem Zusammenleben. Es ist im einzelnen Falle auf das Gesamtbild abzustellen. Neben den Artikeln 14 III VVG und UVG 44 I, welche ebenfalls die häusliche Gemeinschaft erwähnen, kann SVG 63 Abs. 3 lit. b, wo von gemeinsamem Haushalt die Rede ist, herangezogen werden. In Anwendung dieser Bestimmung bejahte das Bundesgericht entgegen der kantonalen Instanz das Vorliegen eines gemeinsamen Haushalts bei zwei Schwestern, die miteinander eine Wohnung, ja sogar das Schlafzimmer teilten, aber die Mahlzeiten getrennt einnahmen. Das Bundesgericht sah den getrennten Tisch nicht als genügenden Grund gegen den gemeinsamen Haushalt an (98 II 124ff.).

– Personen, für die man verantwortlich ist, sind vorab die von OR 55 erfassten Arbeitnehmenden und andere Hilfspersonen, dann aber auch alle die Hilfspersonen, für die man bei den milden und scharfen Kausalhaftungen haftbar wird: der Knecht der Tierhalterin, der Angestellte einer Elektrizitätsunternehmung usw.

– Es ist auf den allgemeinen Begriff der groben Fahrlässigkeit, der auch für VVG 14 II gilt (92 II 254f.), abzustellen. Darunter fällt ein Verhalten, welches nicht bloss ein achselzuckendes «das kann passieren», sondern ein empörtes «das darf nicht passieren» hervorruft, ein Verhalten, für das man bei allem Verständnis für menschliches Versagen eben kein Verständnis mehr aufbringen kann (Band I 109.).

– Nach dem Gesetzestext wäre bei grober Fahrlässigkeit einer nahestehenden Person voller Rückgriff gegeben. Eine gesamthafte Betrachtung mit Blick auf VVG 14 und die Billigkeit legen aber die Beschränkung auf eine Grobfahrlässigkeitsquote nahe.

2. DER ANWENDUNGSBEREICH

a) Sachversicherung

Hiezu sind alle Versicherungen zu zählen, die für Beschädigung, Zerstörung oder Verlust von Sachen abgeschlossen werden, wie Kasko-, Transport-, Hausrat-, Gebäudeversicherung. Siehe die vorn 204f. unter d) beschriebenen Fälle zur Kaskoversicherung. Auch kantonale Brandassekuranzen, wiewohl öffentlichen Rechts, zählen dazu. «Entscheidend ist, dass die kantonale Brandversicherungsanstalt, gleich wie der Privatversicherer, für ihre Leistungen eine Prämie bezieht. Sie erbringt also mit der Schadensvergütung nur ihre Gegenleistung aus dem Versicherungsverhältnis, weshalb die Gleichstellung mit dem Privatversicherer sich aufdrängt ohne Rücksicht darauf, dass die kantonale Anstalt zur Versicherung gesetzlich verpflichtet ist» (77 II 247, in Bestätigung einer langen und in 96 II 175, 103 II 337 sowie 115 II 26 fortgeführten Rechtsprechung). Daraus ergibt sich, wie in den vier genannten Entscheiden auch festgehalten, dass die bundesrechtliche Rückgriffsordnung gemäss OR 51 beziehungsweise VVG 72 nicht durch eine Subrogationsbestimmung zugunsten der kantonalen Brandassekuranz abgeändert werden darf. Möglich ist hingegen ein Ausschluss der Subrogation durch das kantonale Recht; dann ist es der Brandversicherungsanstalt verwehrt, den Brandstifter auf dem Umweg über OR 51 doch in Anspruch zu nehmen (77 II 246).

b) Personenversicherung

Gemeint sind Einzel-, Insassen- und Kollektivunfallversicherungen (Zusatzversicherungen zur obligatorischen Unfallversicherung). Sie können die Übernahme von Heilungskosten, Taggelder, Invaliditäts- und Todesfallentschädigungen vorsehen. Lange und beharrlich hat das Bundesgericht alle diese Leistungen der Summenversicherung zu- und dem Art. 96 VVG untergeordnet: «In der Personenversicherung gehen die Ansprüche, die dem Anspruchsberechtigten infolge Eintrittes des befürchteten Ereignisses gegenüber Dritten zustehen, nicht auf den Versicherer über.» Das bedeutete, dass Versicherte nicht nur die vom eingetretenen Schaden losgelösten, auf einen bestimmten Betrag lautenden Taggelder, Invaliditäts- und Todesfallentschädigungen, sondern auch die als Lohnersatz gedachten Tagesentschädigungen und die Heilungskosten zusätzlich zu den vollen Leistungen aus Haftpflicht verlangen, sogenannt kumulieren konnten. Dieses klassische Exempel von Begriffsjurisprudenz hatte verpönte Bereicherung von Geschädigten zur Folge; je teurer die Behandlung war und je länger sie dauerte, um so mehr konnten sie einstreichen. Unter dem Druck dieses Unsinns und des Rufs nach einer Gesetzesrevision hat sich das Bundesgericht in 104 II 44ff. (Entscheid Contacta) zu einer Änderung seiner Rechtsprechung bequemt: Es kam zum Schluss, dass bei richtiger und zeitgemässer Auslegung der Bestimmungen des Versicherungsvertragsgesetzes der durch eine Personenversicherung gedeckte Heilungsaufwand sowie der Lohnausfall als Schadenversicherung behandelt werden könne. Das bedeutet, dass die Kosten der medizinischen Behandlung, erfolge sie zu Hause oder im Spital, und die lohnabhängigen Tagesentschädigungen den Geschädigten nur noch einmal vergütet werden und der Anspruch im Sinne von VVG 72 I auf die Unfallversicherung übergeht. Dabei sollte man sich, anders als es das Bundesgericht in 104 II 47 tut, nicht an die Bezeichnung Tagesentschädigung oder Taggeld klammern, sondern nur darauf abstellen, ob die Vergütung aufgrund des Lohnausfalles (z.B. 80% des versicherten Lohnes) oder eines bestimmten nicht weiter damit zusammenhängenden Betrages (z.B. von Fr. 50.–) erfolge. Es kann sogar eine als Taggeld bezeichnete Entschädigung dann zur

Schadenversicherung gehören, wenn sie offensichtlich aufgrund des zu erwartenden Lohnausfalles summenmässig festgesetzt wurde. Regelmässig werden aber die einen runden Betrag ausmachenden Taggelder, namentlich auch die Spitaltaggelder, zur Summenversicherung gehören und zusätzlich auszuzahlen sein.

Die seinerzeit brennende Problematik ist heute durch das UVG entschärft. Praktisch ist der Entscheid Contacta nurmehr auf die Heilungskosten aus Einzel- und Insassenversicherungen und auf lohnbezogene Taggelder sowie Heilungskosten aus UVG-Zusatzversicherungen anwendbar.

Die Frage, ob Schaden- oder Summenversicherung vorliege, stellt sich auch bei Invaliditäts- und Todesfallentschädigungen. In 119 II 363ff. ging es um die Anrechnung einer Todesfallzahlung aus einer UVG-Zusatzversicherung. Das Bundesgericht hat bei dieser Gelegenheit herausgestrichen, dass von Schadenversicherung nur gesprochen werden könne, wenn die Versicherungsleistung das Vorliegen eines entsprechenden Schadens voraussetze und nicht bloss an den Eintritt eines bestimmten Schadenereignisses anknüpfe. Dabei hat es verdeutlicht, dass jede Versicherung im Hinblick auf einen Schaden abgeschlossen werde. Es komme aber nicht auf diesen Zweck an, sondern auf die Ausgestaltung des Versicherungsvertrages. Selbst wenn eine Todesfallsumme aufgrund des Einkommens festgelegt werde, könne eine Summenversicherung vorliegen. Schadenversicherung bedinge, «que les parties au contrat d'assurance aient fait de la perte patrimoniale une condition autonome du droit aux prestations» (S. 365). Solches sei hier nicht der Fall, weshalb Summenversicherung nach VVG 96 anzunehmen sei. Zu diesem Schluss wird man bei Todesfallversicherungen regelmässig kommen. Bei Invaliditätsentschädigungen darf man höchstens dann von einer Schadenversicherung ausgehen, wenn die Entschädigung aufgrund einer bestimmten Behinderung mit entsprechendem Lohnausfall auszurichten ist. In diesem Sinne hat das Bundesgericht in 115 II 26 die Invaliditätsleistungen aus der Pensionskasse des Kantons Jura der Schadenversicherung zugeschlagen und OR 51 II unterworfen (siehe die Schilderung des Falles vorn 205). Allgemein aber ist im Zweifel zugunsten der geschädigten Person auf Summenversicherung zu erkennen.

Nicht mehr unter VVG 72 bzw. OR 51 fallen (ausser für Zusatzversicherungen, KVG 12) die Krankenversicherungen und die Krankenkassen, die übrigens weitgehend auch Unfälle decken. Das am 1. Januar 1996 in Kraft getretene KVG (Art. 79) hat ihnen die Subrogation nach dem Muster des UVG gebracht.

c) Haftpflichtversicherung

Man denkt an die Versicherung von Motor- und anderen Fahrzeugen, von Betrieben, Berufsleuten und Privatpersonen. Da die Haftpflichtversicherung eine

Unterart der Schadenversicherung ist, gilt VVG 72 auch für sie. Wegen der Besonderheit der Haftpflichtversicherung ist ihr Rückgriff aber nicht auf Haftpflichtige aus unerlaubter Handlung beschränkt. Sie tritt in die Stellung ihrer Versicherten ein und hat in der Rückgriffauseinandersetzung die gleichen Rechte wie diese. Siehe 116 II 645ff., in Bestätigung von 95 II 338. Dass diese Lösung richtig ist, ergibt sich schon daraus, dass die Haftpflichtversicherung immer mehr direkt an die Stelle der Haftpflichtigen tritt.

3. BESCHRÄNKUNG DES RÜCKGRIFFS

a) Auf die Ansprüche der Geschädigten

VVG 72 I sieht einen Übergang der Geschädigtenrechte auf den Versicherer vor. Somit können nicht mehr Rechte übergehen als die geschädigte Person hat. Wenn ein Radfahrer aus Unachtsamkeit in ein abgestelltes Automobil hineinfährt, hat die Halterin einen vollen Entschädigungsanspruch gegenüber dem schuldigen Radfahrer und die Kaskoversicherung einen vollen Rückgriff. Wird hingegen das Motorfahrzeug, wiederum aus alleinigem Verschulden des Zweiradfahrers, beschädigt, während es im Betrieb steht, so haftet der Radfahrer nur zum Teil, in der Regel sogar zum geringeren, und entsprechend begrenzt ist die Rückgriffsmöglichkeit der Versicherung. Diese richtet sich also immer nach der Haftungsquote, die sich aus der Kollision der Verschuldenshaftung mit Kausalhaftungen ergibt. Auch andere Ermässigungsgründe sind zu beachten: das geringe Verschulden der Schädigerin, das Selbstverschulden des Geschädigten, dessen ungewöhnlich hohes Einkommen, die der Schädigerin drohende Notlage.

Dasselbe ergibt sich bei Anwendung von OR 51: Haftpflichtige dürfen im Rückgriff nicht schlechter fahren als bei direkter Inanspruchnahme.

b) Auf die Leistungspflicht der Versicherung

Es liegt auf der Hand, dass die Versicherung nicht mehr als sie bezahlt hat zurückholen kann. Wie verhält es sich aber, wenn ihre Leistung über ihre vertragliche Verpflichtung hinausging? In 107 II 498 machte die Luftseilbahn Betten–Bettmeralp geltend, die Barmer Ersatzkasse könne auch deswegen nicht auf sie zurückgreifen, weil der Verunfallte damals gar nicht bei ihr versichert gewesen sei. Das Bundesgericht tat diesen Einwand mit dem Satz ab: «Voraussetzung für eine Subrogation ist nach schweizerischem wie nach deutschem Recht ausschliesslich, dass der Versicherer aufgrund eines Ereignisses Leistungen erbracht hat, die der Versicherte wegen des gleichen Ereignisses auch gegenüber dem Haftpflichtigen hätte geltend machen können.» Es fährt dann allerdings fort: «Ob der Anspruch des Versicherten auf Versicherungsleistungen schon mit dem Unfall oder erst später entstanden ist, ist demgegenüber bedeutungslos.» Damit bringt es doch zum Ausdruck, dass eine Leistungspflicht der Versicherung vorliegen muss. Das trifft regelmässig zu. Selbst wo gewisse Zweifel an der Zahlungspflicht der Versicherung möglich sind, soll diese deswegen nicht um ihren Rückgriffsanspruch gebracht werden, wird doch von ihr erwartet, dass sie im Zweifel zugunsten ihrer Versicherten entscheide. Leistungen allerdings, die eindeutig über ihre Verpflichtung hinausgehen, darf sie nicht erbringen und dann von Haftpflichtigen zurückverlangen.

c) Auf die gesetzliche Regressordnung

Die Versicherung mag versucht sein, die Fesseln, die das Gesetz ihrem Rückgriff anlegt, mit einer Abtretung der Rechte der Geschädigten an sie zu sprengen, sei es, dass sie die Abtretung im einzelnen Fall erlangt, sei es, dass sie eine Pflicht der Versicherten hiezu in ihre Geschäftsbedingungen aufnimmt. Solchem schiebt das Bundesgericht einen Riegel vor mit der Feststellung, es sei nicht ins Belieben der Geschädigten gestellt, unter Missachtung der gesetzlichen Ordnung die endgültig Haftbaren zu bestimmen (80 II 252f.). Im gleichen Sinne «kann durch eine kantonale Subrogationsbestimmung das Rückgriffsrecht aus Art. 51 OR nicht zugunsten kantonaler Versicherungsanstalten und zu Ungunsten des Schädigers abgeändert werden» (96 II 175). In 115 II 24ff. konnte die Pensionskasse des Kantons Jura die Rückgriffssperre gegen einen bloss kausal Haftpflichtigen weder mit einer Abtretung noch mit ihren Statuten noch mit Hilfe kantonalen Rechts aufbrechen. Möglich hingegen ist eine Einschränkung des Rückgriffs, z. B. ein Ausschluss der Subrogation der Brandversicherungsanstalt (77 II 246).

d) Durch das Quotenvorrecht der Geschädigten

Oft übernimmt die Versicherung nur einen Teil des entstandenen Schadens. Für den ungedeckten, den sogenannten direkten Schaden, haben Geschädigte einen Anspruch gegenüber den Haftpflichtigen, einen sogenannten Restanspruch. Bei voller Haftpflicht haben dieser und der Rückgriff des Versicherers nebeneinander Platz, bei teilweiser Haftpflicht kommen sie einander in die Quere, weil die Leistung aus Haftpflicht nicht zur vollen Deckung beider Posten reicht. Die Frage, wer den Vorrang habe, stellt sich also stets nur bei teilweiser Haftpflicht (107 II 492, 104 II 309). Weiter erhebt sie sich bei Zahlungsunfähigkeit von Haftpflichtigen. Man kann der Versicherung den Vortritt lassen, ihr das Vorrecht an der zur Verfügung stehenden Haftungsquote, das sogenannte Quotenvorrecht, einräumen; man kann dieses umgekehrt der geschädigten Person zugestehen, so dass vorerst sie ihren vollen Schaden gedeckt erhält; man kann schliesslich die beiden Ansprüche anteilsmässig kürzen, was man mit Proportionalregel oder Quotenteilung bezeichnet. Während sich auf dem Gebiete des Sozialversicherungsrechts, im besondern zu Art. 100 KUVG, ein jahrzehntelanges Gerangel abspielte, bei dem in munterem Wechsel eine der drei erwähnten Möglichkeiten obenaus schwang (hinten 221), galt auf dem Gebiete der privaten Schadensversicherung stets der Grundsatz, die geschädigte Person dürfe sich zwar nicht bereichern, hingegen bis zur vollen Schadensdeckung vor der Versicherung auf Haftpflichtige greifen (96 II 365). Ein Beispiel: Der durch einen Brand verursachte Schaden beträgt Fr. 100 000.–, die Leistung der Sachversicherung Fr. 80 000.–; Fr. 20 000.– sind Direktschaden. Die Haftpflichtquote ist 50%, so dass der Haftpflichtige gesamthaft Fr. 50 000.– schuldet. Aus diesem zur Verfügung stehenden Betrag wird nun zuerst der ungedeckte Schaden von Fr. 20 000.– bezahlt, und die Brandversicherung muss mit den restlichen Fr. 30 000.– vorliebnehmen. Bei Quotenteilung bekäme sie die Hälfte ihrer Leistung = Fr. 40 000.– und die geschädigte Person Fr. 10 000.–; im Falle des Quotenvorrechts der Versicherung könnte diese auf die ganzen Fr. 50 000.– greifen und der Geschädigten nichts mehr lassen.

Zusammenfassend: «Das Quotenvorrecht bedeutet, dass die Versicherung nicht zum Nachteil des Geschädigten Regress nehmen darf. Ersetzt sie nur einen Teil des Schadens, so kann der Geschädigte den nicht gedeckten Teil vom Haftpflichtigen einfordern, und der Versicherung steht ein Regressanspruch nur im Rahmen des danach noch verbleibenden Haftpflichtanspruchs zu» (120 II 62; siehe auch 117 II 627).

Die Leistung der Unfall- oder Sachversicherung kann aus irgendwelchen Gründen begrenzt sein. Die Police kann z. B. ganz gewollt nur einen Teil des Schadens decken. Die nicht vollständige Bezahlung kann aber auch von einer sogenannten Unterversicherung herrühren. Häufig ist sie durch einen Selbstbehalt bedingt. So kann in der Autokaskoversicherung der Versicherte zuerst seinen Selbstbehalt beim Haftpflichtigen geltend machen, bevor die Kaskoversicherung mit ihrem Rückgriff zum Zuge kommt. Selbst wenn die geschädigte Person wegen groben Verschuldens eine Kürzung aus ihrer eigenen Versicherung hinnehmen muss, kann sie zusammen mit einem gewissen Haftpflichtanspruch in den Genuss voller Schadendeckung gelangen (während in der Sozialversicherung eine Kürzung zur Quotenteilung führt).

Das Quotenvorrecht der Geschädigten spielt selbstverständlich nur dort, wo es sich um den gleichen Schaden, um sogenannte identische Schadensposten handelt. Das ist der Fall beim eben genannten Selbstbehalt in der Kaskoversicherung, auch noch beim Minderwert, nicht aber beim Wagenausfall, der sogenannten Chômage, weil die Kaskoversicherung nur die Beschädigung des Wagens, nicht aber dessen Unbenutzbarkeit erfasst. Somit können Geschädigte ihr Quotenvorrecht nicht auf die Mietwagenkosten ausdehnen, sondern müssen sich für diesen Schadenposten mit der haftpflichtrechtlich geschuldeten Quote begnügen. Auch Leistungen der Versicherung, die über den Schaden hinausgehen, wie dies bei der Neuwertversicherung der Fall ist, sind ohne Einfluss auf den Rückgriff und das Quotenvorrecht. Kaskoversicherte können nicht den Bonusverlust, den sie aus der Entgegennahme der Neuwertentschädigung erleiden, als Schaden (mit oder ohne Quotenvorrecht) geltend machen.

e) Durch das internationale Privatrecht

Beim Rückgriff einer ausländischen Versicherung fragt sich, ob das Verhältnis zu ihren ausländischen Versicherten (das sogenannte Versicherungsstatut) oder das Recht des schweizerischen Unfallorts (das sogenannte Haftpflichtstatut) gelte. Das Bundesgericht hat sich in 107 II 489ff. für die Verbindung beider Erfordernisse (das sogenannte Kumulationsstatut) ausgesprochen. Das bedeutete, dass beim Rückgriff der Barmer Ersatzkasse auf die Luftseilbahn Betten–Bettmeralp nebst der Subrogation nach deutschem Recht auch die Übereinstimmung mit der schweizerischen Regressordnung notwendig war, dass nämlich eine in den gleichen Schuhen steckende schweizerische Kasse ebenfalls einen Rückgriff auf die Haftpflichtige gehabt hätte. Da die Barmer Ersatzkasse nicht einer Sozialversicherungsträgerin mit simpler Subrogation, sondern einer Krankenkasse entsprach, konnte sie (damals) nur Erfolg haben, wenn ein Organ der belangten Luftseilbahn ein Verschulden traf. In 109 II 65ff. wurde die Anwendung des Kumulationsstatuts bestätigt und die Klage des Freistaates Bayern gegen einen haftpflichtigen Motorradhalter (bzw. dessen Versicherung, die «Winterthur») abgelehnt, weil der Freistaat durch den Tod des Pensionierten entlastet worden war (statt Vollrente nur noch Witwenrente). In 118 II 502ff. führte das Kumulationsstatut zur Abweisung des nach deutschem Recht gegebenen Rückgriffs aus einer Bootskaskoversicherung auf ein vertraglich haftendes Tessiner Hotel, dem keine grobe Fahrlässigkeit vorzuwerfen war.

III. DER RÜCKGRIFF
DER SOZIALVERSICHERUNG

1. ALLGEMEINES

a) Die gesetzliche Grundlage

Das UVG

Im Vordergrund steht das UVG. Es hat am 1. Januar 1984 die Nachfolge des KUVG angetreten. Der Rückgriff auf Haftpflichtige wurde vom KUVG ins UVG übernommen, erfuhr aber doch Änderungen, so durch die Einführung der Quotenteilung bei grober Fahrlässigkeit und durch die Ausdehnung des Rückgriffs auf die Genugtuung. Die heute gültige Rückgriffsbestimmung lautet:

UVG 41 **Gegenüber einem Dritten, der für den Unfall haftet, tritt der Versicherer im Zeitpunkt des Ereignisses bis auf die Höhe der gesetzlichen Leistungen in die Ansprüche des Versicherten und seiner Hinterlassenen ein.**

Das MVG

Eine gleiche Regressbestimmung enthält, wie schon das MVG von 1949, das am 1. Januar 1994 in Kraft getretene neue Militärversicherungsgesetz:

MVG 67 I **Gegenüber einem Dritten, der für den Versicherungsfall haftet, tritt die Militärversicherung im Zeitpunkt des versicherten Ereignisses bis auf die Höhe der gesetzlichen Leistungen in die Ansprüche des Versicherten und seiner Hinterlassenen ein.**

Das AHVG

Während so auf dem Gebiete der obligatorischen Unfallversicherung der blanke Eintritt in die Rechte des Geschädigten seit langem geläufig war, erhielt die 1946 ins Leben gerufene AHV das Rückgriffsrecht erst 1979:

AHVG 48ter **Gegenüber einem Dritten, der für den Tod oder die Gesundheitsschädigung eines Versicherten haftet, tritt die Alters- und Hinterlassenenversicherung im Zeitpunkt des Ereignisses bis auf die Höhe ihrer gesetzlichen Leistungen in die Ansprüche des Versicherten und seiner Hinterlassenen ein...**

Das IVG

Zusammen mit der AHV erhielt 1979 die IV das Regressrecht. IVG 52 I verweist auf das AHVG.

Das BVG

Das BVG enthält selbst keine Rückgriffsnorm, aber Art. 34 II 1. Satz verpflichtet den Bundesrat zum Erlass von «Vorschriften zur Verhinderung ungerechtfertigter Vorteile des Versicherten oder seiner Hinterlassenen beim Zusammentreffen mehrerer Leistungen». Daraus floss Art. 26 der Verordnung 2 zum BVG:

BVV 2, 26   **Die Vorsorgeeinrichtung kann in ihrem Reglement bestimmen, dass der Anwärter auf eine Hinterlassenen- oder Invalidenleistung ihr seine Forderungen gegen haftpflichtige Dritte bis zur Höhe ihrer Leistungspflicht abtreten muss.**

Damit kann die Vorsorgeeinrichtung, wenn sie will, ähnlich wie andere Sozialversicherungen, den Rückgriff ausüben. Dass man ihr diesen nicht direkt durch Subrogation zugesteht, rechtfertigt sich mit der geringen Bedeutung, die der Rückgriff für sie hat: Unfälle sind nicht immer gedeckt; auch gehen die Leistungen der Unfall- und der Militärversicherung vor (BVG 34 II Satz 2). Wenn das Reglement aber die Abtretung vorschreibt, hat die Vorsorgeeinrichtung den Rückgriff auf alle Haftpflichtigen. Sie ist nicht an die Ordnung von OR 51 II gebunden, und dieser Artikel steht der Abtretung auch nicht entgegen, obwohl sie nur in einer Verordnung erwähnt ist, denn diese führt einen klaren gesetzlichen Auftrag aus, vgl. 109 II 70. Macht das Reglement von der Ermächtigung zum Rückgriff keinen Gebrauch, so verbleibt der Anspruch den Geschädigten.

Die wiedergegebene Auffassung steht im Widerspruch zur herrschenden Meinung und zur Gerichtspraxis: BVV 2, Art. 26, ändere nichts daran, dass sich der Rückgriff der Pensionskassen nach OR 51 II richte (115 II 26f.). Tatsache ist aber, dass, neben den übrigen Sozialversicherungsgesetzen, der im Wurfe liegende Allgemeine Teil des Sozialversicherungsrechts den Rückgriff auf Haftpflichtige schlechthin vorsieht und dass dies namentlich auch für die gleich anschliessend zu erwähnenden Pensionskassen des Bundes gilt. Da sollte man doch einer Auslegung, die sich in die genannte gesetzliche Ordnung einfügt, den Vorzug geben.

Das BtG

Auf das Beamtengesetz gründet sich der Rückgriff der Pensionskasse des Bundes (PKB) und der Pensions- und Hilfskasse der Schweizerischen Bundesbahnen (PHK). Sie übernehmen in ihren Statuten (jeweils Art. 21) den Art. 48 Abs. 5 des BtG.

BtG 48 V   **Gegenüber einem Dritten, der für ein Ereignis haftet, das Kassenleistungen auslöst, treten die Kassen bis auf die Höhe ihrer Leistungen in die Rechte des Kassenmitgliedes und seiner Hinterlassenen ein.**

Dem wurde – anstelle früherer Abtretungsverpflichtungen – ein Rückgriffsrecht des Bundes für Lohnzahlungen und Fürsorgeleistungen beigefügt (BBl 1987 I 18ff.):

BtG 48 V[bis] **Hat ein Dritter die Krankheit oder den Unfall verursacht, tritt der Bund bis zur Höhe seiner Leistungen bei Krankheit und Unfall in die Ansprüche des Beamten und seiner Hinterlassenen ein.**

Das KVG

Blanken Rückgriff brachte auch das seit dem 1. Januar 1996 in Kraft stehende Krankenversicherungsgesetz:

KVG 79 I **Gegenüber Dritten, die für den Versicherungsfall haften, tritt der Versicherer im Zeitpunkt des Ereignisses bis zur Höhe der gesetzlichen Leistungen in die Ansprüche der versicherten Person ein.**

Damit ist die Anwendung von OR 51 II auf Krankenkassen überholt, soweit es um die soziale Krankenversicherung und nicht um Zusatzversicherungen (KVG 12) geht.

Natürlich spielt dieser Rückgriff für die Kassen auf dem Gebiet der Krankenversicherung keine so grosse Rolle; zu denken ist an die schuldhafte Ansteckung mit einer Krankheit (z.B. Aids) oder die Verursachung eines Leidens (z.B. durch chemische Stoffe) und an fahrlässige Ermöglichung einer Schwangerschaft (z.B. durch einen Arzt) oder gar verbrecherische Bewirkung einer solchen (Vergewaltigung). Hingegen ist nicht zu vergessen, dass die soziale Krankenversicherung auch Unfälle deckt, wenn keine Unfallversicherung dafür aufkommt. Der Rückgriff ist denn auch im weiteren und im einzelnen (Quotenvorrecht, Quotenteilung, Gliederung der Ansprüche) entsprechend dem UVG geregelt, zwar nicht im KVG selbst, sondern in der Verordnung (Art. 123 und 124). Unterschiede zum UVG liegen darin, dass das KVG keine Integritätsentschädigung und kein Haftungs-/Regressprivilegium kennt.

Weiter sind als Besonderheiten des KVG zwei zusätzliche Rückgriffe zu erwähnen: Gemäss Art. 41 III hat der Wohnsitzkanton, wenn er für die Behandlung in einem andern Kanton den Tarifunterschied übernehmen muss, hiefür einen Rückgriff auf Haftpflichtige. Und einen ähnlichen Rückgriff (gleichsam ein direktes Forderungsrecht) räumt KVV 126 den Leistungserbringern (Spitälern usw.) bei höheren Tarifen für Behandelte mit Haftpflichtansprüchen ein. Indes kann in einer Verordnung zwar ein gesetzlich festgelegter Rückgriff näher geregelt, nicht aber ein neuer begründet werden. Ärzte, Ärztinnen, Spitäler haben sich also für Zusatzrechnungen – sofern solche überhaupt zulässig sind – an die von ihnen Behandelten zu halten; deren Sache ist es dann, solche Forderungen bei den Haftpflichtigen geltend zu machen.

Das ATSG

ATSG ist die Abkürzung für «Bundesgesetz über den Allgemeinen Teil des Sozialversicherungsrechts». Es handelt sich dabei aber erst um ein Vorhaben. Den Text des Entwurfes findet man im Bundesblatt 1991 II, S. 186ff. Man weiss heute nicht, ob, wann und wie dieser Entwurf, der auch schon im Parlament beraten wurde, Gesetz wird. Nicht streitig ist die Rückgriffsregelung: blanker Eintritt der Sozialversichung in die Haftpflichtansprüche (Art. 79) nach dem Muster des UVG. Der Gesetzesentwurf lässt das BVG beiseite. Es sind aber starke Bestrebungen vorhanden, auch dieses Gesetz dazuzunehmen, so von Seiten des Bundesrates (BBl 1994 V 924f.). In der Tat sollte ein solcher Allgemeiner Teil für alle Sozialversicherungsgesetze gelten.

———

Man sieht, dass heute der Rückgriff der Sozialversicherungen Allgemeingut ist (vgl. 109 II 70). Deshalb sind vorerst die den verschiedenen Gesetzen gemeinsamen Fragen zu behandeln. Das rechtfertigt sich um so mehr angesichts der Bemühungen um einen Allgemeinen Teil des Sozialversicherungsrechts, selbst wenn sie nur zu einer Abstimmung der verschiedenen Gesetze aufeinander führen sollten. Die weitere Darstellung hält sich an das UVG und das MVG einerseits, an das AHVG und das IVG anderseits.

b) Der Übergang der Rechte

Man spricht von Rückgriff oder Regress, von Subrogation oder Legalzession, vom Eintritt in die Rechte der Versicherten oder vom Übergang der Forderung auf die Versicherung. Was ist von diesen *Benennungen* zu halten?

Die Gesetze sprechen vom Eintritt des Versicherers in die Rechte des Versicherten und seiner Hinterlassenen gegenüber einem haftpflichtigen Dritten. Der regelmässig verwendete Fachausdruck lautet Subrogation oder subrogieren. Er kommt vom lateinischen subrogare = an die Stelle setzen. Man verwendet die Ausdrücke aber auch im Sinne von «an die Stelle treten».

Sei dem wie ihm wolle. Das Wichtige daran ist, dass die Rechte der geschädigten Person schlechthin auf die Sozialversicherung übergehen, dass sich diese also gegen irgendwelche Haftpflichtige wenden kann, soweit überhaupt eine Haftpflicht aus irgendeinem Grunde gegeben ist, während solidarisch Haftpflichtige, die bezahlt haben und auf andere Haftpflichtige zurückgreifen wollen, dies nur im Rahmen der namentlich von OR 51 II aufgestellten Regressordnung tun können, was auch für den Rückgriff der Privatversicherung gemäss VVG 72 I gilt.

Über alles spannt sich der Begriff Rückgriff oder Regress. Er erscheint als der allgemeinere, stets zutreffende Ausdruck.

Die von den Gesetzen verwendete Rückgriffsformel enthält die beiden *Begrenzungen,* die es zu beachten gilt:
- Die Sozialversicherung tritt nur im Umfange ihrer Leistungen, genauer gesagt der von ihr geschuldeten, gesetzlichen Leistungen ein. Zusatzzahlungen, die sie aus irgendeinem Grunde, freiwillig oder aus Irrtum, erbringt, fallen ausser Betracht, denn der Rückgriff, welchen das Gesetz gewährt, bezieht sich auf die Leistungen, die es vorsieht. Dadurch wird verhindert, dass die Sozialversicherung, ihres Rückgriffs gewiss, mit dem Geld der Haftpflichtigen die edle Spenderin spielt und im Endergebnis den Direktanspruch der Geschädigten schmälert. Sodann sind die Aufwendungen der Sozialversicherung in einen Gesamtrahmen zu stellen. Mitunter wird nämlich eine Zahlung, die der Unfall ausgelöst hat, durch den Wegfall einer andern mehr als wettgemacht. Das war der Fall bei einem ums Leben gekommenen pensionierten bayerischen Beamten, dessen Witwe eine Rente in der Höhe von 60% des nun weggefallenen Ruhegehalts ihres Mannes erhielt. Das Bundesgericht fand, die Pension sei durch die Rente ersetzt worden; man dürfe die beiden Dinge nicht getrennt betrachten; der Freistaat Bayern erbringe wegen des Unfalles keine Leistungen, sondern werde durch ihn erheblich entlastet (109 II 72). Entsprechend fordert die AHV ihre Leistungen an eine Witwe nur bis zu deren 62. bzw. 63. bzw 64. Altersjahr zurück, weil sie von da an ohnehin eine Rente ausrichtet. Muss sie sich auch den Wegfall einer Invalidenrente, die der Versorger vor seinem Tode erhielt, anrechnen lassen? Man gelangt zur Bejahung der Frage, wenn man bedenkt, dass die AHV und die IV (im Unterschied zur Suva) keine eigene Rechtspersönlichkeit haben, sondern einfach Verwaltungsabteilungen des Bundes und dazu mannigfach miteinander verflochten sind (vgl. hinten 239). Demgegenüber hat das Bundesgericht entschieden, das der AHV von Gesetzes wegen zuerkannte Rückgriffsrecht führe dazu, dass sie dieses selbständig geltend machen könne. Also sei nicht die Eidgenossenschaft Ansprecherin, sondern die AHV selbst, und was sich bei der IV tue, berühre sie nicht (112 II 87ff.). Die eben vertretene andere Auffassung findet eine Stütze in Art. 69 II 3. Satz des Entwurfs zu einem ATSG: «Die Alters- und Hinterlassenenversicherung und die Invalidenversicherung gelten zusammen als ein Sozialversicherungszweig».
- Der Eintritt erfolgt in die Rechte der Geschädigten, d. h. der Versicherten oder ihrer Hinterlassenen. Das bedeutet Bindung an die Haftpflicht. Das Rückgriffsrecht geht nicht weiter als der Haftpflichtanspruch. Die Sozialversicherung kann nur im Rahmen der Haftungsquote zurückgreifen. Haftpflichtige können ihr das Selbstverschulden der Geschädigten und alle weiteren Ermässigungsgründe, wie etwa geringes Verschulden, entgegenhalten. Es mag sich gar die Frage stellen, ob überhaupt eine Haftung gegeben sei.

Mit dem Fehlen einer Haftpflicht muss sich die Sozialversicherung namentlich bei UVG-Versicherten abfinden. Die Beschränkung der Haftpflicht gemäss UVG 44 auf Absicht oder Grobfahrlässigkeit gilt für den Direkt- und den Rückgriffsanspruch. Der gleichen Beschränkung unterworfen ist gemäss ausdrücklicher Gesetzesvorschrift der Rückgriff der AHV (AHVG 48ter, Satz 2; 112 II 167ff.). Die Sozialversicherung ist auch an die Schadenhöhe gebunden. Nicht der Invaliditätssatz, den sie anwendet, ist massgeblich, sondern der tatsächliche Ausfall. Schliesslich können Haftpflichtige der Sozialversicherung sämtliche sonstigen Einwendungen entgegenhalten, die sie gegenüber der geschädigten Person haben, etwa die Verjährung.

Umgekehrt steht die Sozialversicherung im Genuss *sämtlicher Rechte,* welche das Gesetz den Geschädigten verschafft, z.B. des direkten Forderungsrechtes gegen die Haftpflichtversicherung. Dieser sind auch gegenüber der Sozialversicherung die Einreden aus dem Versicherungsvertrag verwehrt, die sie Geschädigten gegenüber nicht erheben kann (SVG 65 II; 119 II 289). Sie muss den Rückgriff der Sozialversicherung befriedigen und sehen, wie sie bei den Haftpflichtigen zu ihrem Geld kommt. Dass die Sozialversicherung in die Rechtsstellung der Geschädigten eintritt, hat zur Folge, dass sie ihren Rückgriff vor den Zivilgerichten geltend machen muss (während sie Streitigkeiten mit den Versicherten selbst vor den Versicherungsgerichten auszutragen hat).

Kurz ist noch auf folgende Gedankenspielerei einzugehen: Verschiedene Aufwendungen, namentlich für Heilung und Pflege, übernimmt die Sozialversicherung direkt, so dass den Geschädigten gar kein Schaden und damit kein Haftpflichtanspruch entsteht; danach könnten auch keine Rechte auf die Sozialversicherung übergehen. Solcher Begriffsjurisprudenz ist mit den eigenen Waffen zu begegnen: Der Anspruch gegen Haftpflichtige entsteht mit dem Ereignis und geht sogleich auf die Sozialversicherung über, die ihn in der Folge mit ihren verschiedenen Leistungen abdeckt und dann eben bei den Haftpflichtigen geltend machen kann. Vor allem aber bringen die Gesetze, welche die Naturalleistungen in die Aufzählung der Leistungen gleicher Art einbeziehen, unmissverständlich zum Ausdruck, dass die Sozialversicherung hiefür einen Rückgriff hat.

c) Leistungen gleicher Art

Es geht darum, dass die Leistungen, für welche die Sozialversicherung Rückgriff nimmt, im Zusammenhang mit dem Haftpflichtanspruch stehen, auf den er sich stützt. Dieser Gedanke drängte sich schon bei der allgemeinen Betrachtung der Subrogation auf. UVG 43 I und AHVG 48^{quinquies} I lauten übereinstimmend: «Die Ansprüche gehen für Leistungen gleicher Art auf die Versicherung über.» Die anschliessenden Absätze der beiden Artikel verfeinern den Grundsatz, indem sie die verschiedenen Leistungen der Sozialversicherung einerseits, der Haftpflichtigen anderseits gruppieren. Die gleiche Regelung findet sich in MVG 69.

Einmal müssen die Leistungen *zeitlich* gleichartig sein. In früheren Zeiten hat man die nach der Lebenserwartung kapitalisierte Suva-Rente der nach der Aktivitätserwartung berechneten Haftpflichtentschädigung gegenübergestellt. Damit übernahmen Haftpflichtige Leistungen der Sozialversicherung, die über die angenommene Aktivität, also über das Haftpflichtrecht hinausgingen. Das Bundesgericht hat deshalb in 95 II 582ff. festgesetzt, dass der Rückgriff der Sozialversicherung gleich wie der Haftpflichtanspruch nach den Aktivitätstafeln zu kapitalisieren sei. Die gesetzliche Bestätigung findet sich in:

UVG 43 III **Leistet der Versicherer Renten, so können Ansprüche hiefür nur bis zu dem Zeitpunkt auf ihn übergehen, bis zu welchem der Dritte Schadenersatz schuldet.**

Gleich lautet MVG 69 II.

Weiter müssen Sozialversicherungsleistungen und Haftpflichtanspruch *sachlich* von gleicher Art sein. Die Diskussion um diesen Punkt hat sich vorab an der Frage des Nebenverdienstes entzündet. Bei diesem handelt es sich um einen von der obligatorischen Unfallversicherung nicht erfassten Schadensteil; also liegt er ausserhalb des Rückgriffs (98 II 129ff.). Das gilt auch für den Fall, dass der Nebenerwerb nicht neben der Haupttätigkeit einherläuft, sondern nach deren Abschluss aufgenommen wird. Es ist ja eine häufige Erscheinung, dass jemand, der mit 65 Jahren pensioniert wird, nicht einfach die Hände in den Schoss legt, sondern z.B. seiner Firma, wie es jeweilen heisst, noch für Sonderaufgaben zur Verfügung steht, dass er seine beruflichen Fähigkeiten anderweitig einsetzt, etwa (wie in 104 II 309 angedeutet) als Tiefbautechniker Gutachten verfasst, oder dass er, statt den Handwerker und den Gärtner kommen zu lassen, selbst das Haus instandstellt und den Garten in Ordnung hält. Kann man sagen, diese Tätigkeit trete an die Stelle der versicherten und werde deshalb vom Rückgriff miterfasst? Die Antwort ist nein. Die Aufnahme einer solchen Tätigkeit liegt ausserhalb des für und durch die Sozialversicherung gezogenen Kreises. Sie ist freiwillig und unbestimmt. Dazu wäre es ungerecht, wenn solche besonderen Anstrengungen der Versicherung zugute kämen (was in der Regel der Fall wäre). Auch AHV und IV müssen innerhalb ihres Bereiches bleiben. Dieser wird durch das Einkommen, für das Pflichtige Beiträge leisteten, abgesteckt.

Schliesslich braucht es *inhaltliche* Gleichartigkeit der Leistungen; die Grundlage, auf welcher die Sozialversicherung eine Leistung erbringt, muss der haftpflichtrechtlichen entsprechen. Das ist beispielsweise nicht der Fall, wenn die Rente der Sozialversicherung einen Vorzustand miterfasst, welcher für die haftpflichtrechtliche Betrachtungsweise entfällt. Hingegen wäre es falsch, die unterschiedliche Festsetzung des Invaliditätssatzes zum Anlasse für eine Aufspaltung zu nehmen, etwa zu sagen, bei einer 30%igen Rente, der nur ein 20%iger haftpflichtrechtlicher Ausfall gegenüberstehe, hätten die 10 Prozente für den Rückgriff ausser Betracht zu fallen. Sie gehören zur Leistung der Versicherung für eben diesen Schaden und gehören grundsätzlich zum Rückgriff; dieser wird aber stets durch die haftpflichtrechtlich bestimmte Schadenhöhe begrenzt. In diesem Sinne ist die Bemerkung in 98 II 136 zu verstehen, die Subrogation diene nicht dazu, «eine Rente zu decken, die auf einer grösseren als der zivilrechtlich massgebenden Erwerbsunfähigkeit fusst». Soweit die Haftpflicht durch eine anrechenbare Unfallversicherung abgedeckt wird, z. B. durch eine Insassenversicherung, handelt es sich inhaltlich um eine Haftpflichtversicherung die – im Unterschied zu einer nicht anrechenbaren Unfallversicherung – dem Rückgriff ausgesetzt ist. Daran muss die betreffende Gesellschaft denken, bevor sie Zahlungen macht. Die Sozialversicherung kann nicht durch eine anrechenbare Unfallversicherung um ihren Rückgriff gebracht werden.

d) Direktanspruch, Quotenvorrecht und Quotenteilung

Was nach der Leistung der Sozialversicherung der geschädigten Person an Schaden verbleibt, nennt man ungedeckten Schaden oder *Direktschaden;* diesen kann sie bei Haftpflichtigen als sogenannten Direktanspruch oder Restanspruch geltend machen. Ein klassischer ungedeckter Ausfall ergibt sich beim Taggeld, das nach UVG 17 I nur 80% des versicherten Verdienstes beträgt. Eine Direktforderung entsteht selbstverständlich dort nicht, wo die Leistung der Sozialversicherung den tatsächlichen Schaden erreicht oder übersteigt. Das ist der Fall, wenn eine Invalidität zwar zu einer Rente der obligatorischen Unfallversicherung, aber zu keiner oder zu einer geringeren Erwerbseinbusse führt. Sodann ergibt sich in vielen Fällen volle Schadensdeckung durch das Zusammentreffen von Leistungen der Trägerin der obligatorischen Unfallversicherung mit solchen der IV oder der AHV. Im übrigen ist die Ermittlung des Direktschadens eine einfache Rechenaufgabe. Bei voller Haftpflicht erhalten Geschädigte im Ergebnis stets den ganzen Schaden ersetzt, die Sozialversicherung – im Rahmen gleichartiger Leistungen – ihre Aufwendungen zurück.

Ist die Haftpflicht nur teilweise gegeben, oder fehlt es bei den Haftpflichtigen an Zahlungskraft bzw. genügender Versicherung, so entsteht ein Manko. Die Geschädigten berührt das nicht, wenn der Schaden durch Sozialversicherungsleistungen voll gedeckt ist; es wirkt sich bloss auf den Regress aus. Kommen jedoch ein Direktschaden und nur teilweise Übernahme des Schadens durch Haftpflichtige zusammen, so stellt sich die Frage, ob der Rückgriff der Versicherung oder der Direktanspruch der Geschädigten vorgehe, oder ob das Erhältliche nach dem Haftungsschlüssel auf die beiden zu verteilen sei. Dieses wird mit Quotenteilung bezeichnet; früher sprach man von Proportionalregel. Den Vorrang der einen oder andern Seite nennt man *Quotenvorrecht*, eben das Vorrecht auf die zur Verfügung stehende Quote. Normalerweise geht es um den Zugriff auf den haftpflichtrechtlich geschuldeten Teil; das ist das Quotenvorrecht im engeren Sinne. Dreht es sich darum, wer die unzureichenden Mittel von Haftpflichtigen oder die begrenzte Deckungssumme zuerst beanspruchen könne, so verwendet man auch den Ausdruck Befriedigungsvorrecht.

Die Sache ist entschieden: Das Quotenvorrecht haben die Geschädigten. Urteile vor 1967 sind überholt. Der Zickzackkurs (in französisch-eleganter Umschreibung: cette jurisprudence a connu plusieurs états successifs; 93 II 415, 95 II 585) lässt sich zum grössten Teil in den eben erwähnten Entscheiden nachlesen und gesamthaft wie folgt nachzeichnen:

Bis 1928	umfassender Vorrang der Suva, alle Leistungen über einen Kamm geschoren.
Ab 1928	Vorrang der Suva nur noch für gleichartige Leistungen.
Ab 1932	nur noch anteilsmässiger Rückgriff der Suva = Proportionalregel.
Ab 1959	wieder Quotenvorrecht der Suva für gleichartige Leistungen.
Ab 1967	umfassendes Quotenvorrecht des Geschädigten nach SVG 88 (nicht bloss Befriedigungsvorrecht).
Ab 1969	Beschränkung des Rückgriffs auf zeitgleiche Leistungen (85 II 582ff.).
Ab 1970	Quotenvorrecht des Geschädigten überall (96 II 360ff.).
Ab 1972	Beschränkung des Rückgriffs auf den versicherten Verdienst, unter Ausklammerung des Nebenverdienstes (98 II 129ff.).

Die erste gesetzliche Umschreibung des Quotenvorrechts zugunsten der Geschädigten findet sich, von der Haftpflicht her gesehen, im SVG:

SVG 88 **Wird einem Geschädigten durch Versicherungsleistungen der Schaden nicht voll gedeckt, so können Versicherer ihre Rückgriffsrechte gegen den Haftpflichtigen oder dessen Haftpflichtversicherer nur geltend machen, soweit dadurch der Geschädigte nicht benachteiligt wird.**

Bekräftigung und Verdeutlichung brachten, von der Sozialversicherung her, AHVG 48^{quater} I und, mit gleichen Worten,

UVG 42 I   Die Ansprüche des Versicherten und seiner Hinterlassenen gehen nur so weit auf den Versicherer über, als dessen Leistungen zusammen mit dem vom Dritten geschuldeten Ersatz den Schaden übersteigen.

Die gleiche Bestimmung findet sich in MVG 68 I.

Die lateinische Umschreibung des Quotenvorrechts der Geschädigten lautet: nemo subrogat contra se oder nemo contra se subrogare censetur; sie bedeutet, dass niemand zum eigenen Nachteil andere in seine Rechte einsetzt. Das Quotenvorrecht verschafft also den Geschädigten stets volle Schadensdeckung, ausser die Haftpflichtquote sei so gering, dass sie nicht einmal für den Direktschaden ausreicht, oder es gebräche den Haftpflichtigen an Mitteln. Auch die gestützt auf SVG 65 III auf ihre Versicherten zurückgreifende Haftpflichtversicherung muss bei der Inanspruchnahme des vorhandenen Vermögens den Geschädigten den Vortritt lassen.

Zur Berechnung dessen, was bei nicht voller Haftpflicht Geschädigte und die Sozialversicherung bekommen, sind drei Schritte zu machen:
– Vorerst ermittelt man den Gesamtschaden und zieht davon die Leistung der Sozialversicherung ab; das ergibt den Direktschaden.
– Sodann errechnet man vom Gesamtschaden den nach der Haftpflichtquote geschuldeten Teil; das ist der sogenannte Haftpflichtschaden.
– Aus dem so zur Verfügung stehenden Betrag wird der Direktschaden gedeckt; der Rest geht an die Sozialversicherung.

Ein Beispiel:
– Gesamtschaden .... Fr. 100 000.–
  Versicherungsleistung .... Fr. 80 000.–
  Direktschaden .... Fr. 20 000.–
– Gesamtschaden .... Fr. 100 000.–
  Haftpflichtschaden 50% .... Fr. 50 000.–
– Die geschädigte Person erhält .... Fr. 20 000.–
  Der Sozialversicherung bleiben .... Fr. 30 000.–

Einen Anwendungsfall findet man in 104 II 307ff.; dort wird auf weitere Entscheide verwiesen.

Das Quotenvorrecht entfaltet seine Wirkung zugunsten der Geschädigten nur innerhalb der durch die Sozialversicherung abgedeckten Bereiche. So liegt es auf der Hand, dass Geschädigte den Sachschaden lediglich im Rahmen der Haftungsquote ersetzt bekommen. Dasselbe gilt für den Nebenverdienst; es handelt sich um einen nicht versicherten Schadenteil, für den sich die geschädigte Person nicht mit Hilfe des Quotenvorrechts auf Kosten der Versicherung (die keine Prämie dafür bezogen hat) Deckung verschaffen kann (siehe die ausführliche Begründung in 98 II 136ff.).

Sodann spielt das Quotenvorrecht nur im Rahmen gleichartiger Leistungen. Das ergibt sich daraus, dass es den Übergang der Rechte näher bestimmt und dass dieser nach ausdrücklicher Gesetzesbestimmung (UVG 43 I, AHVG 48^{quinquies} I, MVG 69 I) «für Leistungen gleicher Art» erfolgt. Das kann für Geschädigte (bei geringer Haftungsquote und/oder grossem Direktschaden) ein Nachteil sein, ist es ihnen doch verwehrt, Schadensposten, die von der Sozialversicherung in unterschiedlichem Masse übernommen werden, z.B. Heilungskosten und Verdienstausfall, ineinanderzurechnen. Das ist die Kehrseite der Medaille: Der Übergang der Rechte für Leistungen gleicher Art, als Schutzwall gegen zu weitgehenden Rückgriff errichtet, dämmt das Quotenvorrecht ein. Die Beschränkung auf Leistungen gleicher Art ist um so überzeugender, als die verschiedenen Leistungen manchmal in verschiedener Form (als Natural- oder aber als Geldleistungen) erbracht werden. Auch der allgemein gehaltene Art. 88 SVG steht dem nicht entgegen: Erstens gehen die Normen des UVG und des AHVG sowie des MVG als jüngere und speziellere vor; zweitens blieb es ohnehin der Rechtsprechung vorbehalten, Art und Umfang des Quotenvorrechts zu umreissen.

Anderseits sind Leistungen gleicher Art gesamthaft zu betrachten. Wenn sich die Geschädigte beispielsweise eine Heilbehandlung leistet, die zwar von der Haftpflichtversicherung, jedoch nicht mehr von der Sozialversicherung zu übernehmen ist, so erstreckt sich das Quotenvorrecht auf den Gesamtbereich der ärztlichen Aufwendungen und nicht bloss auf den von der Sozialversicherung gedeckten Teil. Das gleiche gilt bei der Entschädigung des Arbeitsausfalles, wenn das Einkommen den versicherten Verdienst übersteigt.

Im Rahmen von UVG 24/43 II d und von MVG 48, 59/69 stellt sich die Frage, ob Geschädigte auch bei der Genugtuung ein Quotenvorrecht geltend machen, d.h. eine volle Genugtuung beanspruchen können, wenn ihnen, namentlich wegen Mitverschuldens, nur eine ermässigte Summe zusteht. Solches ist schon von den Gesetzen her, die stets von Schaden sprechen, zu verneinen, aber auch aus dem Wesen der Genugtuung, die sich nur gesamthaft, unter Berücksichtigung aller Umstände, bestimmen und nicht prozentual aufsplittern lässt. Wie das Bundesgericht in 118 II 407f. betont, «handelt es sich bei der Genugtuung um einen Anspruch, der sich ziffernmässig nicht errechnen lässt – wie etwa ein Invaliditäts- oder Versorgerschaden –». Man kann sogar sagen, eine herabgesetzte Genugtuungssumme entspreche dem geringeren seelischen Schaden, den die geschädigte Person erlitten habe. In der Tat bestimmt das Selbstverschulden des Opfers – anders als beim materiellen Schaden – die Grösse des seelischen Schadens mit. Es sei aber nicht verhehlt, dass die Ausdehnung des Quotenvorrechts auf die Genugtuung dadurch Auftrieb bekommen hat, dass die Genugtuung immer mehr dem Schaden angeglichen und ihre Festsetzung zunehmend von der Schwere der Verletzung, unter Zurückdrängung des Verschuldens, beherrscht wird (vorn 122f.). Dem hat das Bundesgericht in einem Urteil vom 6. Mai 1997 (= 123 III ...) Rechnung getragen. Es ging um den Genugtuungsanspruch eines jungen Mannes, der beim Sprung von einem Sprungbrett wegen der ungenügenden Wassertiefe eine unvollständige Tetraplegie erlitten hatte. Die Ersatzpflicht der dafür Verantwortlichen war wegen Selbstverschuldens um 20% zu kürzen. Die Unfallversicherung hatte eine volle Integritätsentschädigung von damals Fr. 69 600.– ausbezahlt. Die Vorinstanz ging von einer Genugtuungssumme von Fr. 120 000.– aus und sprach dem Geschädigten, nach Abzug der UVG-Leistung, Fr. 50 400.– zu, gewährte ihm also das Quotenvorrecht. Das Bundesgericht hat hiezu wie folgt Stellung genommen: Es billigt sowohl den Gegnern als auch den Befürwortern des Quotenvorrechts gute Gründe zu und entscheidet sich, unter Aufnahme eines Vorschlags von Oftinger/Stark, für einen Mittelweg, nämlich für eine analogie- und teilweise Anwendung des Quotenvorrechts, des Sinns dass die Subrogation der Unfallversicherung um den Prozentsatz des Selbstverschuldens gekürzt wird. Damit, führt das Bundesgericht aus, bekommt die geschädigte Person zwar nicht eine Genugtuung wie ohne Selbstverschulden, wird für dieses aber weniger bestraft als bei Verneinung des Quotenvorrechts. Zur Veranschaulichung sei gezeigt, welche Zahlen sich in dem zu beurteilenden Fall nach den verschiedenen Betrachtungsweisen ergeben.

Ausgangslage:
Volle Genugtuung, d.h. ohne Selbstverschulden Fr. 120 000.–;
Aus Haftpflicht geschuldete, um 20% gekürzte Genugtuung Fr. 96 000.–;
UVG-Integritätsentschädigung (aufgerundet) Fr. 70 000.–.

Kein Quotenvorrecht:
Genugtuung Fr. 120 000.–, gekürzt um 20% = ...	Fr. 96 000.–
./. Rückgriff der UVG-Versicherung	Fr. 70 000.–
Verbleiben als Direktleistung aus Haftpflicht	Fr. 26 000.–
Die UVG-Versicherung bekommt ihre	Fr. 70 000.–
Die geschädigte Person erhält gesamthaft	Fr. 96 000.–

Volles Quotenvorrecht:
Die ungekürzte Genugtuung beträgt	Fr. 120 000.–
Davon abzuziehen die UVG-Zahlung von	Fr. 70 000.–
Verbleiben als Direktleistung aus Haftpflicht	Fr. 50 000.–
Die UVG-Versicherung erhält 96 000 ./. 50 000 = ...	Fr. 46 000.–
Die geschädigte Person bekommt gesamthaft	Fr. 120 000.–

Beschränktes Quotenvorrecht:

Die gekürzte Genugtuung beträgt	Fr. 96 000.–
Integritätsentschädigung 70 000 gekürzt um 20 % =	Fr. 56 000.–
Verbleiben als Direktleistung aus Haftpflicht	Fr. 40 000.–
Der UVG-Rückgriff beträgt	Fr. 56 000.–
Die geschädigte Person erhält gesamthaft	Fr. 110 000.–

Die zuletzt genannte mittlere Lösung läuft darauf hinaus, dass man das Quotenvorrecht auf den UVG-Betrag beschränkt und das darüber Hinausgehende gemäss Haftpflicht kürzt.

Man mag die vom Bundesgericht gewählte Anwendung des Quotenvorrechts als salomonisch oder als halbherzig empfinden. Die Fragwürdigkeit der Quotenrechnerei zeigt sich darin, dass man mit einer Genugtuungssumme von 96 000 Franken hantiert. Wenn man sich aber für das Quotenvorrecht entscheidet, sollte man, wie Hütte/Ducksch empfehlen, es ganz tun und nicht eine neue Berechnungsart ins Spiel bringen. Dass das volle Quotenvorrecht die für die Betroffenen günstigste Lösung darstellt, ist erfreulich und um so eher zu verantworten, als die Genugtuungssummen in der Schweiz nicht besonders hoch sind.

Die Sozialversicherung muss sich die Direktansprüche selbst dann abziehen lassen, wenn gar keine solchen gestellt wurden, denn für die Bemessung des Rückgriffs ist nach dem Gesetzestext auf den «vom Dritten geschuldeten Ersatz abzustellen» (AHVG 48^{quater} I, UVG 42 I, MVG 68 I). Wann und ob überhaupt Geschädigte den Direktschaden geltend machen, steht auf einem andern Blatt; es handelt sich ausschliesslich um eine Angelegenheit zwischen ihnen und den Haftpflichtigen.

———

Das Quotenvorrecht der geschädigten Person wirkte sich jeweilen auch aus, wenn die Sozialversicherungsleistung eine Kürzung erfuhr, namentlich bei grober Fahrlässigkeit. Geschädigte konnten der Sozialversicherung, welche strafes- und erziehungshalber ihre Leistung kürzte, mit Hilfe des Quotenvorrechts ein Schnippchen schlagen, d. h. zu voller Schadensdeckung gelangen, gleichzeitig noch den Rückgriff der Versicherung verkürzend. Damit ist es aus:

AHVG 48^{quater} II Hat jedoch die Versicherung ihre Leistungen wegen vorsätzlicher oder grobfahrlässiger Herbeiführung des Versicherungsfalles gekürzt, so gehen die Ansprüche des Versicherten und seiner Hinterlassenen entsprechend dem Verhältnis der Versicherungsleistungen zum Schaden auf die Versicherung über.

Diese Regel gilt kraft des Verweises von IVG 52 I auch für die IV. Weiter ist sie in UVG 42 II zu finden. Hier ist aber anzumerken, dass die Grobfahrlässigkeitskürzung nach AHVG und IVG sowie nach UVG bei Berufsunfällen nicht mehr angeht: Nach internationalem – direkt anwendbarem – Recht (Übereinkommen Nr. 128 der Internationalen Arbeitsorganisation vom 29. Juni 1967, für die Schweiz in Kraft seit 13. September 1978, und Europäische Ordnung der Sozialen Sicherheit vom 16. April 1964, für die Schweiz in Kraft seit 18. Oktober 1978) sind Kürzungen nur noch zulässig, wenn die Gesundheitsschädigung vorsätzlich herbeigeführt worden oder bei der vorsätzlichen Begehung eines Verbrechens oder Vergehens eingetreten ist (Näheres in 119 V 171ff. und 241ff., 120 V 224ff. und 121 V 40ff.). Entsprechend ist Art. 65 des neuen MVG (in Verbindung mit Art. 68 II) abgefasst, und das gleiche sieht der Vorentwurf für einen Allgemeinen Teil des Haftpflichtrechts für die Privatversicherung vor (Art. 33 II), wie auch der Entwurf für einen Allgemeinen Teil des Sozialversicherungsrechts (Art. 80 in Verbindung mit Art. 27). Sodann wird in einer Parlamentarischen Initiative die Streichung von UVG 37 II und damit der Einbezug der Nichtberufsunfälle in die geschilderte Regelung verlangt; ein Gegenvorschlag geht auf Beibehaltung der Grobfahrlässigkeitskürzung bei den Nichtberufsunfällen, aber beschränkt auf die Taggelder während zweier Jahre (siehe hiezu BBl 1997 III 619–629). Tröstlich ist, dass die grobe Verkehrsregelverletzung nach SVG 90/2. als Vergehen so oder so der Kürzung nicht entgeht.

Man spricht von *Quotenteilung,* was bedeutet, dass die aus Haftpflicht zur Verfügung stehende Quote entsprechend dem Verhältnis der beiden Ansprüche auf die Sozialversicherung und die geschädigte Person aufzuteilen ist. Die Ermässigung aus Haftpflicht trifft also die beiden Ansprüche in gleichem Masse, oder, wie es die Gesetze ausdrücken, der Haftpflichtanspruch geht im Verhältnis der Versicherungsleistungen zum Gesamtschaden auf die Sozialversicherung über.

Nehmen wir in unserem Beispiel mit einem Gesamtschaden von Fr. 100 000.– an, die Versicherung habe ihre Leistungen von Fr. 80 000.– um 25% auf Fr. 60 000.– gekürzt. Der Direktschaden beträgt nun Fr. 40 000.–. Davon bekommt die geschädigte Person entsprechend der Haftpflichtquote die Hälfte = Fr. 20 000.–, der Versicherung bleibt die Hälfte von Fr. 60 000.– = Fr. 30 000.–. Zu diesen Fr. 30 000.– gelangt man auch entsprechend der gesetzlichen Formulierung wie folgt: Die Leistung von Fr. 60 000.– der Sozialversicherung beträgt 60% des Gesamtschadens von Fr. 100 000.–, und in diesem Rahmen von 60% gehen die Ansprüche gegen den Haftpflichtigen von Fr. 50 000.– auf die Sozialversicherung über.

Die Leistungskürzung verschafft der Sozialversicherung auch dort einen Rückgriff, wo sie sonst wegen des Quotenvorrechts leer ausginge. Dieser Fall kann namentlich eintreten, wenn die Sozialversicherungsleistungen weit unter dem entstandenen Schaden liegen. Die geschädigte Person wird durch die direkte Leistungskürzung und diejenige, die sich aus dem Rückgriff ergibt, verhältnismässig hart getroffen. Dem will der Bundesrat in seiner vertieften Stellungnahme zum Allgemeinen Teil des Sozialversicherungsrechts (BBl 1994 V 958f.) mit folgendem Abänderungsvorschlag zu Art. 80 II begegnen: «Hat jedoch der Versicherungsträger seine Leistungen im Sinne von Art. 27 gekürzt, so gehen die Ansprüche des Versicherten und seiner Hinterlassenen soweit auf den Versicherungsträger über, als dessen ungekürzte Leistungen zusammen mit dem vom Dritten für den gleichen Zeitraum geschuldeten Ersatz den entsprechenden Schaden übersteigen würden.»

Damit würde erreicht, «dass sich die Summe der Ansprüche des Geschädigten gegenüber dem Haftpflichtigen und der Sozialversicherung jeweils genau um den Kürzungsbetrag der Sozialversicherung vermindert» (BBl 1994 V 959). Das wäre eine einleuchtende Regelung. Vorderhand aber haben wir uns nach den bestehenden Bestimmungen zu richten.

Es wäre gesucht, die Quotenteilung auf den sozialversicherten Teil z. B. des Einkommens zu beschränken und für den überschiessenden das Quotenvorrecht zu gewähren. Hingegen muss sich die Quotenteilung im Rahmen gleichartiger Leistungen bewegen. Bei den Heilungskosten, die der Unfallversicherer als Naturalleistungen deckt und nicht kürzt, geniesst der Geschädigte, sofern ein Direktschaden vorliegt, das Quotenvorrecht, während er sich bei den gekürzten Geldleistungen die Quotenteilung gefallen lassen muss.

e) Versicherung, Geschädigte und Haftpflichtige

Mit der Leistungspflicht der Sozialversicherung verlieren Geschädigte ihren Anspruch gegen Haftpflichtige. Nun möchten sie mitunter lieber deren Leistungen direkt beziehen und dafür auf ihre Ansprüche gegen die Sozialversicherung verzichten. Der Grund dafür liegt regelmässig darin, dass man die Haftpflichtentschädigung sofort als Kapital und nicht, wie die Versicherungsleistungen, nach und nach als Rente erhält. Ist ein solcher Verzicht möglich, und dürfen Haftpflichtige direkt bezahlen?

Grundsätzlich geht das nicht an. Einmal sind die Ansprüche bereits mit dem Ereignis übergegangen (UVG 41, AHVG 48ter, MVG 67 I). Sodann ist es der Sinn der Sozialversicherung, Betroffene vor den Folgen von Schicksalsschlägen zu schützen, gegebenenfalls gar gegen ihren eigenen Verstand und Willen. Das geschieht vorab durch die monatliche Ausrichtung angemessener Leistungen und deren Anpassung an die Teuerung. Eine Kapitalzahlung durch Haftpflichtige gewährleistet dies nicht in gleichem Masse. Die Geschädigten können das Geld verjubeln oder durch Fehlgriffe verlieren. Der von der Sozialversicherung verfolgte Zweck erheischt es, dass der Entschädigungsweg über sie und nicht direkt zu den Haftpflichtigen geht. Anderseits hat die Ausrichtung der Haftpflichtentschädigung in Kapitalform unbestrittene Vorteile (vgl. vorn 43f.), und Geschädigte können ein schutzwürdiges Interesse daran haben. Ist dies der Fall, so erwüchse ihnen aus dem Vorhandensein der Sozialversicherung und dem Zwang, sich an sie zu halten, ein Nachteil. Deshalb bestimmt Art. 65 der Unfallversicherungsverordnung unter dem Titel «Verzicht auf Leistungen»:

UVV 65   **Der Versicherte oder seine Hinterlassenen können schriftlich den Verzicht auf Versicherungsleistungen erklären. Liegt der Verzicht im schutzwürdigen Interesse des Versicherten oder seiner Hinterlassenen, so hält der Versicherer diesen Verzicht in einer Verfügung fest.**

Dasselbe muss für andere Sozialversicherungszweige, die keine Bestimmung kennen, gelten. Es ist aber festzuhalten, dass solche Fälle seltene Ausnahmen bleiben müssen und dass direkte Belangung von Haftpflichtigen nur im Einvernehmen mit der Sozialversicherung erfolgen kann. Haftpflichtige oder ihre Haftpflichtversicherungen dürfen sich nicht mit der Mitteilung des Verzichts durch die Geschädigten begnügen, sondern sie brauchen die ausdrückliche Zustimmung der Sozialversicherung. Sonst droht ihnen, wenn die Geschädigten dann doch noch Sozialversicherungsleistungen beanspruchen und erhalten, Doppelzahlung.

Dieser Gefahr setzen sich Haftpflichtige, die Geschädigte direkt befriedigen, grundsätzlich aus, weil eben die Ansprüche schon mit dem Ereignis auf die Sozialversicherung übergehen. Haben sie allerdings in Unkenntnis des Rückgriffsanspruchs und gutgläubig bezahlt, so sollen sie gegenüber der Sozialversicherung befreit sein, wie es OR 167 für die Abtretung vorsieht und wie es gemäss SVG 66 III die Versicherung ist, welche Geschädigten in Unkenntnis anderweitiger Verpflichtungen Leistungen erbracht hat. Es ist an der Sozialversicherung, ihren Regress anzumelden. Nicht auf Unkenntnis berufen können sich in der Regel die Haftpflichtversicherungen, kennen sie doch die Rolle der Sozialversicherungen, mit denen sie zudem Abkommen über die Verteilung der Aufwendungen bis zu einem bestimmten Betrag und über die Art des Vorgehens geschlossen haben. Haftpflichtige und ihre Versicherungen tun deshalb gut daran, sich über den Rückgriff der Sozialversicherung Klarheit zu verschaffen, bevor sie Geschädigten Zahlungen machen. So oder so haben sie das Recht, zuviel Bezahltes wegen ungerechtfertigter Bereicherung zurückzufordern. Vielleicht besteht auch die Möglichkeit der Verrechnung mit weiteren Leistungen, sei es aus Haftpflicht, sei es von Seiten der Sozialversicherung.

Dringen verschiedene Sozialversicherungen auf eine haftpflichtige Person ein, so braucht sie sich über die Verteilung unter ihnen gemäss UVV 52 oder AHVV 79[quater] III nicht den Kopf zu zerbrechen. Sie muss nur ausrechnen, was sie ihnen gesamthaft und unter Berücksichtigung der Direktansprüche der geschädigten Person schuldig ist, und kann den Betrag zur Verfügung stellen. Auf gleiche Art kann sie sich aus der Sache halten, wenn die Sozialversicherung und Geschädigte uneins sind (vgl. OR 168).

Nicht unerwähnt bleibe die Bedeutung dieser Rückgriffe für die Trägerinnen der Sozialversicherung. Die Regresseinnahmen allein der Suva betragen gegen 200 Millionen Franken im Jahr (bei Prämien-Einnahmen von über 3 Milliarden). Diese Rückgriffszahlungen werden fast ausschliesslich von den Haftpflichtversicherungen erbracht.

2. DER RÜCKGRIFF DER UNFALLVERSICHERUNG

a) Das UVG und seine Leistungen

Das Bundesgesetz über die Unfallversicherung vom 20. März 1981 hat das KUVG von 1911 abgelöst. Es ist am 1. Januar 1984 in Kraft getreten. Das KUVG erfasste die Arbeitnehmenden bestimmter als gefährlich eingestufter Betriebe. Das waren ein Drittel aller Betriebe und zwei Drittel aller Arbeitnehmenden. Das UVG gilt für alle Betriebe und Arbeitnehmer. Die obligatorische Unfallversicherung wird heute nicht nur von der Suva, sondern auch von den Privatversicherungen getragen.

Das UVG führt Leistungen und Grundsätze des KUVG weiter, brachte aber doch beachtliche Neuerungen:
– keine Rente mehr an Eltern und Geschwister;
– eingeschränkte Kürzung bei Vorzuständen und bei grober Fahrlässigkeit;
– Quotenvorrecht im Gesetz, aber Quotenteilung bei grober Fahrlässigkeit.

Die obligatorische Unfallversicherung deckt Berufs- und Nichtberufsunfälle (das KUVG sprach von Betriebs- und Nichtbetriebsunfällen) und Berufskrankheiten. Im einzelnen werden folgende Leistungen erbracht:
– Pflegeleistungen und Kostenvergütungen, von den Arzt- und Spitalkosten über Kuren und Hilfsmittel bis zu Reise-, Rettungs- und Bestattungskosten. Diese Leistungen werden als sogenannte Naturalleistungen von der Sozialversicherung direkt erbracht oder übernommen. Damit hängt zusammen, dass sie weder bei Mitwirkung unfallfremder Faktoren noch bei Grobfahrlässigkeit gekürzt werden (UVG 36 I und 37 II).
– Für vorübergehenden Arbeitsausfall oder bis zur Festsetzung einer Rente wird ein Taggeld ausgerichtet, und zwar vom dritten Tag an sowie bis zu 80% des versicherten Verdienstes (UVG 16/17). Der beträgt nach Art. 22 I

der Verordnung zum UVG ab 1. Januar 1991 höchstens Fr. 97 200.– im Jahr oder Fr. 267.– im Tag.
- Für dauernde volle oder teilweise Erwerbsunfähigkeit wird eine Invalidenrente gewährt (UVG 18ff.), ebenfalls bis zu 80% des versicherten Verdienstes. Haben Versicherte allerdings Anspruch auf eine Rente der IV oder der AHV, so bezahlt die Unfallversicherung eine Komplementärrente bis zu 90% des versicherten Verdienstes.
- Ausnahmsweise können Versicherte durch eine einmalige Entschädigung abgefunden werden (UVG 23).
- Erleiden Versicherte eine dauernde erhebliche Schädigung der körperlichen oder geistigen Integrität, so haben sie – seit dem UVG – Anspruch auf eine angemessene Integritätsentschädigung (UVG 24/25). Diese ist der Genugtuung vergleichbar und wird zusätzlich zur Invalidenrente ausbezahlt. Sie erreicht bei schwerster Schädigung den Höchstbetrag des versicherten Verdienstes, also Fr. 97 200.–. Eine Skala im Anhang 3 zur UVV (vorn 139f. abgedruckt) zeigt, wie einzelne Glieder und Organe eingestuft werden: Die unterste Stufe bildet mit 5% der Verlust bestimmter Fingerglieder oder der Grosszehe. Ein Auge, ein Fuss oder der Skalp stehen mit 30% zu Buche, die Gebrauchshand, ein Arm oder ein Bein mit 50%. Die schlimmsten Unfallfolgen sind Blindheit und Tetraplegie mit je 100%.
- Sind Geschädigte dauernd auf Hilfe angewiesen, so bekommen sie, je nach dem Ausmass ihrer Abhängigkeit von andern, eine Hilflosenentschädigung (UVG 26/27).
- Eine Hinterlassenenrente (UVG 28ff.) erhalten in jedem Fall die Kinder. Der überlebende Eheteil bekommt eine solche nur noch unter bestimmten Voraussetzungen; diese sind für Witwen weiter gefasst als für Witwer. Die Renten betragen 40% für den überlebenden Eheteil und je 15% für Halbwaisen, zusammen höchstens 70% bzw. 90% im Verein mit AHV- oder IV-Renten. Für Eltern und Geschwister sieht das UVG nichts mehr vor.
- Erfüllt eine Witwe die Voraussetzungen für eine Rente nicht, so hat sie (im Unterschied zum Witwer) Anspruch auf eine Abfindung (UVG 29 III/32).

b) Der Rückgriff nach UVG

Er ist in den Artikeln 41–44 geregelt und kann entsprechend der Gliederung des Gesetzes wie folgt erläutert werden:

UVG 41   **Grundsatz**

Gegenüber einem Dritten, der für den Unfall haftet, tritt der Versicherer im Zeitpunkt des Ereignisses bis auf die Höhe der gesetzlichen Leistungen in die Ansprüche des Versicherten und seiner Hinterlassenen ein.

Der Rückgriff gilt nur für die gesetzlichen Leistungen. Freiwillige Zahlungen fallen ausser Betracht. Von diesen zu unterscheiden sind aber die Entschädigungen aus der freiwilligen Versicherung nach Art. 4, denn hier handelt es sich wieder um gesetzliche Leistungen. UVG 5 I sagt denn auch, dass die Bestimmungen über die obligatorische Versicherung sinngemäss für die freiwillige Versicherung gelten.

Von der freiwilligen Versicherung gemäss UVG zu unterscheiden ist weiter die Zusatzversicherung, welche die Privatversicherungen zur Abdeckung der vom UVG nicht mehr berücksichtigten Verluste anbieten, z. B. für das die Fr. 97 200.– übersteigende Einkommen. Hier handelt es sich um eine simple private Unfallversicherung, deren Rückgriff sich nach VVG 72 und OR 51 richtet, sofern nicht Summenversicherung nach VVG 96 vorliegt (hiezu 119 II 363f. und vorn 207f.).

UVG 42   **Umfang des Rückgriffs**

Die Ansprüche des Versicherten und seiner Hinterlassenen gehen nur so weit auf den Versicherer über, als dessen Leistungen zusammen mit dem vom Dritten geschuldeten Ersatz den Schaden übersteigen.
Hat jedoch der Versicherer seine Leistungen wegen grobfahrlässiger Herbeiführung des Unfalles gekürzt, so gehen die Ansprüche des Versicherten und seiner Hinterlassenen entsprechend dem Verhältnis der Versicherungsleistungen zum Schaden auf den Versicherer über.
Die Ansprüche, die nicht auf den Versicherer übergehen, bleiben dem Versicherten und seinen Hinterlassenen gewahrt. Kann nur ein Teil des vom Dritten geschuldeten Ersatzes eingebracht werden, so sind daraus zuerst die Ansprüche des Versicherten und seiner Hinterlassenen zu befriedigen.

Dieser Artikel regelt in klassisch zu nennender Weise das Quotenvorrecht im engern Sinne, die Quotenteilung und das Befriedigungsvorrecht. Es sei auf die allgemeinen Ausführungen dazu verwiesen (vorn 220f.). Weiter sei darauf aufmerksam gemacht, dass nach direkt anwendbarem europäischem Recht bei Berufsunfällen eine Kürzung nur noch möglich ist, wenn die Gesundheitsschädigung vorsätzlich herbeigeführt worden oder bei der vorsätzlichen Begehung eines Verbrechens oder Vergehens eingetreten ist (vorn 226). Schliesslich sei in Erinnerung gerufen, dass Quotenvorrecht und Quotenteilung auf Leistungen gleicher Art beschränkt sind. Dieses Erfordernis erlangt gerade in der Unfallversicherung Bedeutung, wo wir zwischen direkt und voll übernommenen Pflegeleistungen und Kostenvergütungen einerseits und Geldleistungen wie Taggeldern oder Invalidenrenten anderseits zu unterscheiden haben. Es führt dazu, dass Geschädigte nicht bei den voll gedeckten Heilungskosten holen dürfen, was ihnen, in besonders gelagerten Fällen, das Quotenvorrecht bei den andern Posten nicht zu verschaffen vermochte. Es führt weiter dazu, dass die Versicherung die Heilungskosten von der Quotenteilung ausnehmen muss.

UVG 43 **Gliederung der Ansprüche**
Die Ansprüche gehen für Leistungen gleicher Art auf den Versicherer über. Leistungen gleicher Art sind namentlich:
a. vom Versicherer und vom Dritten zu erbringende Vergütungen für Heilungs- und Pflegekosten;
b. Taggeld und Ersatz für Arbeitsunfähigkeit während der gleichen Zeitdauer;
c. Invalidenrente und Ersatz für Erwerbsunfähigkeit;
d. Integritätsentschädigung und Genugtuung;
e. Hinterlassenenrenten und Ersatz für Versorgerschaden;
f. Bestattungs- und Todesfallkosten.
Leistet der Versicherer Renten, so können Ansprüche hiefür nur bis zu dem Zeitpunkt auf ihn übergehen, bis zu welchem der Dritte Schadenersatz schuldet.

Zu a: Der Begriff Heilungs- und Pflegekosten ist auf beiden Seiten weit auszulegen. Die Hilflosenentschädigungen gemäss UVG 26/27 fallen ebenso darunter wie die Hilfsmittel gemäss UVG 11, die Prothesen und dergleichen nach UVG 12 und die Reise-, Transport- und Rettungskosten nach UVG 13.

Zu b: Es ist zu beachten, dass die Taggelddeckung der Unfallversicherung erst am dritten Tag nach dem Unfall einsetzt. Die Arbeitsunfähigkeit am Unfalltag und an den beiden folgenden Tagen ist eine Angelegenheit zwischen Verunfallten und Haftpflichtigen.

Zu c: Bei der Invalidität ist das Ende der Aktivität massgebend, falle es mit dem AHV-Alter zusammen oder trete es früher oder erst später ein. Die Abfindung nach UVG 23 ist wie eine Rente zu behandeln. Das folgt aus der gesetzlichen Einteilung (unter dem Obertitel «Invalidenrente») und aus der Natur der Sache (die Abfindung ist nichts anderes als eine befristete Rente).

Zu d: Die Integritätsentschädigung kann höher sein als die ihr zur Seite gestellte haftpflichtrechtliche Genugtuung. So erhielt gemäss 110 II 167 ein Geschädigter für den Verlust des Gehörs auf einem Ohr Fr. 5000.–, während die Integritätsentschädigung nach UVG 15% von (damals) Fr. 69 600.–, also ziemlich genau das Doppelte, betragen hätte. In einem solchen Fall bekommt einfach die Sozialversicherung den nach Haftpflicht geschuldeten Betrag. Umgekehrt ist die Integritätsentschädigung nach UVG auf den Höchstbetrag von Fr. 97 200.– begrenzt, während im Haftpflichtrecht Genugtuungen bis Fr. 200 000.– in Betracht fallen. Ist die Genugtuung höher als die Integritätsentschädigung, so ergibt der Unterschied den Direktanspruch.

Zu e: Auch hier ist für die Kapitalisierung der Renten auf die mutmassliche Aktivität abzustellen. Eine Abfindung an die Witwe gemäss UVG 29 III/32 ist wiederum wie eine Rente zu behandeln.

Zu f: Die Leichentransport- und Bestattungskosten gemäss UVG 14 finden ihr haftpflichtrechtliches Gegenstück in OR 45 I. Der Anspruch auf Schadenersatz ist in der Regel höher als die Verpflichtung der Unfallversicherung. So vergütet diese die Bestattungskosten nur bis zum Siebenfachen des Höchstbetrages des versicherten Tagesverdienstes, was Fr. 1869.– ausmacht, während aus Haftpflicht regelmässig mehrere tausend Franken bezahlt werden.

UVG 44   **Einschränkung der Haftpflicht**
Ein Haftpflichtanspruch steht dem obligatorisch Versicherten und seinen Hinterlassenen gegen den Ehegatten, einen Verwandten in auf- und absteigender Linie oder eine mit ihm in häuslicher Gemeinschaft lebende Person nur zu, wenn der Belangte den Unfall absichtlich oder grobfahrlässig herbeigeführt hat.
Die gleiche Einschränkung gilt für den Haftpflichtanspruch aus einem Berufsunfall gegen den Arbeitgeber des Versicherten sowie gegen dessen Familienangehörige und Arbeitnehmer. Besondere Haftungsbestimmungen eidgenössischer und kantonaler Gesetze sind nicht anwendbar.

Diese Bestimmung findet sich zwar unter dem Titel Rückgriff, gilt aber nicht nur für ihn, sondern ganz allgemein, also auch für die direkten Ansprüche der Geschädigten. Die Beschränkung von Haftpflicht und Rückgriff gilt im Familienbereich schlechthin, im Arbeitsbereich nur für Berufsunfälle (Unfälle auf dem Weg zur Arbeit zählen in der Regel nicht dazu; 121 V 40ff., Band I 457f.).

In 123 III Nr. 45 beschränkt das Bundesgericht mit eingehender Begründung den Art. 44 II UVG auf die direkte Arbeitgeberin und schliesst die Firma, die den tödlich verunfallten Arbeiter gemietet hatte, von der Anwendung dieser Bestimmung aus (entgegen Band I 456).

Seit der Einführung der Integritätsentschädigung und deren Gleichsetzung mit der Genugtuung erstreckt sich dieses Regime auch auf die Genugtuung für Körperverletzung. Sowohl der Rückgriff als auch Direktansprüche unter diesem Titel sind nur noch bei Absicht oder grober Fahrlässigkeit möglich. Nicht unter diese Ordnung fallen Genugtuungen in Todesfällen oder an Angehörige Schwerstverletzter.

Die beschriebene Haftungsbeschränkung passt nicht mehr in unsere Zeit. Die Studienkommission für die Gesamtrevision des Haftpflichtrechts (Bericht S. 174ff.) empfiehlt denn auch, sie zu streichen, also das sog. Haftungsprivileg aufzuheben. Die Betroffenen hätten dann für ihren Direktschaden normale Haftpflichtansprüche. Beibehalten möchte die Kommission hingegen das sog.

Regressprivileg, d.h. die Beschränkung des Rückgriffs auf Absicht und grobe Fahrlässigkeit. Dieses Auseinanderdriften von Haftpflicht und Rückgriff mag als nicht ganz folgerichtig erscheinen; die vorgeschlagene Lösung ist aber vernünftig und entspricht der Billigkeit.

Zur Vereinfachung haben die Versicherungsgesellschaften und die Suva eine Vereinbarung getroffen, das UVG-Regressabkommen. Dadurch kann die grosse Masse der Rückgriffsfälle nach einem bestimmten Schema ohne Auseinandersetzung über die Rechtslage abgewickelt werden. Das Abkommen regelt den Rückgriff der UVG-Versicherung auf die Haftpflichtversicherung: Bei Aufwendungen bis 2000 Franken wird auf einen Rückgriff verzichtet (Bagatellklausel). Fälle mit Aufwendungen über 50 000 Franken fallen nicht unter das Abkommen und werden nach Rechtslage erledigt. In den übrigen Fällen wird nach einem Schlüssel geteilt, der gesamthaft das gleiche Ergebnis wie nach Rechtslage herbeiführt: 37% zulasten der Unfallversicherung, 63% zulasten der Haftpflichtversicherung.

3. DER RÜCKGRIFF DER MILITÄRVERSICHERUNG

a) Das MVG und seine Leistungen

«Die Militärversicherung ist das älteste eidgenössische Sozialversicherungswerk», liest man in der Botschaft zum neuen MVG. Sie geht auf ein Bundesgesetz von 1852 zurück. Um die Jahrhundertwende wollte man die Militärversicherung in einem Gesetz zusammen mit der Arbeiterunfallversicherung regeln. Nachdem dieser Plan gescheitert war, ging aus den Trümmern das Militärversicherungsgesetz von 1901 hervor. Ihm folgte, nach langem Hin und Her, das MVG von 1949. Es erfuhr ein paar Revisionen. So wurde 1963 die Genugtuung, eine Einrichtung des Haftpflichtrechts, ins MVG aufgenommen und damit in die Sozialversicherung eingeführt. Am 1. Januar 1994 trat das neue MVG vom 19. Juni 1992 in Kraft.

Die Leistungen der Militärversicherung werden nicht durch Prämien finanziert, sondern der Bundeskasse entnommen. Daraus wird abgeleitet, es handle sich gar nicht um eine Versicherung, sondern um eine Haftung des Bundes gegenüber den Wehrmännern (103 Ib 279). Die Art. 5–7 des heutigen Gesetzes sind mit «Haftungsgrundsätze» überschrieben. Das MVG enthält in der Tat weitere Haftpflichtelemente wie das Abstellen auf einen Versorgerschaden bei bestimmten Hinterlassenenrenten. Es lässt sich aber nicht übersehen, dass wir es nach dem ganzen Leistungssystem mit einer Versicherung zu tun haben. Ob diese Leistungen durch Prämien, einen Fonds oder direkt durch die Bundeskasse gewährleistet sind, ist nicht entscheidend. Verfügungen der Militärversicherung sind denn auch vor den kantonalen Versicherungsgerichten und dem Eidgenössischen Versicherungsgericht anzufechten.

Versichert ist durch die Militärversicherung, «wer im obligatorischen oder freiwilligen Militär- oder Zivilschutzdienst steht». Weiter deckt das MVG zahlreiche andere Personen bei militärischer oder ähnlicher Tätigkeit. Siehe die umfassende Aufzählung in Art. 1.

Die Leistungen sind in Art. 8 a–v, ebenfalls sehr umfassend, aufgereiht und in den Art. 16ff. im einzelnen umrissen. Das MVG geht dabei zum Teil weiter als das UVG. So belaufen sich die Taggelder und Invalidenrenten auf 95% des versicherten Verdienstes (ab 1997 beträgt der Höchstbetrag des versicherten Jahresverdienstes 122 046 Franken, MVV 15 I). Auch richtet die Militärversicherung unter bestimmten Voraussetzungen noch Elternrenten aus.

Für den immateriellen Schaden sieht das MVG zwei Arten von Leistungen vor:
– in Art. 48 I eine Integritätsschadenrente (vgl. 119 II 352ff.); sie entspricht der Integritätsentschädigung des UVG;
– in Art. 59 I eine Genugtuung nach dem Muster der haftpflichtrechtlichen; jedoch schliesst die Integritätsschadenrente Genugtuungsleistungen aus (Art. 59 II).

b) Der Rückgriff nach MVG

Die Regelung entspricht weitestgehend wörtlich der des UVG:

MVG 67 I	Eintritt in die Rechte
MVG 68 I	Quotenvorrecht
MVG 68 II	Quotenteilung
MVG 68 III	Befriedigungsvorrecht
MVG 69	Leistungen gleicher Art

Immerhin sind Abweichungen zu vermerken:
– Bei Schädigung durch Angehörige der Armee und ihnen Gleichgestellte bleibt der Rückgriff anderer Bundesorgane nach den besonderen Bestimmungen vorbehalten (MVG 67 II). Mit dieser Bestimmung ist die Rechtsprechung (108 Ib 220ff.) Gesetz geworden. Gegen Armeeangehörige usw. besteht ohnehin kein Haftpflichtanspruch. Hier richtet sich der Rückgriff nach dem seit dem 1. Januar 1996 in Kraft stehenden Militärgesetz, das in die Fussstapfen der MO getreten ist.

- Zur Quotenteilung führende Kürzung ist gemäss Gesetz nur noch bei Vorsatz bzw. vorsätzlichem Verbrechen oder Vergehen möglich.
- Integritätsschadenrente und Genugtuung werden in MVG 69 Ie als «Ersatz für immateriellen Schaden» zusammengefasst und der haftpflichtrechtlichen Genugtuung gegenübergestellt.
- Das MVG kennt kein Haftungs- oder Regressprivileg. Das erklärt sich aus den Besonderheiten von Militärversicherung und -haftung.

Die Rückgriffsrechte der EMV sind, wie andere, an die Haftpflicht gebunden. Ist der Haftpflichtige ein Zivilist, z.B. ein Automobilist, der einen Wehrmann angefahren hat, kommt die EMV ohne weiteres zu ihrem Geld, wenn ihre Leistungen einem haftpflichtrechtlichen Schaden entsprechen.

Ist der Bund haftbar, so bleibt die Sache ohnehin «in der Familie», da er gleichzeitig Träger der Militärversicherung ist. Die Frage der Haftung des Bundes kann sich dann nur noch für den Direktanspruch des Geschädigten oder seiner Hinterlassenen stellen, wie in 103 Ib 276, wo ein Wehrmann während des WK durch ein Leuchtspurgeschoss getötet wurde. Das Bundesgericht zog den etwas kühnen Schluss, Art. 22 II MO (heute MG 135 III), der die Haftung aufgrund anderer Haftpflichtbestimmungen vorbehält, meine auch die EMV, die als Haftpflichteinrichtung anzusehen sei, und wies die Ansprüche der Eltern des Getöteten ab.

Ist ein Motorfahrzeug im Spiel, so gilt dasselbe, solange es sich um ein Militärfahrzeug handelt. Ausdrücklich bestimmt SVG 81, dass in einem solchen Fall der Schaden ausschliesslich über die Militärversicherung zu decken ist. Militärfahrzeuge sind bundeseigene oder requirierte Fahrzeuge. Verwendet ein Wehrmann sein privates Automobil im Dienst unerlaubterweise, so haften er und seine Haftpflichtversicherung wieder normal, selbst wenn es sich um eine dienstliche Verrichtung handelt (92 II 192ff.).

In 114 Ia 191ff. ging es um einen Zivilschutzpflichtigen, der sich im Rahmen eines Kurses Verbrennungen zugezogen hatte. Der Militärversicherung blieb der Rückgriff auf den Kanton St.Gallen versagt, weil der verantwortliche Zivildienstpflichtige nicht direkt belangt werden konnte.

Beim Rückgriff des Bundes auf Armeeangehörige wegen Absicht oder Grobfahrlässigkeit (heute gemäss MG 139 I) handelt es sich natürlich nicht mehr um einen auf Subrogation gegründeten, sondern nur noch um einen anteilsmässigen Rückgriff strafeshalber. In 108 Ib 220ff. ging es um einen Hauptmann, der die ungesicherte Pistole eines Majors ergriffen und mit einem versehentlich abgegebenen Schuss einen Leutnant verletzt hatte; die Militärversicherung bezahlte rund 30 000 Franken, und die Militärverwaltung übte einen Rückgriff von je 5000 Franken auf die beiden fehlbaren Offiziere aus.

4. DER RÜCKGRIFF
DER ALTERS- UND HINTERLASSENENVERSICHERUNG

a) Das AHVG und seine Leistungen

Mit dem Bundesgesetz über die Alters- und Hinterlassenenversicherung vom 20. Dezember 1946 trat eine umfassende staatliche Vorsorge für alte Leute einerseits, für Witwen und Waisen anderseits auf den Plan. Der Erlass hat seither zahlreiche Revisionen erfahren, die im wesentlichen der Erhöhung der Leistungen dienten. Besonders zu erwähnen ist die neunte Teilrevision, die der AHV mit Wirkung ab 1979 das Rückgriffsrecht bescherte. Mit dem 1. Januar 1997 ist die zehnte AHV-Revision in Kraft getreten. Sie brachte vor allem die Teilung des Einkommens von Mann und Frau, das sog. Splitting, d. h. den Übergang von den Ehepaar- zu den Einzelrenten, weiter die Erziehungs- und Betreuungsgutschriften, Renten für Witwer mit Kindern unter 18 Jahren, die Möglichkeit des Rentenvorbezugs und schliesslich die Heraufsetzung des Frauenrentenalters.

Grob zusammengefasst richtet die AHV folgende Leistungen aus:
– Altersrenten für Männer mit 65 Jahren und für Frauen heute mit 62 Jahren, ab 2001 mit 63 Jahren und ab 2005 mit 64 Jahren. Gegebenenfalls kommen Kinderrenten dazu. Weggefallen ist hingegen die Zusatzrente für Ehefrauen vor dem AHV-Alter.
– Witwen- und Witwerrenten, wobei die Leistungen an Witwen weiter gehen. Witwer erhalten eine Rente nur, wenn sie Kinder unter 18 Jahren haben. Witwen mit Kindern bekommen in jedem Fall eine – unbefristete – Rente; weiter wird ihnen eine solche ausgerichtet, wenn sie über 45 sind und während mindestens 5 Jahren verheiratet waren. Der Rentenanspruch von Witwen und Witwern erlischt mit der Wiederverheiratung, lebt aber bei Scheidung wieder auf.
– Waisenrenten werden bis zur Vollendung des 18. Altersjahres ausgeschüttet; wenn das Kind in Ausbildung ist, dauert der Rentenanspruch bis höchstens zum vollendeten 25. Altersjahr. Vollwaisen haben zwei Renten zugut. Anderseits wird beim Zusammentreffen von Waisenrenten mit Witwen- oder Witwerrenten nur die höhere Rente ausbezahlt.
– Für bestimmte Personengruppen sind ausserordentliche Renten sowie Hilflosenentschädigungen und Hilfsmittel vorgesehen.

Die Leistungen der AHV sind auf die der IV und der obligatorischen Unfallversicherung abgestimmt. Gesamthaft haben wir ein alle möglichen Lagen erfassendes, zusammenhängendes Regelwerk vor uns. Dessen weitere Darstellung ist hier weder möglich noch nötig.

b) Der Rückgriff der AHV

AHVG 48ter **1. Grundsatz**

Gegenüber einem Dritten, der für den Tod oder die Gesundheitsschädigung eines Versicherten haftet, tritt die Alters- und Hinterlassenenversicherung im Zeitpunkt des Ereignisses bis auf die Höhe ihrer gesetzlichen Leistungen in die Ansprüche des Versicherten und seiner Hinterlassenen ein. Artikel 44 des Bundesgesetzes über die Unfallversicherung (UVG) bleibt vorbehalten.

Es handelt sich, wie beim UVG und MVG, um eine blanke Subrogation: Die AHV kann auf alle, die für den Unfall einzustehen haben, ungeachtet des Haftungsgrundes Rückgriff nehmen.

Der Eintritt in die Rechte der Geschädigten ist einmal durch die Höhe der gesetzlichen Leistungen der AHV begrenzt. Damit sind solche gemeint, die sich aus dem Haftpflichtereignis ergeben; das sind die Renten und sonstigen Ausschüttungen an Hinterbliebene. Der Rückgriff der AHV befasst sich naturgemäss nur mit Todesfällen, müssen doch die Leistungen aus der Altersversorgung ohnehin, unabhängig von einem Schadenereignis, erbracht werden. Mit dem Rentenalter fallen denn auch die Todesfallzahlungen an den hinterbliebenen Ehemann, die hinterbliebene Ehefrau dahin. Also sind die Renten für den Rückgriff nur bis zum Beginn der Altersversorgung zu kapitalisieren. Bösartigerweise könnten Haftpflichtige gar den Abzug der Altersrente fordern, welche bei den ums Leben gekommenen Versorgern oder Versorgerinnen nun wegfällt und von der AHV eingespart wird. Das ginge aber doch wohl zu weit, auch wenn man diese Ersparnis statistisch genau berechnen kann.

Es sind folgende Fälle zu verdeutlichen:
- Ein noch nicht im AHV-Alter stehender Mann wird getötet. Die AHV richtet eine Witwenrente aus. Mit dem AHV-Alter wäre die Frau auch ohne den Tod des Ehemannes in den Genuss einer Rente gelangt. Die auf den Unfall bezogenen Leistungen der AHV finden also auf dieses Datum hin ihr Ende, und entsprechend können nur in diesem Rahmen Rückgriffsansprüche entstehen. Gleiches gilt, wenn die Frau umkommt und der Witwer (was weniger häufig zutrifft) eine Rente erhält.
- War der Mann mehr als drei Jahre (Unterschied zwischen 65 und 62 Jahren) älter als die Frau, so wäre ihm schon vor dem 62. Altersjahr der Witwe eine Altersrente ausgerichtet worden, die nun wegen seines Todes wegfällt. Also muss die AHV – von jenem Zeitpunkt an – einerseits eine Witwenrente zahlen; anderseits spart sie die Altersrente des Mannes. Da die Witwenrente kleiner ist (AHVG 36), entstehen ihr keine durch den Unfall bedingten Mehrleistungen; also hat sie auch keinen Regress; sonst würde sie durch das Schadenereignis bereichert (vgl. hiezu 109 II 72: «Entstehung der Witwen-

rente und Wegfall der Beamtenpension lassen sich nicht getrennt betrachten ... So lässt sich nicht mehr sagen, die Kasse erbringe wegen des Unfalls bestimmte Leistungen; sie wird infolge des Unfalls vielmehr erheblich entlastet.»). Das bedeutet, dass die AHV ihre Leistungen an die Witwe nur bis zum Zeitpunkt zurückfordern kann, in dem sie dem Versorger Altersleistungen erbracht hätte. Diese werden also mit der über den gleichen Zeitraum laufenden Witwenrente verrechnet. Die AHV fährt so immer noch gut, weil man, wie gesagt, nach rein wirtschaftlicher Betrachtungsweise die gesamten wegen des Unfalles weggefallenen Altersleistungen kapitalisieren und von der ebenfalls kapitalisierten Witwenrente abziehen müsste. Mit der Angleichung des Frauenrentenalters an das der Männer verliert die angestellte Rechnung an Gewicht.

— Entsprechend ist es mit den Waisenrenten zu halten, die mit Kinderrenten zusammenfallen, sobald der verbliebene Elternteil im AHV-Alter steht.
— Stirbt ein Mann im AHV-Alter, so entstehen von vornherein keine besonderen Aufwendungen, wenn auch die Witwe das AHV-Alter erreicht hat. Ist sie jünger, so bekommt sie zwar gegebenenfalls eine Witwenrente, aber diese Aufwendungen der AHV werden durch den Wegfall der Altersrente des Ehemannes mehr als ausgeglichen.
— Haben AHV-berechtigte Versorgende Kinder, so tritt bei ihrem Tod die Waisenrente an die Stelle der bisherigen AHV-Kinderrente. Auch hier wird die Sozialversicherung im Ergebnis entlastet, und von einem Rückgriff kann keine Rede sein.
— Bezog die verstorbene Person eine Invalidenrente, so läge es nahe, die Zahlungen der AHV an die Hinterlassenen mit der weggefallenen Invalidenrente zu verrechnen. AHV und IV sind ja keine selbständigen juristischen Personen, sondern beide blosse Verwaltungsstellen des Bundes. Dazu sind diese Einrichtungen und ihre Leistungen mannigfach miteinander verwoben. Auch der Kreis der versicherten Personen ist der gleiche. Nach Art. 69 ATSG bilden AHV und IV zusammen ausdrücklich einen Sozialversicherungszweig. Die gesamthafte Betrachtung eines solchen Falles leuchtet um so mehr ein, wenn der von der AHV rückgriffsweise geltend gemachte Versorgerschaden sich just auf den Wegfall der IV-Rente gründet und die IV diese zudem schon durch den ihr zustehenden Rückgriff auf einen Haftpflichtigen abwälzen konnte. Das Bundesgericht hat von alledem nichts wissen wollen und den Rückgriffsanspruch der AHV ohne Rücksicht auf die IV-Leistungen geschützt. Es leitete daraus, dass das Gesetz der AHV den Rückgriff einräumt, deren Befugnis ab, ihn selbständig, auch prozessual und unbeeinflusst durch das IV-Geschehen, geltend zu machen (112 II 87ff., vgl. vorn 217).

Die andere Begrenzung des Rückgriffs ist die auf das haftpflichtrechtlich Geschuldete. Nur dort, wo und nur soweit, als eine Haftpflicht vorliegt, ist ein Rückgriff möglich. War beispielsweise die geschädigte Person obligatorisch versichert und ist die Haftung des Familienangehörigen oder der Arbeitgeberin mangels Grobfahrlässigkeit ausgeschlossen, so kann auch nichts auf die AHV übergehen.

Man möchte meinen, lediglich dies bringe, überflüssigerweise, der zweite Satz von Art. 48ter, welcher UVG 44 (früher KUVG 129) vorbehält, zum Ausdruck. In 112 II 167ff. misst das Bundesgericht dieser Gesetzesstelle weitergehende Bedeutung zu: Der Rückgriff der AHV ist auch ausserhalb des UVG gegenüber Familienangehörigen auf Absicht oder grobe Fahrlässigkeit beschränkt. Das Bundesgericht begründet diesen Schluss nicht nur mit der Entstehungsgeschichte, sondern auch mit der Überlegung, die Sozialversicherung solle nicht, was sie der Familie mit einer Hand gegeben habe, mit der andern wegnehmen. Aus diesem Gedanken und weiteren Andeutungen lässt sich folgern, dass nur der Rückgriff der AHV, nicht aber der Direktanspruch der Geschädigten beschnitten werden soll. Das Bundesgericht hätte dies allerdings klar sagen und nicht mühevoller Auslegung überlassen dürfen. Es handelte sich immerhin um die neuartige Erscheinung eines Regressprivilegs, das nicht mit einem Haftungsprivileg einhergeht. In 117 II 609 bzw. 614ff. hat das Bundesgericht dann klargestellt, dass der zweite Satz von AHVG 48ter nur ein Regress- und kein Haftungsprivileg begründet. Gleichzeitig hat es festgehalten, dass aus dem Haftungsprivileg für Familienangehörige gemäss UVG 44 kein Grundsatz für das ganze Haftpflichtrecht hergeleitet werden darf.

AHVG 48[quater] **2. Umfang des Übergangs der Ansprüche**

Die Ansprüche des Versicherten und seiner Hinterlassenen gehen nur so weit auf die Versicherung über, als deren Leistungen zusammen mit dem vom Dritten geschuldeten Ersatz den Schaden übersteigen.
Hat jedoch die Versicherung ihre Leistungen wegen vorsätzlicher oder grobfahrlässiger Herbeiführung des Versicherungsfalles gekürzt, so gehen die Ansprüche des Versicherten und seiner Hinterlassenen entsprechend dem Verhältnis der Versicherungsleistungen zum Schaden auf die Versicherung über.
Die Ansprüche, die nicht auf die Versicherung übergehen, bleiben dem Versicherten und seinen Hinterlassenen gewahrt. Kann nur ein Teil des vom Dritten geschuldeten Ersatzes eingebracht werden, so sind daraus zuerst die Ansprüche des Versicherten und seiner Hinterlassenen zu befriedigen.

Abs. 1 bringt das durch SVG 88 und die Rechtsprechung eingeführte umfassende Quotenvorrecht der Geschädigten zum Ausdruck.

Eine Neuerung brachte Abs. 2 mit der Quotenteilung, die später auch ins UVG und MVG Eingang gefunden hat. Allerdings spielen Kürzungen wegen

Vorsatzes oder grober Fahrlässigkeit eine bescheidene Rolle, weil sie nur gegenüber Hinterbliebenen in Betracht fallen und diese nur eigenes Verschulden, nicht dasjenige der Verunfallten, zu vertreten haben (AHVG 18 I Satz 2). Am ehesten ist an Verkehrsunfälle zu denken. Wenn z.B. die Frau am Steuer grobfahrlässig den Tod des Mannes verursacht, so kann ihre Rente gekürzt werden, aber schon nicht mehr diejenige der Kinder (was das Gesetz unklar zum Ausdruck bringt).

Abs. 3 legt das Befriedigungsvorrecht des Geschädigten fest, welches man zum Quotenvorrecht zählen mag.

Das zu diesen Rechtsfiguren zu Sagende ist vorn 220ff. erläutert worden.

AHVG 48^{quinquies} **3. Gliederung der Ansprüche**

Die Ansprüche gehen für Leistungen gleicher Art auf die Versicherung über.
Leistungen gleicher Art sind namentlich:
a. Witwen- und Waisenrenten und Ersatz für Versorgerschaden;
b. Altersrenten, die anstelle von Invalidenrenten ausgerichtet werden, einschliesslich Zusatz- und Kinderrenten und Ersatz für Erwerbsunfähigkeit;
c. Leistungen für Hilflosigkeit sowie Vergütungen für Pflegekosten und für andere aus der Hilflosigkeit erwachsende Kosten.

Zu a: Den AHV-Renten gegenüberzustellen ist der Versorgerschaden für die gleiche Zeit. Sobald die Witwenrente in eine normale Altersrente übergeht, entfällt die Parallele zur Haftpflicht. Das Gesetz erwähnt nur die Witwenrenten, doch fallen auch die mit der neusten Revision eingeführten Witwerrenten darunter.

zu b: Diese Bestimmung ist einfach dahin auszulegen, dass es nicht auf die Benennung der Rente ankommt, sondern darauf, ob sie einem Haftpflicht-Tatbestand oder den normalen AHV-Gegebenheiten entspringt. Je nachdem kommt ein Rückgriff in Frage oder nicht.

Zu c: Auch Hilflosenentschädigungen und Hilfsmittel gehören, wenngleich sie Personen im AHV-Alter ausgerichtet werden, nicht zu den Leistungen der AHV, die in jedem Fall mit dem Erreichen eines bestimmten Alters zu erbringen sind. Sie haben ihr Gegenstück, soweit sie auf einen Unfall zurückgehen, in dem dadurch begründeten Haftpflichtanspruch.

Zur Durchführung des AHV-Rückgriffes äussert sich Art. 79^{quater} der Verordnung zur AHV. Danach ist das Bundesamt für Sozialversicherung zuständig; sobald aber die Suva oder die Militärversicherung beteiligt ist, macht diese zusammen mit ihrem eigenen auch den AHV-Rückgriff geltend.

5. DER RÜCKGRIFF DER INVALIDENVERSICHERUNG

a) IVG und seine Leistungen

Die Invalidenversicherung hat ihre Grundlage im IVG von 1959, in Kraft getreten 1960. Einer nannte sie die zwölf Jahre jüngere und fünfmal kleinere Schwester der AHV. Die Verwandtschaft springt ins Auge:
– Die beiden Einrichtungen gehen auf dieselbe Verfassungsbestimmung zurück (BV 34^{quater}).
– Sie haben den gleichen Versichertenkreis (IVG 1).
– Teile der AHV-Gesetzgebung finden auf die IV Anwendung (IVG 52, IVV 89).
– Ausführungs- und Aufsichtsorgane sind zum grossen Teil dieselben.
– Die Leistungen sind aufeinander abgestimmt. Insbesondere entspricht die IV-Rente der AHV-Rente (IVG 37 I), und der IV-Anspruch erlischt mit der Entstehung des AHV-Anspruchs (IVG 30), so dass die Invalidenrente gleichsam als eine vorgezogene Altersrente erscheint.

Die IV-Leistungen werden durch Geburtsgebrechen, Krankheit oder Unfall ausgelöst. Im Vordergrund steht die (Wieder-)Herbeiführung der Arbeitsfähigkeit: Eingliederung vor Rente. Medizinische Massnahmen, Umschulung, Hilfsmittel dienen diesem Zweck. Nur wenn die Anstrengungen nicht oder nicht ganz zum Ziel führen, kommt eine Rente in Frage. Voraussetzung ist eine Invalidität von mindestens 40%. Eine vierzigprozentige Invalidität berechtigt zu einer Rente von 25% (in Härtefällen von 50%). Mit der vierten Revision des IVG will man u.a. die Viertelsrenten aufheben (Botschaft BBl 1997 IV 149ff.).

Eine Invalidität von 50% gibt Anspruch auf eine Rente von 50%. Bei einer Invalidität von zwei Dritteln oder mehr steht der versicherten Person eine Vollrente zu. Der Invaliditätsgrad ergibt sich aus dem Unterschied zwischen der Erwerbsmöglichkeit, welche die betreffende Person ohne die Invalidität hätte, und den Möglichkeiten, die sie nun noch hat. Das deckt sich mit der Haftpflichtsicht. Taggelder, namentlich während einer Umschulung, und Hilflosenentschädigungen runden die Leistungen der IV ab.

b) Der Rückgriff der IV

IVG 52   **Rückgriff auf haftpflichtige Dritte**
Abs. 1   **Für den Rückgriff der Versicherung auf den haftpflichtigen Dritten gelten sinngemäss die Artikel 48ter, 48^{quater}, 48^{quinquies} Absatz 1 sowie 48^{sexies} AHVG.**

Da die IV, anders als die AHV, ganz auf Tatbestände zugeschnitten ist, wie sie auch nach einem Unfall entstehen können, ergeben sich beim Übergang der

Geschädigtenrechte auf sie kaum Schwierigkeiten. Dies ist um so weniger der Fall, als die Invaliditätsrenten mit dem Erreichen des AHV-Alters ohnehin durch Altersrenten abgelöst werden. Der Rückgriff beschränkt sich auf die IV-Rente. Anderseits erfasst er die Zusatzrenten für den andern Ehegatten und die Kinderrenten. Ein Beispiel für den IV-Regress findet sich in 112 II 129 (die Begrenzung auf die 55 Jahre der Ehefrau ist mit dem 1. Januar 1997 dahingefallen).

Selbstverständliche Voraussetzung ist, dass sich die IV-Leistungen voll auf das haftbarmachende Ereignis gründen. Wies eine Geschädigte eine kleinere, nicht IV-würdige Invalidität, sagen wir von 20% auf, die durch den Unfall zu einer 50%igen vergrössert wurde, so mag die IV finden, nur wegen dieses Schadenereignisses sei sie zahlungspflichtig geworden, während der Haftpflichtige den Rückgriff für den Vorzustand als unzulässig betrachtet. Hier kommt es darauf an, ob sich die bereits vorhandene Invalidität auf die Erwerbsfähigkeit ausgewirkt habe. Hat die Geschädigte vor dem Unfall voll gearbeitet, so geht die nunmehr vorliegende Beeinträchtigung ganz zu Lasten des Haftpflichtigen, gegebenenfalls bis zum Zeitpunkt, in dem sich der Vorzustand in jedem Falle auf die Erwerbsfähigkeit ausgewirkt hätte. Im geschilderten Falle ist dem Rückgriff der IV, deren Rente ja ebenfalls auf die Erwerbsunfähigkeit abstellt, stattzugeben. War hingegen die Betroffene schon vorher in ihrer Arbeitsfähigkeit eingeschränkt, ist nur die Verschlimmerung auf das Konto des Haftpflichtfalles zu buchen, und die IV tritt nur für diesen Teil in die Rechte der Geschädigten ein, obwohl erst der Unfall die Rente ausgelöst hat. Zu diesem Schlusse führt auch die Überlegung, dass die Subrogation der IV nur im Rahmen des haftpflichtrechtlich Geschuldeten erfolgte.

Dieser Grundsatz ist auch zu beachten, wenn die IV unnütze oder unzweckmässige Leistungen erbringt, sei es in Form von Geld, sei es in Form von Massnahmen oder Hilfsmitteln. Zu denken ist insbesondere an verfehlte Wiedereingliederungsversuche, etwa an eine aufwendige und unangebrachte Umschulung. Hier entstünde den Verantwortlichen auch keine Verpflichtung gegenüber den Geschädigten, denn diese hätten gegen das Gebot, den Schaden durch vernünftiges Verhalten möglichst zu mindern, verstossen. Allerdings muss man den Geschädigten und damit der IV Spielraum lassen. Sie darf und soll das Mögliche versuchen; das liegt auch im Interesse des Haftpflichtigen. Fehlschläge gehen nur dann zu Lasten der IV, wenn sich die betreffende Massnahme nicht erst im nachhinein als falsch erweist, sondern von vornherein als untauglich erkannt werden musste.

Quotenvorrecht und -teilung sind vorn 220f. beschrieben. Wie dort gesagt, entfalten sie ihre Wirkung innerhalb gleichartiger Leistungen. Hiezu findet sich folgende Handhabe in

IVG 52 II	Leistungen gleicher Art, in deren Rahmen die Ansprüche übergehen, sind namentlich: a. von der Versicherung und vom Dritten zu erbringende Vergütungen für Heilungs- und Eingliederungskosten; b. Taggeld und Ersatz für Arbeitsunfähigkeit während der gleichen Zeitdauer; c. Invalidenrenten einschliesslich Zusatz- und Kinderrenten und Ersatz für Erwerbsunfähigkeit; d. Leistungen für Hilflosigkeit und Vergütungen für Pflegekosten und andere aus der Hilflosigkeit erwachsende Kosten.
Zu a:	Grundsätzlich haben Haftpflichtige alles, was der Heilung und Eingliederung dient, zu übernehmen. Dazu gehören auch die Massnahmen, die «lediglich» der Behandlung des Leidens an sich und nicht unmittelbar der Eingliederung und Erwerbsfähigkeit dienen.
Zu b:	Es handelt sich um Taggelder während der Eingliederung. Sie sind von den Haftpflichtigen zurückzuerstatten, wenn die Eingliederung in Ordnung ist. Da das Taggeld frühestens mit dem vollendeten 18. Altersjahr gewährt wird, ein Ausfall aber schon früher entstehen kann, ist darauf zu achten, dass sich die Leistungen in zeitlicher Hinsicht decken.
Zu c:	Zusatzrenten für die Gattin, den Gatten und Kinderrenten sind auf die Invalidität der betroffenen Person gemünzt und werden denn auch ihr ausbezahlt. Es leuchtet deshalb ein, dass sie wie die Invalidenrenten selbst zu behandeln sind. Das muss sogar gelten, wenn ausnahmsweise die Zusatzrente dem andern Eheteil überwiesen wird, denn sie dient auch so dem Zweck, die Invalidität auszugleichen.
Zu d:	Auch hier ist die Übereinstimmung zwischen Sozialversicherung und Haftpflicht ohne weiteres gegeben, ausser vielleicht in zeitlicher Hinsicht, weil die Hilflosenentschädigung erst ab 18 Jahren gewährt wird. Anderseits übernimmt mit dem Erreichen des AHV-Alters diese Einrichtung die Hilflosenentschädigung. Damit wird aber einfach sie rückgriffsberechtigt (vgl. vorn 241).

Da die IV im Zeitpunkt des Unfalles in die Ansprüche der geschädigten Person eintritt, ist diese nicht frei, sich statt an die IV an die Haftpflichtversicherung zu halten. Die Haftpflichtversicherung kann auch keine Leistungen erbringen, bevor sie Klarheit über den IV-Rückgriff hat. Das bringt, wenn die Festsetzung der IV-Leistungen nicht innert nützlicher Frist erfolgt oder erfolgen kann (namentlich bei Kinderunfällen), die Geschädigten, aber auch die Haftpflichtversicherungen in eine ungute Lage. In einem solchen Fall sollte die Haftpflichtversicherung leisten können, ohne Doppelzahlung befürchten zu müssen. Die Studienkommission für die Gesamtrevision des Haftpflichtrechts befürwortet den Einbezug der Haftpflichtleistungen in ein allgemeines Verrechnungssystem (Bericht S. 171f.). Nach Art. 85bis IVV (in Kraft seit 1. Januar 1994 und auf alle hängigen Fälle anwendbar) können nun Haftpflichtversicherungen, welche im Hinblick auf Renten der IV Vorschussleistungen erbracht haben, entsprechende Zahlungen der IV an sie verlangen. Siehe zu dieser Bestimmung, eine Rückforderung des Fürsorgeamtes der Stadt Zürich betreffend, 123 V 25ff.

Die Rückgriffe der AHV und der IV werden von den gleichen Stellen durchgeführt. Die Regresseinnahmen der IV steigen stetig; sie betrugen 1996 82 Millionen Franken (bei Beiträgen der Versicherten und Arbeitgebenden von 3,148 Milliarden Franken).

VIERTER TEIL
VERJÄHRUNG

I. ALLGEMEINES

1. RECHT UND ZEIT

Die Frage ist, ob und wann eine Schuldigkeit mit dem Zeitenlauf untergehe. Eine sehr schöne Darstellung des Widerstreits der Gedanken und Gefühle finden wir in Fontanes Roman Effi Briest. Als Baron Instetten, nach Jahr und Tag, die längst abgebrochene Beziehung seiner Frau zum Major Crampas entdeckt und diesen im Duell getötet hat, sinnt er darüber nach, ob er richtig gehandelt habe oder ob er nicht die Sache als verjährt hätte übersehen und übergehen sollen: «‹Schuld, wenn sie überhaupt was ist, ist nicht an Ort und Stunde gebunden und kann nicht hinfällig werden von heute auf morgen. Schuld verlangt Sühne; das hat einen Sinn. Aber Verjährung ist etwas Halbes, etwas Schwächliches, zum mindesten was Prosaisches.› Und er richtete sich an dieser Vorstellung auf und wiederholte sich's, dass es gekommen sei, wie es habe kommen müssen. Aber im selben Augenblicke, wo dies für ihn feststand, warf er's auch wieder um. ‹Es *muss* eine Verjährung geben, Verjährung ist das einzig Vernünftige; ob es nebenher auch noch prosaisch ist, ist gleichgültig; das Vernünftige ist meist prosaisch.›»

In der Tat empfinden wir Recht und Pflicht als etwas Ewigwährendes und sehen in der Berufung auf die Verjährung oft etwas Anrüchiges. So sagt das Bundesgericht in 99 II 189f. zur Erhebung der Verjährungseinrede durch den Schuldner: «Ob er von diesem ihm durch das Gesetz gegebenen Verteidigungsmittel Gebrauch machen und die Erfüllung seiner Verpflichtung unter Hinweis auf die Verjährung verweigern wolle oder nicht, ist ihm und seinem Gewissen überlassen.» Anderseits können wir das Recht nicht losgelöst von Ort und Zeit sehen. Die Zeit ist mächtig. Sie verändert Rechte, schafft neue (Gewohnheitsrecht, Ersitzung), löscht alte durch Verjährung und Verwirkung aus. Über der Schuldnerin, dem Schuldner soll nicht ewig das Damoklesschwert der Verpflichtung hängen. Ordnung muss sein. Der Gläubiger, die Gläubigerin soll sich entscheiden. Es ist geradezu hinterhältig, einen im Dunkel der Zeit versunkenen Anspruch hervorzukramen.

Statt weiterer Ausführungen sei die trefflich-umfassende Darstellung des Bundesgerichtes wiedergegeben:

90 II 437f.	«Das Gesetz sieht die Verjährung in erster Linie um der öffentlichen Ordnung willen vor: das öffentliche Interesse an der Rechtssicherheit und am gesellschaftlichen Frieden verlangt, dass gewöhnliche Forderungen, die nicht geltend gemacht werden, nach einer gewissen Zeit nicht mehr durchgesetzt werden können. Es schadet der Rechtssicherheit, wenn Streitkei-

ten über Forderungen möglich bleiben, deren Entstehung oder Erlöschen wegen einer durch Zeitablauf verursachten Beweisschwierigkeit nicht mehr zuverlässig feststellbar sind. Dem Gläubiger zu gestatten, mit der Geltendmachung einer gewöhnlichen Forderung beliebig zuzuwarten, ohne deswegen einen Rechtsnachteil zu erleiden, verbietet sich aber auch deswegen, weil unbereinigte Rückstände die Beziehungen unter den Rechtsgenossen belasten und der Schuldner nicht dauernd im Ungewissen darüber gelassen werden darf, ob eine Forderung, die längere Zeit nicht geltend gemacht wurde und mit der er daher natürlicherweise immer weniger rechnet, schliesslich doch noch eingeklagt werde. Zudem muss der Schuldner aus zwingenden praktischen Gründen davor bewahrt werden, die Belege für seine Zahlungen während unbeschränkter Zeit aufbewahren zu müssen. Für den Gläubiger liegt in der Verjährung ein nicht nur in seinem Interesse, sondern auch im Interesse klarer Rechtsbeziehungen erwünschter Ansporn, seine Forderungen innert einer vernünftigen Frist geltend zu machen und den Austrag von Streitigkeiten darüber nicht zu verzögern.
Der Einrichtung der Verjährung liegt auch der Gedanke zugrunde, dass eine länger dauernde Untätigkeit des Gläubigers die Unbegründetheit oder die Tilgung der Forderung wahrscheinlich macht oder sogar als Verzicht auf die Forderung gedeutet werden kann. Dies gilt namentlich für streitige und ungewisse Forderungen. Das erwähnte öffentliche Interesse bleibt jedoch der Hauptgrund dafür, dass das Gesetz die Durchsetzung gewöhnlicher Forderungen nur während einer beschränkten Zeit ermöglicht. So verhält es sich namentlich im schweizerischen Recht, das die Verjährung in zahlreichen Fällen wesentlich rascher eintreten lässt als die Rechte anderer Staaten.»

So zeigt sich auch hier, dass das letzte Ziel der Rechtsordnung nicht die Durchsetzung des wahren Rechts, sondern die Erstellung des Rechtsfriedens ist. Selbst wo das Gesetz nichts über die Verjährung sagt, wird deren Eintritt aufgrund eines allgemeinen Rechtssatzes angenommen (108 Ib 151 und 339, mit Verweisen; 122 II 32). Ja, es kann vorkommen, dass ein Anspruch vor seinem Bekanntwerden verjährt ist, wie in 106 II 134ff., wo sich bei einer Arbeiterin, die radioaktive Leuchtfarbe auf Zifferblätter aufzutragen hatte, krankhafte Veränderungen an der Hand erst zwanzig Jahre nach Auflösung des Arbeitsverhältnisses zeigten, oder wie in 87 II 155ff., wo sich bei einem Patienten Folgen einer Injektion erst fünfzehn Jahre später einstellten. In beiden Fällen hält das Bundesgericht, unter Verweis auf verschiedene Gesetzesartikel, fest, dass eine Forderung sehr wohl verjähren könne, bevor der Gläubiger sie kenne, dass es aber Sache des Gesetzgebers gewesen sei, abzuwägen, ob das Interesse des Gläubigers an der Vermeidung solcher Unbill oder dasjenige des Schuldners, nach Jahren nicht mehr belangt zu werden, vorgehe. Vorab bei der kurzen Verjährung von zwei Jahren nach ElG 37 und EHG 14, welche ohne Rücksicht auf die Kenntnis des Schadens sofort zu laufen beginnt, lässt es die Rechtsordnung «geschehen, dass ein Anspruch bereits verjährt ist, bevor er zur Kenntnis des Geschädigten gelangt» (84 II 209). Im Zusammenhang mit einer Haftung aus Grundbuchführung sagt das Bundesgericht zur Verjährung vor Kenntnis: «Diese Konsequenz ist dem Gesetzgeber, der bei der Festlegung der Verjährungsfristen ganz allgemein zwischen den Interessen der Betroffenen an der Wiedergutmachung des zugefügten Schadens und dem Rechtssicherheitsbedürfnis der Schuldner abzuwägen hatte, nicht entgangen. Es steht dem Richter nicht zu, vom klaren Gesetzeswortlaut abzuweichen, um die Folgen einer solchen Verjährungsregelung im Einzelfall zu vermeiden» (119 II 220).

Der geschilderte Zwiespalt zwischen Fortbestand und Untergang einer Verpflichtung findet schliesslich darin seinen Ausdruck, dass eine verjährte Forderung nicht vollends erlischt, sondern gleichsam weitermottet und unter Umständen wieder aufflackert (hinten 252f.).

2. GEGENWART UND ZUKUNFT

Heute herrscht bei der Verjährung im Haftpflichtrecht bunteste Vielfalt, besonders was die Verjährungsfristen betrifft. Unterschiede bestehen nicht nur zwischen ausservertraglicher und vertraglicher Haftpflicht, sondern auch innerhalb dieser Gebiete. Der anschliessende Abschnitt unter Ziffer 3 zeigt sie auf. Wenigstens finden die in OR 132ff. enthaltenen Regeln zur Fristberechnung, Unterbrechung usw. allgemeine Anwendung. Grob gegliedert haben wir heute folgende Verjährungsordnung:
– OR 60 enthält die grundlegenden Bestimmungen für die ausservertragliche Verjährung
– Verschiedene Spezialgesetze kennen eigene Verjährungsvorschriften
– In OR 127ff. ist die vertragliche Verjährung geregelt
– Die dortigen Normen über die Unterbrechung usw. gelten allgemein.

Der Wirrwarr der Verjährungsfristen, über den Oftinger in Band I seines Schweizerischen Haftpflichtrechts Klage führt, gab das Paradebeispiel für die Notwendigkeit einer Vereinheitlichung des Haftpflichtrechts ab. Auch wird eine Verlängerung der ausservertraglichen Verjährungsfristen gefordert. Siehe zum Ganzen den Bericht der Studienkommission S. 116ff.

Der Vorentwurf zu einem Allgemeinen Teil des Haftpflichtrechts sieht für die ausservertragliche Verjährung 3 Jahre seit Kenntnis und 20 Jahre seit Eintritt des Schadens vor (Art. 41). Sodann regelt er die Möglichkeiten und Auswirkungen des Verzichts auf die Verjährung; er beseitigt die bisherigen Unsicherheiten (Art. 42). Der Art. 43 hält fest, dass Hinderung, Stillstand und Unterbrechung der Verjährung zwischen der haftpflichtigen Person und ihrer Versicherung wechselseitig wirksam sind. Art. 44 schliesslich löst das dornenvolle

Problem des Verjährungsbeginns bei Rückgriffsansprüchen: Die Frist läuft erst nach Erledigung der Direktansprüche; jedoch ist ein möglicher Rückgriff nach Treu und Glauben sobald als möglich anzuzeigen.

Nichts ändert sich daran, dass die Verjährung eine Einrichtung des materiellen Bundesrechts und nicht des Verfahrensrechts ist (118 II 450). Kantonales Prozessrecht darf den Wirkungsbereich der bundesrechtlich aufgestellten Verjährungsordnung nicht beschneiden, z.B. das Erlöschen einer Forderung wegen einer Säumnis oder eines Formfehlers festlegen (118 II 483ff.) oder den Beginn der Verjährung beeinflussen (74 III 36f.).

3. DIE VERJÄHRUNGSFRISTEN

Die Einrichtung der Verjährung wird geprägt durch die Zeitspanne, die man einem Gläubiger zur Wahrung seiner Rechte einräumt. Sie soll so bemessen sein, dass er die Möglichkeit zur Abklärung und Überlegung hat und auch bei einer gewissen Säumnis nicht gleich unter das Fallbeil der Verjährung gerät. Anderseits soll eine Schuldnerin nicht zu lange im ungewissen bleiben und Beweise aufbewahren müssen. Kehren wir zu unserem Baron Instetten zurück: «Wo liegt die Grenze? Zehn Jahre verlangen noch ein Duell, und da heisst es Ehre, und nach elf Jahren oder vielleicht schon bei zehneinhalb heisst es Unsinn. Die Grenze, die Grenze, wo ist sie?»

– Die zehn Jahre stehen in der Tat im Mittelpunkt der schweizerischen Verjährungsordnung. Sie gelten allgemein bei Verträgen (OR 127) und als absolute Frist bei den wichtigsten ausservertraglichen Haftungen (OR 60 I, SVG 83 I). Auch dort, wo das Gesetz schweigt und das Gericht eine Verjährungsfrist festsetzen muss, greift es gern zu den zehn Jahren (108 I b 339).
– Eine längere Zeitspanne findet sich nur bei der Haftung aus Kernenergie und ionisierenden Strahlen. Sie beträgt nach KHG 10 I als Verwirkungsfrist dreissig Jahre vom Schadenereignis an und erklärt sich aus der Art der Schäden, um die es dort geht. Ja selbst nach dieser einmaligen Dauer ist nicht das letzte Wort gesprochen, deckt doch der Bund gemäss KHG 13, unter dem Titel Spätschäden, «Nuklearschäden, die wegen Ablaufs der 30jährigen Frist (Art. 10 Abs. 1) gegen den Haftpflichtigen nicht mehr geltend gemacht werden können». Das Strahlenschutzgesetz lässt die Verjährung in jedem Fall 30 Jahre nach Aufhören der schädigenden Einwirkung eintreten (Art. 40).
– In fünf Jahren verjähren die Ansprüche gegen den Unternehmer, Architekten oder Ingenieur aus Mängeln eines unbeweglichen Bauwerkes gemäss OR 371 II. Wichtiger noch für das Schadenersatzrecht ist die strafrechtliche

Verjährungsfrist von fünf Jahren für fahrlässige Körperverletzung und Tötung, welche gemäss OR 60 II und SVG 83 I auch für den Zivilanspruch gilt. Sodann verjährt nach der Rechtsprechung die Rückforderung der Behörden für Kosten von Massnahmen nach GSchG 54 und USG 59 in 5 Jahren (122 II 32).
- Drei Jahre sehen KHG 10 I, StSG 40 und PrHG 9 seit Kenntnis, LFG 68 II seit Eintritt des Schadens vor.
- Fristen von zwei Jahren enthalten das SVG (Art. 83), das ElG (Art. 37), das EHG (Art. 14) und das RLG (Art. 39).
- Die kürzeste Verjährungsdauer ist ein Jahr. Sie gilt gemäss OR 60 für ausservertragliche Ansprüche allgemein, ebenso, durch Verweis, für das USG (Art. 59a IV), das SprstG (Art. 27 I) und das JSG (Art. 15 II), weiter ausdrücklich für das LFG (Art. 68 I). Eine Verjährungsfrist von einem Jahr ist sodann beim Kauf- und Werkvertrag zu beachten (OR 210 und 371 I).

Unterstrichen sei, dass es bei den Verjährungsfristen nicht nur auf die Länge, sondern auch und oft noch mehr auf den Zeitpunkt ankommt, in dem sie zu laufen beginnen. Hier gilt es ebenfalls zwischen zahlreichen Regelungen zu unterscheiden (hinten 283ff.).

Um so mehr Bedeutung gewinnt die Anwendung der richtigen Haftungsnorm: Man muss wissen, ob Mängel einer Skipiste die Transportunternehmung aus Vertrag verantwortlich machen, ob das von einer Kiesfuhre herabtropfende und gefrierende Wasser eine Haftung nach SVG auslöst oder ob es sich beim Verputzen einer Fassade um die Arbeit an einem unbeweglichen Bauwerk handelt.

Die Zusammenstellung auf S. 253 soll den Überblick erleichtern.

4. DIE VERJÄHRTE FORDERUNG

Die Verjährung löscht eine Forderung nicht aus. Sie kann nur ihrer Geltendmachung entgegengehalten werden. Die Forderung an sich besteht weiter. Sie wird zur sogenannten Naturalobligation (99 II 189f.). Sie verfällt gleichsam in einen Scheintod, aus dem sie wieder zum Leben erwachen kann. Das zeigt sich in folgendem:
- «Der Richter darf die Verjährung nicht von Amtes wegen berücksichtigen» (OR 142). Wenn sich die Schuldnerin nicht auf die Verjährung beruft, ist die Forderung wie eine gewöhnliche zu behandeln (99 II 189f.). So konnte das Bundesgericht in 94 II 36 nicht mehr auf die Verjährung gemäss OR 210 eingehen, weil die Einrede nach dem Tessiner Prozessrecht zu spät vorgebracht worden war. So konnte sich eine Rechtsschutzversicherung nicht auf die Aussichtslosigkeit eines Prozesses gegen eine Unfallversicherung berufen,

Artikel	Haftung	Frist	Beginn
OR 60	ausservertraglich	1 Jahr	Kenntnis
OR 210	Kaufvertrag	1 Jahr	Lieferung
OR 371	Werkvertrag	1 Jahr	Ablieferung
OR 454	Frachtführer	1 Jahr	Ablieferung
ZGB 454	Vormund	1 Jahr	Schlussrechnung
LFG 68	Luftfahrzeug	1 Jahr	Schadenfall/Kenntnis
USG 59a IV	Umweltschutz	1 Jahr	Kenntnis
SprstG 27	Sprengstoff	1 Jahr	Kenntnis
JSG 15	Jagd	1 Jahr	Kenntnis
ElG 37	elektrische Anlage	2 Jahre	Schädigung
EHG 14	Eisenbahn	2 Jahre	Unfall
SVG 83	Motorfahrzeug	2 Jahre	Kenntnis
RLG 39	Rohrleitung	2 Jahre	Kenntnis
OHG 16 III	Opferhilfe	2 Jahre*	Straftat
WA 29	Lufttransport	2 Jahre*	Ende Flug
LFG 68	Luftfahrzeug	3 Jahre	Schaden
KHG 10	Kernenergie	3 Jahre	Kenntnis
StSG 40	Strahlenschutz	3 Jahre	Kenntnis
PrHG 9	Produkte	3 Jahre	Kenntnis
OR 60	ausservertraglich	5 Jahre	strafbare Handlung
SVG 83	Motorfahrzeug	5 Jahre	strafbare Handlung
RLG 39	Rohrleitung	5 Jahre	strafbare Handlung
USG 59a IV	Umweltschutz	5 Jahre	strafbare Handlung
SprstG 27	Sprengstoff	5 Jahre	strafbare Handlung
JSG 15	Jagd	5 Jahre	strafbare Handlung
OR 371	Werkvertrag	5 Jahre	Abnahme
OR 127	aus Vertrag	10 Jahre	Vertragsverletzung
OR 60	ausservertraglich	10 Jahre	schädigende Handlung
SVG 83	Motorfahrzeug	10 Jahre	Unfall
RLG 39	Rohrleitung	10 Jahre	Schadenereignis
USG 59a IV	Umweltschutz	10 Jahre	schädigende Handlung
SprstG 27	Sprengstoff	10 Jahre	schädigende Handlung
JSG 15	Jagd	10 Jahre	schädigende Handlung
PrHG 10	Produkte	10 Jahre*	Inverkehrbringen
KHG 10	Kernenergie	30 Jahre*	Schadenereignis
StSG 40	Strahlenschutz	30 Jahre	Ende Einwirkung

* = Verwirkung

weil nicht feststand, dass diese die Verjährungseinrede erheben würde (119 II 374). Sobald die Verjährung aber geltend gemacht wird, muss sie das Gericht unter allen Gesichtspunkten prüfen (112 II 232).
– Eine verjährte Forderung kann mitunter gegen den Willen der Schuldnerin oder des Schuldners verrechnet werden: «Eine verjährte Forderung kann zur Verrechnung gebracht werden, wenn sie zur Zeit, wo sie mit der anderen Forderung verrechnet werden konnte, noch nicht verjährt war» (OR 120 III).
– Ausnahmsweise kann eine verjährte Forderung noch einredeweise geltend gemacht werden, so nach OR 60 III oder 454 II.
– Eine Schuldanerkennung gemäss OR 135/1 entfaltet ihre Wirkung auch gegenüber einer bereits verjährten Forderung.
– Manchmal verbieten Treu und Glauben die Geltendmachung der Verjährung (ZGB 2).

5. VERJÄHRUNG UND VERWIRKUNG

Bei der Verjährung gibt es viele Wenn und Aber:
– Sie tritt nicht ein, solange ein Strafanspruch des Staates gegen den Täter besteht.
– Der Fristenlauf kann auf mannigfaltige Art unterbrochen werden.
– Der Schuldner muss sich ausdrücklich auf den Eintritt der Verjährung berufen.
– Eine Gläubigerin kann ihre verjährte Forderung gegebenenfalls verrechnungs- oder einredeweise doch noch durchsetzen.

Bei der Verwirkung gibt es nur ein Entweder-Oder: Entweder nimmt man eine bestimmte vom Gesetz geforderte Handlung bis zu einem gewissen Zeitpunkte vor, oder die Forderung ist verwirkt:
– Wird ein durch Irrtum, Täuschung oder Furcht zustande gekommener Vertrag nicht binnen Jahresfrist angefochten, so gilt er als genehmigt (OR 31).
– Ein Nachklagevorbehalt muss spätestens zwei Jahre nach dem Urteil geltend gemacht werden (OR 46 II).
– Versäumt man beim Kauf die Mängelrüge, so gilt die gekaufte Sache als genehmigt, und man verliert die Ersatzansprüche (OR 201).
– «Durch vorbehaltlose Annahme des Gutes und Bezahlung der Fracht erlöschen alle Ansprüche gegen den Frachtführer, die Fälle von absichtlicher Täuschung und grober Fahrlässigkeit ausgenommen» (OR 452 I).
– «Die Ansprüche des Gastes erlöschen, wenn er den Schaden nicht sofort nach dessen Entdeckung dem Gastwirte anzeigt» (OR 489 I).

- Die Ausschlagung einer Erbschaft hat innerhalb dreier Monate zu erfolgen (ZGB 567).
- Die Versicherung, die wegen Verletzung der Anzeigepflicht vom Vertrag zurücktreten will, muss dies binnen vier Wochen, seit sie davon Kenntnis hat, tun (VVG 6).
- «Die Klage auf Schadenersatz kann nur binnen einer Ausschlussfrist von zwei Jahren erhoben werden», liest man in Art. 29 des Warschauer Abkommens (auf welches unser Lufttransportreglement für die Haftung des Luftfrachtführers verweist; siehe hiezu 108 II 233ff.).
- «Das Opfer muss die Gesuche um Entschädigung und Genugtuung innert zwei Jahren nach der Straftat bei der Behörde einreichen; andernfalls verwirkt es seine Ansprüche», sagt OHG 16 III.

Die Rechtsfolgen bei Verwirkung sind hart und unbedingt:
- die Verwirkung kann nicht unterbrochen werden;
- es gibt keine Rettung via Verrechnung oder Einrede;
- die Verwirkung ist von Amtes wegen zu berücksichtigen.

Der Unterschied zwischen Verjährung und Verwirkung ist bedeutsam. Indessen hat manchmal gar der Gesetzgeber Mühe, die beiden auseinanderzuhalten. So stellt das Bundesgericht in 95 II 267 fest: «Die schweizerischen Gesetze verwenden den Ausdruck Verjährung nicht immer im gleichen Sinne, sondern sprechen oft von Verjährung, wo es sich der Sache nach eindeutig um Verwirkung handelt.» Ein Beispiel ist der Nachklagevorbehalt gemäss EHG 14 I, 2. Satz (95 II 267ff.). Die Verjährung nach OR 210 ist indessen eine solche und keine Verwirkung (94 II 36).

Manchmal spielen Verjährung und Verwirkung ineinander: Beim Kauf hat man sowohl auf die Verwirkung wegen unterbliebener Mängelrüge (OR 201) als auch auf die Verjährung (OR 210) zu achten. Unterlässt man die Mängelrüge, so nützt es nichts, dass die Forderung noch nicht verjährt ist. Mitunter ergänzen sich die beiden: Ansprüche aus dem KHG verjähren drei Jahre nach Kenntnis des Schadens und verwirken dreissig Jahre nach dem Schadenereignis (Art 10 I): im PrHG findet man eine Verjährungsfrist von drei Jahren seit Kenntnis der Haftungsgrundlagen und eine Verwirkungsfrist von 10 Jahren seit Inverkehrbringen des Produktes (Art. 9 und 10).

II. DIE ALLGEMEINE AUSSERVERTRAGLICHE VERJÄHRUNG

OR 60 Der Anspruch auf Schadenersatz oder Genugtuung verjährt in einem Jahre von dem Tage hinweg, wo der Geschädigte Kenntnis vom Schaden und von der Person des Ersatzpflichtigen erlangt hat, jedenfalls aber mit dem Ablaufe von zehn Jahren, vom Tage der schädigenden Handlung an gerechnet.
Wird jedoch die Klage aus einer strafbaren Handlung hergeleitet, für die das Strafrecht eine längere Verjährung vorschreibt, so gilt diese auch für den Zivilanspruch.
Ist durch die unerlaubte Handlung gegen den Verletzten eine Forderung begründet worden, so kann dieser die Erfüllung auch dann verweigern, wenn sein Anspruch aus der unerlaubten Handlung verjährt ist.

1. DER ANWENDUNGSBEREICH

a) Die verschiedenen Gesetze

– Nach seiner Stellung im Gesetz gilt OR 60 für die allgemeine ausservertragliche Haftpflicht nach OR 41 und für die einfachen Kausalhaftungen der Art. 54–58 OR.
– Sodann liegt es nahe, diesen Artikel auf die übrigen ausservertraglichen Haftungen des ZGB und des OR anzuwenden, für welche nichts Besonderes vorgesehen ist. Das sind namentlich die Familienhauptshaftung nach ZGB 333 und die Grundeigentümerhaftpflicht nach ZGB 679 (109 II 418, 111 II 435), aber auch etwa die Verantwortlichkeit aus der Führung des Grundbuchs gemäss ZGB 955 I (110 II 40f., 119 II 216ff.).
– Weiter gilt die Verjährungsregelung von OR 60 für bestimmte Spezialgesetze, nämlich für das revidierte USG, welches in Art. 59a IV die Bestimmung von OR 60 eigens nennt, sowie für das Sprengstoff- und das Jagdgesetz, welche allgemein auf das OR verweisen (SprstG 27 I, 2. Satz, JSG 15 II).

b) Verschiedene Abgrenzungen

– Mitunter ist fraglich, ob ausservertragliche Haftung oder solche aus Vertrag vorliege. Bekanntlich kommt nach schweizerischem Recht ein Vertrag durch blosse gegenseitige Willenserklärung, ausdrückliche oder gar stillschweigende, zustande (OR 1), also rasch und leicht. So wurde vom Bundesgericht ein Vertrag, ein unentgeltlicher Auftrag, angenommen, als einer auf die Bitte des Nachbarn hin, der nicht mehr auf den Baum steigen konnte, die

Birnen schüttelte (61 II 97). Man darf allerdings nicht jede Handreichung, jede Gefälligkeit gleich als Vertrag einstufen. Keinen solchen begründet etwa eine Auskunft, die nicht in Ausübung eines Gewerbes, sondern nebenbei und unentgeltlich erteilt wurde (111 II 473). Die unzutreffende Auskunft über den Wert einer Lampe macht aber den Kunsthändler aus Vertrag verantwortlich (112 II 247). Siehe hiezu Band I 366ff.

– Kommt ein Skifahrer wegen eines Mangels der Piste zu Schaden, so haftet die verantwortliche Transportunternehmung (Verkehrssicherungspflicht) aus Vertrag, also zehn Jahre lang, wenn der Skifahrer bei ihr ein Billett gelöst hat. Gelangte er auf andere Weise ins Gebiet, so fällt nur ausservertragliche Haftung mit Verjährung nach einem Jahr in Betracht (113 II 246).

– In 121 III 310ff. hatte T. seine Bank angewiesen, 300 000 Franken auf ein Sperrkonto zugunsten B. und T. zu überweisen; die Empfängerbank gab aber das Geld frei, so dass T. den grössten Teil verlor. Die Aargauer Vorinstanzen hatten das Vorliegen vertraglicher Beziehungen zwischen T. und der Empfängerbank verneint und die Klage wegen Verjährung abgewiesen. Das Bundesgericht aber fand, T. habe einen direkten Anspruch gegen diese Bank, und der verjähre gemäss OR 127 in zehn Jahren.

– In 122 III 101ff. hatte sich eine Frau als Privatpatientin des Chefarztes am kantonalen Universitätsspital wegen einer Erbkrankheit die Eileiter unterbinden lassen. Fast 10 Jahre später erhob sie den Vorwurf, die Sterilisation sei nicht gerechtfertigt gewesen und sie sei nicht genügend aufgeklärt worden. Sie klagte auf 336 000 Franken für Psychotherapie und Arbeitsausfall sowie als Genugtuung. Die Genfer Gerichte beurteilten den Fall nach kantonalem öffentlichem Recht und wandten OR 60 als kantonales Ersatzrecht an. Danach war die Forderung verjährt. Die Klägerin wollte sie auf Bundeszivilrecht und Auftragsrecht mit der zehnjährigen Verjährung stützen. Sie drang damit nicht durch.

– Wurde aufgrund eines Schadenfalles ein Vergleich geschlossen, so ist ein Vertrag entstanden, und die Verjährung richtet sich nicht mehr nach der ursprünglichen Forderung, sondern nach OR 127 (100 II 144).

– «Wenn der Schädiger durch sein Verhalten gleichzeitig eine vertragliche Pflicht verletzt und eine unerlaubte Handlung begangen hat, kann sich der Geschädigte nebeneinander auf beide Ansprüche (Anspruchkonkurrenz) berufen» (99 II 321). In diesem Entscheid ging es um die Haftung eines Motorfahrzeughalters aus einem Unfall, durch den er einen Freund, der Mithalter des Automobils war, geschädigt hatte. Das Bundesgericht hielt fest, dass der Klageanspruch aus Vertrag (OR 538, einfache Gesellschaft) nicht verjährt sei. Auch in 106 II 134ff. (vorn 249) standen vertragliche und ausservertragliche Ansprüche zur Diskussion; es waren aber beide längst verjährt. Regelmässig berufen sich Geschädigte wegen der längeren, 10jährigen Frist

auf den Vertrag; beim Kauf- und Werkvertrag, wo die Verjährung in einem Jahr eintritt, fahren sie aber wegen des Verjährungsbeginns mit dem ausservertraglichen Anspruch besser.
- Der vertraglichen Verjährung untersteht auch die Vertragspartei, die für ihre Hilfspersonen einstehen muss. Diesen selbst gegenüber kann sich die geschädigte Person aber nicht mehr auf das Vertragsverhältnis berufen; es kommt die Verjährung für ausservertragliche Ansprüche zum Zuge. Die Schadenersatzforderungen wegen unzutreffender Werbung für eine Geldanlage verjähren gegenüber der vertragsähnlich haftenden Fondsleitung und der Depotbank nach zehn Jahren (AFG 26 II); die von ihnen mit der Geschäftsführung und Verwaltung betrauten Personen gelten als Hilfspersonen und kommen in den Genuss der kurzen Verjährungsfrist von OR 60 I (112 II 182f.).
- Bei Tötung aus einem Vertragsverhältnis (Auftrag, Arbeitsvertrag) würde man meinen, dieses sei auch für die Ansprüche der Hinterbliebenen massgeblich. Das Bundesgericht stellt sich aber auf den Standpunkt, die Hinterlassenen stünden in keinem Vertragsverhältnis zur schädigenden Person und könnten deshalb nur ausservertragliche Ansprüche auf Versorgerschaden erheben (81 II 553 und weitere Entscheide). Die Fragwürdigkeit dieser Auffassung ergibt sich schon daraus, dass Schädigende bei blosser Körperverletzung weniger streng, auch hinsichtlich der Verjährung, haften als bei der schlimmeren Folge, der Tötung. Aber auch rechtssystematisch bestehen keine Bedenken, die Lage der getöteten Person auf die Ansprüche stellenden Angehörigen zu übertragen, müssen sich doch diese das Verhalten der Verunglückten unter verschiedenen Gesichtspunkten anrechnen lassen, so das Mitverschulden bei der Beurteilung der Haftpflicht oder das grobe Verschulden bei der Bemessung der Versicherungsansprüche (siehe die Ausführungen in Band I 386f.).
- Gelten lassen mag man die ausservertragliche Grundlage bei Genugtuungsansprüchen von Angehörigen Schwerstverletzter gemäss OR 49. Hier handelt es sich um selbständige Forderungen aus eigener Rechtsquelle. In einem BGE vom 9. Juni 1997 = 123 III 204 ging es um die nach Jahren erhobenen Genugtuungsansprüche des Ehemannes einer Frau, die wegen Vertragsverletzung durch eine Privatklinik zur Tetraplegikerin geworden war. Das Bundesgericht versagte dem Mann die Berufung auf den Vertrag und damit die Verjährung nach OR 127. Es hielt fest, dass es sich bei der Genugtuung aus OR 49 um einen eigenständigen Anspruch auf ausservertraglicher Grundlage handle, was auch für die Genugtuung wegen Tötung von Angehörigen gemäss OR 47 gelte. Wenn man allerdings, entgegen dem Bundesgericht, die Abstützung des Versorgerschadens auf die Vertragsverletzung zulässt, muss das auch für die Genugtuung aus dem gleichen Ereignis der

Fall sein. Ansprüche aus OR 49 wegen schwerer Körperschädigung Angehöriger sind insofern selbständiger, als sie neben denen des Opfers selbst erhoben werden können. Man kann sich allerdings vorstellen, dass sich die Verjährung selbst für diese Ansprüche nach dem Haftungsgrund gegenüber dem Opfer richtet. Zu diesem Schluss ermutigt 122 III 8f., wonach sich Angehörige Schwerverletzter auf die strafrechtliche Verjährung berufen können. Hier wird auch auf das Rechtsverhältnis zwischen der schädigenden und der verletzten Person abgestellt.
- Spezialgesetzliche, von denen des OR verschiedene Fristen sind selbstredend so weit zu beachten, als das betreffende Gesetz auf den Tatbestand Anwendung findet. Das ist beim SVG gemäss Art. 83 I für sämtliche Schadenersatz- und Genugtuungsansprüche aus Motorfahrzeug- und Fahrradunfällen der Fall, also mitunter auch bei Forderungen, für welche die dem SVG eigene Kausalhaftung entfällt. Es bedeutet aber nicht, dass die blosse Beteiligung eines Motorfahrzeuges an einem Unfall ihn ohne weiteres zu einem Motorfahrzeugunfall nach SVG 83 macht. Fasst ein Automobilist eine Strasseneigentümerin nach OR 58 ins Recht, so handelt es sich gemäss 111 II 55f. um eine ganz gewöhnliche gemeinrechtliche Forderung, die gemäss OR 60 in einem Jahr verjährt.
- Nimmt das Gemeinwesen gemäss GSchG 54 oder USG 59 Rückgriff für die Kosten von Sicherungs- und Behebungsmassnahmen, so gilt nicht die haftpflichtrechtliche Verjährung von einem Jahr (GSchG 36 III bzw. jetzt USG 59a IV in Verbindung mit OR 60), sondern die öffentlichrechtliche, welche die Rechtsprechung auf fünf Jahre festgesetzt hat; die Frist läuft, wenn die Massnahmen abgeschlossen und die Kosten bekannt sind (122 II 26).

c) Verschulden beim Vertragsabschliessen

Jahrzehntelang hat sich das Bundesgericht mit der Frage abgemüht, ob ein Schadenersatzanspruch aus sogenannter culpa in contrahendo vertraglicher oder ausservertraglicher Natur sei. Je nachdem gölte eine Verjährungsfrist von einem oder aber von zehn Jahren. In der Tat ist die Zuordnung solcher schon halb vertraglicher und doch noch nicht vertraglicher Forderungen schwierig. Schliesslich hat das Bundesgericht in 101 II 266 den gordischen Knoten mit der Feststellung durchhauen, man brauche sich gar nicht zu entscheiden, sondern könne einfach für die sich stellende Frage die angemessene Lösung suchen, und für die Verjährung sei OR 60 die passende Norm.

Zwei Anwendungsfälle:

101 II 266 Im Hinblick auf ein Geschäftszentrum am See hatte die Gemeinde Neuenburg mit Interessenten verhandelt und zu Unkosten von gegen Fr. 300000.–

Anlass gegeben. Der Plan wurde aber in einer Volksabstimmung verworfen und fiel buchstäblich ins Wasser. Nun verlangten die Betroffenen Schadenersatz für ihre Aufwendungen. Das Bundesgericht fand, eine durch culpa in contrahendo entstandene Situation müsse in einem vernünftigen Zeitraum geregelt werden. Art. 60 genüge auch den Interessen der Geschädigten, die immerhin ein volles Jahr seit Kenntnis des Schadens und des Haftpflichtigen zur Verfügung haben und gegebenenfalls ja nur die Verjährung zu unterbrechen brauchen. Also wurde hier die Klage als verjährt abgewiesen.

104 II 94f. Schadenersatzklage gegen einen vollmachtlosen Stellvertreter. Entsprechend 101 II 266ff. verjährt sie nach einem Jahr. Die Anwendung der zehnjährigen vertraglichen Verjährung nach OR 127 wäre mit der Rechtssicherheit nicht vereinbar.

Kein Anwendungsfall:

98 II 23ff. Grundstückkauf mit Schwarzzahlung. Später wirft eine Partei der anderen unerlaubte Handlung vor. Eine solche wurde verneint, weil beide Parteien den Formmangel kannten. Deshalb lag auch kein schädigendes vorvertragliches Verhalten vor. Es kam nur Vertragshaftung mit Verjährung nach OR 127 in Frage.

2. DIE DREI FRISTEN

a) Die normale, einjährige

Ein Jahr erscheint als kurz. Wesentlich ist indes, dass diese Frist erst mit der Kenntnis des Schadens und der ersatzpflichtigen Person zu laufen beginnt. Diese Kenntnis muss so sein, dass sie für die Begründung einer Klage ausreichen würde, und von diesem Augenblick an haben Geschädigte ein volles Jahr Zeit, ihren Anspruch geltend zu machen. Die Zeitspanne ist um so ausreichender, als die Verjährungsfrist durch Unterbrechung mit einfachen Mitteln wieder hergestellt werden kann. Trotzdem wird sie von vielen, wofür es auch Gründe gibt, als zu knapp betrachtet. Die Kürze der Frist ist für die Gerichte ein Grund, die Verjährungseinrede im Zweifel zu verwerfen. Der Vorentwurf für einen Allgemeinen Teil des Haftpflichtrechts schlägt, mit Blick auf das Recht in Europa (PrHG 9 ist ein Ausfluss davon), drei Jahre vor, was nun doch eher lang ist. Zwei Jahre wären eine Mittellösung, entsprächen bestehenden Fristen, namentlich des SVG, und würden zu den für die absolute Verjährung vorgeschlagenen 20 Jahren passen.

b) Die strafrechtliche, fünfjährige

Es wäre stossend, wenn die Schadenersatzansprüche verjähren würden, während der Schädiger für das Ereignis noch bestraft werden könnte. Deshalb gilt im Falle einer strafbaren Handlung die strafrechtliche Verjährungsfrist – in der Regel sind es fünf Jahre – auch für den Zivilanspruch. Diese Regelung findet sich nicht nur in OR 60, sondern namentlich auch in SVG 83. Es kommt somit in vielen Schadenfällen die strafrechtliche Verjährung zum Zuge. Da sie zudem einige Fragen aufwirft, erfährt sie hinten 269ff. eine gesonderte Darstellung. Es sei aber schon hier gesagt, dass sie mit der Verlängerung der Fristen durch die Haftpflichtrevision dahinfiele.

c) Die absolute, zehnjährige

Weil die einjährige Frist erst mit der Kenntnis des Schadens und des Ersatzpflichtigen zu laufen beginnt, könnte eine Schadenersatzforderung unendlich lange hängig bleiben. Deshalb sieht das Gesetz als Ergänzung zur sogenannten relativen eine absolute Verjährung vor, die zehn Jahre nach der schädigenden Handlung eintritt. Betroffene können sich nun nicht mehr darauf berufen, dass noch nicht ein Jahr seit Kenntnis des Schadens und der ersatzpflichtigen Person vergangen ist. Die Zehnjahresfrist läuft unabhängig davon (119 II 216). Selbst wenn die relative Verjährungsfrist weniger als ein Jahr vor Ablauf der absoluten zu laufen begonnen hat, bleibt die zehnjährige Frist als absolute Schranke beachtlich. Anderseits wirkt sie nur ergänzend. Sie verliert jegliche Bedeutung, wenn Schaden und Schädiger beizeiten bekannt waren. Es ist nicht so, dass nach ihrem Ablauf eine Schadenersatzforderung jedenfalls verjährt oder gar verwirkt wäre. Die einjährige Frist kann durch Unterbrechung über die zehnjährige hinaus immer wieder, grundsätzlich unbeschränkt, unterbrochen werden (97 II 140). Gemäss dem Revisions-Vorentwurf soll die absolute Verjährung erst in 20 Jahren eintreten.

III. DIE SPEZIALGESETZLICHEN VERJÄHRUNGEN

1. NACH DEM SVG

SVG 83 I   Schadenersatz- und Genugtuungsansprüche aus Motorfahrzeug- und Fahrradunfällen verjähren in zwei Jahren vom Tag hinweg, an dem der Geschädigte Kenntnis vom Schaden und von der Person des Ersatzpflichtigen erlangt hat, jedenfalls aber mit dem Ablauf von zehn Jahren vom Tag des Unfalles an. Wird die Klage aus einer strafbaren Handlung hergeleitet, für die das Strafrecht eine längere Verjährung vorsieht, so gilt diese auch für den Zivilanspruch.

a) Der Anwendungsbereich

Die SVG-Verjährung geht weit über die SVG-Haftung hinaus. Einmal erstreckt sie sich auf alle Motorfahrzeuge, auch wenn sie nicht der Kausalhaftung unterstellt sind, wie z. B. die Motorfahrräder. Sodann gilt die Bestimmung ausdrücklich auch für Fahrradunfälle. Schliesslich erfasst sie nicht bloss die Haftpflicht für Motorfahrzeuge und Fahrräder, sondern die Haftpflicht aus Motorfahrzeug- und Fahrradunfällen schlechthin, also aller darein Verwickelten. Der Verjährung nach SVG unterliegen gegebenenfalls, ohne Rücksicht auf die anwendbare Haftung, Radfahrende und Fussgängerinnen, Tierhalter und Werkeigentümerinnen, ja selbst Inhaber von Eisenbahnen.

Diese Folgerung mag erstaunen, kann indes ohne weiteres hingenommen werden:
– Vorerst entspricht sie dem allgemein gehaltenen Wortlaut des Gesetzes.
– Sodann geht das SVG als spezielleres und späteres Gesetz den anderen Erlassen vor.
– Weiter erreicht man so (das war die Absicht) eine einheitliche Verjährung für sämtliche an einem Unfall Beteiligten, so dass nicht z. B. eine Person zwar eingeklagt werden, aber keine Widerklage mehr erheben kann.
– Schliesslich bringt diese Ausdehnung nur eine Verbesserung der Stellung der Geschädigten durch eine keineswegs übermässige Verlängerung der Verjährungsfrist von einem auf zwei Jahre.

Eine fast lustige Folge ist, dass bei Zusammenstössen zwischen Radfahrenden und zu Fuss Gehenden, wo sich die Haftung ganz nach dem OR richtet, die Verjährung des SVG zum Zuge kommt, weil es sich eben um einen Fahrradunfall handelt.

Tritt allerdings bei einem Ereignis ein Motorfahrzeug gar nicht mehr als solches im Sinne von SVG 58 in Erscheinung, ist es mit anderen Worten nicht in Betrieb, so liegt gar kein Motorfahrzeugunfall mehr vor, und die Haftung wie die Verjährung richtet sich nach dem OR. Das gilt z. B., wenn Finger durch eine Ladeklappe eingeklemmt werden (107 II 275f.). Auch Ansprüche, die von vornherein ins OR verwiesen sind, wie diejenigen zwischen Haltern und Eigentümern nach SVG 59 IV, oder solche zwischen Mithaltern (99 II 320f.), sind nicht der SVG-Verjährung unterworfen. Dasselbe ist von der Ersatzforderung eines Automobilisten gegen eine Werk-, namentlich Strasseneigentümerin zu sagen: Es geht um keinerlei Haftung nach SVG, sondern um die gewöhnliche Haftpflicht nach OR 58. Das bleibt selbst dann so, wenn die belangte Strasseneigentümerin den von ihr erlittenen Schaden zur Verrechnung stellt (111 II 55ff.). In allen diesen Fällen ist OR 60 und nicht SVG 83 anwendbar.

b) Die drei Fristen

Die kurze, relative Verjährungsfrist beträgt zwei Jahre. Im übrigen ist die Regelung des SVG derjenigen des OR nachgebildet: Die normale Verjährung tritt zwei Jahre nach Kenntnis des Schadens und des Schädigers ein; unabhängig davon verjährt eine Ersatzforderung in zehn Jahren; beim Vorliegen einer strafbaren Handlung gilt die längere Verjährung des Strafrechts auch für den Zivilanspruch, und zwar nicht nur gegenüber dem schuldigen Lenker, sondern auch gegenüber der Halterin oder dem Halter (SVG 58 IV, 118 V 199) und gegenüber der Haftpflichtversicherung (112 II 79ff). Näheres hiezu hinten 272f.

c) Die Unterbrechung

SVG 83 II   **Die Unterbrechung der Verjährung gegenüber dem Haftpflichtigen wirkt auch gegenüber dem Versicherer und umgekehrt.**

Nach herrschender Meinung, namentlich des Bundesgerichts (106 II 250), gilt das nur im Rahmen der Versicherungssumme. Näheres dazu und Begründung einer andern Auffassung hinten 306f.

d) Die Rückgriffsansprüche

SVG 83 III   **Der Rückgriff unter den aus einem Motorfahrzeug- oder Fahrradunfall Haftpflichtigen und die übrigen in diesem Gesetz vorgesehenen Rückgriffsrechte verjähren in zwei Jahren vom Tag hinweg, an dem die zugrundeliegende Leistung vollständig erbracht und der Pflichtige bekannt wurde.**

Es handelt sich zum einen um den Rückgriff unter Haftpflichtigen gemäss SVG 60 II, zum anderen um den Rückgriff der Versicherung auf Haftpflichtige gemäss SVG 65 III. Mit der Bestimmung von SVG 83 III ist für das SVG die heikle Frage entschieden, ob Rückgriffsansprüche mit der Grundforderung oder aber selbständig verjähren. Bedeutsam ist die Massregel, dass die Verjährung erst zu laufen beginnt, wenn die Leistung vollständig erbracht ist; das bedeutet, dass bei einer Haftpflichtsache, die sich mit vielen Zahlungen über Jahre hinwegzieht, die Verjährung für den gesamten Rückgriff erst mit der letzten Zahlung zu laufen beginnt.

2. NACH DEM ElG

ElG 37   **Die in diesem Gesetze erwähnten Schadenersatzansprüche für Personen und Sachen verjähren in zwei Jahren von dem Tage an, an welchem die Schädigung stattgefunden hat. Für die Unterbrechung der Verjährung gelten die Bestimmungen des Obligationenrechts.**

Die Regelung mag als hart erscheinen, weil eine einzige, verhältnismässig kurze Frist von zwei Jahren vorgesehen ist und weil diese ohne Rücksicht auf Kenntnis des Schadens und der ersatzpflichtigen Person zu laufen beginnt (84 II 209). Indes haben Geschädigte regelmässig die erforderliche Kenntnis und können die Verjährungsfrist durch Unterbrechung beliebig verlängern.

3. NACH DEM EHG

EHG 14   **Die durch dieses Gesetz begründeten Schadenersatzklagen verjähren in zwei Jahren, welche von dem Tage des Unfalls an gerechnet werden. Dieselbe Verjährungsfrist gilt für die aus Artikel 10 sich ergebenden Begehren auf Erhöhung oder Herabsetzung der Schadenersatzsumme; sie läuft vom Tage der Eröffnung des Urteils an.**
    Für den Stillstand, die Hinderung und die Unterbrechung der Verjährung gelten die Bestimmungen des Obligationenrechts.

Die Verjährungsordnung des EHG entspricht derjenigen des ElG. Die für Schadenersatzklagen eingeräumten zwei Jahre stellen eine echte Verjährungsfrist dar, welche durch Verzichtserklärungen unterbrochen werden kann; das musste das Bundesgericht in 99 II 185ff. gegenüber dem Zürcher Bezirks- und Obergericht, welche die Verjährungseinrede gutgeheissen hatten, betonen.
    Es handelt sich weiter um eine selbständige, spezialgesetzliche Regelung, welche, wiewohl älter, der allgemeinen Bestimmung von OR 60 vorgeht und,

was den Beginn und die Dauer betrifft, auch keiner Ergänzung bedarf. Das bedeutet, dass die Frist vom Tage des Unfalles an zu laufen beginnt, dass es nicht auf die Kenntnis des Schadens ankommt und dass die strafrechtliche Verjährung keine Rolle spielt (84 II 207ff.). Dieser unerbittliche Beginn einer kurzen Verjährung kann sich für Anspruchsberechtigte hart auswirken, wie das Bundesgericht zugibt. Es rät: «Dem Verlust der Ansprüche aus Unfallfolgen, die sich erst nach Ablauf der mit dem Unfall beginnenden zweijährigen Verjährungsfrist zeigen, kann der Verunfallte dadurch einigermassen vorbeugen, dass er gegenüber der Bahnunternehmung vor Fristablauf durch Betreibung oder Ladung zu einem amtlichen Sühnversuch eine Forderung geltend macht, die den in diesem Zeitpunkt erkennbaren Schaden übersteigt» (84 II 211).

Beim Nachklagevorbehalt gemäss EHG 14 I, 2. Satz handelt es sich entgegen dem Wortlaut des Gesetzes nicht um eine Verjährung, sondern um eine Verwirkung (95 II 267ff.).

4. NACH DEM LFG

LFG 68   **Die Ansprüche verjähren in einem Jahr nach dem Tage des Schadenfalles. Beweist der Geschädigte, dass er von dem Schaden oder dessen Umfang oder von der Person des Haftpflichtigen keine Kenntnis haben konnte, so beginnt der Lauf der Verjährungsfrist mit dem Tage, an dem er diese Kenntnis haben konnte.**
     In allen Fällen verjährt der Anspruch mit dem Ablauf von drei Jahren seit dem Tage, an dem der Schaden verursacht worden ist.

Die Verjährung scheint derjenigen nach OR 60 zu entsprechen: ein Jahr seit Kenntnis des Schadens und des Haftpflichtigen. Es sind aber zwei Abweichungen zu beachten, welche die Stellung der Geschädigten verschlechtern: Die Beweislast liegt bei ihnen und nicht bei der Schuldnerin, die sich auf die Verjährung beruft; sodann ist nicht die tatsächliche Kenntnis, sondern die bloss mögliche massgebend.

Weiter tritt im Unterschied zu OR 60 die absolute Verjährung bereits nach drei Jahren ein (kann aber durch Unterbrechung der relativen leicht übersprungen werden), und von einer strafrechtlichen Verjährung ist nicht die Rede.

Nach LFG 106 I gilt die geschilderte Verjährung auch für Militärflugzeuge. Ein Anwendungsfall findet sich in

112 II 123   Im August 1982 tötete ein abstürzender «Hunter» zwei Brüder. Als es der Vater erfuhr, erlitt er einen Nervenschock, und es blieb eine 50prozentige Invalidität zurück. Bei Klageeinleitung im Mai 1985 hatte er davon noch keine genügende Kenntnis; also war sein Anspruch nicht verjährt.

5. NACH DEM KHG

KHG 10 Die Ansprüche aus diesem Gesetz verjähren drei Jahre nach dem Tag, an dem der Geschädigte Kenntnis vom Schaden und der Person des Haftpflichtigen oder Deckungspflichtigen erlangt hat. Sie erlöschen, ausgenommen Ansprüche aus Spätschäden (Art. 13), wenn die Klage nicht binnen 30 Jahren nach dem Schadenereignis erhoben wird; ist der Schaden auf eine andauernde Einwirkung zurückzuführen, so beginnt diese Frist mit dem Aufhören dieser Einwirkung zu laufen.
Für das Rückgriffsrecht beginnt die dreijährige Frist am Tag, an dem der Rückgriffsberechtigte Kenntnis von der Höhe seiner Leistungspflicht erlangt hat.
Wenn nach dem Urteil oder nach dem Vertragsabschluss der Gesundheitszustand des Geschädigten sich verschlimmert oder wenn neue Tatsachen oder Beweismittel bekannt werden, so kann innert dreier Jahre seit dem Tag, an dem der Geschädigte hievon Kenntnis erlangt hat, längstens jedoch innert 30 Jahren seit dem Schadenereignis, eine Revision des Urteils oder eine Änderung der Vereinbarung verlangt werden.
Wird die Verjährung gegenüber dem Haftpflichtigen, einem Versicherer oder dem Bund unterbrochen, so wirkt die Unterbrechung auch gegenüber den beiden andern Parteien.

Diese Verjährung nimmt wegen der Besonderheiten der Strahlenschädigung eine Sonderstellung ein:

Die Fristen sind gegenüber OR 60 verdreifacht, und der Bund deckt «Nuklearschäden, die wegen Ablaufs der dreissigjährigen Frist (Art. 10 Abs. 1) gegen den Haftpflichtigen nicht mehr geltend gemacht werden können» (KGH 13, sogenannte Spätschäden).

Im übrigen lassen sich zur ausführlichen Gesetzesbestimmung folgende Bemerkungen anbringen:
– Bei den dreissig Jahren handelt es sich nicht mehr um eine Verjährungs-, sondern um eine Verwirkungsfrist.
– Der Beginn des Fristenlaufs nach Aufhören einer andauernden Einwirkung entspricht einem auch anderswo geltenden Grundsatz (hinten 283).
– Bei der Verjährung der Rückgriffsrechte hat das KHG einen Mittelweg gewählt: Massgeblich ist weder der Grundanspruch noch die vollständig erbrachte Leistung wie nach SVG 83 III, sondern die Kenntnis der Leistungspflicht.
– Absatz 3 drückt etwas aus, das sich in ähnlicher Form aufgrund der Regeln über Kenntnis des Schadens und den Irrtum ergäbe.
– Die im letzten Absatz festgelegte Wirkung der Unterbrechung auf andere Ersatzpflichtige soll sich entsprechend dem blanken Wortlaut auf sämtliche Ansprüche beziehen und gegenüber Haftpflichtigen nicht auf Deckungssummen beschränken (vgl. hinten 306f.).

6. NACH DEM PrHG

PrHG 9   Verjährung

Ansprüche nach diesem Gesetz verjähren drei Jahre nach dem Tag, an dem der Geschädigte Kenntnis vom Schaden, dem Fehler und von der Person der Herstellerin erlangt hat oder hätte erlangen müssen.

PrHG 10   Verwirkung

Ansprüche nach diesem Gesetz verwirken zehn Jahre nach dem Tag, an dem die Herstellerin das Produkt, das den Schaden verursacht hat, in Verkehr gebracht hat.
Die Verwirkungsfrist gilt als gewahrt, wenn gegen die Herstellerin binnen zehn Jahren geklagt wird.

Die angeführten Bestimmungen sind, wie das PrHG überhaupt, die Überführung der EG-Richtlinie vom 25. Juli 1985 zur «Angleichung der Rechts- und Verwaltungsvorschriften der Mitgliedstaaten über die Haftung für fehlerhafte Produkte» in unser Recht. Folgendes ist herauszustreichen:

- Die Verjährungsfrist beträgt drei Jahre. Sie hebt sich von dem einen Jahr und von den zwei Jahren, die unserer Haftpflichtordnung geläufig sind, ab, steht aber im Einklang mit dem LFG (Art. 68 II), dem KHG (Art. 10 I), dem StSG (Art. 40) und dem Revisions-Vorentwurf (Art. 41).
- Einzigartig ist hingegen der Beginn des Fristenlaufs. Die Verjährung setzt nicht unbedingt erst mit der tatsächlichen Kenntnis des Schadens, des Produktefehlers und der Herstellerin ein, sondern gegebenenfalls schon im Zeitpunkt, in dem die geschädigte Person diese Kenntnis hätte erlangen müssen, d.h. bei zumutbarer Aufmerksamkeit und Abklärung hätte erlangen können. Sie kann also nicht warten, bis ihr die genannten Haftungsgrundlagen auf irgendeine Weise und ohne eigenes Zutun bekannt werden, sondern sie muss sich – selbstverständlich in vernünftigem Rahmen – darum bemühen: die Augen offenhalten und nachfragen.
- Ohne Rücksicht auf Kenntnis erlöschen die Ansprüche zwar auch in zehn Jahren, aber nicht durch Verjährung, sondern durch Verwirkung. Diesen Ersatz der absoluten Verjährung durch eine Verwirkung kennen wir aus dem KHG (Art. 10 I).
- Eine strafrechtliche Verjährungsfrist erwähnt das PrHG nicht. Da es aber in Art. 11 II Schadenersatzansprüche aufgrund des OR vorbehält, kommen, wenn der Produktefehler auf eine strafbare Handlung zurückgeht, die bekannten fünf Jahre doch zum Zuge. Sie haben allerdings angesichts der Dreijahresfrist des PrHG nicht mehr die gleiche Bedeutung wie bei dem einen Jahr nach OR 60.

– Aus dem gleichen Grunde ist, wenn die Schädigung durch das Produkt auf eine Vertragsverletzung zurückgeht, die Verjährung gemäss OR 127ff. gegeben.

7. NACH DEN ANDERN SPEZIALGESETZEN

– Die Verjährungsregelung des Rohrleitungsgesetzes (Art. 39) entspricht wortwörtlich derjenigen des Strassenverkehrsgesetzes (Art. 83). Das bedeutet, dass die RLG-Verjährung Platz greift, sobald ein Schaden durch eine Rohrleitungs-Anlage verursacht wurde, und dass sie für alle Beteiligten gilt. Das ist auch der Fall bei einem Ereignis, das unter das Umweltschutzgesetz fiele; nach dessen Art. 3 I bleiben strengere Vorschriften in andern Gesetzen vorbehalten.
– Die Verjährung nach dem Strahlenschutzgesetz (Art. 40) beträgt drei Jahre nach Kenntnis des Schadens und der ersatzpflichtigen Person und dreissig Jahre nach Aufhören der schädigenden Einwirkung. Die Regelung ist dem KHG nachgebildet, doch handelt es sich bei den dreissig Jahren um eine Verjährung und nicht um eine Verwirkung.
– Kraft Verweises gilt OR 60 für das SprstG, das JSG und das revidierte USG.
– Keine Verjährungsbestimmung enthält das Pauschalreisegesetz. Da indes die Haftung der Veranstalterin oder des Vermittlers – auch für die andern Leistungsträger – auf Vertrag beruht, richtet sich die Verjährung nach OR 127ff.
– Das Opferhilfegesetz kennt zwar keine Verjährung, jedoch eine Verwirkung der Ansprüche: zwei Jahre nach der Straftat (Art. 16 III). In 123 II 241ff. allerdings liess das Bundesgericht, entgegen den Genfer Vorinstanzen, die Verwirkung nicht gelten, weil die Polizei die von einem Unbekannten angegriffene Frau nicht, wie vorgeschrieben, auf die Möglichkeiten nach OHG hingewiesen hatte.
– Das gleiche gilt für das Warschauer Abkommen, auf welches das Lufttransportreglement (Art. 3 I) verweist: Verwirkung zwei Jahre nach Ankunft an Bestimmungsort bzw. Abbruch der Beförderung (Art. 29).

IV. DIE STRAFRECHTLICHE VERJÄHRUNG

1. GESETZESBESTIMMUNGEN UND GELTUNGSBEREICH

OR 60 II   Wird jedoch die Klage aus einer strafbaren Handlung hergeleitet, für die das Strafrecht eine längere Verjährung vorschreibt, so gilt diese auch für den Zivilanspruch.

SVG 83 I, 2. Satz und RLG 39 I, 2. Satz sagen dasselbe mit praktisch den gleichen Worten. Da OR 60 auch für das USG, Das SprstG und das JSG gilt, wird der grösste Teil des ausservertraglichen Haftpflichtrechts abgedeckt. Aus der Reihe tanzen das ElG, das EHG, das LFG, das KHG, das StSG und das PrHG. Während es bei den drei erstgenannten Gesetzen keinen Grund dafür gibt, konnte man bei den andern drei angesichts der längeren Fristen die strafrechtliche Verjährung weglassen. Das tut auch der Revisionsvorentwurf. Nun aber zur vorderhand noch geltenden Ordnung:

Die – regelmässig längere – strafrechtliche Verjährung ist somit von grösster Bedeutung; sie wird nicht selten übersehen. Dass sie sich nicht nur auf die lange absolute, sondern auch auf die kurze relative Frist bezieht, liegt auf der Hand, musste aber vom Bundesgericht in 106 II 213 gesagt werden (Bestätigung in 107 II 155 und 111 II 440).

Erst neuestens zu entscheiden hatte das Bundesgericht die Frage, ob nur die betroffene Person in den Genuss der strafrechtlichen Verjährung komme oder ob diese auch auf Ansprüche Angehöriger anzuwenden sei. Mit überzeugender Begründung führt es in 122 III 8f. aus, dass OR 60 II für sämtliche Ansprüche aus der betreffenden Handlung gilt, auch für selbständige Genugtuungsforderungen von Angehörigen Schwerstverletzter aus OR 49. Es erwähnt in diesem Zusammenhang die erweiterte Auslegung von OR 60 II auf Täterseite. Hiezu, d.h. zur Frage, welche mit dem Täter verbundenen Personen die strafrechtliche Verjährung gegen sich gelten lassen müssen, hinten 272f.

2. GRUNDGEDANKE UND AUSLEGUNG

Es leuchtet ein, «dass die Verjährung der Zivilklage verhindert werden soll, solange der Belangte strafrechtlich verfolgt werden kann» (106 II 220; Bekräftigung in 122 III 7 und 228). Es wäre ja widersinnig, wenn Verletzte ihre Rechte gegen einen Schädiger verlören, welcher für die gleiche Handlung der viel einschneidenderen strafrechtlichen Ahndung ausgesetzt ist, sei es, dass seine Verurteilung schon erfolgte, sei es, dass eine solche noch droht (101 II 321). Es kommt auch nicht darauf an, ob die Strafe gar schon verbüsst sei, denn nach dem Wortlaut der Gesetze wird einfach auf die strafrechtliche Verjährungsfrist abgestellt. Hingegen liegt es auf der Hand, dass die betreffende strafrechtliche Bestimmung den Schutz der geschädigten Person bezwecken muss (71 II 156f.); es genügt nicht, dass sie in irgendeinem Zusammenhang mit dem schädigenden Verhalten steht.

Bei enger Anlehnung an die geschilderte Leitidee verlöre die strafrechtliche Verjährung mit dem Erlöschen des staatlichen Strafanspruches nach Ablauf der Frist ihre Wirkung auf die Zivilsache. Das Bundesgericht hat indessen den Einfluss der strafrechtlichen Verjährungsfrist wesentlich ausgeweitet, indem es entschied, dass sie wie eine zivilrechtliche Frist unterbrochen werden kann und dann erneut in ihrer vollen Länge läuft. Damit tritt die längere strafrechtliche Verjährungsfrist (abgesehen vom Beginn) schlechthin an die Stelle der kürzeren zivilrechtlichen (ausführlicher dazu hinten 303). Weder Gesetzestext noch Interessenlage stehen dieser für die Geschädigten günstigen Auslegung entgegen.

3. DIE STRAFRECHTLICHEN FRISTEN

Fahrlässige Körperverletzung nach StGB 125 und fahrlässige Tötung nach StGB 117, um die es regelmässig geht, ziehen Gefängnis oder Busse nach sich, sind demnach Vergehen (StGB 9 II) und verjähren nach StGB 70 in fünf Jahren. Die strafrechtliche Frist ist also wesentlich länger als die einjährige des OR und die zweijährige des SVG. Es ist allerdings zu beachten, dass die Verjährung des Strafrechts mit der Tat und nicht erst mit der Kenntnis des Schadens oder des Ersatzpflichtigen zu laufen beginnt (111 II 441, 97 II 141, 96 II 43f.). Nun kann allerdings die strafrechtliche Verjährung gemäss StGB 72/2. durch Untersuchungshandlungen und dergleichen unterbrochen und damit (um höchstens die Hälfte) erstreckt werden. Wollte man indes darauf abstellen, so wäre sie unüberblickbar. Das Bundesgericht geht deshalb zu Recht davon aus, dass sich der Hinweis auf die strafrechtliche Verjährung nur auf die ordentliche Frist gemäss StGB 70 und nicht auf die absolute gemäss StGB 72/2. II bezieht (100 II 339).

Ausser acht lassen kann man die Übertretungen, verjähren diese doch ohnehin in einem Jahr (StGB 109). Zu erwähnen sind hingegen noch die Verbrechen; das sind gemäss StGB 9 I die mit Zuchthaus bedrohten Taten wie vorsätzliche schwere Körperverletzung, vorsätzliche Tötung, Vergewaltigung. Für sie beträgt die Verjährung zehn Jahre. Ist die Strafandrohung lebenslängliches Zuchthaus (für Mord), so sind es zwanzig Jahre. Siehe die Aufzählung der Fristen in StGB 70.

4. DIE STRAFBARE HANDLUNG

Wann liegt eine strafbare Handlung vor? Das Bundesgericht hat sich viele Gedanken darüber gemacht, ob der Tatbestand nur objektiv oder auch subjektiv erfüllt sein müsse, bis es zur Einsicht gelangte, «dass die Unterscheidung zwischen objektiver und subjektiver Strafbarkeit eher Verwirrung stiftet als Klarheit schafft» (106 II 219ff.) Dort, wo subjektive Merkmale zum Tatbestand gehören, wie das Wissen um die unrechte Herkunft der Ware bei der Hehlerei oder die Bereicherungsabsicht bei Diebstahl und Betrug, müssen sie natürlich vorhanden sein (106 II 220). Aber auch das Verschulden, als Vorsatz oder Fahrlässigkeit, gehört zur strafbaren Handlung. Die Strafbarkeit entfällt deshalb bei Unzurechnungsfähigkeit des Täters (das Bundesgericht lässt diese Frage in 106 II 219 offen). Ist nur vorsätzliche Begehung, wie bei Sachbeschädigung, unter Strafe gestellt, so fehlt es bei fahrlässiger Verursachung an einem Straftatbestand. Hat ein Unfall Körper- und Sachschaden zur Folge, gilt die strafrechtliche Verjährung nur für den Personenschaden.

«Die Anwendung von Art. 60 Abs. 2 OR setzt weder eine vorgängige Strafverfolgung noch ein Strafurteil voraus. Erforderlich ist einzig, dass eine strafbare Handlung gegeben ist» (122 III 226). Ob und wie sie geahndet wird, spielt keine Rolle (100 II 335). Eine Bestrafung kann wegen Trägheit der zuständigen Behörden oder wegen Todes des Täters (122 III 226) unterbleiben; sie kann, wenn es sich um Kinder handelt, durch eine erzieherische Massnahme ersetzt werden (100 II 336f.), oder sie kann wegen Fehlens eines Strafantrages entfallen (dieser ist nicht Strafbarkeitsbedingung, sondern bloss Prozessvoraussetzung, wie in 112 II 86, 96 II 42, 93 II 500 usw. festgehalten ist). Ein Zivilgericht kann also nicht immer auf einen Strafentscheid abstellen; es muss gegebenenfalls ohne eine solche Vorgabe entscheiden, ob eine Straftat vorliegt (122 II 226).

Mit diesen Überlegungen zusammen hängt

5. DIE BINDUNG DES ZIVILGERICHTS

an den Entscheid des Strafgerichts. Hat die Strafrichterin entschieden, so soll dies für den Zivilrichter verbindlich sein. Es geht ja nicht um die Frage der Haftpflicht, welche der Zivilrichter selbständig entscheiden kann und muss (OR 53, 107 II 151, 107 II 497, Band I 106ff.), sondern lediglich um die vorfrageweise Abklärung der Strafbarkeit, die im Sinne des Strafrechts zu erfolgen hat. Hat das Strafgericht durch Verurteilung oder Freispruch einen Entscheid gefällt, ergeben sich keine Probleme (106 II 216). Wie verhält es sich mit blossen

Einstellungsverfügungen der Strafbehörden? Das Bundesgericht tat sich mit dieser Frage schwer (93 II 501, 101 II 322 und 106 II 216). Man darf aus seinen Erwägungen herauslesen, dass eine Einstellungsverfügung einem Freispruch gleichkommt, wenn sie die Verneinung einer strafbaren Handlung darstellt und in Rechtskraft erwachsen ist. Es spielt dann keine Rolle, ob sie von einem Gericht oder von einer Untersuchungsbehörde kommt. In 111 II 440 wird schliesslich blank gesagt, dass eine Einstellungsverfügung der Strafbehörden das Zivilgericht bindet (Bestätigung in 123 III 206).

Dort, wo sich die Strafbehörden nicht in der einen oder anderen Richtung ausgesprochen haben, ist das Zivilgericht frei, über das Vorliegen einer strafbaren Handlung zu entscheiden (112 II 188); das ist namentlich bei den Antragsdelikten der Fall. Ist die Verursacherin eines Unfalles nur wegen Verletzung von Verkehrsregeln gebüsst worden, so schliesst dies eine spätere Verurteilung wegen fahrlässiger Körperverletzung oder Tötung nicht aus. Das Zivilgericht darf deshalb prüfen, ob die Voraussetzungen dafür vorhanden sind, und gegebenenfalls die strafrechtliche Verjährungsfrist von fünf Jahren anwenden (112 II 86, in Abänderung von 93 II 502).

6. DIE GELTUNG FÜR ANDERE

Das Bundesgericht lässt in 90 II 435 dahingestellt, «ob Art. 60 Abs. 2 OR nur gegenüber dem Täter selbst oder auch gegenüber dessen Erben anwendbar sei». Das zweite erscheint als richtig, weil eine strafbare Handlung vorliegt und die Erben voll in die Rechtsstellung des Täters eintreten. Der Tod als eine später und zufällig eintretende Tatsache soll die Verjährungsfristen nicht verändern.

Das Bundesgericht muss denn auch in 107 II 155 einräumen, dass seiner bisherigen Rechtsprechung, welche OR 60 nur auf den Täter selbst anwandte, Widerspruch erwachsen sei. Es ging in diesem Urteil um die Auswirkung der strafrechtlichen Handlung eines Organs auf die juristische Person. Das Gericht konnte sich auf die Feststellung beschränken, dass die strafrechtliche Verjährung jedenfalls bei wirtschaftlicher Identität zwischen dem Organ und der Gesellschaft Anwendung finden solle (S. 156). In 111 II 440 und 112 II 190 hat es dann diesen Schluss ganz allgemein gezogen mit der Überlegung, dass die Organe Teile der juristischen Person sind und diese durch ihr Handeln unmittelbar verpflichten. 122 III 226f. bekräftigt diese Rechtsprechung.

Schliesslich hatte das Bundesgericht lange Zeit die Frage offengelassen, ob die strafrechtliche Verjährung auch die Motorfahrzeugversicherung binde (93 II 502; vgl. auch 107 II 155). In 112 II 79ff. ist es zur Bejahung dieser Frage gelangt. Es stützt sich darauf, dass SVG 83 I, 2. Satz an die strafbare Handlung und nicht im geringsten an den Täter anknüpft und dass SVG 83 II die haftpflichtige Person und die Versicherung bei der Unterbrechung der Verjährung ebenfalls in einen Topf wirft. Dieser Rechtsprechung (siehe auch 118 V 199) ist zuzustimmen. Sie entspricht dem Willen des Gesetzes, Geschädigten die Möglichkeit zu geben, sich statt an den Verursacher voll an die Versicherung zu halten (mit direktem Klagerecht und mit Ausschluss von Einreden). Die strafrechtliche Verjährung gilt auch gegenüber dem nationalen Garantiefonds, welcher gemäss SVG 76 die unbekannten oder nicht versicherten Fahrzeuge deckt (unter der Voraussetzung selbstverständlich, dass ein Verschulden vorliegt; bei Verursachung durch unbekannte Fahrzeuge muss sich das aus den Umständen ergeben).

In all diesen genannten Fällen geht es ja nicht um die strafbare Handlung an sich, sondern um die – gewollte – Auswirkung eines Verhaltens auf andere: der verstorbenen Person auf ihre Erben, des Organs auf die juristische Person, des Haftpflichtigen auf die Versicherung. Sie alle sollen deshalb der längeren strafrechtlichen Frist unterworfen sein.

Folgerichtig – das Bundesgericht will sich in 112 II 81f. nicht festlegen – muss dies auch für Haftpflichtige gelten, welche das Verhalten einer Hilfsperson wie ihr eigenes zu vertreten haben, etwa für die Tierhalterin oder den Unternehmer beim Umgang mit Sprengstoffen. Anders ist es beim Familienhaupt (ZGB 333) oder Geschäftsherrn (OR 55), weil hier die Haftung nicht aus dem Verhalten der Hausgenossen oder Angestellten abgeleitet wird, sondern aus der vermuteten Sorgfaltsverletzung durch die haftpflichtige Person selbst. In diesem Sinne hat das Bundesgericht gegen die Schweizerische Eidgenossenschaft (PTT-Betriebe) entschieden, als sie eine Firma belangen wollte, deren Mitarbeiter den Brand in der Telefonzentrale Weissenburg verursacht hatte; der Betreffende war kein Organ, und die strafrechtliche Verjährung war nicht auf die Haftung für Hilfspersonen gemäss OR 55 auszudehnen, denn nach dem Grundgedanken dieser Bestimmung «rechtfertigt sich die Anwendung der strafrechtlichen Verjährungsfrist nur dort, wo der Dritte zivilrechtlich in gleicher Weise haftet wie der Täter» (122 III 228). Stellt allerdings sein Verhalten eine strafbare Handlung dar, so kommt die strafrechtliche Verjährung wiederum zum Zuge.

Eher der Vollständigkeit halber sei festgehalten, dass strafbares Verhalten des Lenkers eines Motorfahrzeugs auch für die Halterin oder den Halter die strafrechtliche Verjährung nach sich zieht (SVG 58 IV); in der Regel wird sich die geschädigte Person an die Haftpflichtversicherung halten, welche den Lenker ebenfalls deckt und welche die von ihm ausgelöste strafrechtliche Verjährung gegen sich gelten lassen muss.

V. DIE VERTRAGLICHE VERJÄHRUNG

1. DIE ALLGEMEINE

OR 127   Mit Ablauf von zehn Jahren verjähren alle Forderungen, für die das Bundeszivilrecht nicht etwas anderes bestimmt.

a) Der Anwendungsbereich

- OR 127 ist auf Forderungen aus Vertrag gemünzt. Das bedeutet aber nicht, dass diese Bestimmung nur den Schadenersatz für das Ausbleiben der Vertragsleistung erfasse, sondern sie «gilt unter anderem für die aus der Verletzung vertraglicher Pflichten entstehenden Forderungen auf Leistung von Schadenersatz und Genugtuung» (87 II 159). Sämtliche Schädigungen aus der Nichtbeachtung irgendwelcher Verpflichtungen aus dem Vertrag verjähren erst nach zehn Jahren, weil sich ja auch die Haftung nach dem Vertrag richtet und weil sonst die Verjährung für Ansprüche aus dem gleichen Verhältnis unschön auseinanderklaffte, ganz abgesehen davon, dass mitunter Erfüllungs- und Haftpflichtansprüche (etwa bei ärztlichen Behandlungsfehlern) ineinanderfliessen. Nicht zuzustimmen ist dem Revisions-Vorentwurf, der in Art. 2 die positive Vertragsverletzung (über die Nichterfüllung des Vertrages hinausgehende Schädigung, die man übrigens besser zusätzliche Vertragsverletzung nennen würde) aus dem Vertragsrecht herausnehmen und ins Deliktsrecht, also in die ausservertragliche Schädigung verlegen möchte. Es besteht kein Anlass, aus zweifelhaften theoretischen Gründen eine Ordnung, die sich in der Praxis bewährt hat und als gerecht empfunden wird, über Bord zu werfen und damit die Geschädigten, u. a. bei der Verjährung, schlechter zu stellen.
- Abgrenzung und Zusammenspiel von vertraglicher und ausservertraglicher Verjährung sind vorn 256ff. abgehandelt.
- Nicht zu vergessen sind die Ausnahmen von der zehnjährigen vertraglichen Verjährung: die einjährige Verjährung von Ansprüchen des Käufers nach OR 210, die ein- und fünfjährige Verjährung von Forderungen des Bestellers nach OR 371, die einjährige Verjährung von Klagen gegen den Frachtführer gemäss OR 454 I. Die genannten kürzeren Fristen gelten allerdings nur für die eine Vertragspartei. Findet ausnahmsweise eine Schädigung in umgekehrter Richtung statt, so haben wir es wieder mit der normalen Vertragslage und -verjährung zu tun.

b) Der Fristenlauf

OR 130 I   **Die Verjährung beginnt mit der Fälligkeit der Forderung.**

Wann wird eine Forderung aus vertraglicher Schädigung, z.B. durch einen Arzt, fällig? Mit der schädigenden Handlung, mit der Beendigung des Vertragsverhältnisses, mit der Kenntnis des Schadens? Das Bundesgericht gibt zur Antwort: «Der Verletzte kann vom Zeitpunkt der Verletzung an verlangen, dass ihm der Schuldner allen aus ihr erwachsenen Schaden, auch den erst künftig in Erscheinung tretenden, ersetze» (87 II 162). Die zehnjährige Verjährung beginnt also mit der schädigenden Handlung, der Vertragsverletzung, zu laufen. Weiteres dazu hinten 283.

2. BEIM KAUF

a) Die ordentliche Verjährung

OR 210 I   **Die Klagen auf Gewährleistung wegen Mängel der Sache verjähren mit Ablauf eines Jahres nach deren Ablieferung an den Käufer, selbst wenn dieser die Mängel erst später entdeckt, es sei denn, dass der Verkäufer eine Haftung auf längere Zeit übernommen hat.**

Das Kaufgeschehen lebt von raschen Entschlüssen und Handlungen. Oft wird die Ware verbraucht oder weitergegeben. Forderungen aus Mängeln müssen bald geklärt sein. Deshalb sieht das Gesetz eine kurze Verjährung von einem Jahr, die mit der Ablieferung zu laufen beginnt, vor. Sie ist zwar auf die Gewährleistung zugeschnitten, muss aber auch für Haftpflichtansprüche gelten; sie gilt sogar, wie das Gesetz betont, für geheime Mängel (104 II 357).

Es muss sich indessen um eine dem Kaufrecht unterworfene Angelegenheit handeln. Bei der Verletzung einer Nebenpflicht kommt es darauf an, ob diese unmittelbar zum Kaufgeschäft gehöre oder auf einer den Kaufvertrag ergänzenden selbständigen Nebenabrede beruhe; dann nämlich gilt die Haftung nach OR 97 und demzufolge die Verjährungsfrist von zehn Jahren nach OR 127. Solches nahm das Bundesgericht in 96 II 115 an, als eine Pariser Handelsfirma ein paar tausend Tonnen Stahlblech aus Japan gegen die Abmachung nicht in «komplett neutraler Verpackung», zur Verschleierung der Herkunft, geliefert hatte. Das Bundesgericht sah, im Unterschied zum Zürcher Obergericht, in der Verpackungsvereinbarung eine selbständige Nebenabrede und nicht eine Zusicherung gemäss OR 197. Man mag ob solcher Auftrennung eines zusammenhängenden Geschäfts die Stirne runzeln. Jedenfalls wird man die schlechte Beratung bei der Wahl eines Produkts durch die Verkäuferin nicht als zusätzliche, unabhängige Vertragsverletzung, sondern als Zusicherung von Eigenschaften der Kaufsache einstufen, die Verkäuferin also wegen Mangels der Verkaufsache selbst und nur innerhalb der einjährigen Frist von OR 210 haften lassen.

Aus einer mangelhaften Kaufsache können sich verschiedene Ansprüche ergeben: auf Rückgabe, Nachbesserung, Preisminderung, Schadenersatz. Die Verjährung läuft für sie gesamthaft. Ist z. B. die Forderung auf Ermässigung des Kaufpreises durch eine Unterbrechungshandlung aufrechterhalten worden, so erstreckt sich diese Wirkung auch auf den später geltend gemachten Schadenersatz, denn das eine Begehren kann mitunter erst der Nichterfüllung des andern entspringen (96 II 181ff.).

b) Die Einredemöglichkeit

OR 210 II **Die Einreden des Käufers wegen vorhandener Mängel bleiben bestehen, wenn innerhalb eines Jahres nach Ablieferung die vorgeschriebene Anzeige an den Verkäufer gemacht worden ist.**

Das für die Anzeige eingeräumte Jahr ist eine Verwirkungsfrist mit all ihren Folgen (104 II 358). Wurde sie gewahrt, so verjährt die Einrede nicht mehr. Sie kann nach den allgemeinen Verrechnungsregeln (OR 120) irgendeiner Forderung des Verkäufers entgegengehalten werden und nicht bloss einer solchen aus dem betreffenden Kaufgeschäft (91 II 216f.).

c) Bei absichtlicher Täuschung

OR 210 III **Die mit Ablauf eines Jahres eintretende Verjährung kann der Verkäufer nicht geltend machen, wenn ihm eine absichtliche Täuschung des Käufers nachgewiesen wird.**

Neckischerweise sagt das Gesetz nur, dass hier die einjährige Frist nicht gelte, lässt aber offen, welche an ihre Stelle tritt. In Frage kommt die ausservertragliche Verjährung nach OR 60 oder die allgemeine vertragliche nach OR 127. Dazu 107 II 231ff.: «Das Bundesgericht hat Art. 210 Abs. 1 OR stets als Ausnahme von der auf zehn Jahre lautenden allgemeinen Verjährungsvorschrift (Art. 127 OR) verstanden und aus Abs. 3 geschlossen, dass es im Falle einer Täuschung bei der Regel bleibe.» Absichtliche Täuschung wurde in 116 II 431ff. angenommen, weil eine Verkäuferin ein Automobil als «fabrikneu/neu» bezeichnet und verschwiegen hatte, dass das Fahrzeug drei Jahre alt war und das Modell seit einem Jahr nicht mehr hergestellt wurde.

d) Das Verhältnis zu anderen Haftungen

beeinflusst natürlich auch die Verjährung. So nimmt die Käuferin, deren Ansprüche gemäss OR 210 verjährt sind, gerne Zuflucht zur allgemeinen vertraglichen Verjährung und zur ausservertraglichen. Die allgemeine vertragliche Haftung scheidet aus, «weil gemäss ständiger Rechtsprechung der Schadenersatzanspruch aus Art. 97ff. OR ebenfalls der für den Gewährleistungsanspruch geltenden Verjährung unterliegt» (90 II 88, mit Verweisen). In diesem Entscheid, wo es um einen Brand wegen eines Backapparates ging und wo eben die kaufrechtlichen Ansprüche verjährt waren, stellte sich die Frage, ob der Kläger mit seiner Berufung auf eine unerlaubte Handlung zum Ziele komme oder ob er wegen Versäumens der Mängelrüge auch den Deliktsanspruch verliere. Das Bundesgericht konnte die Frage – wieder einmal – offenlassen, weil es zu einer Verneinung der ausservertraglichen Haftung gelangte. Heute scheint die Antwort klar: Wenn man, wie es das Bundesgericht tut (z.B. in 99 II 321), ausservertragliche Ansprüche neben vertraglichen gelten lässt, muss man es auch mit der Verjährung so halten. Bei den gewöhnlichen vertraglichen Ansprüchen ist es anders: Ihnen geht die Bestimmung des Kaufvertrags als Spezialnorm vor.

e) Verjährung und Mängelrüge

Versäumt es der Käufer oder die Verkäuferin, allfällige Mängel sofort anzuzeigen, so gilt die Sache als genehmigt, und Gewährleistungs- wie auch Schadenersatzansprüche sind verwirkt. Dann stellt sich die Frage der Verjährung gar nicht mehr. Wer gekauft hat, muss also sowohl auf zeitige Mängelrüge als auch auf die kurze Verjährungsfrist achten (siehe z.B. 96 II 117).

3. BEIM WERKVERTRAG

a) Der Anwendungsbereich

Gemäss OR 371 beträgt die Verjährungsfrist beim Werkvertrag ein Jahr (in Verbindung mit OR 210) oder fünf Jahre, während es bei den Verträgen im allgemeinen nach OR 127 zehn Jahre sind. Deshalb spielt die Abgrenzung des Werkvertrags, namentlich vom Auftrag, eine Rolle. Der Werkvertrag hat ein bestimmtes Ergebnis, eben ein Werk, zum Gegenstand, dessen tadellose Lieferung oder Erstellung man verlangen kann; der Auftrag ist auf eine Tätigkeit gerichtet, wobei die beauftragte Person zwar zu Können und Sorgfalt, aber nicht zur Herbeiführung des erwarteten Ergebnisses, des Erfolges verpflichtet ist. Das Bundesgericht hat übrigens seine frühere Auffassung, der Werkvertrag bedinge ein körperliches Werk, aufgegeben; es kann sich auch um ein unkörperliches Werk, eine geistige Leistung (eine Lohnabrechnung, eine Aufführung, einen Plan, ein Gutachten) handeln (115 II 54).

Unter den Werkvertrag fallen: die Vornahme bestimmter Vermessungen durch einen Geometer (109 II 34ff.), die Errichtung eines Lehrgerüsts (113 II

264), die Reparatur eines Autos (113 II 421), die Erstellung eines Gebäudes durch eine General- oder Totalunternehmerin (114 II 54f.), die Ausarbeitung eines Mosaiks auf einer Gebäudewand (115 II 50ff.). Dem Auftragsrecht zuzuweisen sind Rechtsvertretung, ärztliche Behandlung, auch zahnärztliche (110 II 375), Beratungen aller Art (115 II 57), Baubetreuung (115 II 61).

Schwer getan hat sich das Bundesgericht mit der Einordnung des Architekturvertrages. Schliesslich erblickte es darin einen gemischten Vertrag, indem es die Erstellung von Plänen und die Ausarbeitung von Projekten beim Werkvertrag, die Bauleitung beim Auftrag ansiedelte (109 II 466, bestätigt in 114 II 56). Sicher ist es richtig, einen Werkvertrag anzunehmen, wenn ein Architekt nur Pläne oder Skizzen anfertigen muss (114 II 56, 119 II 428). Ein Architekturvertrag jedoch, der in üblicher Weise Planung und Ausführung umfasst, sollte gesamthaft als Auftrag betrachtet und behandelt werden, so wie es das Bundesgericht bei der zahnärztlichen Behandlung, die ja auch ins Werkvertragliche hineinspielt, hält (110 II 375). In 122 III 61ff. und 119 II 249ff. wurden Kostenüberschreitungen, die dem Architekten zur Last gelegt worden waren, ohne weiteres nach Auftragsrecht beurteilt.

Sodann ist die Haftung für Mängel des Werkes von derjenigen für die Schädigung bei der Erstellung abzugrenzen. Die Montage eines Krans ist zwar ein Werk «au même titre que les opérations de transformation, de nettoyage, de réparation, de démolition», aber wenn der Kran bei der Errichtung durch einen hiefür zugezogenen Unternehmer umstürzt und Einrichtungen der Bestellerin zerschlägt, so kommt die normale Vertragshaftung und damit die zehnjährige Verjährung zum Zug (111 II 170). Anders verhielt es sich bei Einsturz eines Lehrgerüsts in 113 II 264ff.; dieses war schon abgenommen, und die Schadenersatzansprüche erwiesen sich als gewährleistungsrechtliche mit Verjährung von einem Jahr gemäss OR 371 I.

Wenn aber die werkvertragliche Haftung spielt, kann sich der Geschädigte nicht auf die allgemeine Schadenersatzklage berufen (100 II 32f.).

b) Bei beweglichen Werken

OR 371 I   **Die Ansprüche des Bestellers wegen Mängel des Werkes verjähren gleich den entsprechenden Ansprüchen des Käufers.**

Die Verjährung beträgt also ein Jahr, sofern nicht eine längere Frist vereinbart worden ist oder arglistige Täuschung vorliegt (OR 210). «Art. 371 Abs. 1 OR beschränkt die Gewährleistungspflicht des Unternehmers auf ein Jahr, um zu verhüten, dass der Besteller seine Ansprüche erst in einem Zeitpunkt geltend mache, in dem der Unternehmer nicht mehr auf seine Gewährsleute, besonders auf die Materiallieferanten zurückgreifen kann» (113 II 268). Am meisten

zu reden gibt die Abgrenzung vom unbeweglichen Bauwerk, weil hiefür die
Verjährung fünf Jahre beträgt.

121 III 270	«Das Abliefern, Befestigen und Anstreichen von Rolläden einer in Renovation befindlichen Liegenschaft sind als Arbeiten zur Erstellung eines Bauwerks zu betrachten. Arbeiten zur Behebung von Werkmängeln eines früheren Bauwerks, die innerhalb der Verjährungsfrist von fünf Jahren vorgenommen werden, unterbrechen die Verjährung und lösen eine neue Frist gleicher Dauer aus.»
120 II 214ff.	Die Erneuerung einer Gebäudefassade bedeuet Erstellung eines Bauwerks; die Ansprüche der Bestellerin gegenüber der Unternehmerin verjähren in fünf Jahren. Weiteres zu diesem Urteil anschliessend unter c).
117 II 425ff.	Für die Erstellung von Mehrfamilienhäusern wird ein Unternehmer mit dem Verputzen der Hausfassaden beauftragt. Das sind Arbeiten an einem unbeweglichen Bauwerk; sie unterliegen der Verjährung von OR 371 II. Mehr zu diesem Entscheid gleich hinten unter c).
113 II 267f.	Lehrgerüst für eine Brücke stürzt ein. «Das streitige Lehrgerüst wurde nur für den Bau der Brücke benötigt, die voraussichtliche Dauer seiner Benützung daher auf drei Monate festgesetzt. Schon das spricht gegen die Annahme eines unbeweglichen Bauwerkes und damit gegen die Anwendbarkeit der längeren Verjährungsfrist.» Es gehe, führt das Bundesgericht weiter aus, «nicht an, jeden Arbeitserfolg, der mit einem unbeweglichen Bauwerk zusammenhängt, deswegen einem solchen Werk gleichzusetzen». Die betreffende Leistung müsse selber ein unbewegliches Bauwerk sein; das lasse sich von einer blossen Hilfsbaute nicht sagen.
109 II 34ff.	Ein Geometer hat ein Grundstück zu vermessen und die Messwerte in einen Situationsplan einzutragen; es unterläuft ihm ein Fehler bei der Angabe des Gefälles. Seine Haftpflicht verjährt nach OR 371 I, denn der Vertrag hat nicht die Erstellung eines unbeweglichen Bauwerks zum Gegenstand, wenn auch die Arbeit des Geometers einen Beitrag dazu darstellt.
96 II 181ff.	Einrichtung einer Kegelbahn in einem Café. Sie erweist sich bald als mangelhaft. Nach etwelchem Hin und Her erhebt der Besteller Klage auf Schadenersatz wegen Gewinnentgangs. Die Kegelbahn ist zwar mit dem Boden verbunden, stellt aber nur eine Fahrnisbaute nach ZGB 677 dar. Sie ist kein Bestandteil des Gebäudes wie eine Wasser- oder Abwasserleitung. Sie ist auch kein selbständiges Bauwerk von einer gewissen Bedeutung wie eine Pumpstation. Sie kann leicht weggenommen werden. Sie ist kein unbewegliches Bauwerk.
93 II 246	«Eine Leistung ist nur dann (unbewegliches) Bauwerk, wenn der Gegenstand des Werkvertrages, durch den sie versprochen wird, nach seiner Natur selber als Bauwerk angesprochen werden kann. Wer z.B. einen Neubau oder eine bedeutende Stützmauer einer Strasse erstellt, erhebliche Teile der Fundamente, der Mauern oder des Daches eines bestehenden Gebäudes erneuert oder ein Haus erweitert oder umbaut, hat allenfalls während fünf Jahren dafür einzustehen, dass das Ergebnis seiner Arbeit mängelfrei sei. Es hängt von den Umständen des einzelnen Falles ab, ob eine werkvertragliche Leistung, die dem Umbau oder dem Unterhalt eines unbeweglichen Bauwerkes dient, selber als solches gelten kann. ... Gegenstand des vorliegenden Werkvertrages waren ausschliesslich Malerarbeiten zum Unterhalt der Aus-

senseiten eines Hauses. Sie können, obwohl an einem (unbeweglichen) Bauwerk ausgeführt, für sich alleine nicht als Bauwerk betrachtet werden. Der Grundgedanke der längern Verjährungsfrist trifft auf sie nicht zu.» (Vgl. die in diesem Entscheid auf den Seiten 244ff. gegebenen Erklärungen.)

c) Bei unbeweglichen Bauwerken

OR 371 II **Der Anspruch des Bestellers eines unbeweglichen Bauwerkes wegen allfälliger Mängel des Werkes verjährt jedoch gegen den Unternehmer sowie gegen den Architekten oder Ingenieur, die zum Zwecke der Erstellung Dienste geleistet haben, mit Ablauf von fünf Jahren seit der Abnahme.**

Der Grund für diese Sonderregelung liegt darin, dass «oft erst nach längerer Zeit erkennbar wird, ob das Werk den Anforderungen der Festigkeit oder den geologischen und atmosphärischen Verhältnissen standhält» (113 II 268). Ohne weiteres unter die unbeweglichen Bauwerke war in 77 II 249 die Erstellung einer Rauchabzugsanlage eingeordnet worden. Sodann sei zur Unterscheidung zwischen beweglichen Werken und unbeweglichen Bauwerken auf die eben unter b) zusammengestellten Urteile verwiesen. Unter OR 371 II fallen also das Montieren und Malen von Rolläden im Rahmen einer Hausrenovation (121 III 270), das Erneuern einer Fassade mit Fassadenplatten (120 II 214ff.) und das Verputzen einer Hausfassade bei einem Neubau (117 II 425ff.). Die beiden Fassaden-Urteile sind unter weiteren Gesichtspunkten interessant:

120 II 214ff. Eine Unternehmung ist mit der Erneuerung einer Gebäudefassade betraut. Sie bezieht die Fassadenplatten von einer andern Firma. Nach zweieinhalb Jahren zeigen sich bei den Platten Fabrikationsfehler. Die Ansprüche der Bestellerin gegenüber der Unternehmerin verjähren in fünf Jahren, deren Rückgriffsansprüche gegenüber der Plattenlieferantin in einem Jahr. Ihr gegenüber käme die Fünfjahresfrist nur zur Anwendung, wenn sie selbst Arbeiten am Bauwerk ausgeführt, d.h. die Platten selbst eingebaut hätte. Das Bundesgericht gibt zu, dass das Ergebnis in einem Fall wie dem vorliegenden unbefriedigend sei, findet aber, das liege am gesetzlichen System, und es stehe dem Gericht nicht zu, dessen Richtigkeit zu beurteilen. Das muss man gelten lassen. Natürlich könnte man durch eine weite Auslegung die Geltung von OR 371 II auf das Verhältnis zwischen der bestellenden Unternehmerin und der Subunternehmerin ausdehnen, wenn diese weiss, dass ihre Lieferung für ein Bauwerk bestimmt ist. Jedoch riefe dies wieder Abgrenzungsproblemen. Besser ist es, wenn sich die Unternehmerin durch Vereinbarung einer längeren Verjährungsfrist mit der Subunternehmerin schützt.

117 II 425ff. Im Rahmen der Erstellung von Mehrfamilienhäusern beauftragt eine Unternehmung einen Subunternehmer mit dem Verputzen der Hausfassaden. In der Folge bilden sich Risse. Die Unternehmerin klagt gegen den Subunternehmer. Dieser macht geltend, weil die Ansprüche der Klägerin aus einem Mangel des von ihm gelieferten Stoffes hergeleitet würden, gelte die Verjährungsfrist von einem Jahr nach OR 365 I in Verbindung mit OR 210 I.

Das Bundesgericht entscheidet, dass sich die Verjährung auch in einem solchen Falle nach OR 371 II richte.

Schliesslich noch ein Entscheid zur Architektenhaftung und zum Abnahmezeitpunkt:

115 II 456 «Wird der Architekt vom Bauherrn für Mängel eines Gesamtwerkes verantwortlich gemacht, das von mehreren Nebenunternehmern aufgrund gesonderter Verträge mit dem Bauherrn erstellt worden ist, so beginnt die Verjährungsfrist mit der Abnahme jedes Teilwerkes zu laufen» (Leitsatz). Es ging um den Bau eines Einfamilienhauses. Wie das Bundesgericht erläutert, will OR 371 II verhindern, dass für den Architekten eine längere Verjährungsfrist gilt als für den Unternehmer. Er soll gegebenenfalls auf diesen Rückgriff nehmen können. Sodann bestätigt es, dass die Abnahme auch stillschweigend dadurch erfolgen kann, dass das Werk seinem Zweck entsprechend gebraucht wird.

d) Die Abänderung der Frist

Dass man namentlich die kurze einjährige Frist durch Absprache verlängern kann, sagt OR 210 ausdrücklich. Ob man die fünfjährige Frist gemäss OR 371 II durch Abrede verkürzen könne, war in 108 II 194ff. zu entscheiden. Das Bundesgericht ging davon aus, dass OR 129 eine vertragliche Abänderung nur der in jenem Titel aufgestellten Fristen ausschliesse, für OR 371 II abweichende Absprachen also grundsätzlich zulässig seien, dass dadurch aber dem Gläubiger «die Rechtsverfolgung nicht in unbilliger Weise erschwert werden» dürfe. Solches könne bei einem versteckten Mangel der Fall sein. Im vorliegenden Falle hätten die Kläger allerdings die Möglichkeit, ihre Rechte zu wahren, gehabt und nicht genutzt; und es erschien deshalb dem Bundesgericht «in keiner Weise als unbillig, sie die Folgen dieses Verhaltens tragen zu lassen» (108 II 196/197).

e) Verjährung und Mängelrüge

Das OR enthält in Art. 370 für den Werkvertrag eine ähnliche Bestimmung wie in Art. 201 für den Kaufvertrag. Wenn also der Besteller durch Unterlassung der Mängelrüge seine Ansprüche verliert, spielt die Verjährung keine Rolle mehr (100 II 33ff.). In dem unter c) angeführten BGE 117 II 425ff. (Fassadenverputz durch Subunternehmer) hatte sich der Beklagte zunächst auf zu späte Mängelrüge berufen. Es handelte sich um einen geheimen Mangel (OR 370 II). Ein solcher ist erst mit der zweifelsfreien Feststellung anzuzeigen. Die Rügefrist wird nicht schon durch die objektive Erkennbarkeit des Mangels in Gang gesetzt. Es schadete deshalb der Klägerin nicht, dass sie die Risse vorerst als übliche Erscheinung wertete. Also wurde der Einwand der verspäteten Mängelrüge – wie hernach die Verjährungseinrede – abgewiesen. Siehe zur Rechtzeitigkeit der Mängelrüge auch 118 II 148f.

4. BEIM FRACHTVERTRAG

a) Die ordentliche, einjährige Frist

OR 454 I **Die Ersatzklagen gegen Frachtführer verjähren mit Ablauf eines Jahres, und zwar im Falle des Unterganges, des Verlustes oder der Verspätung von dem Tage hinweg, an dem die Ablieferung hätte geschehen sollen, im Falle der Beschädigung von dem Tage an, wo das Gut dem Adressaten übergeben worden ist.**

Die Begründung für die kurze Verjährung ist ähnlich wie beim Kauf: Der Güteraustausch ist auf rasche Abwicklung der Geschäfte angewiesen. Wenn einem Beteiligten etwas nicht passt, soll er es sofort sagen und bald klären.

b) Die Einredemöglichkeit

OR 454 II **Im Wege der Einrede können der Empfänger oder der Absender ihre Ansprüche immer geltend machen, sofern sie innerhalb Jahresfrist reklamiert haben und der Anspruch nicht infolge Annahme des Gutes verwirkt ist.**

Die Beanstandung muss, ähnlich wie die Mängelrüge beim Kauf, so deutlich sein, dass der Frachtführer weiss, welche einredeweisen Forderungen ihm drohen. Nur vorbehaltlose Annahme mit Bezahlung der Fracht führt zur Verwirkung (OR 452 I).

c) Die allgemeine, zehnjährige Frist

OR 454 III **Vorbehalten bleiben die Fälle von Arglist und grober Fahrlässigkeit des Frachtführers.**

Das Gesetz sagt nicht, welche Frist nun zur Anwendung gelangt. Es muss, nach Zweck und Zusammenhang, die allgemeine vertragliche sein (siehe zur gleichen Frage beim Kauf vorn 276).

VI. DER BEGINN DER VERJÄHRUNG

1. DAS SCHÄDIGENDE VERHALTEN

Wir finden diesen Ausgangspunkt der Verjährung unter den verschiedensten Benennungen: schädigende Handlung (OR 60 I für die zehnjährige Frist), Schädigung (ElG 37), Unfall (EHG 14 I, SVG 83), Schadenfall (LFG 68 I), Verursachung des Schadens (LFG 68 II), Schadenereignis (KHG 10 I), Ausführung der strafbaren Tätigkeit (OR 60 II und SVG 83 I in Verbindung mit StGB 71), Fälligkeit (OR 127).

Massgeblich ist stets das schädigende Verhalten, auch wenn sich die Folgen erst später zeigen; etwas anderes liefe auf Kenntnis des Schadens hinaus. Vgl. dazu die eingehenden Ausführungen in 106 II 136ff. Es ist das schädigende Verhalten, das die Haftpflicht bewirkt. Das Gesagte gilt selbst für Forderungen aus vertraglicher Schädigung, wird doch die Ersatzleistung sofort bei Verletzung fällig (87 II 162, 106 II 139).

Zu beachten ist indes: Dauernde, ständig wiederholte Verletzungshandlungen werden nicht in ihre Einzelteile aufgesplittert, sondern als Gesamtheit behandelt, und die Verjährung beginnt erst mit dem Abschluss der Gesamthandlung zu laufen. So wurde bei der Arbeiterin, die aus dem Umgang mit radioaktiver Leuchtfarbe einen Schaden davongetragen hatte, die Beendigung des Arbeitsverhältnisses als (spätester) Ausgangspunkt sowohl für die vertragliche als auch für die ausservertragliche zehnjährige Verjährung angenommen (106 II 140). So begann bei den betongefährdenden Abwässern aus der Feldmühle in Rorschach die absolute Verjährung von zehn Jahren nicht zu laufen, solange noch Wasser in ein anderes Grundstück eindrang (81 II 445ff.). Der geschilderte Grundsatz hat in KHG 10 I, letztem Halbsatz (für die Verwirkung), gesetzlichen Niederschlag gefunden: «Ist der Schaden auf eine andauernde Einwirkung zurückzuführen, so beginnt diese Frist mit dem Aufhören dieser Einwirkung.» Dieselbe Formulierung findet sich in StSG 40 für die Verjährung von 30 Jahren. Gleich verhält es sich übrigens dort, wo es auf die Kenntnis des Schadens ankommt, weil «grundsätzlich keine Verjährungsfrist läuft, solange das schädigende Ereignis andauert» (109 II 421). In 119 II 221 (Haftung aus Grundbuchführung, Verjährung gemäss OR 60) bezeichnet das Bundesgericht den Abschluss des Eintragungsvorganges als Ausgangspunkt der Verjährung. Auch die strafrechtliche Verjährung läuft nicht, solange jemand einen gefährlichen Zustand pflichtwidrig andauern lässt (122 IV 61ff., Direktor einer Seilbahn). Schliesslich wird die Verjährung der Kostentragungspflicht nach GSchG 54 und USG 59 nicht in Gang gesetzt, solange der störende Zustand bestehen bleibt (114 Ib 54).

2. EINE ÜBERGABEHANDLUNG

- Beim Kauf beginnt die einjährige Verjährung mit der Ablieferung der Sache (OR 210 I).
- Dasselbe gilt für die Ansprüche der Bestellerin aus Werkvertrag im allgemeinen (OR 371 I).
- Bei einem unbeweglichen Bauwerk verjähren die Ansprüche des Bestellers in fünf Jahren seit der Abnahme (OR 371 II; hiezu noch 115 II 456).
- Die Ersatzklagen gegen Frachtführer verjähren mit Ablauf eines Jahres seit Übergabe an den Adressaten bzw. vom Tage hinweg, an dem die Ablieferung hätte geschehen sollen (OR 454 I).
- Sinngemäss beginnt ein Schaden, der aus einer Schenkung erwächst, mit der Übergabe der geschenkten Sache zu verjähren (OR 248).
- Verantwortlichkeitsklagen gegen den Vormund verjähren in einem Jahr nach Zustellung der Schlussabrechnung (ZGB 454 I).

3. KENNTNIS DES SCHADENS UND DER ERSATZPFLICHTIGEN PERSON

a) Die gesetzlichen Grundlagen

Die beiden wichtigsten Verjährungen mit diesem Beginn sind die normale ausservertragliche Haftung nach OR 60 und die des Motorfahrzeughalters nach SVG 83. Zu erwähnen sind aber auch die Verjährung nach Rohrleitungsgesetz (Art. 39), Kernenergiehaftpflichtgesetz (Art. 10 I) und Strahlenschutzgesetz (Art. 40) sowie – durch Verweis auf das OR – nach Umweltschutzgesetz (Art. 59a IV), Sprengstoffgesetz (Art. 27 I) und Jagdgesetz (Art. 15 II).

Eine interessante Regelung finden wir in LFG 68 I: Erforderlich ist nicht tatsächliche, sondern nur mögliche Kenntnis, und den Beweis, dass sie diese Kenntnis nicht haben konnten, haben (in Umkehrung der allgemeinen Regel) die Geschädigten zu leisten; sonst verjähren ihre Ansprüche in einem Jahr seit dem Schadenfall. Ebenso nicht auf die tatsächliche, sondern auf die mögliche Kenntnis stellt das Produktehaftpflichtgesetz ab (Art. 9; Näheres dazu vorn 267).

Das kantonale Prozessrecht darf die bundesrechtlichen Vorschriften nicht schmälern (74 II 36). Die Verjährungsbestimmungen sind materielles Bundesrecht und nicht bloss Verfahrensrecht.

b) Die genügende Kenntnis

«Nach der Rechtsprechung hat der Geschädigte Kenntnis vom Schaden, wenn er die Beschaffenheit und die wesentlichen Merkmale, d.h. alle tatsächlichen Umstände kennt, die geeignet sind, eine Klage zu veranlassen und zu begründen. Ergibt sich das Ausmass des Schadens aus einem Sachverhalt, der sich noch weiter entwickelt, so beginnt die Verjährung nicht vor Abschluss dieser Entwicklung zu laufen» (96 II 41, bestätigt in 108 Ib 100, 111 II 57, 112 II 123). Nicht notwendig ist, dass der Gläubiger, die Gläubigerin den Schaden bis in alle Einzelheiten und mit letzter Sicherheit kenne (108 Ib 100, 111 II 55). Anderseits «bedarf der Geschädigte unter Umständen noch einer gewissen Zeit, um entweder selber oder mit Hilfe eines Dritten den Verlauf der unerlaubten Handlung und das endgültige Ausmass des Schadens abschätzen zu können» (96 II 41, desgleichen 111 II 57). Auch kommt es auf den Zeitpunkt an, in welchem Geschädigte tatsächlich Kenntnis vom Schaden erlangten, und nicht auf den Zeitpunkt, in dem sie Kenntnis bei gehöriger Aufmerksamkeit hätten erlangen können (111 II 57f., 109 II 434f.). Überhaupt darf man, namentlich bei der kurzen Frist von einem Jahr, mit den Geschädigten nicht zu streng verfahren (109 II 434). Im Zweifel ist zu ihren Gunsten zu entscheiden, wie denn der Schuldner, der die Verjährung anruft, die Beweislast dafür trägt (111 II 58). Hingegen kann sich die Gläubigerin nicht auf Rechtsirrtum berufen (92 II 3; in 108 Ib 101 lässt das Bundesgericht die Frage allerdings wieder offen).

c) Bei fortgesetzter Schädigung

wie sie etwa bei Grundeigentumsüberschreitung vorkommt (ZGB 679), läuft die Verjährung nicht, solange das schädigende Ereignis andauert. Das gilt selbst für Schadensposten, die bereits abgeschlossen sind, weil sie Bestandteile eines einzigen Schadens darstellen. Es «soll nämlich der Geschädigte angesichts der kurzen gesetzlichen Verjährungsfristen nicht gezwungen sein, ein einheitliches Schadenereignis mit unterschiedlichen Schadensfolgen in einer Vielzahl von Prozessen geltend zu machen. Ein solches mühsames Vorgehen würde der Rechtssicherheit nicht dienen, welche das Institut der Verjährung zu fördern bezweckt» (109 II 423). In diesem Entscheid ging es um Fabriklärm aus der Verzinkerei Egnach. In 102 II 211ff. drehte sich der Streit um Schadenersatz und Genugtuung, die der Fussballspieler Perroud von Servette forderte, weil er durch eine unzulässige Abrede zwei Jahre lang von der Nationalliga ausgeschlossen gewesen war. So lange hatte die Spielsperre ihre Wirkung entfaltet, und so lange hatte die Verjährung nicht zu laufen begonnen (Seiten 215f.). Hat allerdings ein Schadenereignis, wie etwa ein Erdrutsch, im wesentlichen stattgefunden, so darf man aus dem Weiterbestehen einer gewissen Gefahr nicht auf eine fortgesetzte Schädigung und fehlende Kenntnis des Schadens schliessen (111 II 436f./439).

d) Bei Körperverletzung

Die verschiedenen Folgen einer Körperverletzung: Heilungskosten, Lohnausfall, dauernde Beeinträchtigung sind als Einheit zu betrachten und beginnen erst in ihrer Gesamtheit zu verjähren (92 II 4f.). Die erforderliche Kenntnis für das Ganze ist somit gegeben, wenn der Heilverlauf im wesentlichen abgeschlossen und gegebenenfalls ein Dauerschaden festgestellt ist (96 II 41ff.). Ein Arztbericht, ein Gutachten, eine Verfügung der Sozialversicherung können eine solche mehr oder weniger endgültige Kenntnis des Schadens bewirken. In 96 II 43 war es die Bestätigung des Klägers selbst gegenüber dem Arzt, «die früher vorgebrachten Beschwerden (Kreuz-, Rücken- und Nackenschmerzen usw.) seien völlig verschwunden und er spüre gelegentlich noch etwas ‹Krosen› im Nacken. Spätestens in diesem Zeitpunkt war die Entwicklung des Schadens abgeschlossen und fing die einjährige Verjährungsfrist nach Art. 60 Abs. 1 OR zu laufen an». Ungenügende Kenntnis hatte aber der Kläger in 112 II 123, weil er noch in ärztlicher Behandlung stand und über keinen eingehenden medizinischen Bericht verfügte.

Erleidet die geschädigte Person einen Rückfall, so kommt es darauf an, ob sich dieser einigermassen in das bekannte Schadenbild fügt oder aber eine Entwicklung darstellt, mit welcher nie zu rechnen war. In diesem Falle handelt es sich um einen neuen Schaden, für den die Verjährung neu beginnt.

e) Bei Versorgungsschaden

Im Unterschied zur Körperverletzung hat man es beim Versorgungsschaden nicht mit einer Entwicklung, die es abzuwarten gilt, zu tun. Allerdings beruht die Berechnung auf verschiedenen Elementen, die man kennen muss, vom massgeblichen Einkommen des Versorgers oder der Versorgerin bis zu den Erbschaftserträgen. Sie zusammenzutragen und zusammenzustellen braucht eine gewisse Zeit; die muss man den Hinterbliebenen zubilligen. Die Ermittlung des Versorgungsschadens bleibt aber stets das Ergebnis von Annahmen und Schätzungen. Gerade deshalb darf man die Anforderungen an die Kenntnis des Schadens nicht zu hoch schrauben. Sie ist nicht erst vorhanden, wenn alle Einzelheiten geklärt sind; es genügt, dass man die wesentlichen Berechnungsgrundlagen kennt.

f) Bei Sachschaden

liefern Schätzungen, Kostenvoranschläge, Rechnungen und dergleichen die notwendigen Anhaltspunkte. Das Wissen um die Höhe des Schadens stellt sich naturgemäss rascher und leichter ein als bei erheblichen Körperverletzungen. Immerhin kann auch bei der Wiederinstandstellung eines Automobils viel Zeit verstreichen, bis die geschädigte Person über die notwendigen Angaben verfügt. So brachte in 111 II 55ff. nach der Beschädigung eines Wagens der Marke Porsche am 25. Oktober 1980 erst die Reparaturrechnung vom 9. März 1981 Klarheit, weil der Eigentümer im ungewissen über die Reparaturmöglichkeit geblieben war und schliesslich das Fahrzeug in die Fabrik nach Stuttgart geschickt hatte. Die am 26. Januar 1982 eingeleitete Klage war also (entgegen dem Spruch des Waadtländer Kantonsgerichts) nicht verjährt.

g) Bei Vermögensschaden

Ein Beispiel für die Verjährung von Vermögensschäden findet sich in

89 II 402ff.   Ein Tierarzt hatte ein notgeschlachtetes Füllen für bankwürdig erklärt und damit eine Paratyphusepidemie verursacht. Das war im Jahre 1956 geschehen. Am 4. Januar 1961 schickte der Metzger, welcher das Fleisch verkauft hatte, dem Tierarzt einen Zahlungsbefehl, und im Dezember des gleichen Jahres verlangte er mit einer Klage Fr. 18 600.– für erlittenen Umsatzverlust. Er hatte den Geschäftsgang der Jahre 1957, 1958 und 1959 durch einen Sachverständigen prüfen lassen und dessen Bericht am 26. Januar 1960 erhalten. Die Verjährungseinrede des Tierarztes wurde verworfen, denn erst nach Vorliegen der Stellungnahme des Gutachters verfügte der Metzger über die zur Begründung einer Klage notwendigen Unterlagen, und er hatte noch rechtzeitig den Fristenlauf unterbrochen.

h) Bei Genugtuung

Es kommt im wesentlichen auf den Zeitpunkt an, in welchem der betroffenen Person das genugtuungsbegründende Leid widerfahren ist. Bei einer Körperverletzung mit Dauerfolgen wird dies spätestens dann der Fall sein, wenn sie sich darüber Rechenschaft gibt, dass keine Besserung mehr zu erwarten ist. Das gleiche muss für die Angehörigen Schwerverletzter gelten, welche wegen Verletzung in den persönlichen Verhältnissen gemäss OR 49 Genugtuung fordern. Es ist zwar denkbar, dass das Opfer oder seine Angehörigen die seelische Belastung vorerst gut verkraften und erst mit den Jahren immer schwerer darunter leiden. Darauf abzustellen hiesse aber, die Verjährung völlig vom persönlichen Empfinden abhängig zu machen, und der Beginn des Fristenlaufs wäre unbestimmt, um nicht zu sagen willkürlich. Deshalb muss auch hier der Zeitpunkt massgeblich sein, in welchem das Ausmass der fraglichen Körperverletzung einigermassen feststeht.

i) Bei Änderung der Rechtsprechung

Die Zusprechung einer Genugtuung an Angehörige Schwerverletzter ist vom Bundesgericht in Änderung der bisherigen Rechtsprechung erst 1986 bejaht worden (112 II 220 und 226). Daran hat sich die Frage entzündet, ob mit einer Änderung der Rechtsprechung eine neue Verjährungsfrist beginne, weil Geschädigte erst jetzt wissen, dass sie einen klagbaren Anspruch haben. Das Bundesgericht verwarf eine solche Betrachtungsweise im Hinblick auf die Rechtssicherheit und die schützenswerten Interessen der Schuldnerin oder des Schuldners: «Kennt der Geschädigte seinen Schaden und die Person, die er dafür in Anspruch nehmen will, so muss er sich darüber schlüssig werden, wie er die Aussichten eines Haftpflichtprozesses in tatsächlicher und rechtlicher Hinsicht beurteilt. Hält er die Klage für aussichtslos, sei es weil ihm die erforderlichen Beweismittel fehlen, sei es weil er die Rechtslage für ungünstig hält, so kann es nichts am Lauf der Verjährung ändern, wenn er nachträglich Beweise entdeckt, seinen Rechtsirrtum erkennt oder Lehre und Rechtsprechung sich ändern» (BGE vom 11. Februar 1986 i. S. S. gegen V., S. 9). Die Verjährung verhinderte, musste verhindern, dass Angehörige Schwergeschädigter all die Fälle, die längst abgeschlossen waren, wieder aufleben liessen.

k) Die Kenntnis der ersatzpflichtigen Person

Wie genau muss man sie kennen? Genügt es zu wissen, dass eine Person mit dem Schaden im Zusammenhang steht, oder muss man wissen, dass sie die wirkliche Haftpflichtige ist? Es ist zwischen tatsächlicher und rechtlicher Kenntnis zu unterscheiden:

Nach den Worten des Bundesgerichts in 82 II 44f. «kann die Kenntnis von der Person des Ersatzpflichtigen nicht schon bejaht werden, wenn der Geschädigte vermutet, die betreffende Person könnte Ersatz schulden, sondern erst, wenn er die Tatsachen kennt, die ihre Ersatzpflicht begründen». In 74 II 195f. ging es um eine Brandstiftung durch eine geisteskranke 45jährige Tochter. Durch das die Strafuntersuchung wegen Unzurechnungsfähigkeit einstellende Urteil erfuhren die Eigentümer der abgebrannten Liegenschaften, dass sie sich nicht an die Täterin, sondern an den Vater als Familienhaupt zu halten hatten. Erst jetzt verfügten sie über die zureichende tatbeständliche Kenntnis zur Bestimmung des Ersatzpflichtigen.

Die Abklärung der Haftpflicht hingegen ist nicht Voraussetzung für die Kenntnis der ersatzpflichtigen Person. Wenn dem Geschädigten diejenigen Personen bekannt sind, welche vernünftigerweise als Haftpflichtige in Frage kommen, hat er die erforderliche Kenntnis. Die rechtliche Beurteilung ist seine Sache. Überraschungen auf diesem Gebiet muss er hinnehmen, selbst wenn sie einer Änderung der Rechtsprechung entspringen.

4. BEIM RÜCKGRIFF

Es fragt sich, ob Rückgriffe mit der Grundforderung oder aber selbständig verjähren. Beides schafft Schwierigkeiten. Stellt man auf den Anspruch der geschädigten Person ab, so ist es für Rückgriffsberechtigte oft bei aller Sorgfalt zu spät. Lässt man die Verjährung erst mit dem Entstehen der Rückgriffsforderung laufen, so wird die gegebene Frist, auf welche sich Haftpflichtige verlassen möchten, bedeutend und unbestimmt verlängert.

Eine allgemeine Bestimmung für die Verjährung des Rückgriffs gibt es nicht. Am nächsten liegt es natürlich, auf die Verjährung der Grundforderung abzustellen. Das tut denn auch das Bundesgericht (115 II 49f.). Es fragte sich allerdings in 89 II 123, ob die Verjährung nicht erst mit der Zahlung der Entschädigung beginne. Eine entsprechende Regelung ist ins SVG aufgenommen worden:

SVG 83 III   Der Rückgriff unter den aus einem Motorfahrzeug- oder Fahrradunfall Haftpflichtigen und die übrigen in diesem Gesetz vorgesehenen Rückgriffsrechte verjähren in zwei Jahren vom Tag hinweg, an dem die zugrundeliegende Leistung vollständig erbracht und der Pflichtige bekannt wurde.

RLG 39 III lautet ähnlich. Einen Mittelweg beschreitet

KHG 10 II   Für das Rückgriffsrecht beginnt die dreijährige Frist am Tag, an dem der Rückgriffsberechtigte Kenntnis von der Höhe seiner Leistungspflicht erlangt hat.

Das Abstellen auf die Erbringung der Leistung oder wenigstens die Kenntnis der Leistungspflicht und ihres Umfangs erscheint als die angemessenere Lösung. Die Verjährung ist ein notwendiges Übel, ein Schutz des Schuldners vor Schlamperei; im Zweifel soll die der Erhaltung des Anspruchs dienende Lösung gewählt werden. Allerdings wäre es unbillig, wenn Belangte in Kenntnis ihrer Rückgriffsmöglichkeiten einfach zuwarten könnten, um nach Jahr und Tag über ahnungslose Rückgriffsverpflichtete herzufallen; sie haben ihre Absichten sobald als möglich mitzuteilen (vgl. 115 II 50). Entsprechend lautet Art. 44 II des Revisions-Vorentwurfes: «Wird eine Person auf Schadenersatz in Anspruch genommen, so hat sie dies jenen Personen anzuzeigen, die sie für mithaftpflichtig hält; ansonsten beginnt die Verjährung an dem Tage zu laufen, an dem die Anzeige nach Treu und Glauben hätte gemacht werden sollen.» Zu dieser Lösung gelangt man bereits heute durch Auslegung.

Das Gesagte gilt dort nicht, wo die Rückgriffsrechte nicht erst mit der entsprechenden Leistung, sondern mit dem Schadenereignis entstehen, d.h., wo die Rechte Geschädigter unmittelbar auf eine Sozialversicherung übergehen. Der Eintritt in die Rechte der Geschädigten erfasst auch die Verjährung.

Der Rückgriff muss auch vor der absoluten Verjährung haltmachen, da diese ohne Rücksicht auf die Kenntnis des Schadens oder der Ersatzpflichtigen mit der schädigenden Handlung zu laufen beginnt.

VII. ABÄNDERUNG, VERZICHT, HINDERUNG, STILLSTAND

1. DIE ABÄNDERUNG DER VERJÄHRUNG

Von vornherein kommt eine solche nur bei vertraglicher Haftung in Frage. Dort steht allerdings OR 129 im Wege: «Die in diesem Titel aufgestellten Verjährungsfristen können durch Verfügung der Beteiligten nicht abgeändert werden.» Dies betrifft im wesentlichen die allgemeine zehnjährige Verjährung gemäss OR 127. Die übrigen vertraglichen Verjährungsfristen, z. B. beim Werkvertrag gemäss OR 371, können in dem Masse abgekürzt werden, in dem eine Haftungswegbedingung nach OR 100/101 möglich ist. Verlängern darf man die Frist im Rahmen der Zulässigkeit einer Bindung überhaupt. Die normale zehnjährige Verjährungsfrist bietet sich hier als natürliche Begrenzung an (99 II 185ff.).

Ein Sonderfall der Abänderung ist

2. DER VERZICHT AUF DIE VERJÄHRUNG

Wie eben angedeutet, wäre ein von vornherein abgegebener unbeschränkter Verzicht auf die Geltendmachung der Verjährung unzulässig. Das sagt auch OR 141 I: «Auf die Verjährung kann nicht zum voraus verzichtet werden.» Nach eingetretener Verjährung kann man jederzeit auf ihre Anrufung verzichten; sie ist ja nicht von Amtes wegen zu beachten (OR 142). Am wichtigsten sind indes die nach dem Schadenfall und vor Ablauf der Verjährungsfrist für eine bestimmte Zeitspanne abgegebenen Verzichtserklärungen. Sie spielen vor allem im Verkehr mit den Versicherungen eine grosse Rolle (112 II 233). OR 141 I steht ihnen nicht entgegen. Von vornherein bezieht sich das Verzichtsverbot nicht auf OR 60, sondern nur auf die Verjährungen des dritten Titels des OR (112 II 233, 99 II 191f.).

Aber selbst hier ist doch wohl nur gemeint, dass ein Schuldner nicht von vornherein und schlechthin auf die Anrufung der Verjährung verzichten könne. Nach dem Schadenereignis und für eine vernünftige Zeitspanne auf die Anrufung der Verjährung zu verzichten, muss um so eher möglich sein, als dem die rechtliche Interessenlage keineswegs entgegensteht. Die Frage ist übrigens von bescheidener Bedeutung, weil die Verjährungsverzichtserklärungen hauptsächlich bei den ein- und zweijährigen ausservertraglichen Fristen vorkommen. Sie dienen der Vermeidung einer Unterbrechungshandlung und werden in der Regel für ein Jahr, manchmal für zwei Jahre, seltener für fünf Jahre abgegeben. Sie sind durchaus zulässig (99 II 185ff.). Selbst dort, wo man die Möglichkeit einer Verzichtserklärung in Frage stellt, muss der Fall unter dem Gesichtspunkt von Treu und Glauben geprüft werden.

In 99 II 92ff. hat das Bundesgericht die wortklauberische Unterscheidung zwischen Verzicht auf die Verjährung und Verzicht auf die Verjährungseinrede verworfen. Aus diesem Urteil festgehalten sei hier, dass ein vorbehaltlos abgegebener Verzicht auch dann wirksam ist, wenn die Verjährungsfrist bereits abgelaufen war. Meistens enthält allerdings eine Verzichtserklärung (wie in 115 II 460) die Klausel «soweit die Verjährung noch nicht eingetreten ist».

In 112 II 233 hat das Bundesgericht dem Verjährungsverzicht noch mehr Bedeutung verschafft: Zuerst stellt es fest, dass die zehnjährige, absolute Verjährungsfrist von OR 60 wie irgendeine andere unterbrochen werden kann; dann sagt es, die Verzichtserklärung entfalte wegen der Begleitumstände und trotz der Befristung auf ein Jahr die gleiche Wirkung wie eine Unterbrechungshandlung. Weiter zeigt dieser Entscheid folgendes:

Mit der Frage des Verzichts auf die Verjährung (wie auch mit der Anerkennung einer Forderung, hinten 296f.) verquickt sich

3. DAS HANDELN NACH TREU UND GLAUBEN

ZGB 2   **Jedermann hat in der Ausübung seiner Rechte und in der Erfüllung seiner Pflichten nach Treu und Glauben zu handeln.**
Der offenbare Missbrauch eines Rechtes findet keinen Rechtsschutz.

Diese Bestimmung findet Anwendung auf den Schuldner, der die Gläubigerin beruhigend hinhält, und, wenn es soweit ist, die Verjährung geltend macht. Es ist indessen nicht nötig, dass der Haftpflichtige die Geschädigte mit List und Tücke in die Falle lockte, sondern es genügt, dass er ein Verhalten an den Tag legte, das die andere Partei als Verzicht auf die Verjährungseinrede auslegen durfte (108 II 287, 112 II 234). Es kommt einzig darauf an, ob in der Erhebung der Verjährungseinrede ein Verstoss gegen Treu und Glauben, ein Rechtsmissbrauch, liege.

Die Anrufung des Artikels 2 ZGB ist ein aussergewöhnlicher, ein letzter Rechtsbehelf. Es soll deshalb nur in deutlichen und nicht in zweifelhaften Fällen nach ihm gegriffen werden. Das ergibt sich schon aus der Beweisregel von ZGB 8. Kein Rechtsmissbrauch lag z.B. in 84 II 213 oder 93 II 504 oder 111 II 438f. oder 113 II 269 vor.

Ist die Geltendmachung der Verjährung durch eine Versicherungsgesellschaft, die mit Geschädigten verhandelt hat, rechtsmissbräuchlich? Ja, wenn sie Anspruchstellende, z.B. mit dem Hinweis auf laufende Abklärungen, vertröstet und zum Zuwarten veranlasst hat. Nein, wenn sie, ohne die andere Seite hinzuhalten, Gespräche über die Schadenerledigung geführt und Vergleichsangebote, die nicht angenommen wurden, gemacht hat (113 II 269). Hat sich die Haftpflichtversicherung nach eingetretener Verjährung (ohne die Forderung, ganz oder teilweise, vorbehaltlos anzuerkennen) auf Verhandlungen eingelassen, so liegt in der Erhebung der Verjährungseinrede kein Rechtsmissbrauch (113 II 269).

Gewährt eine Versicherung bei der Erledigung eines Schadenfalles einen Vorbehalt, so wird sie ihn regelmässig befristen. Das bedeutet, dass sie für die angegebene Zeitspanne und für den genannten Schadenposten auf die Verjährungseinrede verzichtet. Ist der Vorbehalt zeitlich unbegrenzt, wie in 90 II 327: «pour les suites d'une invalidité permanente (dommage résultant de l'incapacité de travail) qui se déclarerait éventuellement», so heisst dies lediglich, dass Verletzten, wenn sie den umschriebenen Anspruch geltend machen, die Saldoquittung nicht entgegengehalten wird. Ein Verjährungsverzicht liegt darin aber nicht (90 II 328f.); die Berufung auf die Verjährung, wenn Geschädigte die gesetzliche Frist verstreichen lassen, stellt keinen Rechtsmissbrauch dar (90 II 329f.).

Kein Verhalten wider Treu und Glauben stellt die ungerechtfertigte Ablehnung einer Forderung dar. Das hat das Bundesgericht in einem Entscheid vom 6. März 1997 klargestellt. Es ging um die Verjährung gemäss VVG 46 von Leistungen aus einer Autoinsassenversicherung. Der Kläger hatte geltend gemacht, der Generalagent der Versicherungsgesellschaft habe ihm erklärt, es sei nichts zu machen, und ihn dadurch von rechtzeitigen Schritten abgehalten. Indes könnte, wie das Bundesgericht ausführt, wegen der blossen Leistungsverweigerung selbst gegenüber einer bösgläubigen Schuldnerin der Vorwurf des Rechtsmissbrauchs nicht erhoben werden. Das wäre nur möglich, wenn sie den Gläubiger durch falsche Angaben über tatsächliche Verhältnisse getäuscht und von der Weiterverfolgung seiner Ansprüche abgehalten hätte. Ob sich die Forderung als begründet erweist oder nicht, hat keinen Einfluss auf die Verjährung.

4. HINDERUNG UND STILLSTAND

OR 134   Die Verjährung beginnt nicht und steht stille, falls sie begonnen hat:
1. für Forderungen der Kinder gegen die Eltern während der Dauer der elterlichen Gewalt;
2. für Forderungen der Mündel gegen den Vormund und die vormundschaftlichen Behörden während der Dauer der Vormundschaft;

3. für Forderungen der Ehegatten gegeneinander während der Dauer der Ehe;
4. für Forderungen der Arbeitnehmer, die mit dem Arbeitgeber in Hausgemeinschaft leben, gegen diesen während der Dauer des Arbeitsverhältnisses;
5. solange dem Schuldner an der Forderung eine Nutzniessung zusteht;
6. solange eine Forderung vor einem schweizerischen Gerichte nicht geltend gemacht werden kann.

Nach Ablauf des Tages, an dem diese Verhältnisse zu Ende gehen, nimmt die Verjährung ihren Anfang oder, falls sie begonnen hatte, ihren Fortgang.
Vorbehalten bleiben die besondern Vorschriften des Schuldbetreibungs- und Konkursrechtes.

Diese Gesetzesbestimmung enthält die Gründe für eine Hinderung oder einen Stillstand der Verjährung und deren Auswirkungen. Im Vordergrund steht die Ziffer 6.

75 II 227	«Ist der Prozess zufolge gerichtlicher Verfügung eingestellt, so bleibt die Verjährung unterbrochen, bis der Kläger (oder der Einredeberechtigte) wiederum in die Lage kommt, die Fortsetzung des Prozesses zu verlangen.»

Das Bundesgericht stellt strenge Anforderungen an die Unmöglichkeit, eine Forderung vor einem schweizerischen Gericht geltend zu machen:

BGE v. 11.2.86	Rechtsirrtum und Rechtsänderung gelten nicht als Hinderung der Verjährung.
104 II 137	Fehlende Kenntnis des Schadens stellt keinen Hinderungsgrund dar.
90 II 429	«Diese Voraussetzung ist nur erfüllt, wenn der Gläubiger durch objektive, von seinen persönlichen Verhältnissen unabhängige Verhältnisse daran gehindert ist, in der Schweiz zu klagen. Es genügt nicht, dass ein Gläubiger mit Rücksicht auf die ausländische Gesetzgebung, der er wegen seines Wohnsitzes im Ausland unterworfen ist, in der Schweiz nicht klagen kann, ohne sich der Gefahr der Bestrafung und der Konfiskation seiner Forderung auszusetzen.»
90 II 325	«Die Vereinbarung zwischen dem Versicherer und dem Geschädigten, dass die Folgen einer allfälligen Dauerinvalidität vorbehalten bleiben, schiebt den ... Beginn des Fristenlaufs für die Verjährung des Schadenersatzanspruches nicht hinaus.»
88 II 289	Das Bundesgericht lässt sogar die Frage offen, ob höhere Gewalt den Lauf der Verjährung hindere. Das müsste allerdings bejaht werden. Im vorliegenden Falle sahen die Richter die vom Kläger geltend gemachten Kriegs- und Nachkriegswirren nicht als höhere Gewalt an.
111 II 437f.	Wie verhält es sich, wenn ein vom Gericht bestellter Gutachter seinen Bericht lange nicht abliefert und deshalb der Prozess ruht? Das Bundesgericht lässt die Frage offen, ob die Verjährung während der dem Experten gesetzten Frist stillstehe. Im vorliegenden Fall war aber nach deren Ablauf noch mehr als ein Jahr ohne irgendeine Unterbrechungshandlung nach OR 138 I

verstrichen. In dieser Zeitspanne jedenfalls wurde der Lauf der Verjährung nicht aufgehalten.

Wie das Gesetz sagt, wird die Verjährung hinausgeschoben oder gehemmt, während die nun zu behandelnde Unterbrechung den bisherigen Fristenlauf vernichtet und einen Neubeginn der Verjährung bewirkt.

VIII. DIE UNTERBRECHUNG DER VERJÄHRUNG

1. DIE UNTERBRECHUNGSGRÜNDE

a) Die gesetzliche Grundlage

OR 135   Die Verjährung wird unterbrochen:
1. durch Anerkennung der Forderung von seiten des Schuldners, namentlich auch durch Zins- und Abschlagszahlungen, Pfand- und Bürgschaftsbestellung;
2. durch Schuldbetreibung, durch Klage oder Einrede vor einem Gerichte oder Schiedsgericht sowie durch Eingabe im Konkurse und Ladung zu einem amtlichen Sühneversuch,

Die Regelung von OR 135 gilt allgemein, sei es für das ZGB/OR, sei es für die Spezialgesetze (siehe z. B. den Verweis von SVG 83 IV). Es schälen sich vier Gruppen von Unterbrechungsgründen heraus:
– Anerkennung der Forderung in irgendeiner Form;
– Schuldbetreibung oder Eingabe im Konkurs;
– Ladung zu einem amtlichen Sühneversuch;
– Klage oder Einrede vor einem Gericht.

Diese Aufzählung ist abschliessend. Andere Handlungen wie die Zustellung eines eingeschriebenen Briefes, einer Mahnung oder Abrechnung, eine Meldung bei der Polizei oder der Versicherung, die Vorsprache bei einem Gericht oder das Gesuch um unentgeltliche Prozessführung fruchten nichts.

Unterbrochen werden kann jede Verjährung: die normale, die absolute (112 II 233), die strafrechtliche (darüber hinten 303). Ist ein Prozess im Gange, so wirkt jede gerichtliche Handlung der Parteien und jede Verfügung oder Entscheidung des Gerichts unterbrechend (OR 138 I).

Das ist Bundesrecht und unabhängig vom kantonalen Prozessrecht auszulegen (111 II 438, 118 II 483ff.).

Es sei noch daran erinnert, dass im Unterschied zur Verjährung die Verwirkung nicht unterbrochen werden kann (119 II 432).

b) Die Schuldanerkennung

Sie kann alle Formen annehmen, vom schlüssigen Verhalten bis zur Ausstellung einer Urkunde. Ein Verhalten der Schuldnerin, des Schuldners muss allerdings hinreichend deutlich sein. Man darf nicht aus jeder Gesprächsbereitschaft eine Anerkennung herleiten. Grundsätzlich stellt die Aufnahme von

Verhandlungen keine solche dar, ebensowenig die Vornahme von Abklärungen. Daran kann aus Gründen der Beweissicherung ein Interesse bestehen. Deshalb unterbricht das Gesuch um eine vorsorgliche Beweisaufnahme die Verjährung nicht (93 II 498). Dasselbe ist von einem unter Vorbehalt gemachten Angebot zu sagen (90 II 329). Anders, wenn die Schuldnerin zu erkennen gibt, dass sie die Haftpflicht grundsätzlich anerkennt und sich mit dem Gläubiger nur noch über die Höhe des Schadens auseinandersetzt. In 119 II 377ff. belehrte das Bundesgericht eine Rechtschutzversicherung darüber, dass die Gutsprache für die aussergerichtlichen Kosten auch die Verjährung des Anspruchs auf Übernahme der Prozesskosten unterbrochen hatte und dass die Mitteilung, es bestehe grundsätzlich Deckung, ebenfalls als Schuldanerkennung zu werten sei.

«Eine Schuldanerkennung... kann jedoch nur in einer Erklärung liegen, die sich an den Gläubiger richtet», hielt das Bundesgericht in 90 II 442 einem Kläger entgegen, der in einer Äusserung des Beklagten auf einer Postkarte an den Schwager des Klägers eine Verjährungsunterbrechung erblicken wollte.

Eine vom Gesetz genannte Anerkennungshandlung liegt in der Vornahme von Zins- und Abschlagszahlungen; damit gibt der Schuldner das Bestehen einer Haupt- oder Restschuld zu. Nur eine solche Zahlung unterbricht die Verjährung, nicht jedoch eine Schlusszahlung (33 II 226). Keine Abschlagszahlung liegt vor, wenn Haftpflichtige Nebenkosten oder Abklärungskosten übernehmen, z.B. die Reise und den Aufenthalt der geschädigten Person für eine Begutachtung (93 II 504). Dasselbe gilt für die blosse Verbuchung von Zinsen, denen kein Wille zur Zahlung zugrunde liegt (102 II 358).

Belangte können schliesslich durch einen Vorbehalt zum Ausdruck bringen, dass sie mit ihrer Zahlung keine Anerkennung der Forderung verbinden. Bei den von den Versicherungen häufig und formelhaft angebrachten Vorbehalten wie «unpräjudizierlich» oder «ohne Anerkennung einer Rechtspflicht» kommt es darauf an, ob sie nach den Umständen die Nichtanerkennung einer weiteren Schuldigkeit zum Ausdruck bringen wollen oder aber einfach eine allgemeine Absicherung, die sich auf die Haftpflichtquote oder die Schadenberechnung beziehen mag, darstellen, ohne dass eine weitere Verpflichtung ernsthaft bestritten würde. Ein solcher Vorbehalt beraubt eine Zahlung ihrer verjährungsunterbrechenden Wirkung nicht. Anderseits kann durch eine vorbehaltlose Abschlagszahlung eine bereits verjährte Forderung anerkannt werden, worauf die Verjährung von neuem beginnt.

c) Schuldbetreibung

Da es darauf ankommt, dass die Gläubigerin oder der Gläubiger Schritte unternimmt, «genügt sogar die Einreichung des Betreibungsbegehrens, selbst wenn die Zustellung des Zahlungsbefehls unterbleibt» (101 II 80f.). Die Regelung von OR 135 deckt sich mit der Verjährungsunterbrechung bei wechselmässigen Ansprüchen, für die gemäss der ausdrücklichen Gesetzesvorschrift von OR 1070 nur die Einreichung des Betreibungsbegehrens erforderlich ist (104 III 22). Ist ein Betreibungsbegehren nicht richtig oder nicht am richtigen Ort eingereicht worden, so muss es jedenfalls dann als gültig betrachtet werden, wenn das Verfahren durch Zustellung des Zahlungsbefehls seinen Fortgang nimmt und nicht auf Beschwerde hin aufgehoben wird (83 II 50). Diesfalls stellt sich immer noch die meines Erachtens zu bejahende Frage, ob nicht die für eine fehlerhaft eingereichte Klage vorgesehene Nachfrist von OR 139 auch hier zum Zuge komme (71 II 154f., 71 III 172).

Das Begehren auf Zustellung eines Zahlungsbefehls ist neben der Verzichterklärung das einfachste und gängigste Mittel zur Verjährungsunterbrechung. Die Leichtigkeit, mit der die Verjährung auf dem Wege der Betreibung unterbrochen werden kann, bewirkt auch, dass Verjährungsverzichte willig abgegeben werden.

Es liegt auf der Hand, dass die Unterbrechung nur für die auf dem Betreibungswege geltend gemachte Summe gilt. Deshalb wird zur Sicherheit stets der höchstmögliche in Frage kommende Betrag angegeben: «Die Verjährung wird nur bis zu dem in der Schuldbetreibung angegebenen Betrag unterbrochen, und zwar selbst wenn der Gläubiger sie zu einem Zeitpunkt unterbrechen muss, in dem das Ausmass seines Schadens noch nicht bestimmt werden kann» (119 II 339). Weiter laufende Zinsen sind in die Betreibungssumme einzubeziehen; sie können später nicht dazugeschlagen werden (119 II 340). Das gleiche gilt für die Erhöhung des Forderungbetrages wegen der Teuerung (hiezu 119 II 341). «Endlich kann auch nicht etwa eine allenfalls zuviel geforderte Zinsleistung auf Kapital umgerechnet und so der Verjährung ein entsprechender Kapitalbetrag entzogen werden. Jede Forderung wird durch ihren Rechtsgrund individualisiert. Die Betreibung für Zins kann daher nicht für eine zusätzliche Kapitalforderung wirken» (70 II 93). Werden hingegen im Betreibungsbegehren Beträge für vorübergehenden und für Dauerschaden angegeben, so dürfen sie, wenn sich das Grössenverhältnis verschiebt, zusammengerechnet werden (119 II 340f.).

OR 138 II   **Erfolgt die Unterbrechung durch Schuldbetreibung, so beginnt mit jedem Betreibungsakt die Verjährung von neuem.**

Im besondern erwähnt das Gesetz in OR 135/2. und 138 III noch die Eingabe im Konkurs.

d) Ladung zu einem amtlichen Sühneversuch

Aussöhnungsversuch, Sühneverhandlung, Vermittlungsvorstand usw. heissen die noch halb vorgerichtlichen, halb schon gerichtlichen Zusammenkünfte der Parteien vor dem Sühnebeamten, der Friedensrichterin, dem Vermittler oder wie immer man sie in den einzelnen Kantonen nennt. Wie bei der Schuldbetreibung genügt die Stellung des Begehrens, kommt es doch darauf an, dass der Gläubiger etwas unternimmt (65 II 166ff.). Das Bundesgericht hat das in 114 II 262 bestätigt und verdeutlicht, dass schon die Aufgabe des Begehrens bei der Post die Verjährung unterbricht und dass diese Wirkung selbst dann nicht verloren geht, wenn die Vorladung zur Sühneverhandlung verschoben oder das Begehren zurückgezogen wird. Deshalb auch vermag die Ladung zum Sühneversuch «die Verjährung nur zugunsten des jeweiligen Klägers zu unterbrechen, nicht auch zugunsten des Beklagten für allfällige Gegenforderungen, die erst später geltend gemacht werden» (107 II 53). In diesem Entscheid hatte eine Unternehmung ihren Werklohn eingeklagt, worauf die Beklagte Widerklage auf Schadenersatz erhob. Die Verjährung hiefür wurde erst mit der Widerklage unterbrochen und nicht schon mit der Ladung zum Sühneversuch über den Werklohn. Inzwischen aber war die Verjährung eingetreten.

Umgekehrt trifft die Verjährungsunterbrechung nur die Person, gegen die sich das Sühnebegehren richtet. Bezeichnet eine Anspruchstellerin die falsche Schuldnerin, so tritt die gewünschte Wirkung nicht ein. Anders, wenn die richtige Person nur unrichtig bezeichnet wird, aber klar hervorgeht, wer gemeint ist (wie in 114 II 335).

e) Klage vor einem Gericht

- *Normale Klage*
  «Unter Klageanhebung im Sinne von Art. 135 Ziff. 2 OR fällt jede prozesseinleitende Handlung, mit welcher der Gläubiger zum ersten Mal in bestimmter Form den Schutz des Richters anruft» (118 II 479). Was nachher geschieht, ob z.B. der Weisungsschein eingereicht wird, hat keinen Einfluss auf die verjährungsunterbrechende Wirkung (118 II 479/487). Neben der Klage, die eigens zur Erlangung von Schadenersatz eingereicht wird, sind folgende Formen zu behandeln:

- *Feststellungsklage*
  Bekanntlich ist die Feststellungsklage ausgeschlossen, wenn eine Leistungsklage möglich ist (119 II 370). An sich aber unterbricht eine Feststellungsklage die Verjährung. Das muss selbst dann gelten, wenn sie, weil eine Leistungsklage möglich gewesen wäre, abgewiesen wird. Voraussetzung ist, dass sie die Forderung, um die es geht, zum Gegenstand hat.

- *Widerklage*
Sie weist die Merkmale einer Klage auf und hat deshalb verjährungsunterbrechende Wirkung (107 II 52). Zu beachten ist lediglich, dass sie ihre Wirkungen natürlich erst mit der Stellung des Widerklagebegehrens entfaltet und nicht schon durch die mit ihr zusammenhängende Hauptklage (107 II 53).

- *Zivilklage im Strafverfahren*
Wenn das kantonale Prozessrecht die anhangsweise Einbringung einer Zivilklage im Strafprozess zulässt, muss eine solche die vollen Wirkungen einer Zivilklage entfalten (111 II 60f.). Wichtig ist allerdings, dass Geschädigte ihren Anspruch in bestimmter und bezifferter Form an das Strafgericht herantragen und sich nicht mit allgemeinen Erklärungen oder Begehren begnügen, etwa dem Antrag, die Forderung sei auf den Zivilweg zu verweisen (101 II 79, 100 II 344). Selbstverständliche Voraussetzung ist, dass sich der «Schadenersatzanspruch aus einem Ereignis ableitet, das Gegenstand einer Strafuntersuchung war»; vollständiger Übereinstimmung zwischen dem Zivilanspruch und dem Strafverfahren bedarf es aber nicht (101 II 81).

- *Einrede vor einem Gericht*
Sie ist der Klage gleichgestellt. Als Beispiel diene die auf den Werklohn eingeklagte Bestellerin, der dem Unternehmer verrechnungsweise eine Schadenersatzforderung entgegenhält, oder die aus einem Verkehrsunfall Belangte, welche die klägerische Forderung mit eigenen Ansprüchen verrechnet. Bei späterer selbständiger Geltendmachung mag einem eine solche Verjährungsunterbrechung zustatten kommen.

- *Streitverkündung*
Nur wenn die Streitverkündung der Geltendmachung eines bestimmten Anspruches gleichkommt und dessen gerichtliche Beurteilung nach sich zieht, ist sie als Klage zu betrachten (50 II 11f.). Als Ankündigung eines Rückgriffanspruchs muss man sie jedenfalls gelten lassen.

- *Vorsorgliche Massnahmen*
Solche zielen in der Regel und wesensmässig nicht auf die eigentliche Geltendmachung des Anspruchs ab, sondern lediglich auf Beweissicherung und dergleichen. Sie sind deshalb nicht als Klagen anzusehen (93 II 503 unten).

f) Nachfrist bei Rückweisung der Klage

OR 139   **Ist die Klage oder die Einrede wegen Unzuständigkeit des angesprochenen Richters oder wegen eines verbesserlichen Fehlers angebrachtermassen oder als vorzeitig zurückgewiesen worden, so beginnt, falls die Verjährungs-**

frist unterdessen abgelaufen ist, eine neue Frist von 60 Tagen zur Geltendmachung des Anspruches.

Im Bestreben, die Durchsetzung des Rechts nicht an einem Formmangel scheitern zu lassen, hält der Gesetzgeber den Irrenden ein Türchen offen. Es handelt sich aber um eine knappe, einmalige Galgenfrist (80 II 293f.). Nicht auf sie angewiesen war der Kläger in 111 II 59ff.: Er hatte die Zivilklage anhangsweise im Strafverfahren angebracht. Da der Richter dieses einstellte, entfiel seine Zuständigkeit für den Zivilanspruch. Das Kantonsgericht Wallis nahm nun an, der Kläger hätte die Klage innerhalb der 60 Tage am richtigen Ort einleiten müssen, und schützte die Verjährungseinrede. Es musste sich indes vom Bundesgericht belehren lassen, dass der Ansprecher nicht an ein von vornherein unzuständiges Gericht gelangt war, dass es sich also nicht um einen Anwendungsfall von OR 139 handle, so dass die Mitteilung der Einstellungsverfügung eine neue einjährige Frist zum Laufen gebracht habe. Diese aber war durch Einreichung der Zivilklage rechtzeitig unterbrochen worden.

Im übrigen ist der Art. 139 OR auf bestimmte Fehlgriffe beschränkt und kein Heilmittel für alle möglichen Irrtümer und Unterlassungen. Er hilft nicht, wenn die Klägerin den Falschen belangt oder gar der Falsche den Schaden geltend gemacht hat (z. B. die Firma statt einer Einzelperson oder ein Ehegatte statt des andern). Wenn man also bei der Passiv- oder Aktivlegitimation danebengreift, kann der Anspruch inzwischen verjähren. Weitere Überlegungen zum Anwendungsbereich finden sich in 93 II 370f. Offen liess das Bundesgericht die Anwendbarkeit von OR 139 in 114 II 338, weil schon Treu und Glauben der Beklagten verboten, Vorteile aus einer bloss äusserlich unrichtigen Parteibezeichnung zu ziehen, die den wirklichen Willen ohne weiteres erkennen liess.

Der Grund für die fehlerhafte Einreichung der Klage spielt keine Rolle; Fahrlässigkeit beraubt nicht des Rechts, bringt aber Kosten.

g) Die weiteren gerichtlichen Handlungen

OR 138 I   **Wird die Verjährung durch eine Klage oder Einrede unterbrochen, so beginnt im Verlaufe des Rechtsstreites mit jeder gerichtlichen Handlung der Parteien und mit jeder Verfügung oder Entscheidung des Richters die Verjährung von neuem.**

Diese Bestimmung erwies sich als nötig, weil Prozesse oft länger als die Verjährungsfristen dauern. Umgekehrt muss sich eine Partei stets bewusst sein, dass die Verjährung auch während eines laufenden Gerichtsverfahrens eintreten kann, selbst noch vor Bundesgericht (123 III 213ff.).

Unterbrechend wirken einmal Verfügungen und Entscheidungen des Gerichts. Die beiden Begriffe sind weitherzig auszulegen. Dennoch handelt es sich noch um keine Verfügung, wenn sich der Präsident des Handelsgerichtes beim Untersuchungsrichter über den Verlauf des Strafverfahrens erkundigt (75 II 232). Mehr Gewicht mass das Bundesgericht in 111 II 62 den Nachfragen eines Instruktionsrichters beim Kanzleidirektor des Bundesgerichtes bei. Der Zivilprozess war nämlich wegen einer staatsrechtlichen Beschwerde ans Bundesgericht gegen die Verweigerung der unentgeltlichen Prozessführung, mit aufschiebender Wirkung, festgefahren. Zwar seien die beiden Erkundigungen keine Verfügungen im rechtstechnischen Sinne gewesen, aber der Instruktionsrichter habe gar nichts anderes tun können. Also liess sie das Bundesgericht als verjährungsunterbrechende Schritte gelten, um so eher als auch der Kläger keine Möglichkeit hatte, den Prozess durch eine gerichtliche Handlung seinerseits zu beschleunigen.

Was die «gerichtliche Handlung der Parteien» betrifft, so sagt das Bundesgericht in 106 II 35: «Der Wortlaut legt eine weite Auslegung des Begriffs nahe ... Für die Unterbrechung ausreichend sind jedenfalls Handlungen, die geeignet sind, den Prozess weiterzutreiben ... Das Bundesgericht hat die unterbrechende Wirkung sowohl für eine Rechtsverzögerungsbeschwerde (BGE 21 S. 249 E. 4) wie auch für Eingaben einer Partei, mit denen die Fortsetzung oder Erledigung des Prozesses verlangt wird, bejaht.» In jenem Falle wurde eine schriftliche Mitteilung ans Obergericht, die aussergerichtlichen Vergleichsgespräche seien gescheitert, als Unterbrechungshandlung anerkannt (106 II 34f.). Bloss telefonische Reklamationen einer Partei genügen aber nicht, selbst wenn sie zu beweisen wären. Mit Spiro lässt das Bundesgericht «nur Erklärungen gelten, die zu den Akten oder zu Protokoll gegeben werden; es bedarf förmlicher und für beide Parteien stets leicht und einwandfrei feststellbarer Handlungen. Nur eine schriftliche Reklamation bietet diese Klarheit» (106 II 35). Diese Ansicht ist um so vertretbarer, als es den Gläubiger wenig Mühe kostet, «durch eine förmliche Eingabe eindeutige Verhältnisse zu schaffen» (106 II 36). In diesem Entscheid stellte sich noch die Frage, ob die zu frühe Geltendmachung der Verjährung durch die Schuldnerin diese unterbrochen habe. Sie war zu verneinen, denn nur Handlungen, die den Prozess weiterzutreiben geeignet sind, ob sie vom Gläubiger oder von der Schuldnerin kommen, haben diese Wirkung.

Die Verjährung läuft auch, wenn ein gerichtlich bestellter Gutachter säumig ist. Allerdings liess das Bundesgericht in 111 II 437f. die Frage offen, ob der Lauf der Verjährung während der dem Sachkundigen zur Erstattung seines Berichtes vorgegebenen Zeitspanne im Sinne von OR 134 gehemmt bleibe. Es brauchte sich nicht zu äussern, weil selbst nach Ablauf dieser Frist noch mehr als ein Jahr vergangen war.

Es liegt am Gläubiger bzw. seinem Anwalt, die Verjährung unter Kontrolle zu halten und gegebenenfalls zu unterbrechen, was mit einfachsten Mitteln möglich ist. Lässt sich der Anwalt in einem Prozess vom Eintritt der Verjährung überraschen, so macht er sich eines Kunstfehlers schuldig. Ob auch der Richter Vorwürfe verdiene, darüber wollen wir nicht richten.

2. DIE WIRKUNGEN DER UNTERBRECHUNG

a) Neubeginn des Fristenlaufs

OR 137 I   **Mit der Unterbrechung beginnt die Verjährung von neuem.**

Siehe auch OR 138 I und II.

Dabei ist klar, dass die ursprüngliche auf den betreffenden Fall anwendbare Frist erneut zu laufen beginnt. Eine Frage hat sich bei der strafrechtlichen Verjährung gemäss OR 60 II bzw. SVG 83 I erhoben: Kann sie wie eine zivilrechtliche unterbrochen und von neuem zum Laufen gebracht werden, oder entfaltet sie ihre Wirksamkeit nur nach dem Gesichtspunkt des Strafrechts, also höchstens bis zur absoluten strafrechtlichen Verfolgungsverjährung? Ausgehend vom Zweck, dass der Schuldner sich solange nicht auf die Verjährung berufen kann, als er für die gleiche Tat strafrechtlicher Verfolgung ausgesetzt ist (96 II 44), müsste man annehmen, dass die strafrechtliche Frist mit dem Ende der strafrechtlichen Verfolgungsmöglichkeit ihre Bedeutung verliere. Indessen ergäben sich daraus Unzukömmlichkeiten und Erschwernisse, welche dem Zweck des Artikels 60 II (Geschädigte besserzustellen) widersprächen (97 II 140 unten). Das Bundesgericht hat sich deshalb zur folgenden Auffassung durchgerungen:

Die strafrechtliche Verjährung beginnt mit der Tatbegehung. Die Dauer richtet sich nach der ordentlichen strafrechtlichen Verjährungsfrist. Im übrigen wird die strafrechtliche Frist gleichsam ins Zivilrecht hinübergenommen und wie eine solche, also nach den Regeln von OR 127ff., behandelt. Das bedeutet namentlich, dass sie mit den Mitteln des Zivilrechts gemäss OR 135ff. unterbrochen werden kann und dann von neuem mit ihrer ursprünglichen, vom Strafrecht bestimmten Dauer zu laufen beginnt (91 II 429f., 100 II 342, 111 II 441).

Die Verjährung einer Forderung kann durch Unterbrechungshandlungen unbeschränkt lange verhindert werden. Unternimmt allerdings eine Gläubigerin grundlos nichts weiter, so mag sie der Schuldner mit einer Klageprovokation oder einer Feststellungsklage zwingen, Farbe zu bekennen. In der Regel hat jedoch der Schuldner kein Interesse, die Zügel zu ergreifen. In einem krassen Fall kann er der Gläubigerin schliesslich gar Rechtsmissbrauch vorwerfen.

b) Beginn einer anderen Frist

OR 137 II **Wird die Forderung durch Ausstellung einer Urkunde anerkannt oder durch Urteil des Richters festgestellt, so ist die neue Verjährungsfrist stets die zehnjährige.**

Urkunden sind Schriften, die geeignet sind, eine Tatsache von rechtlicher Bedeutung zu beweisen (StGB 110/5.). Urkunde kann einerseits ein Schriftstück in irgendeiner Form sein; andererseits muss sie die Anerkennung der Forderung genügend beweisen. Eine schriftliche Schadenschätzung durch die Versicherung oder deren briefliche Mitteilung «que les indemnités ne pourront être versées qu'après clôture de l'enquête pénale» stellt noch keine Schuldanerkennung dar (75 II 232). Selbst eine allgemeine Haftungsanerkennung, welche eine betragliche Bestreitung der Forderung offenlässt, ist nicht genügend bestimmt. Sie ist es erst dann, «wenn die Forderung darin nicht bloss grundsätzlich anerkannt wird, sondern auch der Höhe nach» (61 II 337). Der Grund für eine gewisse Strenge der Anforderungen liegt auf der Hand: «Der Gläubiger soll sich nicht zehn Jahre lang auf ein nur teilweise zulängliches Dokument verlassen dürfen, ohne sein Recht einklagen zu müssen» (61 II 337). In 113 II 268 bestätigt das Bundesgericht: «Eine Schuldanerkennung im Sinne dieser Bestimmung setzt indes voraus, dass die Forderung in der Urkunde nicht bloss grundsätzlich, sondern ihrer Höhe nach anerkannt wird; sie muss darin wie im Falle eines Urteils beziffert werden»; hier traf dies keineswegs zu.

c) Die Wirkung auf andere Fristen

— Das Verhältnis zwischen der normalen zivilrechtlichen und der längeren strafrechtlichen Frist ist einfach: Kommt die strafrechtliche Verjährung zum Zuge und wird sie unterbrochen, so tritt diese Frist für alle Zukunft an die Stelle der zivilrechtlichen: also beginnt die Verjährung neu mit der strafrechtlichen Dauer zu laufen und kann wieder mit gleicher Wirkung unterbrochen werden. Ist allerdings die fünfjährige strafrechtliche Frist verstrichen, bevor eine Unterbrechungshandlung vorgenommen wurde, so fällt sie aus Abschied und Traktanden. Wenn die ein- oder zweijährige zivilrechtliche Frist mangels Kenntnis des Schadens oder des Ersatzpflichtigen erst später, z.B. nach sieben Jahren, zu laufen begann, so kann nur noch diese mit ihrer kürzeren Laufzeit unterbrochen werden.
— Läuft die relative Verjährungsfrist, so wird die absolute hinfällig, weil die geschädigte Person ja die ersatzpflichtige und den Schaden kennt. Lässt sie die kurze, relative Frist verstreichen, so hilft ihr die absolute nichts mehr, es sei

denn, es handle sich um neuen Schaden. Diesen kann sie innerhalb der absoluten Frist noch geltend machen.
- Die absolute Verjährung ist so absolut nicht. Der Ausdruck darf nicht zur Meinung verführen, nach dieser Zeit sei alles aus. Die absolute Verjährung ist auf fehlende Kenntnis des Schadens oder des Ersatzpflichtigen gemünzt und steht einer Unterbrechung der normalen relativen Verjährung nicht entgegen. Die Verjährung kann durch Unterbrechungshandlungen über die absolute Frist hinaus bis in alle Ewigkeit verhindert werden.
- Früher dachte man, nur die relative Verjährungsfrist könne unterbrochen werden. In 112 II 233 lässt das Bundesgericht die Unterbrechung auch der absoluten Frist zu: «Celui qui sait ou pense qu'un fait dommageable s'est produit, mais qui ignore encore, à la fin du délai de 10 ans, la quotité ou l'existence du dommage, doit pouvoir sauvegarder ses droits et interrompre la prescription, comme le lui permet sans restriction l'art. 135 ch. 2 CO. Selon l'art. 137 CO, un nouveau délai de 10 ans commence alors à courir dès l'interruption.» Dieser neue Fristenlauf gilt aber nur für Schäden, die nicht der relativen Frist unterliegen. Sobald Geschädigte die nötige Kenntnis erlangt haben, können sie sich nicht auf die Erstreckung der absoluten, langen Frist verlassen, sondern müssen die relative, kürzere beachten. Die Unterbrechung der absoluten Frist entfaltet ihre Wirkungen nur für unbekannten Schaden; sonst könnte jemand durch eine Unterbrechungshandlung die relative Frist von vornherein ausser Kraft setzen.

d) Die Wirkung auf andere Personen

OR 136 I   **Die Unterbrechung der Verjährung gegen einen Solidarschuldner oder den Mitschuldner einer unteilbaren Leistung wirkt auch gegen die übrigen Mitschuldner.**

Nach OR 143 entsteht Solidarschuldnerschaft durch Erklärung der Schuldner, sonst nur in den vom Gesetz bestimmten Fällen. Ein solcher ist die Haftpflicht aus gemeinsamer Verursachung gemäss OR 50 I. Bei der Haftung aus verschiedenen Rechtsgründen im Sinne von OR 51 I, der sogenannten unechten Solidarität, nimmt das Gesetz das Wort «solidarisch» nicht in den Mund. Es fehlt deshalb nach der Auffassung des Bundesgerichtes für die Anwendung von OR 136 I an einer klaren gesetzlichen Grundlage (104 II 232f.). Dazu verbiete der Ausnahmecharakter dieser Bestimmung eine Ausdehnung auf die Haftung mehrerer Personen aus verschiedenen Rechtsgründen, sei doch «das Verhältnis zwischen ihnen in der Regel auch weniger eng als bei der Haftung aus gemeinsamem Verschulden» (104 II 233). Deshalb blieb in diesem Urteil (welches eine Ehrverletzung betrifft) die Verjährungsunterbrechung gegenüber einem Rechtsanwalt ohne Wirkung auf einen Chefredaktor, weil dieser von der angeblichen Beteiligung des Rechtsanwaltes nichts wusste, es somit an einem gemeinsamen Verschulden fehlte.

Es gilt also: «Art. 136 Abs. 1 OR ist nur bei echter Solidarität anwendbar» (104 II 225). Damit bleibt der von den Gelehrten gepflegten Unterscheidung zwischen echter und unechter Solidarität «die wichtigste (und möglicherweise sogar einzige praktische) Auswirkung» (104 II 232) erhalten. In 115 II 42ff. hat sich das Bundesgericht erneut mit der Unterscheidung zwischen echter und unechter Solidarität und ihrer Auswirkung auf die Verjährung befasst; es hat seine bisherige Rechtsprechung bestätigt. Es ging in diesem Entscheid um die Hangrutschung beim Bau eines Einfamilienhauses bzw. um die Klage der Baufirma gegen den Architekten. Es lag, schon angesichts der Verschiedenheit der vertraglichen Verpflichtungen, keine gemeinsame Verursachung vor (S. 47f.). Zwischen Ingenieur und Architekt hingegen wäre, wie das Bundesgericht beiläufig bemerkt, die Verantwortung nicht leicht abzugrenzen, da beide für eine Sicherung hätten sorgen müssen.

Weitere vom Gesetz bestimmte Fälle der Solidarität finden sich in SVG 60 I (Haftpflicht mehrerer für einen Motorfahrzeugunfall) und 61 III (Haftung unter Haltern). Keine solche solidarische Haftbarkeit besteht zwischen der haftpflichtigen Person und der Haftpflichtversicherung, weshalb das SVG eigens folgende Bestimmung enthält:

SVG 83 II   **Die Unterbrechung der Verjährung gegenüber dem Haftpflichtigen wirkt auch gegenüber dem Versicherer und umgekehrt.**

(Genau gleich lautet RLG 39 II; dasselbe sagt sodann, unter Einbezug des Bundes, KHG 10 IV.)

Gegenüber der Versicherung wirkt die Unterbrechung im Rahmen der gesamten (nicht bloss der gesetzlich vorgeschriebenen) Versicherungssumme. Gegenüber Haftpflichtigen wirkt sie unbeschränkt. Allerdings findet das Bundesgericht in 106 II 250, dies gelte «nur bis zur Höhe des Betrages, für welchen die Versicherung die Ansprüche des Geschädigten deckt». Es leitet diese eingeschränkte Wirkung der Verjährungsunterbrechung aus dem Wesen der Solidarität ab, welche gegenüber einem Solidarschuldner nicht weiter als dessen eigene Haftung gehen könne. Das ist an sich richtig, aber es geht in SVG 83 II gar nicht um die Solidarität und um das Ausmass der Haftung, sondern bloss um die Verjährungsunterbrechung, und es ist stossend, dass jemand, der sich auf diese blanke Bestimmung verlässt, in die Falle solcher rechtlicher Überlegungen tappe. Diese halten um so weniger Stich, als das Bundesgericht selbst im genannten Entscheid, aber schon in 90 II 191, darauf hinweist, dass «das Gesetz eine Solidarhaftung nicht anordnet, sondern gegenteils Art. 83 Abs. 2 SVG das

Nichtbestehen einer solchen voraussetzt (denn sonst wäre ja die genannte Vorschrift überflüssig)».

Selbst für Art. 136 I OR, welcher ausdrücklich auf die Solidarität abstellt, bleiben die Gedanken des Bundesgerichtes fragwürdig, weil diese Bestimmung wohl an die Solidarität anknüpft, aber lediglich und uneingeschränkt gewisse Wirkungen der Verjährungsunterbrechung vorsieht. Diese haben mit der Haftung nicht direkt zu tun und kommen deshalb dem Wesen der solidarischen Haftung nicht in die Quere.

Für unsere Auslegung spricht auch der Grundgedanke, der an den Schluss der Ausführungen über die Verjährung gestellt sein soll: Sie schützt die Schuldnerin oder den Schuldner vor unbegrenzter Ungewissheit über eine Inanspruchnahme. Sie ist ein notwendiges Übel. Im Zweifel geht die Durchsetzung eines Rechtes vor.

GESETZESREGISTER

Es verweist auf die im Wortlaut aufgeführten Artikel. An den angegebenen Stellen liegt der Schwerpunkt der Erwägungen dazu. Gleichzeitig dient das Register dem Aufsuchen der Gesetzestexte. Es gibt auch Auskunft über die Abkürzung, den Kurztitel und die Vollbezeichnung der Erlasse (am Schluss sind die übrigen erwähnten Gesetze genannt).

ZGB

(Zivilgesetzbuch)

Schweizerisches Zivilgesetzbuch vom 10. Dezember 1907

Artikel	Seite
2	292

OR

(Obligationenrecht)

Obligationenrecht vom 30. März 1911

Artikel	Seite	Artikel	Seite	Artikel	Seite
42 I	31	56 II	189	138 I	301
42 II	31	58	189	138 II	298
45	76	60	256	139	300f.
46 I	51	60 II	269	210 I	275
46 II	51	127	274	210 II	276
47	123	130 I	275	210 III	276
49	124	134	293f.	371 I	278
50 I	169	135	296	371 II	280
50 II	169	136 I	305	454 I	282
51	169f.	137 I	303	454 II	282
55 II	189	137 II	304	454 III	282

EIG

(Elektrizitätsgesetz)

Bundesgesetz betreffend die elektrischen Schwach- und Starkstromanlagen vom 24. Juni 1902

Artikel	Seite
37	264

EHG

(Eisenbahnhaftpflichtgesetz)

Bundesgesetz betreffend die Haftpflicht der Eisenbahn- und Dampfschiffahrtsunternehmungen und der Schweizerischen Post vom 28. März 1905

Artikel	Seite
8	125
14	264

LFG

(Luftfahrtgesetz)

Bundesgesetz über die Luftfahrt vom 21. Dezember 1948

Artikel	Seite
68	265

SVG

(Strassenverkehrsgesetz)

Strassenverkehrsgesetz vom 19. Dezember 1958

Artikel	Seite	Artikel	Seite	Artikel	Seite
60	171	72 V	198f.	83 I	262
60 II	190, 192	75	173	83 II	263, 306
61 III	172	75 II	199	83 III	263, 289
65	172	76 V	199	88	221

KHG

(Kernenergiehaftpflichtgesetz)

Kernenergiehaftpflichtgesetz vom 18. März 1983

Artikel	Seite
10	266
10 II	289

PrHG

(Produktehaftpflichtgesetz)

Bundesgesetz über die Produktehaftpflicht vom 18. Juni 1993

Artikel	Seite
9	267
10	267

OHG

(Opferhilfegesetz)

Bundesgesetz über die Hilfe an Opfer von Straftaten vom 4. Oktober 1991

Artikel	Seite
12 II	127

VVG

(Versicherungsvertragsgesetz)

Bundesgesetz über den Versicherungsvertrag vom 2. April 1908

Artikel	Seite
72 I	201
72 III	205

UVG

(Unfallversicherungsgesetz)

Bundesgesetz über die Unfallversicherung vom 20. März 1981

Artikel	Seite	Artikel	Seite	Artikel	Seite
24 I	126	42	231	43	232
41	213, 230	42 I	222	43 III	219
				44	233

UVV

(Unfallversicherungsverordnung)

Verordnung über die Unfallversicherung vom 20. Dezember 1982

Artikel	Seite
65	228

Tabelle im Anhang 3 zur UVV: Seite 139f.

MVG

(Militärversicherungsgesetz)

Bundesgesetz über die Militärversicherung vom 19. Juni 1992

Artikel	Seite
48 I	126
59	126
67 I	213

KVG

(Krankenversicherungsgesetz)

Bundesgesetz über die Krankenversicherung vom 18. März 1994

Artikel	Seite
79 I	215

AHVG

(Alters- und Hinterlassenversicherungsgesetz)

Bundesgesetz über die Alters- und Hinterlassenversicherung vom 20. Dezember 1946

Artikel	Seite
48ter	213, 238
48^{quater}	240
48^{quater} II	225
$48^{quinquies}$	241

IVG

(Invalidenversicherungsgesetz)

Bundesgesetz über die Invalidenversicherung vom 19. Juni 1959

Artikel	Seite
52 I	242
52 II	244

BVV 2

(Berufliche Vorsorgeverordnung 2)

Verordnung 2 über die berufliche Alters-, Hinterlassenen- und Invalidenvorsorge vom 18. April 1984

Artikel	Seite
26	214

BtG

(Beamtengesetz)

Beamtengesetz vom 30. Juni 1927

Artikel	Seite
48 V	214
48 V^{bis}	215

RLG (Rohrleitungsgesetz)
Bundesgesetz über Rohrleitungsanlagen zur Beförderung flüssiger oder gasförmiger Brenn- oder Treibstoffe vom 4. Oktober 1963

SprstG (Sprengstoffgesetz)
Bundesgesetz über explosionsgefährliche Stoffe vom 25. März 1977

JSG (Jagdgesetz)
Bundesgesetz über die Jagd und den Schutz wildlebender Säugetiere und Vögel vom 20. Juni 1986

USG (Umweltschutzgesetz)
Bundesgesetz über den Umweltschutz vom 7. Oktober 1983

GSchG (Gewässerschutzgesetz)
Bundesgesetz über den Schutz der Gewässer vom 24. Januar 1991

StSG (Strahlenschutzgesetz)
Strahlenschutzgesetz vom 22. März 1991

PauRG (Pauschalreisegesetz)
Bundesgesetz über Pauschalreisen vom 18. Juni 1993

BVG Bundesgesetz über die berufliche Alters-, Hinterlassenen- und Invalidenvorsorge vom 25. Juni 1982

VG (Verantwortlichkeitsgesetz)
Bundesgesetz über die Verantwortlichkeit des Bundes sowie seiner Behördemitglieder und Beamten vom 14. März 1958

MG (Militärgesetz)
Bundesgesetz über die Armee und die Militärverwaltung vom 3. Februar 1995

SACHREGISTER

Abänderung der Verjährung 281, 291
Abänderungsvorbehalt 51, 255
Abfindung der Witwe nach UVG 230, 233
Abgraben einer Quelle 43
Abklärungen
– als Schadenposten 27, 48ff., 106
– durch Versicherung 35, 110
– verjährungsunterbrechend? 293
Abkommen
– über Chômage-Entschädigungen 111
– soziale Sicherheit 226
– UVG-Regress 234
– Warschauer 255, 268
Abschlagszahlung 297
Absichtliche Täuschung 276
Absolute Verjährung
– nach OR 261
– nach SVG 263
– nach LFG 265
– des Rückgriffs 290
– Unterbrechung 304f.
Abstrakte Berechnungen 27
Abstrakte Invaliditätsschätzungen 66
Abzug
– für Verpflegungskosten 55f.
– «neu für alt» 104, 107
Affektionsinteresse 104
Aids 52
Aktivität
– allgemein 44ff., 69f.
– bei Angestellten 69f.
– bei Hausfrauen 70, 95f.
– bei Kindern 70, 95
– bei Körperverletzung 69f.
– beim Versorgerschaden 95f.
– beim Rückgriff 219
Alkohol
– Rückgriffsgrund 196
– Rückgriffsquoten 197f.
Altersrente der AHV 237, 241
Alters- und Hinterlassenenversicherung
– Leistungen 237
– Rückgriff 213, 237ff.
Amtlicher Sühneversuch 299
Änderung der Rechtsprechung (Verjährung) 288

Angehörige
– des Halters 37f.
– als Versorgende und Versorgte 81ff.
– als Genugtuungsberechtigte 128, 162ff.
– von Verletzten 164, 258f.
– beim Rückgriff der Privatversicherung 205f.
– beim Rückgriff der UVG-Versicherung 233f.
– beim Rückgriff der AHV 240
– strafrechtliche Verjährung 269f.
Anlagen
– elektrische 174, 199, 264
– Kernenergie 175, 182, 266
– Rohrleitungen 175, 268
Anpassungskosten 57
Anrechnung
– von Vorteilen allgemein 40ff.
– von Vorteilen bei Tötung 96f.
– von Erbschaften 96
– von Versicherungsleistungen 96f.
– beim Rückgriff 198, 239
Anspruchsberechtigung
– allgemein 36ff.
– nach SVG 37f.
– bei Körperverletzung 52f.
– bei Tötung 81ff.
– auf Genugtuung 128, 148ff., 164
Anwalt, Anwältin
– allgemein 39f.
– Anwaltskosten 39f., 48ff.
– als Verletzte 60
Arbeitgeber(in)
– als Geschädigte 115
– bei Heimarbeit 27
– bei Lohnfortzahlung 58
– als solidarisch Haftende 175
Arbeitsunfähigkeit
– vorübergehende 58ff.
– bei Unselbständigerwerbenden 58f.
– bei Selbständigerwerbenden 59f.
– bei Kindern und Jugendlichen 60f., 63
– dauernde 61ff.
– bei Angestellten 62
– bei Hausfrauen 63ff.
– bei Ausländern, Ausländerinnen 65

Arbeitsunfähigkeit *(Fortsetzung)*
- bei unregelmässig Arbeitenden 65
- bei Dirnen 38f.
- bei Gesetzesbrechern 39
- vor dem Tod 79

Architekt, Architektin
- Hilfsperson der Bauherrschaft? 180
- Rückgriff aus Werkeigentum 190
- Architekturvertrag 278
- Kostenüberschreitung 42, 114, 278
- Verjährung 281

Arztkosten 55
Ästhetischer Schaden 68, 140f.
ATSG 216
Audatex 107
Augverlust
- als Invalidität 68, 73
- als Integritätsschaden 139f.
- in Genugtuungsentscheiden 142ff.

Ausfall
- Einkommensausfall 58ff., 61ff.
- Betriebsausfall 103
- Nutzungsausfall 28f., 109, 160
- Wagenausfall 28f., 108ff., 211f.

Ausgleichsgedanke 120f.,134
Auskunfterteilung (Vertrag?) 257
Ausländerinnen, Ausländer
- Einkommen 65
- Genugtuung 136f.

Aussenverhältnis (bei Solidarität) 168
Aussöhnungsversuch (Verjährung) 299
Automobil
- Automobilschaden 107ff.
- Mehrheit von Haftpflichtigen 171ff.
- Rückgriffsfragen 190ff.
- Ausfall s. Wagenausfall
- Autorennen s. Rennen

Badekuren 56
Bankrevisoren 36
Barwerttafeln 46f.
Baumschäden 104f.
Bauwerk, unbewegliches 280ff.
Beamtengesetz 214f.
Beeinträchtigung
- des Genusses 28f.
- der körperlichen Unversehrtheit 52, 67
- der Arbeitsfähigkeit 58ff.
- der Erwerbsfähigkeit 61ff.

- im Beruf 115
- der Integrität nach UVG 139f., 230
- der Integrität nach MVG 235

Befriedigungsvorrecht 221
Begünstigung 182
Behördliche Massnahmen 30, 183, 259
Bepflanzung des Grabes 78
Berechnungsarten
- allgemein 27
- beim Versorgungsschaden 85ff.
- beim Sachschaden 103ff.

Bereicherungsverbot 27f.
Bergung 27, 106
Berichtigungsvorbehalt 51, 255
Berufliche Beeinträchtigung 115
Berufliche Vorsorge 214f.
Beschränktes Quotenvorrecht 225
Bestattungskosten
- allgemein 77f.
- Verrechnung mit Einsparungen? 41
- nach UVG 233

Besuchskosten 57
Betreibungsbegehren 297f.
Betriebsausfall 103
Betriebsgefahr 171f., 188, 190ff.
Bewegliches Werk 278ff.
Beweis
- des Schadens 31ff.
- Beweishilfe 31
- durch Buchhaltungsbelege 33, 60
- Beweislast 31
- Beweiswürdigung 31ff.
- Beweissicherung 27
- vorsorgliche Beweisaufnahme 297, 300

Bewusstseinsstörung 193f.
Bonusverlust 212
Boykott 169, 183
Brandassekuranz 201, 206f.
Braut, Bräutigam
- Versorgungsschaden 83f.
- Genugtuung 149, 150f., 152

Buchhaltungsunterlagen 33, 60
BVG 214, 216

Chômage
- als Schaden? 28f.
- bei Automobilschaden 108ff.
- Abkommen 111
- Quotenvorrecht? 211f.

316

Culpa in contrahendo
- negatives Interesse 27
- als Vermögensschaden 114
- Verjährung 259f.

Damnum emergens 26
Dauer
- der Aktivität 69f.
- der Unterstützung 95f.
- der Lebenserwartung s. dort
Dauerschaden 61ff.
Deckung
- Verwandtendeckung 37f.
- nach SVG Art. 76 273
Demonstrationen 169
Differenztheorie 26
Direktanspruch, Direktschaden
- allgemein 220
- Ausrechnung 222
- Geltendmachung 225
- bei Genugtuung 232
Direktes Forderungsrecht 172f., 218
Dirne 32, 38f.
Doppelzahlung 228
Drittschaden 36f., 52f.
Drittschutzwirkung 36
Drittverschulden
- grobes 179
- einfaches 180f.
Drogenkonsum
- Arbeitsfähigkeit 65
- Fahrtüchtigkeit 196

Echte Solidarität 170, 176, 305ff.
Ehebruch 161f.
Ehefrau
- bei Körperverletzung 63ff.
- als Versorgte 81ff.
- als Erwerbstätige 91f.
- als Versorgerin 93ff.
- als Genugtuungsberechtigte 148ff.
- in Genugtuungsurteilen 154ff.
- in der obligatorischen Unfallversicherung 230
- in der Alters- und Hinterlassenenversicherung 237ff.
- in der Invalidenversicherung 244
Eigenwagenschonung 110
Einfache Gesellschaft 183

Eingabe im Konkurs 298
Eingliederung 242, 243
Einkommen
- unsittliches 32, 38f.
- widerrechtliches 39
- bei vorübergehendem Ausfall 58ff.
- beim Dauerschaden 61ff.
- des Versorgers 88
- nach dem UVG 229f.
- zusätzliches 63
Einrede
- trotz Verjährung 254
- beim Kauf 276
- beim Frachtvertrag 282
- vor einem Gericht 300
Einschlafen am Steuer 196
Einstellungsverfügung 272
Eintritt des Todes 76f.
Einzelversicherung 207f.
Eisenbahn 125f., 200, 264f.
Eishockeyspiel 169, 186
Elektrische Anlagen 174, 199, 264
Elektrische Leitungen 199
Eltern
- als Schädiger nach SVG 37f.
- als Versorger 81ff.
- als Versorgte 83
- Tod beider 92
- eines unerwünschten Kindes 116ff.
- als Genugtuungsberechtigte 148ff.
- in Genugtuungsentscheiden 154ff.
- bei Verletzung in den persönlichen Verhältnissen 164f.
Empfindungsfähigkeit 141
Endalter
- bei Angestellten 69f.
- bei Hausfrauen 96
- bei Kindern 95
- beim Versorgungsschaden 95f.
- beim Rückgriff der Sozialversicherung 219
- beim Rückgriff der AHV 238
- beim Rückgriff der IV 243
Entgangener Genuss 28f.
Entgangener Gewinn 26
Entstellungen 68, 140f.
Erben
- als Anspruchsberechtigte 77
- Vorteilsanrechnung 41

317

Erben *(Fortsetzung)*
- als Genugtuungsberechtigte 130
- als Genugtuungsverpflichtete 130
- als Rückgriffsschuldner 198
- bei strafrechtlicher Verjährung 272

Ermessen, richterliches
- allgemein 31ff.
- bei Genugtuung 131f., 165
- beim Rückgriff 186

Ersatz
- Ersatzbemessung 30f.
- Naturalersatz 43, 105
- Ersatzwagen 108ff., 29
- Wehrpflichtersatz 57f.

Erwerb s. Einkommen

Erwerbstätigkeit der Ehefrau
- Anrechnung 91f.
- Zumutbarkeit 97

Erwerbsunfähigkeit s. Arbeitsunfähigkeit

Eurotax 107

Fahrlehrer 110

Fahrradunfälle
- Solidarität 171, 191
- Versicherung 173
- Rückgriff 197
- Verjährung 262

Fahrverhalten 196f.

Fahrzeugmangel 194, 196

Fälligkeit
- des Ersatzanspruchs 47f.
- als Verjährungsbeginn 275

Ferien (verpfuschte, verhinderte) 28f., 109

Feststellungsklage 51, 299

Fixkosten (Versorgungsschaden) 87

Folgeschäden 28, 34, 112, 113

Forderungsrecht, direktes 172f., 218

Fortgesetzte Schädigung 285f.

Frachtvertrag (Verjährung) 282

Frau
- als Versorgerin 93ff.
- s. namentlich Ehefrau

Freiwillige Versicherung nach UVG 231

Fussgänger
- als Geschädigte 171
- als Haftbare 191

Garagist 174

Garantiefonds, nationaler 273

Gebrauchswert 104

Gefährliches Spiel
- Eishockey 169, 186
- Pfeil und Bogen 144, 169, 186
- Schiessen in Gartenwirtschaft 186, 169
- mit Zündhölzern 169, 186

Gefälligkeitsfahrt 135

Gefühlswert 104

Geisterfahrer 197

Geldentwertung s. Teuerung

Geltendmachung von Ansprüchen 27, 48ff., 106

Gemeinsames Verschulden 169, 176f., 186

Gemeinschaft, häusliche 205f.

Genugtuung
- für Sachschaden? 104
- für Nutzungsausfall? 109
- für unerwünschtes Kind 118
- unter Verwandten 136
- an Schwerstgeschädigte 125, 138f.
- an deren Angehörige 162ff., 258f.
- an Ungeborene 128
- bei juristischen Personen 128
- Abtretung 129f.
- Vererbung 130
- ästhetische Schaden 140f.
- Schädigung der Geschlechtsorgane 139, 141, 164
- an Verlobte 149, 150f., 152
- beim Konkubinat? 150, 150f.
- Solidarität 129, 178
- Quotenvorrecht 223ff.
- Integritätsentschädigung nach UVG 139f., 230
- durch Militärversicherung 235
- Verjährung 258f., 287

Genuss, entgangener 28f.

Geometer 277, 279

Gerichtliche Handlung 301f.

Gerichtliche Missbilligung 130

Geschädigte
- allgemein 33ff.
- indirekt 36f., 162ff.
- Randgestalten 38f.
- bei Körperverletzung 52f.
- bei Tötung 81ff.

318

- Schwerstgeschädigte 56f., 68f., 125, 138f.
Geschäftsherrenhaftung 186f., 189
Geschlechtsorgane 139, 141
Gesundheitsschädigung 52
Gewässerverunreinigung
- Massnahmen 30, 183
- Verjährung 259
Gewogenes Mittel 70
Gleichartige Leistungen
- allgemein 209f., 218ff., 223
- UVG-Rückgriff 232f.
- AHV-Rückgriff 241
- IV-Rückgriff 244
Grabbepflanzung 78
Grobe Fahrlässigkeit
- Rückgriff auf Lenker 195ff.
- Rückgriff Privatversicherung 206
- Rückgriff Sozialversicherung 225ff.
- Rückgriff Unfallversicherung 231f.
- Haftungsbeschränkung 233f.
- s. weiter Haftungsprivileg
Grobfahrlässigkeitskürzung 226, 229, 240f.
Grossschäden 50
Grundeigentumsüberschreitung 285
Gruppenklage 50
Gutachter, säumiger 302f.

Haftpflichtstatut 212
Haftpflichtversicherung
- allgemein 34ff.
- beim Automobilschaden 110f.
- als solidarisch Haftpflichtige 173
- Rückgriff auf Lenker 195ff.
- Rückgriff allgemein 208f.
Haftungsbeschränkung
- bei der Genugtuung 127
- bei Solidarität 178
- bei obligatorisch Unfallversicherten 218, 233f.
- in der AHV 240
- bei Solidarität 178
Haftungskollisionen 188, 190ff., 194
Haftungsprivileg 178, 233f., 240
Halter, Halterin
- als Geschädigte 37f.
- als solidarisch Haftende 171ff.
- im Rückgriff 192ff.
- Rückgriff der Versicherung 195ff.

- Verjährung 262ff.
Handlung
- strafbare 271
- gerichtliche 302
Hausarbeit 63ff., 70ff.
Hausfrau
- Körperverletzung 53
- Einkommen 63ff.
- Aktivitätserwartung 70
- Versorgerschaden 81ff.
- Versorgerin 93ff.
Hausgenossen 205f.
Haushälterin 64, 93
Häusliche Gemeinschaft 205f.
Hausmann 63f., 81, 93
Hehler 182
Heilung, versuchte 78f.
Heilungskosten 55f.
Heimarbeit 27
Hilfeleistung (SVG) 171
Hilflosenentschädigung
- nach UVG 230, 232
- nach AHVG 237, 241
- nach IVG 242, 244
Hilfsmittel
- nach Haftpflicht 57
- nach UVG 232
- nach AHVG 237, 241
Hilfsperson
- von Geschädigten 180
- von Schädigenden 187
- bei Verjährung 273
Hinderung der Verjährung 293ff.
Hinterbliebene (eigener Anspruch) 37
Hinterlassenenrente
- nach UVG 230ff.
- nach MVG 234ff.
- nach AHVG 237ff.
Hinterlassenenversicherung 237ff.
Hirnschädigung 138, 141
HIV-Virus 52

Identische Schadenposten
- beim Automobilschaden 211f.
- Rückgriff der Sozialversicherung 209f., 218ff., 223,
- Rückgriff der Unfallversicherung 232f.
- Rückgriff der AHV 241
- Rückgriff der IV 244

Indexierte Rente 62
Indirekt Geschädigte 36f.
Ingenieur
- berufliche Beeinträchtigung 115
- Genugtuung 161
- Hilfsperson der Bauherrschaft? 180
- Rückgriff des Werkeigentümers 190
- Verjährung 280
Innenverhältnis (bei Solidarität) 168
Insassen
- Halterinnen, Halter 37f.
- Verwandte 37f.
- Strolchenfahrten 174
- Versicherung 207f., 220
Integritätsentschädigung nach UVG 126f., 230, 232
Integritätsschaden
- Haftpflicht 67
- Skala Anhang UVV 139f.
Integritätsschadenrente nach MVG 126, 235
Interesse
- geldwertes 26
- positives 26f.
- negatives 27
- beim Sachschaden 103ff.
- Affektionsinteresse 104
Internationales Privatrecht (Rückgriff) 212
Invalidenrente
- nach UVG 230
- nach MVG 235
- Wegfall IV-Rente 217, 239
- nach IVG 242
Invalidenversicherung 213, 242ff.
Invalidität 61ff.

Jugendliche, Erwerbsausfall 60f.
Juristische Person
- Genugtuungsberechtigung 128
- Genugtuungsverpflichtung 129
- strafrechtliche Verjährung 272

Kanalisierung der Haftpflicht 182, 200
Kantonale Brandassekuranz 201, 206f.
Kapitalabfindung
- allgemein 43f., 62f.
- Verzicht auf Rente 227f.
- für Witwe nach UVG 230, 233

Kapitalisierung 44ff.
Kaskoversicherung 204f., 206, 211f.
Kasuistiken
- Arbeitsausfall 59f.
- Dauerschaden 70ff.
- Versorgungseinkommen 89ff.
- Frau als Versorgerin 94f.
- Wiederverheiratung 99f.
- Vermögensschaden 113ff.
- Genugtuung bei Körperverletzung 142ff.
- Genugtuung bei Tötung 154ff.
- Genugtuung bei Verletzung der Persönlichkeit 160ff.
- Genugtuung für Angehörige Schwerstverletzter 165f.
- Rückgriff Privatversicherung 204f.
- (un-) bewegliche Werke (Verjährung) 279f.
Kaufvertrag 275ff.
Kenntnis
- des Schadens 284ff.
- der ersatzpflichtigen Person 288
Kernenergieanlage
- Eigentümer/Inhaber 175
- Kanalisierung der Haftung 182
- Verjährung 266
Kind
- Körperverletzung 60
- Dauerschaden 63, 69, 70
- Kinder als Versorgte 95
- als Versorger 83
- Versorgerschaden 90f.
- Tod beider Eltern 92
- Genugtuung 148f., 150, 151f.
- ungeborenes 52f., 128
- unerwünschtes 116ff.
Kinderrente
- nach UVG 230
- nach AHVG 237, 239
- nach IVG 244
Klage, verjährungsunterbrechend 299ff.
Koeffizienten 44ff.
Kollektivunfallversicherung 207f.
Kommerzieller Minderwert 107
Komplementärrente 230
Konkrete Schadenberechnung
- allgemein 27
- bei Körperverletzung 66

- bei Versorgungsschaden 86f.
Konkubinat
- Zeiterscheinung 81f.
- Versorgungsschaden 84f.
- Ehe-Ersatz 98f.
- Genugtuung 150f.
Konkurs, Eingabe im 298
Konsensualpaare 82
Konstitutionelle Prädisposition 30f.
Körperverletzung 51ff.
Kosten
- Anpassung 57
- Anwalt, Anwältin 39f., 48ff.
- Arzt, Ärztin 55
- Badekuren 56
- Bestattung 41, 77f., 233
- Besuch 57
- Gewässerschutz 30
- Grabbepflanzung 70
- Hilfsmittel 57
- Kuren 56
- Leichentransport 77, 233
- Medikamente 56
- Mietwagen 109f.
- Pflegekosten 56f.
- Physiotherapie 56
- Prothesen 57
- Querschnittlähmung 56f.
- Rechtsvertretung 39f., 48f.
- Reise 57, 78
- Rettung 27, 29f., 106
- Selbstkosten 43
- Spital 55f.
- Strafverfahren 49f.
- Transport 57
- Umschulung 42, 68, 243
- Umweltschädigung 30
- Verpflegung 55f.
- Verwaltung 49
- vorprozessuale 39
- Wehrpflichtersatz 57
Kostentragung nach GSchG/USG 183, 283
Kostenvoranschlag 42, 114
Krankenkassen 208, 215
Krankenversicherung 208, 215
Krawallschaden 169
Kumulationsstatut 212
Künstlicher Totalschaden 108

Kuren 56
Kürzung durch Sozialversicherung 225ff.

Lackierung 107
Lastwagenhalter
- als Haftpflichtige 193f.
- als Verletzte 60, 72
- Wagenausfall 110
Lebenserwartung
- allgemein 44ff.
- verminderte 54, 135
- Verkürzung 55
Lebensstandard 80
Legalzession 216
Leichentransport 77, 233
Leistungen
- in Geld 43
- in natura 43, 105, 229
- der UVG-Versicherung 229f.
- der Militärversicherung 234f.
- der AHV 237
- der IV 242
- Gleichartigkeit 209f., 218ff., 223, 241, 244
- Verzicht 227f., 244f.
Lenker
- als Verwandte 37f.
- als Geschädigter 171f.
- als Versicherter 173
- als Strolch 173f.
- als Rückgriffsschuldner 195ff.
Liebhaberwert 104
Lucrum cessans 26
Luftfahrzeug
- solidarische Haftung 175
- Verjährung 265, 284
- Militärflugzeug 265

Mängelrüge
- bei Autoreparatur 107f.
- Verwirkungsfolge 255
- beim Kauf 277
- beim Werkvertrag 281f.
Massenschäden 50
Massnahmen
- der Geschädigten 29f.
- bei Sachschaden 105f.
- bei Wagenausfall 109ff.

321

Massnahmen *(Fortsetzung)*
- durch Versicherung 110f.
- nach GSchG/USG 30, 183, 259, 283

Medikamente
- als Schadenposten 56
- Missbrauch 196

Mehrwert
- aufgezwungener 42, 114
- nach Reparatur 104, 107

Mietwagen
- Schaden? 29
- allgemein 109f.
- Quotenvorrecht? 211f.

Militär-
- pflichtersatz 57
- fahrzeug 236
- flugzeug 265
- versicherung 126, 213, 234ff.

Minderwert
- bei Sachschaden 105
- bei Autoschaden 107
- Quotenvorrecht 211

Missbilligung, gerichtliche 130
Missbrauch von Medikamenten 196
Miteigentum 190
Mitfahrende s. Insassen
Mittel, einfaches und gewogenes 70

Mitverschulden
- Dritter 179, 180f.
- s. Selbstverschulden

Mortalität (s. auch Lebenserwartung) 44ff.

Motorfahrzeug
- Verwandtendeckung 37f.
- Ausfall 108ff., 211f.
- Automobilschaden 107ff.
- solidarische Haftung 171f.
- Rückgriff 195ff.
- Haftpflichtversicherung 172f., 272f.
- Kaskoversicherung 204f., 206, 211f.
- Verjährung 262ff., 306f.

Motorfahrzeuggewerbe 171, 174

Nachfrist 300f.
Nachklagevorbehalt 51, 255
Nahestehende Personen 205f.
Narbe
- wirtschaftliche Einbusse 68
- ästhetischer Schaden 140f.

Narkosezwischenfall 125, 142f.

Nationaler Garantiefonds 273
Naturalersatz 43, 105
Naturalleistung 227, 229
Naturalobligation 252
Nebenverdienst 222
Negatives Interesse 27
Nervenschock
- Körperverletzung 52, 53
- Genugtuung 133, 142f.

«Neu für alt» 104, 107
Neurose 54
Neuwertversicherung 212
Nichtversicherte Fahrzeuge 199, 273
Nichtversicherte Schädigende 199
Nonne 53
Nutzungsausfall 28f., 109, 160

Objektive Berechnung 27
Ohrenschaden 133, 139f.
Operation 67f., 140f.
Opfer
- von Straftaten 40
- Schwerstgeschädigte 41f.

Opferhilfe
- allgemein 40, 268
- Genugtuung 127, 128, 135f., 137
- Rückgriff 200

Organtransplantation 161
Organverschulden
- Genugtuung 129
- Rückgriff 186
- Verjährung 272

Pauschalreisegesetz
- Ersatzbegrenzung 112
- Verjährung 268

Pensionierte 88, 217, 239
Pensionsalter 69f.
Pensionskassen 205, 210, 214
Pensionskassenbeiträge 63
Personenschaden 28, 51ff.
Personenversicherung 207f.
Persönlichkeit
- Verletzung 160ff.
- Schutz 124f.

Perte de juissance 28f., 109
Pfeil und Bogen 144, 169, 186
Pflegekosten 56f., 69, 232
Physiotherapie 56

Positive Vertragsverletzung 274
Positives Interesse 26f.
Prädisposition, konstitutionelle 30f.
Privatrecht, internationales 212
Privatversicherung 201ff.
Produktehaftpflicht
– Haftungsbeschränkung 112
– Verjährung 267
Proportionalregel 211
Prothesen 57
Prozesse
– allgemein 36
– Verjährung 299ff.
Psychische Schädigung 52
Psychologischer Minderwert 107
Punitive damages 121

Quelle, Abgraben 43
Querschnittlähmung 56f., 140
Quoten
– Witwenquoten 85ff., 90f.
– Kinderquoten 90f., 85f.
– Rückgriffsquoten 195ff.
Quotenteilung
– allgemein 211
– Rückgriff Sozialversicherung 225ff.
– Rückgriff nach UVG 225ff.
– Rückgriff der Militärversicherung 236
– Rückgriff der AHV 225, 240f.
– Rückgriff der IV 243
Quotenvorrecht
– Rückgriff Privatversicherung 210f.
– Rückgriff Sozialversicherung 30f., 221ff.
– Rückgriff UVG 231f.
– Rückgriff der Militärversicherung 235
– Rückgriff der AHV 240
– Rückgriff der IV 242ff.
– bei Genugtuung 223ff.

Rachebedürfnis 120f.
Radfahrende
– als Geschädigte 171
– als Haftpflichtige 191
– Rückgriff 197
– s. auch Fahrradunfälle
Realersatz 43, 105
Rechtsfrage 50
Rechtsirrtum 285
Rechtskraft eines Urteils 181

Rechtsmissbrauch 292f.
Rechtsprechung, Änderung 288
Rechtswidriger Erwerb 39
Reflexschaden 52
Regress s. Rückgriff
Regressprivileg (AHV-Rückgriff) 240
Reifen, abgefahrene 196
Reiner Vermögensschaden 28, 34, 112
Reisekosten 57, 78
Relative Verjährung
– nach OR 260
– nach SVG 263
– nach LFG 265
– nach PrHG 267
– Unterbrechung 303f.
Rektifikationsvorbehalt 51, 255
Rennen
– Veranstalter 174
– solidarische Haftung? 174
– subsidiäre Haftung 174, 198f.
Rente
– allgemein 43f.
– Altersrente AHV 237, 242
– indexierte Rente 62
– Integritätsschadenrente, MVG 126, 235
– Invalidenrente s. dort
– Kinderrente s. dort
– Vollwaisenrente, AHV 237
– Waisenrente s. Kinderrente
– Witwenrente s. dort
– Zusatzrente (IV) 244
Reparatur
– allgemein 105
– bei Automobilen 107f., 110
Reservefahrzeug 110
Restanspruch 220
Rettungskosten 27, 29f., 106
Revisoren 36
Richterliches Ermessen s. Ermessen
Rohrleitungsanlage 175, 268
Rotlicht 196f.
Rückfall 286
Rückgriff
– der AHV 238f.
– des Arbeitgebers 58
– von Brandassekuranzen 201, 206f.
– des Bundes 214f.
– der Eisenbahn 200
– bei elektrischen Anlagen 199

Rückgriff *(Fortsetzung)*
- wegen grober Fahrlässigkeit 195ff.
- der Haftpflichtversicherung 208f.
- nach internationalem Privatrecht 212
- der IV 242ff.
- der Kaskoversicherung 204f., 211f.
- bei Kernenergie-Ereignissen 200
- von Krankenkassen 208, 215
- der Krankenversicherung 208, 215
- der Militärversicherung 235f.
- bei Motorfahrzeugunfällen 190ff.
- der Privatversicherung 201ff.
- Regeln 183ff.
- Regelung 202
- der Sozialversicherung 213ff.
- Stufenordnung 186ff., 210
- der Unfallversicherung 207f., 229ff.
- nach UVG 230ff.
- der UVG-Zusatzversicherung 207f.
- Verjährung 263f., 289f.
- auf Versicherte 195ff.
- aus Werkeigentum 189f.

Sachschaden
- allgemein 103ff., 112
- Versicherungsdeckung 34, 112
- bei Automobilen 107ff.
- Verjährung 286f.

Sachversicherung 206f.
Saldoquittung 182, 293
Sammlerwert 104, 108
Schaden
- ästhetischer 68, 140f.
- Begriffe 26ff.
- Dauerschaden 61ff.
- Drittschaden 36f., 52f.
- Folgeschaden 28, 34, 112, 113
- Integritätsschaden 67
- Kind als Schaden? 116ff.
- Totalschaden 108

Schadenberechnung
- abstrakte 27
- konkrete 27, 66
- objektive 27
- beim Versorgerschaden 85ff.
- beim Sachschaden 103ff.

Schadenminderungskosten 27, 29f.
Schadenminderungspflicht
- allgemein 34, 67

- bei Körperverletzung 67f.
- bei Versorgungsschaden 97

Schadennachweis 31ff.
Schadenschätzung 31ff.
Schadenvergütung 29f.
Schadenverhütung 29f.
Schadenversicherung 207f.
Schadenzins 47f.
Schenkung (Verjährung) 284
Scheuermann 30f.
Schmerzensgeld 121
Schock 52, 53, 133
Schuldanerkennung 296f.
Schuldbetreibung 297f.
Schutz der Persönlichkeit 124f., 160ff.
Schutzwirkung zugunsten Dritter 36
Schwerstverletzte
- Pflegekosten 56f.
- Dauerschaden 68f.
- Genugtuung 125, 138f.
- Angehörige 124f., 162ff.

Seelische Unbill 120
Selbständigerwerbende 59f.
Selbstbehalt in der Kaskoversicherung 211f.
Selbstmord 52, 76
Selbstverschulden
- Genugtuungsbemessung 134
- Genugtuungsurteile 142ff., 154ff.
- bei Solidarität 179f.
- Rückgriff der Privatversicherung 209
- Rückgriff der Sozialversicherung 217

Sicherung der Beweise 27
Sittenwidrigkeit 32, 38f.
Skipiste 257
Solidarität
- allgemein 169ff., 175ff.
- echte, unechte 170, 176ff.
- Haftpflichtversicherung 173
- unter Haltern 171f.
- bei Genugtuung 129, 178
- bei Haftungsprivileg 178
- bei Selbstverschulden 179f.
- bei Drittverschulden 180f.
- bei Vergleich 181f.
- bei einfacher Gesellschaft 183
- Verjährung 305ff.

Sonstiger Schaden 28, 112
Spiel, gefährliches s. dort

Spitalkosten 55f.
Spitaltaggelder 208
Stauanlagen 50, 182
Stauffer/Schaetzle, Barwerttafeln 46f.
Steuererklärung (Berechnungsgrundlage?) 32
Steuern (beim Versorgerschaden) 86
Stillstand der Verjährung 293f.
Stoppsignal 196f.
Strafantrag 271, 272
Strafbare Handlung 271
Strafrechtliche Verjährung 260f., 269ff.
Straftaten (nach OHG) 40
Strahlenschutzgesetz (Verjährung) 268
Streitverkündung 300
Strolchenfahrt 173f., 199
Stromzufuhr, Unterbrechung 115f.
Subrogation
– allgemein 216ff.
– der UVG-Versicherung 229ff.
– der Militärversicherung 235f.
– der AHV 238f.
– der IV 242ff.
Subsidiäre Haftung 174
Substanzierung 32f.
Sühneverhandlung, -versuch 299
Summenversicherung 207f.

Tafeln Stauffer/Schaetzle 46f.
Taggeld
– Schadenversicherung 207f.
– UVG-Versicherung 229f.
Täter (nach OHG) 40
Tatfrage 50
Taxihalter (Chômage) 109f.
Technischer Minderwert 107
Technischer Totalschaden 107
Teuerung
– Gegenmittel: Kapitalabfindung 44
– bei Invaliditätsentschädigung 62f.
– beim Versorgungsschaden 88
– bei Genugtuung 131, 132
Tiere
– Sachschaden 103
– Haftung Halter l87
– Kollision mit Fahrzeug 191
– Rückgriff 189
Tod
– Berechnungszeitpunkt 88

– Eintritt 76
– beider Eltern 92
– der Genugtuungsberechtigten 130
– der Genugtuungsverpflichteten 130
Totalschaden 108
Tötung
– allgemein 76ff.
– bei Vertrag 258f.
Transportkosten 57
Trauerkleider 78
Treu und Glauben
– Beweishilfe 31
– Schadenminderung 34
– Verjährung 292f.
Tschernobyl 113

Übergang der Rechte 216ff.
Überholen, grobfahrlässiges 196f.
Überreste 105
Übertragbarkeit der Genugtuung 129f.
Umschulung 42, 68, 243
Umtriebe 49
Umweltschaden 103
Unbekannte Schädiger 199, 273
Unbill, seelische 120
Unerwünschtes Kind 116ff.
Unfallfremde Faktoren 30, 229
Unfallversicherungsgesetz
– Leistungen 229f.
– Rückgriff 213, 230ff.
Unfallwagen 107
Ungeborenes Kind
– Körperverletzung 52f.
– Genugtuung 128
Unrichtige Angaben 114f.
Unselbständigerwerbende 58f., 62
Unterbrechung der Stromzufuhr 115f.
Unterbrechung der Verjährung 296ff.
Unternehmer
– im Motorfahrzeuggewerbe 171, 174
– Bauunternehmer 180, 187
– Verjährung 278ff.
Unterstützung
– Pflicht 81
– Dauer 95
Unterversicherung 211
Urkunde 304
Urteilsfähigkeit 193f.
Urteilsveröffentlichung 130

Veranlagung 54f.
Veranstalter von Rennen 174
Verdienst s. Einkommen
Vererblichkeit der Genugtuungsforderung 130
Verfügungen des Gerichts 302
Vergleich
- bei Solidarität 181f.
- bei Verjährung 257
Verhaltensstörer 183
Verhinderte Ferien 28f., 109
Verhütung des Schadens 29f.
Verjährte Forderung 252, 254
Verjährung
- Abänderung 281, 291
- absolute s. dort
- ausservertragliche 256ff.
- Beginn 275, 283ff.
- culpa in contrahendo 259f.
- Frachtvertrag 282
- Fristen 251ff.
- Genugtuung 258f., 287
- Hinderung 293ff.
- Kauf 275ff.
- Körperverletzung 286
- relative 260, 263
- Rückgriff 263f., 289f.
- Sachschaden 286f.
- bei Solidarhaftung 305ff.
- spezialgesetzliche 262ff.
- Stillstand 293f.
- strafrechtliche 269ff., 303
- nach dem SVG 262ff.
- Unterbrechung 296ff.
- Versicherung 306f.
- Versorgungsschaden 286
- vertragliche 258f., 274ff.
- Verzicht 291f.
- Vorbehalt 293
- Werkvertrag 277ff.
Verkaufswert 104
Verkehrssicherungspflicht 257
Verkehrsunfälle (SVG 58 II) 171
Verkehrswert 104
Verkürzte Lebenserwartung 34, 55, 135
Verletzte s. Geschädigte
Verletzung
- des Körpers 51ff.
- der Persönlichkeit 160ff.

Verlobte 83f., 149, 150f., 152
Vermittlungsvorstand 299
Vermögensschaden 28, 34, 112ff., 287
Veröffentlichung des Urteils 130
Verpflegungskosten 55f.
Verpfuschte Ferien 28f.
Verrechnung
- beim Rückgriff wegen grober Fahrlässigkeit 198
- einer verjährten Forderung 254
Verschulden
- beim Vertragsschliessen 27, 114
- bei der Genugtuung 133f.
- gemeinsames 176
- Selbstverschulden 179f.
- von Hilfspersonen 180
- Drittverschulden 180f.
Versicherung
- Alters- und Hinterlassenenversicherung 237ff.
- freiwillige 231
- Haftpflichtversicherung s. dort
- Invalidenversicherung 242ff.
- Militärversicherung 234ff.
- Personenversicherung 207f.
- Privatversicherung 201ff.
- Sachversicherung 206f.
- Schadenversicherung 207f.
- Sozialversicherung 213ff.
- Summenversicherung 207f.
- Unfallversicherung 207f., 229ff.
- Zusatzversicherung 207f.
Versicherungsstatut 212
Versorger 82f.
Versorgerin 93ff.
Versorgungsbedarf 80
Versorgungsschaden
- allgemein 79ff.
- Verjährung 286
Versuchte Heilung 78f.
Vertrag
- mit Drittschutzwirkung 36
- Vorliegen? 256f.
- Tötung bei Vertrag 258
- Verjährung bei Vertrag 258f.
- Kaufvertrag 275ff.
- Architekturvertrag 278
- Frachtvertrag 282
- Werkvertrag 277ff.

Vertragsverletzung 26, 258
Vertrauen
– enttäuschtes 113f.
Verunstaltungen 68, 140f.
Verwaltungskosten 49
Verwandte s. Angehörige
Verwandtendeckung 37f.
Verwirkung
– allgemein 254f.
– nach KHG 266
– nach PrHG 267
Verzicht
– auf Leistungen 227f., 244f.
– auf die Verjährung 291
Verzugszins 47, 48
Vorbehalt
– der Nachklage 51, 255
– bei Schadenerledigung 293
Vormund 284
Vorprozessuale Kosten 39
Vorschussleistungen
– als Opferhilfe 40
– statt IV 244f.
Vorsorgeeinrichtung 214
Vorsorgliche Beweisaufnahme 297, 300
Vorsorgliche Massnahme 300
Vorteilsanrechnung 40ff., 96f.
Vorübergehende Arbeitsunfähigkeit 58ff.
Vorzustand 54f.

Waffensammler 142f., 170, 175
Wagenausfall 28f., 108ff., 211f.
Waisen 92
Warschauer Abkommen 255, 268
Wehrpflichtersatz 57f.
Werke
– bewegliche 278ff.
– unbewegliche Bauwerke 280f.
Werkeigentum 189f., 191
Werkvertrag 277ff.
Widerklage 300

Wiedereingliederung
– durch die IV 242, 243
– s. auch Umschulung
Wiederverheiratung 98ff.
Wirklicher Wert (EHG 12) 104
Witwe
– Versorgerschaden 81ff.
– Witwenquoten 85ff., 90f.
– Wiederverheiratung 98ff.
– Genugtuung 148ff.
– in Urteilen 154ff.
– im UVG 230
– in der AHV 237
Witwer
– Versorgungsschaden 81ff., 93ff.
– Wiederverheiratung 100f.
– im UVG 230
– in der AHV 237
Wrongful birth 118
Wrongful life 118

Zahlungsbefehl 297f.
Zahlungsunfähigkeit 184f.
Zeitwert 108
Zerstörung (einer Sache) 103ff.
Zins
– allgemein 47f.
– Zinsfuss 45f.
– Schadenzins 47f.
– Verzugszins 47, 48
– beim Versorgungsschaden 88
– bei der Genugtuung 130f.
– beim Rückgriff 184
– Zinszahlung 297
Zivilklage im Strafverfahren 300
Zusätzliche Vertragsverletzung 274
Zusatzrente der IV 244
Zusatzversicherung 207f., 231
Zusicherung (gemäss OR 197) 275f.
Zustandsstörer 183
Zwangsgemeinschaft von Geschädigten 50